André Glucksmann

Die Meisterdenker

Aus dem Französischen
von Jürgen Hoch

Deutsche Verlags-Anstalt
Stuttgart

Die Originalausgabe
erschien 1977 unter dem Titel
»Les maîtres penseurs«
im Verlag Bernard Grasset, Paris.

Die erste deutsche Fassung erschien 1978
beim Rowohlt Verlag GmbH,
Reinbek bei Hamburg.

CIP-Kurztitelaufnahme der Deutschen Bibliothek

Glucksmann, André:
Die Meisterdenker / André Glucksmann.
Aus d. Franz. von Jürgen Hoch. – Neuausg. –
Stuttgart : Deutsche Verlags-Anstalt, 1987.
Einheitssacht.: Les maîtres penseurs 'dt.'
Frühere Aufl. im Rowohlt-Verl.,
Reinbek bei Hamburg
ISBN 3-421-06350-8

Verantwortlicher Lektor: Ursula Locke-Groß
Druck und Bindearbeit: Gutmann & Co., Heilbronn
Printed in Germany

Dem Wahnsinnigen,
der Breschnew und Pinochet
gegeneinander austauschen
wollte.

Inhalt

Am Anfang war
die Unterbrechung

«Oh! die Wissenschaft! Man hat alles wieder
aufgenommen. Für Leib und Seele
– als Wegzehrung –
gibt es die Medizin und die Philosophie – die
Hausmittel der alten Weiber, aufbereitet wie
die Volkslieder. Und die Vergnügungen der Fürsten
und die Spiele, die sie verboten!
Geographie, Kosmographie, Mechanik,
Chemie! . . .
Die Wissenschaft, die neue Noblesse!
Der Fortschritt. Die Welt schreitet vorwärts!
Warum sollte sie sich nicht drehen?»

A. Rimbaud
Eine Zeit in der Hölle

Panurg vor den Toren

«Gegen alles Fremde
können wir uns Sicherheit beschaffen,
doch der Tod bringt mit sich,
daß wir Menschen alle in einer Stadt
ohne Schutzwall leben.»

Epikur

I

Selten sind in unserer Zeit Herrschende, die auf die Behauptung verzichten wollen: «Ihr seid frei!» Selten auch Untertanen, die das Behagen von sich weisen, sich so zu fühlen. «Ich bin frei» sagte er sich, noch im jugendlichen Alter, nach dem Zweiten Weltkrieg, bis er sich doch die Frage stellte: Wer ist dieses Ich? Schließlich wußte er dazu nichts mehr zu sagen, noch viel weniger, ob er «frei» sei. Vielleicht muß die Frage nach der Freiheit anders verstanden werden, nicht mehr wie sie sich von Ich zu Ich stellt, sondern als Resultat einer Interpellation: «Du bist frei . . .» klingt es gewichtig aus dem Mund der Machthaber.

Ist es nicht schon ein Nachgeben gegenüber ihrem Befehl, wenn wie als Echo gefragt wird: Bin ich frei?, wenn dieser Stimme, die sich sogleich in jedem ausbreitet, keine weiteren Fragen mehr gestellt werden?

«Tu, was du willst!» befiehlt Gargantua, der vorbildliche Chef, seinen vorbildlichen Untertanen an der Schwelle zu dieser beispielhaften Neuzeit, die sich Rabelais mit der Abtei von Thelema vorstellte. Und hebt hervor: «Ihre ganze Ordensregel bestand aus einem einzigen Paragraphen, der lautete: Tu, was dir gefällt!»

«Letzten Endes kann man all die Wahrheiten des Marxismus in einem Satz zusammenfassen: Rebellion ist gerechtfertigt!», erklärt Mao Tse-tung und ernennt sich zum «Großen Steuermann» von 800 Millionen vorbildlichen Chinesen. Über vier Jahrhunderte hinweg die gleiche Formel.

Sie erstrahlt an dem Tag, an dem der moderne Fürst – Staatschef oder Bürochef – sich auf moderne Weise Gehorsam verschafft, indem er unserer Freiheit Befehle erteilt.

1. Die Formel ist radikal: sie stellt eine Forderung an die Gegenwart (Tu) und regiert die Zukunft (was du willst). Die Vergangenheit ist ausradiert, und zwar endgültig, denn die Formel wiederholen heißt wieder einmal bei Null anfangen. Die Kommentare machen den Bruch nur noch deutlicher (obwohl die Ordensregel im Grunde auf die eine Klausel «Tu, was du willst!» zurückgeführt werden kann, läßt die Konstruktion und Organisation von Thelema alle Mitglieder in einem Anti-Kloster wohnen, das Anti-Regeln unterworfen ist, die ebenso detailliert festgelegt sind wie die des traditionellen Klosters). Auch die chinesische Formel wird präziser: «Es ist richtig, gegen die Reaktionäre zu revoltieren.»

2. Die Formel ist revolutionär: sie umschreibt jenen Augenblick, in dem «alles möglich ist» (so kennzeichnete Michelet die Französische Revolution). Ein Ganzes – die Thelemiten, das chinesische Volk – definiert sie vollständig durch ein einziges Merkmal: der Augenblick, in dem «alles möglich ist», wird als Geburtsakte für jeden einzelnen in diesem Ganzen festgehalten. Mein Ziel ist es nicht, «die Menschen auszuplündern oder zu erpressen, sondern in völliger Freiheit reicher werden zu lassen und zu verbessern», versprechen bei Rabelais die Könige ihren Gefangenen. Vor der Revolution ist China «ein weißes Blatt Papier» (Mao). Weder Pfaffe noch Prozessierender, weder Geizhals noch Lustseuchling – auch der künftige Bewohner Thelemas muß ein «weißes, unbeschriebenes Blatt» sein, ohne Kennzeichen, ungeprägtes Wachs. Eine Ursprungsmaschine. Ein absoluter Anfang.

3. Die Formel ist kollektivistisch: zusammen sind wir frei. Also ist nur das Ganze frei: «Diese Freiheit feuerte sie zu löblichem Wetteifer an, nur immer das zu tun, was den anderen angenehm war. Sagte einer oder eine: Laßt uns trinken, so tranken sie alle; sagte er: Laßt uns spielen, so spielten sie alle; sagte er: Laßt uns spazierengehen, so gingen sie alle spazieren». Diese Gesellschaft, scheint dazu verdammt zu sein, unendlich lange ihren Geburts-

akt zu wiederholen. In ihr wird nur in Befehlsform miteinander geredet, als ob der Oberchef das Wort nur anderen (untergebenen) Chefs erteilen könnte, welche nach dem Zufallsprinzip und an Ort und Stelle ausgesucht, sich in nichts unterscheiden und nur vorübergehend zum Chef taugen («Laßt uns trinken», «Laßt uns spielen» . . .). Die Thelemiten sind schon seit eh und je Panurgs Hammelherde. Man lebt in der Gegenwart: mit der Vergangenheit wird nun auch die Zukunft ausgelöscht, denn sie droht, unvorhergesehen, Differenzierungen mit sich zu bringen. Das ist der Geist des «Dem Volke dienen»: ein Volk von 800 Millionen Chinesen, die einem Volk von 800 Millionen Chinesen dienen, die . . . Und ebensogut ein Volk von 800 Millionen Mao Tse-tungs, d. h. Chinesen, denen 800 Millionen Chinesen dienen, die . . . Eine Maschine, die alle Unterschiede kappt, bevor sie überhaupt auftauchen.

4. Die Formel ist diktatorisch. Nicht nur weil ein Chef (Gargantua, Mao) sie in ihrer expliziten (*Tu*, was du willst!) oder impliziten Befehlsform vorbringt («was den ganzen Marxismus zusammenfaßt» kann nicht weniger sein als der oberste Imperativ, es ist gerechtfertigt = man muß). Noch schwerwiegender ist: sie schafft zwischen dem, der sie als Gesetz aussagt, und dem, der sie als Lebensregel übernimmt, zwischen dem, der befiehlt, und dem, der gehorcht, eine unüberwindliche Asymmetrie. Für Gargantua oder den Marxismus ist das kein Problem: «Rebellion ist gerechtfertigt», «Tu, was du willst!», das kann ausgesprochen, befohlen werden, ohne daß sich die Zunge spaltet, ohne Widerspruch.

Es sind Befehle, die im Augenblick ihrer Ausführung alle diejenigen, die sich ihnen unterwerfen, in die größte Verlegenheit bringen. Leiste mir nicht Gehorsam, sagt der Vater. Wenn ich dir gehorche, bin ich ungehorsam, doch wenn ich ungehorsam bin, gehorche ich dir . . . Der Marxismus läßt sich mit dem Rebellion-ist-gerechtfertigt resümieren, doch ist es richtig, gegen den Marxismus zu revoltieren? Wenn ja, dann haben wir wieder das Drehmoment. Wenn nein, wenn der Marxismus sich so nicht resümieren läßt, dann lügt er. Ich lüge, sagt der Kreter: wenn er lügt, sagt er die Wahrheit, wenn er die Wahrheit sagt, lügt er.

Die moderne Logik hat Antinomien dieser Art sorgfältig in Augenschein genommen. Alle vorgeschlagenen Lösungen bestehen entweder darin, solche Sätze als Unsinn, als Absurditäten auszuschließen, oder aber sie anzunehmen, indem hierarchisch unterschieden wird zwischen Satz und Satzgliedern, der Menge und ihren Elementen, dem Aussageakt und dem Ausgesagten. In allen Fällen eine nicht umkehrbare Unterordnung.

Tu, was du willst, doch rebelliere nicht gegen den, der es dir befiehlt, oder du wirst dich in unüberwindbare Widersprüche verwickeln. Eine Maschine, die nur *eine* Unterscheidung produziert, die hierarchische. Eine Regierungsmaschine.

5. Die Formel ist theologisch. Ihre Herkunft ist im Religiösen, so der heilige Augustin: *Dilige et quod vis fas*, das heißt: Liebe (Gott), diene (Gott) und tu, was du willst. Obwohl die Beziehung zwischen dem Willen und Gott und damit die religiöse Seite der Formel entfernt worden ist, weist das Denken des 20. Jahrhunderts noch die Spur dieses Schnitts auf und erinnert daran, daß das «Alles ist erlaubt» gelesen wird als: «Wenn Gott tot ist, ist alles erlaubt.»

Die religiöse Beziehung der Formel verschwindet, aber sie behält ihren Platz in dem Diskurs, der über «alles» zu entscheiden beansprucht. Es wird weiter von Gott gesprochen, doch glaubt man an ihn nicht mehr mit der Autorität, wie sie die Vernunfttheologie aufstellt, die Gott am Endpunkt ihrer logischen Beweise suchte.

Der Atheismus ist theo-logisch. Nicht weil er gelegentlich in die Erinnerung an das «Gott ist tot» verfällt, sondern weil er von «allem» so spricht (im «Alles ist erlaubt»), wie die klassische Philosophie von Gott sprach. Wenn sich unsere Vernunft erlauben kann zu erklären, was Gott ist, so geht ihr auch nichts ab, wenn sie nun behauptet, er sei vollkommen, daseiend, eine Idee oder gar tot. Wird Gott durch einen Beweis zugänglich und durch das Wissen über sein Ableben sein Verbot möglich, dann kann man sich alles leisten oder sich alles verbieten: «Die Seelen wurden abgeschafft», verkündeten die eifrigen Aktivisten 1924 in den russischen Provinzen. So wie man sagt: Das Brot ist rationiert, der Zucker ist eingeschränkt. Religiöse oder antireligiöse Politik bringen den Beweis für den starken Staat.

«Tu, was du willst!» drückt die Sichtweise eines Gottes gegenüber seiner Welt aus, auch wenn die Formel Gott aus ihren expliziten Betrachtungen ausschließt. Sie verstärkt das Verhältnis Regierender–Regierter durch die Beziehung von Gott zu seinen Kreaturen. Wenn ein kleiner Chef ein kleiner Gott ist, großer Gott! Was ist dann ein großer Chef?

2

Das ist die Fabel von Thelema. Nimmt sie sich im Vergleich zu den modernen, machtproduzierenden Maschinen zu einfach aus? Sie drückt den Kern aller politischen Theorien aus, die heute florieren. Die Herren, unter sich, leben sich aus, haben Unterkunft bei einem Herrn, der abwesend ist. Haben Verpflegung, Kleider und frische Wäsche, dafür sorgt das Personal, das ebenfalls abwesend ist. Rabelais erwähnt besonders, daß die Arbeiter, die mit der Ernährung und Bekleidung beauftragt sind, außerhalb von Thelema wohnen. Man möge nun Anhänger von Ricardo, Keynes, Marx, Weber, Smith, Rabelais oder gar Hitler sein, man kann nicht die Augen davor verschließen, daß die gegenwärtigen Gesellschaften ihre Reichtümer aus der Arbeit abziehen, die sie «organisieren». Jede politische Theorie versucht jedoch alles, die Probleme der Herrschaft beiseite zu lassen, die jede Arbeitsorganisation mit sich bringt: das sei etwas anderes, es ginge um die Wirtschaft. Selbst die revolutionärsten Theorien gehen in die gleiche Falle: Marx spricht gelegentlich von «assoziierten Produzenten», die sich an die Stelle des Kapitals setzen, unbestimmter auch noch von Selbstverwaltung und von der fortschreitenden Eliminierung des Geldes. Nur wenige Einschränkungen, die er macht: unter dem Vorwand, nicht «die Kochtöpfe der Zukunft zum Sieden zu bringen», bleiben sie aber unbeschrieben, was zahlreiche Blankoschecks zur Folge hatte, die die «Repräsentanten der Zukunft» girierten. Seine ernsthaftesten Kritiker in der Arbeiterbewegung stellten die gleiche Überlegung an, als sie zum Beispiel den Generalstreik an die Stelle der Revolution setzten: je weniger die einzelnen arbeiten, um so eher können die Arbeitgeber abgesetzt werden und die Kommandohebel in die Hände der Proletarier und ihrer Gewerkschaften übergehen, die Arbeit selbst aber beginnt von neuem. Wie vorher? Es scheint so, denn es wurde nicht für notwendig gehalten, diesen Aspekt zu präzisieren (das hieße: mit der Veränderung der Arbeit hier und jetzt beginnen, um zu sehen, was das ergibt). Ob nun die Macht bewahrt, reformiert oder revolutioniert werden soll, sie, über die alle Theorien Diskussionen führen, hat ihren Ort in Thelema.

In Rabelais' Fabel fehlt es vielleicht an utopischer Phantasie, doch gewiß nicht an Realismus: ein von der Produktion und den Produzenten, die ihn am Leben erhalten, abgetrennter Raum, in dem dennoch alles entschieden wird, wo man auch mit dem Leben und der Produktion derer, die zu diesem Ort keinen Zutritt haben, tun kann, «was man will» – ist es nicht derselbe, den alle politischen Theorien verteidigen, erneuern und über den Haufen werfen? Da ist ihr Gravitationszentrum, der Ansatzpunkt, der es ihnen erlaubt, die Welt aus den Angeln zu heben, der Schlüssel, die Macht, die Lenin, Hitler und jeder Kandidat auf eine Präsidentschaft spürt, sieht und dann im Staate sucht. Wenn der moderne Mensch, mit einem gewissen Lebensstandard ausgerüstet, davon spricht, die Staatsapparate (für die Mehrheit, für das Volk, für die Revolution, wer weiß) erobern zu wollen, dann träumt er davon, in Thelema zu Hause zu sein. Im gewissen Sinne befindet er sich schon in Thelema, träumend, theoretisierend, terrorisierend.

3

Die Formel wendet sich an jede Freiheit, sie gibt ihr einen Namen, sie befiehlt: du wirst frei sein. Auch frei, nicht darauf zu hören? Kann man aus diesem Kreis herausspringen, in dem sie uns schon einschließen will, und sie für unwichtig halten wie etwas Unsinniges, und dann zum Alltag übergehen?

Das ist nicht leicht: Das «Tu, was du willst» ist schon im alltäglichen Tun zu Hause; würde man es nicht in dem Unvorhergesehenen der Begegnungen hören, würde die Liebe keine Romane mehr schreiben. Und für die politischen Regime gäbe es keine treuen Anhänger mehr. Niemand darf die modernen Gesetze ignorieren, die nur von unseren Freiheiten sprechen. Selbst die Wirtschaft kann nur dann Menschen mobilisieren, wenn sie eine Welt von «freien Arbeitern» voraussetzt. Auch die Konzentrationslager programmieren noch die Arbeit in Freiheit, tu das und du wirst wollen (Arbeit macht frei); das funktioniert, wenn der Sterbende sein Sterben selbst verwaltet. Umerzogen wird in China mit Hilfe der Selbstkritik an den Fehlern, je mehr man sich umerzieht, um so näher rückt die Stunde der Befreiung, eine Umerziehung, die zu ihrem Ende kommt, impliziert das volle Bewußtsein der begangenen Irrtümer. Wenn dir, voraussichtlich umerzogen, die Autoritäten nun schließlich die Freiheit vorschlagen, kannst du dann im vollen Bewußtsein deiner Fehler etwas anderes für dich verlangen, als im Lager zu bleiben? Du wirst darum bitten, wenn deine Erziehung gelungen ist, und wenn sie gelungen ist, müssen die Autoritäten, nicht weniger gut erzogen, mit dir einverstanden sein. Also bleibst du da. Doch wenn du nicht darum bittest, ist deine Umerziehung mißlungen, dann gibt es auch keinen Grund mehr, dich rauszulassen. Tu, was du willst!

Eine Bauernfängerformel, man hält sich bald für schlauer als sie. Vergessen der Sand, den sie in die Augen streut, man muß zu den Sachen selbst zurück und die wirklichen Kräfteverhältnisse aufdecken, die in ihr verborgen sind, also los gegen den Bourgeois und gegen den Bürokraten! Warum so eilig? Wenn der Bourgeois, der Bürger, nicht nur einer ist, der einem bestimmten Stand angehört, wenn ein Bürokrat nicht nur der ist, der in den Büros sitzt, wenn beider Macht nicht nur auf dem Papier steht, heißt das, daß er im Namen der Freiheit den Gehorsam erzwingt.

Sucht man hinter den Worten die wirklichen gesellschaftlichen Kräfte, so findet man, je gründlicher man sie analysiert, in diesen Kräften Worte, die sie zementieren. Die Bourgeoisie kann, um die Welt zu regieren, nicht umhin, sich als universelle Klasse darzustellen, die die Freiheit aller verteidigt. Ein Jahrhundert später trifft diese Bemerkung von Marx eher noch auf die Regime zu, die sich auf ihn berufen: «Es tönt – durch wie viele Prozesse bereits? – die gleiche triumphale Melodie, die Dutzend Variationen zum gleichen Thema: *Wir sind doch alle zusammen Kommunisten!* Wie habt ihr euch hinreißen lassen, gegen uns aufzutreten? Bereut! Denn ihr und wir sind zusammen – *wir!*» (Solschenizyn, *Der Archipel GULAG*, Band 1). Tu, was du willst – auf jeden Fall, du hast es gewollt: jede gesellschaftliche Macht findet die Kraft, die von ihr mobilisierte Freiheit auch wieder einzufangen und zu bedrohen.

In einer anscheinend ruhigen Gesellschaft stellen gelassene Soziologen den Bürokraten als den Angestellten einer «entzauberten» Rationalität dar. Er ist keineswegs der Mensch, der über letzte Zwecke entscheidet, sondern ein Mann mit der Kompetenz des Aktenstudiums, objektiver Regelungen, der berechneten und überprüfbaren Anordnung von Mitteln, die auf bestimmte Zwecke hin definiert wurden, die von den legalen Autoritäten festgelegt wurden. Und so weiter. Gegenüber den widersprüchlichen Wünschen der Öffentlichkeit nimmt er eine neutrale Position ein, die eines der Geheimnisse seiner Ausbreitung ist: stehen zwei Verwaltungen zueinander im Gegensatz, so wird eine dritte geschaffen, die den Konflikt verwaltet, es wird eine Polizei für die Polizei gebraucht, Vermittler zwischen den öffentlichen Dienststellen und der Öffentlichkeit, und eine neue Dienststelle für diese Vermittler. Es ist unnötig, «Schmähreden gegen den Heiligen Bürocratius» zu halten (Max Weber); wenn die Bürokratie nicht rationell ist, wird sie mit Hilfe der Bürokratie rationalisiert, sonst würde man sich eine «dilettantische» Verwaltung auferlegen. Mach aus mir, was du willst – auf diese Weise wird die Bürokratie akzeptiert, wobei sie zu verstehen gibt, daß man, um etwas zu wollen, die Mittel dazu haben müsse, das heißt, sie, die Bürokratie. Je mehr richtig miteinander verbundene Mittel bereitstehen, um so mehr ist ein Wollen möglich, um so trächtiger die Bürokratie, um so größer die Freiheit: richte dein Wollen auf das, was du willst, zuerst einmal aber mußt du mich wollen.

In einer in Aufruhr befindlichen Gesellschaft gibt es den «gefährlichen sozialen Agitator». Der Berufsrevolutionär ist ebensowenig wie der Bürokrat ein Mann der letzten Ziele. Kurz bevor er die Macht ergriff, sagte es Lenin genauer: was die letzten Ziele betrifft, sind sich Marxisten und Anarchisten einig, sie verfolgen alle die Zerstörung des Staates (*Staat und Revolution*, 1917). Wenn es eine Differenz zwischen beiden gibt, so im Hinblick auf die Mittel: der Berufsrevolutionär akzeptiert sie (den Staat, die Diktatur), während der Anarchist sie abzulehnen scheint. Kurz: Tu, was du willst, doch vorher *tu*. Je weitgehender du dich der Diktatur des Tuns unterwirfst, desto freier wirst du später zum Wollen sein.

Bürokrat und Berufsrevolutionär sind keine Prediger, sie sehen sich als Männer der Vernunft, beide prophetisieren nicht, sie beanspruchen einfach nur, die Mittel zur Freiheit anbieten zu können. Und wenn der Berufsrevolutionär vielleicht Angst vor einer Bürokratisierung der Zukunft bekommt, so gibt sich der Bürokrat immer wieder die Ehre, die Gegenwart zu revolutionieren.

Der Bürokrat vermehrt sich nicht nur in der Bürokratie; sondern zunächst einmal in jedem von uns. Er ist neutral und neutralisiert; man sagt, er sei nüchtern, er entzaubere; er sei bescheiden und halte sich an die Mittel, aus seiner Bescheidenheit mache er den allerletzten Zweck. Mit ihm geht die Formel vom Imperativ zum Indikativ über: was du tust, willst du auch. Du wirst es woanders wollen, morgen, in deinem Privatleben, in deiner Seele, das heißt eben in dem, was du tust und aufbaust, hier und jetzt. Nach dem Bau von Thelema kann Gargantua in den Hintergrund treten, seine Regel steht da, aus sich heraus: Thelema, das Mittel dieser Regel, regiert über die Thelemiten, die selber Mittel dieses Mittels sind.

Wer den Zweck will, will auch die Mittel, sagt mit aller Schärfe der Berufsrevolutionär. Wer die Mittel will, findet dabei kein Ende, seufzt der Bürokrat. Der eine ist immer der Herausforderer des andern, beide sind bereit, in den Ring zu steigen und den Kampf des Jahrhunderts auszutragen. Die Dialektik, die von Hegel und Marx, ist öffentliches Gemeingut geworden, sie zählt nun die Punkte. Das große Spiel vom An-sich und Für-sich, vom Menschen und der Sache; sie zerreißen sich, denn sie sind Brüder, und wenn sie Brüder sind, müssen sie sich zerfetzen. Hab acht auf die Linke, achte auf die Rechte, der Kampf ist ausgeglichen, wenn sie nur Abweichungen vermeiden. Sie verfolgen einander, jeder ist des anderen Schatten. Wenn sie aufeinander losgehen, müssen sie getrennt werden, doch trennen sie sich, weil sie einander suchen. Der professionelle Revolutionär bürokratisiert sein Spiel, jeder übernimmt die Art des andern, dem Anschein nach ein Rechter, in Wirklichkeit ein Linker, und umgekehrt. Nach Rosenkranz und Güldenstern, Bouvard und Pécuchet, Dupont und Pondu haben wir hier das berühmte Paar des wissensreichen 20. Jahrhunderts.

Nicht der Titel steht auf dem Spiel. Der Kampf erschöpft Kämpfer und Zuschauer, nicht jedoch die Frage. Die Dialektik meint einen Kampf auf Leben und Tod zu kommentieren, in dem alles entschieden wird, die Kämpfenden wissen nicht, wer den Kampf beschloß und wie er zu Ende gehen wird, sie irren umher in dem Raum des «Tu, was du willst»; wenn jeder sich dialektisch davon überzeugt, daß der andere mehr weiß und daß ihm sein Geheimnis entrissen werden muß, wird die Lage schon brenzliger. Nichts steht dem im Wege, einmal an die frische Luft zu gehen, bei ihrer Rückkehr machen die Kämpfenden weiter, auch wenn sie nicht wissen, warum.

Sie machen sich ein Ziel streitig, das ihnen entgeht, der Befehl zum Kampf schwebt über ihren Köpfen. «Tu, was du willst!» befahl ... Ja, wer? Gargantua? Der Anordner des Spektakels ging weg und ließ bedeuten, daß er die Dinge ihren Lauf gehen lassen wolle, er verläßt die Orte, indem er sie sorgfältig aneinanderfügt: Thelema ordnet die Thelemiten unter und erspart sich dabei einen Fürsten. Es gibt keinen Herrn in Thelema, doch fehlt es dieser Republik nicht an Regeln, seien sie als Gegen-Regeln symmetrisch dazu auch ebenso zaghaft wie die, die sie auslösen: «Und weil es in den Klöstern sonst üblich ist, den Ort, den eine Frau ... betreten hat, sogleich zu reinigen, so müßte bestimmt werden, daß in dieser Abtei jede Stelle sorgfältig gereinigt werden soll, die etwa ein Mönch oder eine Nonne betreten hätte.»

Sicherlich markiert Thelema einen Bruch. Den zwischen Obskurantismus und Humanismus? Dem geschlossenen Weltbild des Mittelalters und der offenen Welt der Renaissance? Die Historiker stellen diesen Gegensatz sehr nuanciert dar und zeigen die Lichter des Mittelalters und das Dunkel der Renaissance auf. Aber ist Rabelais nicht noch ironischer? Es ist der Übergang vom Kloster zum Anti-Kloster; nicht als Sprung aus dem Reich der Notwendigkeit in das Reich der Freiheit, sondern um einiges salbungsvoller: als Substitution einer Disziplinierung durch eine andere.

4

Die Mauern des Klosters fallen, doch handelt es sich dabei um Freiheit? Nicht ohne Zweideutigkeit sagt Bruder Hans dazu: «... denn wo hinten und vorn solche Mauern sind, gibt es viel Murren, Verdruß und Verschwörung.» Wurde mit dem Einreißen der Mauern begonnen, die Disziplinen zu «entsperren», so wie es dann im großen Maßstab das 19. Jahrhundert vornahm? (M. Foucault, *Überwachen und Strafen.*)

Die Thelemiten entgingen der herkömmlichen Hierarchie, allerdings nicht jedem Zwang: «Sagte einer oder eine: Laßt uns trinken, so tranken sie alle . . .» Den Raum der Souveränität, in dem der König alle Blicke in sich vereinigt, verließen sie vielleicht nur, um zu diesem «Raum der Sichtbarkeit», in dem die Macht sieht, ohne gesehen zu werden, Zutritt zu haben. Wobei es den Untertanen überlassen bliebe, niemals von diesem unsichtbaren Auge ertappt zu werden: permanente Selbstdisziplin, «eine Prozedur der Unterordnung von Körpern und Kräften, welche die Nützlichkeit der Macht erhöht, indem sie sich den Fürsten erspart». Am Ende des 18. Jahrhunderts führte das von Bentham ausgedachte Modellgefängnis, das *Panopticon*, ein neues System der Überwachung ein, eine politische Technologie, die Michel Foucault als Panoptismus bezeichnet, der sich dann in den Schulen, Werkstätten und Gefängnissen des letzten Jahrhunderts wiederfinden läßt.

Da steht kein Wachturm in der Mitte von Thelema, auch keine Überwachungszentrale. Sind die Thelemiten voneinander isoliert, damit sie um so besser dem Blick des Aufsehers ausgesetzt sind, den sie verinnerlichen? Durchaus nicht! Sie wetteiferten darin, «nur immer das zu tun, was den andern angenehm war». Die Überwachung ist gegenseitig, das Zentrum ist überall, der Umkreis nirgends; man kann Thelema jederzeit verlassen, denn ein Herauskommen gibt es da nicht: «Denn freie Menschen von edler Geburt, guten Kenntnissen und in achtbarer Gesellschaft aufgewachsen, tragen von Natur einen Trieb und Stachel in sich, tugendhaft zu handeln und das Laster zu fliehen, welchen Trieb man Ehre nennt». Thelema ist kein panoptisches System, ebensowenig eine Etappe auf dem Wege dahin. Es handelt sich um eine Welt der Manifestation, nicht der Produktion, sie läßt eher an den Hof von Fontainebleau denken als an einen Fabrikhof. Kurz, sie wäre eher einem System gegenseitiger Kontrolle, nach chinesischem Muster, vergleichbar als den Einzelzellen bei Bentham.

«Wir haben es also mit zwei entgegengesetzten Bildern von Disziplin zu tun: auf der einen Seite die Disziplin als Blockade, als geschlossene Anstalt», an den Gesellschaftsrändern errichtet, und ganz «auf negierende Funktionen ausgerichtet . . .: Bannung des Übels, Unterbrechung der Beziehungen, Aufhebung der Zeit. Auf der anderen Seite die Disziplin als panoptischer Betrieb, als Funktionszusammenhang, der die Ausübung der Macht verbessern, d. h. beschleunigen, erleichtern, effektiver machen soll: ein Entwurf subtiler Zwangsmittel für eine künftige Gesellschaft» (M. Foucault). Thelema ist nicht *in* der Geschichte, sondern markiert in ihr eine entscheidende Wegkreuzung:

Anti-Kloster, ein Bunker des neuen Zeitalters, den die Verdammten der Vergangenheit, Heuchler, Frömmler, Teufelsgelichter, Wucherer, larvenhafte Tugendwächter, Krätzkranke belagern und solche, die der Lustseuche verfallen sind . . . Die Mechanismen der Ausschließung funktionieren, sobald man die Abtei betreten hat, auch an der Tür zu den Frauensälen, vor der sich stets Parfümierer und Friseure bereithalten: die Männer gehen durch ihre Hände, bevor sie den Damen ihre Aufwartung machen können. Der Freiheit Preis.

Ausbildungszentrum, hier wird die Machtfrage gelöst, die anfangs der Mönch ankündigte und von der das ganze Thelema-Projekt bestimmt wird: «Wie soll ich andere leiten, der ich mich selber nicht zu leiten verstehe?» Mit der Formel: «Tu, was du willst!» kommt es zu einer weltlichen, verbindlichen Einmütigkeit, bei der man sich den Fürsten erspart. Der Gleichheit Preis.

Anonyme Architektur, in ihr hat der entschwundene Herr ein Gesetz niedergelegt. Schon jetzt wird mit dem Abtritt des Fürsten von den Steinen verlangt, die Verhältnisse zwischen den Menschen zu regeln. Später werden dann die großen rationellen Gebäude der Gefängnisse und Spitäler entworfen, in denen die Steine «gelehrig und erkennbar machen» können (M. Foucault). So fing Thelema an zu sprechen. Der Brüderlichkeit Preis.

Bruch, Wegkreuzung, Knoten. Alle Richtungen sind angezeigt, doch ist es uns untersagt, aus ihrem Ganzen eine auszuwählen. Wenn die Freiheit am Horizont erscheint, ist das Tun, das dahin führt, Selektion und Dressur, beides steht für sie sofort da, und für alle wird sie zur Notwendigkeit, wenn einer sagt «Laßt uns trinken» . . . Ein jeder ist dem andern gleichgestellt, unter der Bedingung, daß niemand sich mit dem Gleichsetzenden auf eine Stufe stellt. Der Wille aller ist der Wille eines jeden einzelnen, doch heißt der erste Gargantua, wenn der andere sich im ununterscheidbaren Thelemiten einnistet; bis ins letzte ausgeklügelt, denn von beiden trifft keiner auf den andern.

Was sie aneinanderbindet, bringt sie auch auf Distanz; darin liegt die ganze Wirksamkeit der Einrichtung der Thelema und ihrer Formel. Später kommt dann in diesem paradoxalen Raum die Macht zu einer produktiven Organisation, die Antinomie zahlt sich aus, indem sie auf die Zeitachse (heute das Tun, morgen das Wollen) oder auf die verschiedenen Register des gesellschaftlichen Lebens verteilt wird («Die wirklichen und körperlichen Disziplinen bildeten die Basis und das Untergeschoß zu den formellen und rechtlichen Freiheiten.»). Späterhin werden der Bürokrat und der Berufsrevolutionär ihre dialektischen Duelle öffentlich bekanntmachen, jeder reißt den Balken aus dem Auge seines Nachbarn, beide als Werkzeuge der gleichen, der Disziplin dienenden Sichtbarkeit, die durch ihre fiebrigen Augen hindurch alles kalt beobachtet. Thelema hat bereits diese Stunde ohne Zeigerblatt markiert, in der der Fürst sagt: «Es ist richtig zu revoltieren», während seine modernen Zeitläuften gerecht gewordene Macht sich in diesen Worten außer Reichweite bringt.

5

Der Bau erscheint nicht in dem ätherischen Licht der «humanistischen» Akademien, ebensowenig in dem durchdachten Dunkel zukünftiger Konzentrationslager. Thelema – ausgesprochen mit träumerischem Lächeln.

«Meine Rede ist wahr.» Kein Problem: sage ich wirklich das Wahre, dann ist das eine wahre Behauptung; falsch ist sie, wenn ich nicht die Wahrheit sage. Beide Fälle sind deutlich voneinander getrennt, wie Thelemiten und Matagoten. Von einigen Einzelheiten abgesehen, wird die Abtei zum Tempel des Wissens und der guten Gesundheit; die Formel «Tu, was du willst» ist über allen Zweifel erhaben, denn die wohlgeborenen Bewohner und Redegewandten können nichts Böses im Schilde führen.

Allein schon die Möglichkeit, Falsches zu sagen oder Böses zu tun, ändert alles. Ich sage «Ich lüge» – schon stehen wir vor einem Paradox. Und wenn du schon denkst, daß ich mit meinem «Ich sage die Wahrheit» womöglich lüge? Tu, was du willst, doch ist dieses «nach deinem Belieben» weniger der Zugang zum Reich der Freiheit als vielmehr ein gelegentliches Achselzucken: es ist doch alles gleich, da nichts ebenbürtig sein kann.

In Thelema ist alles gut; außerhalb alles falsch. Je nachdem, ob die Formel von außen oder von innen vernommen wird, produziert sie zwei Versionen: eine optimistische und eine nihilistische. Nur daß man, wenn man sich außerhalb befindet, keine Wahrheit aussagen kann, und daß demzufolge die Behauptung, drinnen zu sein, anmaßend klingt: ihr kann nicht widersprochen werden, also ist sie willkürlich. Das Paradox bringt es zu dem Überschlag in dieses Dazwischen.

«Gott, so heirate doch! – Aber . . . – Also heirate nicht.» Panurg, mit seinem Wunsch nach Heirat, ist auf die Folter gespannt, er wehrt sich dagegen, getäuscht zu werden oder der Lustseuche zu verfallen, beides Gefahren, die die unsichtbaren Mauern Thelemas ausdrücklich ausgeschlossen hatten. Kaum einer, der ein solches «also» aussprach, wurde an der Sorbonne zum Doktor ernannt, wie sehr auch das «also bin ich» im «cogito» Descartes' dazu berechtigen konnte.

Eine geraume Zeitlang bringt Panurg Einwände gegen die Heirat vor und antwortet auf seine eigenen Einwände; Pantagruel sagt jedesmal dazu: «Also . . . tu, was du willst.» Ihr Dialog fliegt davon; man glaubt Bertrand Russell zu hören, der Gottlob Frege (der soeben seine «Grundlagen der Arithmetik» – 1884 – abgeschlossen hat) ankündigt, daß eines der Grundgesetze, das in Wahrheit jede numerische Berechnung begründen müßte, eines dieser Gesetze der Logik, das sicherer begründet sei als die Arithmetik selbst, auf einen Widerspruch stößt. Das war eine denkwürdige Krise für die Mathematiker des 20. Jahrhunderts, die größte in der Mathematik, seitdem die Griechen die irrationalen Zahlen entdeckt haben. Anscheinend hat Panurg das «also» Pantagruels satt und bringt die Krise des «Tu, was du willst» zum Ausbruch: «Euer Rat hört sich, mit Verlaub, wie ein endloser Dauerkehrreim an; 's ist alles Spott, Stichelei, Wortgeklingel, Widerspruch. Eins hebt immer das andere auf, so daß ich nicht weiß, woran ich mich halten soll.»

Jedes große Paradox ist eine Anspielung auf die Weise, wie es sich darstellt, es reflektiert die Form, in der es ausgesagt wird. Ganz nebenbei hat Panurg die Schreibweise von Meister François Rabelais (selbst-)definiert.

Was soll ich tun? Tu, was du willst! Doch was soll ich wollen? fragt Panurg von neuem. Wieder bringt ihn Pantagruel auf die Formel zurück: «weil in dem, was du selbst zutage bringst, soviel Ja und Aber enthalten sind, daß ich nicht weiß, worauf ich fußen und wonach ich meine Entscheidung treffen soll. Weißt du denn selbst, was du willst? Das ist doch schließlich die Hauptsache . . .» Wieder einmal ist der Ball im anderen Lager: du mußt wollen! Noch ein Dauerkehrreim?

Nein, denn die Frage der Heirat läßt einem Idyll kaum freien Lauf, in ihr verbirgt der Himmel Thelemas nicht ganz die mögliche Hölle. Zu tun, «was man will», setzt voraus, daß man sich seines Willens vergewissert. Wo? In Thelema? Auch das nicht! In Schlachten, großen Entdeckungen und Rätseln, die so schwer zu entziffern sind. Zur Heirat kommt es so, wie man in eine Schlacht zieht, es ist nicht der Weg ins Kloster, «man muß es eben blindlings wagen, die Augen verbinden, den Kopf unterducken und seine Seele Gott befehlen, wenn man's überhaupt wagen will. Sicherheit wüßt ich dir nicht zu geben», sagt Pantagruel, ehe er mit Panurg jene große Entdeckungsreise unternimmt, die keinen Abschluß findet. «Tu, was du willst» bedeutet nicht, «Schlag dein Quartier in Thelema auf», sondern «Komm heraus, denn draußen ist man schon drinnen».

Eingestellt wird in Thelema erst nach einem Gesundheitstest. Draußen *engagiert* man sich, nichts ist entschieden, jedoch steht alles auf dem Spiel, wenn, wie Panurg es sagt, «der Hosenlatz bei Kriegern das erste und hauptsächliche Waffenstück ist» . . . Die einfachste Art, ein Paradox in der Logik zu umgehen, besteht darin, ihm gar nicht erst über den Weg zu laufen, wenn zum Beispiel (mit Russell) behauptet wird, daß das, was alle Elemente einer Sammlung einschließt, nicht ein Element der Sammlung sein darf; zur Institution wird Thelema nicht durch einen Thelemiten, sondern durch Gargantua; das Element wird in die Sammlung «aufgenommen», doch darf es nicht die Sammlung, deren Mitglied es ist, zur Verantwortung ziehen. Ganz im Gegenteil, in der Frage von Panurg steht es um das Individuum wie um die Gattung: «Mit dem Kopf geht nur das Individuum zum

Teufel, mit dem Gemächt dagegen das ganze Menschengeschlecht.»

Seit Platon werden die Welt und die Menschennatur gewöhnlich dreigeteilt: Kopf, Sitz der Intelligenz, die das Ganze überschaut; Unterleib, Sitz der Begierde, die dem Individuellen und Zufälligen verhaftet ist; und zwischen beiden das Herz, das mit Hilfe des Willens das Untere dem Höheren unterstellt (wenn alles gutgeht: wenn die Engel kein Geschlecht haben und Geschlechter keine Engel sind; Mao dixit). Panurg bringt seinen Sprengstoff in der Mitte dieses tausendjährigen Baus an. Nicht in der sexuellen Befreiung: für ihn ist das Geschlecht ein Kuddelmuddel, man fängt es ein, dreinreden gibt es dabei nicht. Auch nicht in der Kritik, wie sie dem Kopf entspringt, bringt er ihn an: und zum Kopf der Kritik geworden, rettet unser ehrwürdiges, graues Oberhaupt nun doch etwas zu leicht sein Reich. Mehr Geschick zeigt Panurg, wenn er Riegel sprengt, die Abschirmung, die Pufferzone des «Willens»: den läßt er, höchst geschickt, nicht etwa verschwinden, sondern bringt ihn in seiner Vermittlerrolle zum Vorschein, die damit festgelegt ist.

«Wollt ihr zu verstehen geben . . .» sagt Bruder Hans, als Panurg eine Auslegung des eben geträumten Traums vorschlägt, die für die Heirat spricht. Wenn es zwei einander widersprechende Antworten auf eine Frage gibt, dann markiert die Wahl der einen oder der andern nur den vorgefaßten Willen desjenigen, der fragt. Hinter dem Willen zum Wissen entdeckt er den Willen zum Willen, zumal man darauf aus ist, sich mit einem Wissen über das Wissen abzusichern. Panurg träumt von Hörnern, das ist seine Frage. Er legt den Traum so aus, daß dieses Horn nicht von einem Hahnrei ist; das ist das Wissen von seinem Willen. Er deutet es als Füllhorn des Wissens; das ist sein Wille zum Wissen – «Damit wollt Ihr gewiß zu verstehen geben, daß die Träume des gehörnten Hahnreis, wie unser Panurg mit Gottes und seiner Frau Hilfe einer werden wird, immer wahr und untrüglich sind.» Sollte also der trügerische Gott, dem Descartes unumstößliche Wahrheiten entreißen wird, doch ein Geschlecht haben?

Worum geht es? Um die Heirat. Das heißt um die Treue in der Liebe. Allgemeiner, um die Treue der Mitteilung und um die Mitteilung der Treue. Vom Mitteilbaren und vom Nichtmitteilbaren. Wenn es nur darum ginge! Es würde dann genügen,

Panurg Bescheidenheit zu predigen; würde er nicht die Wissenschaft der Wissenschaft suchen, könnte er, so hieße es dann, den Drehpunkt vermeiden. Eben nicht! Zum einen ist Panurgs Problem kein epistemologisches, er will nur nicht zum *Hahnrei, geprügelt* oder *bestohlen* werden. Zum andern verfängt man sich gerade durch diese erdnahe Suche in den Paradoxa des «Tu, was du willst».

Wäre Panurg seinen Erkundungen weiter nachgegangen, dann hätte er vielleicht nach dem Königreich der Quintessenz, auf der Höhe der Insel der Sandalier und im Orden der Mummbrüder, den Marx–Engels-Archipel entdeckt. Nicht geschlagen? (hätte man ihm gesagt) – aber das ist die Frage der Macht, man werfe einen Blick auf Frankreich, politische Heimat, wenn es das überhaupt gibt. Nicht bestohlen? – das geschieht auf englische Art, mit der Wissenschaft, Politökonomie genannt. Kein Hahnrei? – d. h. hintergangen? Sprünge auf hegelsche Weise, was nur in deutschen Landen unterrichtet wird. Das sind, will man Engels Glauben schenken, die drei Quellen des Marxismus, aus denen die Antwort entspringt: mit solchem Tun heirate also, bei Marx!

Demgegenüber versuchten einige böse Geister, mit Beispielen bei der Hand, zu erklären, daß er wie zuvor Gefahr laufe, geprügelt, bestohlen und zum Hahnrei zu werden: also heirate nicht!

Wozu soll also all eure Politikwissenschaft, Ökonomie und letzte Philosophie gut sein? ruft Panurg aus und kehrt wieder dahin zurück, wo er sich durch die Produktionsweise seiner Zeit bestimmen lassen kann.

Diese hat gegenüber der heutigen den unschätzbaren Nachteil, nichts von den Wohltaten der Einheit von Theorie und Praxis zu wissen, es sei denn die Hohepriesterin Bakbuk würde vor der Zeit mit den Feuerbach-Thesen niederkommen: «Darum sage ich nicht zu dir: Lies dies Kapitel, höre diese Auslegung, sondern ich sage: Schmeck dies Kapitel, schluck diese schöne Auslegung.» Und mit der kleinen roten Flasche, die sie reicht, bietet sie die letzte Version des *Tu, was du willst!* an: Trink! Sie kommentiert nach den besten Grundsätzen des Diamat, als hätte sie ihre Studien an der Lomonosow-Universität in Moskau begonnen und die mündliche Prüfung an der Humboldt-Universität (Ost-Berlin) abgelegt: die Theorie wird getrunken (Im Wein ist Wahrheit), die Praxis theoretisiert daher: «Darauf weist euch die Göttliche Flasche hin; sucht also selbst den Sinn eures Vorhabens.» Daß aus Wein man göttlich wird und sogar Weissager, darin täuscht sich die trunkene Hohepriesterin nicht, vor allem, wenn sie hinzufügt, daß diese Wahrheit in alle Sprachen übersetzt werden kann. Auch in die deutsche, der Rheinwein hilft dabei: «Das Wahre ist so der bacchantische Taumel, an dem kein Glied nicht trunken ist . . .» (Hegel).

Die panurgische Version des «Tu, was du willst» ist von der der Thelema grundverschieden. Sie schließt nicht eine ideale Utopie ein, sondern gibt Entdeckungen auf. Sie ist keine Garantie gegen die Gefahr, hintergangen, bestohlen und verprügelt zu werden; darüber macht sie sich nur lustig. Die Paradoxa werden weder entfernt noch umgangen, sie begleiten die Verschiebungen, sie bieten nur Schutz gegen endgültige Garantien, sie bilden kein Prinzip zum Regieren: über Wissen und Macht hinweg nimmt das Lachen seinen freien Lauf. «Während der Renaissance hat sich das Lachen in seiner radikalsten, universellsten Form, so wie es die ganze Welt umfaßte, und zugleich in seiner *fröhlichsten* Form, ein einziges Mal im Verlauf von einigen fünfzig oder sechzig Jahren (. . .) zusammen mit den ‹vulgären› Sprachen aus den Tiefen des Volkes freigemacht, brach in die große Literatur und die erhabene Ideologie ein und trug dazu bei, Meisterwerke der Weltliteratur zu schaffen, wie das *Dekameron* von Boccaccio, das Buch von Rabelais, den Roman von Cervantes, die Dramen und Komödien von Shakespeare, usw.» (M. Bachtin).

6

Sehr viel später finden dann die Männer des Wissens, wieder ernst geworden, eine Erklärung für dieses Lachen. Woher wissen sie, daß das Lachen etwas ist, was erklärt werden muß? Für das denkende 19. Jahrhundert neigen die Gesellschaften zur Komik, wenn sie untergehen, das Gelachter gehört zum Endspiel. Als Aristophanes auftritt, befindet sich die griechische Polis im Untergang, erläutert Hegel. Zu ernst für die Annahme, daß schon lange vorher Sokrates über sein absolutes Wissen und über die hegelschen Anmaßungen spottete, anders als in der Form von

Mythen den Diskurs zu führen, den der Schöpfer hält, bevor er mit der Schöpfung beginnt. Der stets gewissenhafte Schüler Marx unterschied dann die Guten, die Tragischen, die die Große Revolution machen, von den andern, den komischen Epigonen, die eine (erste) Soziale erfinden, ohne die letzte Soziale zu verwirklichen; sind diese Achtundvierziger für den seit einem Jahrhundert «konsequenten», wissenschaftlichen Marxisten lächerlich? Nach dem Zweiten Weltkrieg spürte Sartre, daß es etwas Gemeinsames gab zwischen dem Faschismus und dem Geist des Ernstes, zwischen diesem und dem Bourgeois, zwischen dem Bourgeois und dem Marxisten.

Daran erkennt man, daß, wenn es auch nicht ganz dasselbe ist, so ist es doch auch nicht ganz verschieden.

Das Lachen bringt Bewegung, krönt die Narren, zeigt die Blöße der Könige, wirft über den Haufen: «Es war die gleiche topographische Logik, mit der die Kleider umgekehrt angezogen, die Beinkleider über den Kopf gezogen wurden, mit der man aus Spaß zur Wahl von Königen und Päpsten schritt: das Oben und Unten mußten umgekehrt, was erhaben und ehrwürdig, was fertig und vollendet war, in den Höllenschlund des materiell und körperlich ‹Niedrigen› herabgestürzt werden» (Bachtin).

Die Renaissance mit viel Gelächter? Aber nein, gibt der ernsthafte Geist des 19. Jahrhunderts zu verstehen: ihr verwechselt alles, es ist nicht das Lachen. Sondern Wissenschaft, Vernunft, der Geist-der-sich-selbst-aussöhnt. Die Produktivkräfte. Der protestantische Geist. Die großen Entdeckungen. Die neuen Nationen. Das Geld. Ah! das Geld! war es nicht für Shakespeare selbst ein Kuppler, die universelle Hure? Gewiß, doch verfallen diese großen Dinge, die das Lachen erklären sollen, nicht selber in ein Gelächter? Ab wann haben die Wissenschaften und die Huren damit begonnen, zu arbeiten ohne zu lachen? Und die Matrosen? Der Geist des Ernstes senkt sich, nach Rabelais, Shakespeare und Cervantes, schnell über die Welt – doch eben: nach ihnen.

Der Geist des Ernstes folgt auf den ungeheuren Ausbruch, der alle Fesseln sprengt, auch die des Ernstes. Über Thelema und über die gelehrten, neuaufgewärmten Welten der Selbstgenügsamkeit wurde viel gelacht, bevor man sie in dem Dünkel der Neuzeit erdulden mußte. Der Ernst kann nichts an einem Lachen erhellen, das ihm zeitlich vorausging, oder nur insofern als es gerade von ihm beseitigt wurde.

Es zirkulieren die Schulden, das Blut, die Planeten, richtige Worte, Reisen, Kriege. Lustseuchen: im Wirbel des «Tu, was du willst», wenn der Mensch zur Natur des Lachens wird (und nicht umgekehrt). Zwischen Kopf und Unterleib ist der Wille nicht mehr Vermittler in einer Rangordnung; das Blut ist «der Sitz der Seele», und mit der Verwandlung von Wein in Blut erweist sich der Körper als Schmiede ohne Meister; in dieser Schmiede «beteiligen sich alle Glieder in besonderer Weise, und ihre Stellung zueinander ist derart, daß immer eins vom andern nimmt, immer eins dem andern leiht, eins dem andern etwas zu verdanken hat». Für den Willen, der sich Fragen stellt, ist die Entscheidung, ob Heirat oder nicht, unentscheidbar, doch ist dieses Unentscheidbare entscheidend: der Wille ist kein Puffer mehr, mit seinem Kopfstand kommt es wieder zu einer allgemeinen Zirkulation: «Alles das hängt mit der Pflicht des Leihens und des Borgens auf das innigste zusammen, weswegen man auch von einer ehelichen Schuld oder Pflicht spricht.»

Wird ihm nun entgegengehalten, daß man nicht von Schulden leben, nicht ewig seinen grünen Weizen verzehren kann, geht Panurg auf eine höhere Stufe der Argumentation und nennt den Gegner: «in dem, was Ihr mir da vorwerft, mache ich es ja nur so wie die Universität und das Parlament von Paris, die bekanntlich beide die personifizierte Idee der Pantheologie (der absoluten, universellen Weisheit) und Gerechtigkeit sind; wer das bezweifelt . . ., ist ein Ketzer!» Hier wissen die Diplomierten des 20. Jahrhunderts sich vor Freude nicht mehr zu halten, sie haben in den Worten Panurgs – gewiß etwas verworren und paradoxal – eine von ihnen sicherlich für genial (weil vorzeitig) gehaltene Skizze der Dialektik erkannt, die in dem positiven Verständnis des Bestehenden zugleich auch das Verständnis seiner Negation, seines notwendigen Untergangs einschließt (K. Marx).

Erklärt Panurg nicht selbst, daß der Umlauf seiner Schulden die Welt verändert: «Wie ein zweiter Milon schlage ich große Bäume nieder und rode Wälder, die ja doch nur ein Brutnest für Wölfe, Eber und Füchse, ein Versteck für Räuber und Mörder . . . sind, und indem ich sie gründlich lichte, verwandle ich sie in schönes freies Feld und stelle unter Oboen- und Dudelsackklang die Stühle für das Jüngste Gericht bereit.» Hier ist unser Schlingel auf frischer Tat ertappt, er spekuliert mit der Ignoranz seiner Zeitgenossen und bereichert seine Rede mit einer der berühmtesten Seiten des *Kommunistischen Manifests* – da wo Marx alle Sätze beginnt mit: «Die Bourgeoisie . . .», «Die Bourgeoisie . . .», «Sie . . .», und sie mit der Aufzählung von Wundertaten beendet, die Milon vor Neid erblassen lassen würden: «. . . hat enorme Städte geschaffen», «. . . die barbarischen und halbbarbarischen Länder von den zivilisierten . . . abhängig gemacht», hat . . . «die Produktionsmittel zentralisiert und das Eigentum in wenigen Händen konzentriert», «sie hat ganz andere Wunderwerke vollbracht als ägyptische Pyramiden, römische Wasserleitungen und gotische Kathedralen . . .»

Allerdings ist der Zweifel berechtigt, ob Panurg bei Marx Anleihen machte. Nicht wegen der prosaischen Frage nach historischen Daten: jeder historisch-dialektische Materialist kann heute (im Rücken von Panurg) die Bourgeoisie bereits zu Wort kommen lassen. Hat man sie nicht schon ganz andere Wunderwerke «vollbringen» lassen? Mehr noch, gibt sich Panurg nicht eine Blöße, wenn er sagt, daß seine Schuld «die Stühle für das Jüngste Gericht bereitstellt»? Was geradewegs von Marx herkommt: «Aber die Bourgeoisie hat nicht nur die Waffen geschmiedet, die ihr den Tod bringen; sie hat auch die Männer gezeugt, die diese Waffen führen werden – die modernen Arbeiter, die *Proletarier.*» Nur daß eine solche Textstelle noch zu «pantheologisch» für Panurg ist, der vielleicht beim Lesen von Marx die Frage gestellt hätte, welchen Fisch Marx an jenem Tag gegessen hatte, und zwar mit dem Hinweis auf Thomas von Aquin, der von Ludwig IX. eingeladen war, als er gerade seine berühmte Hymne auf das Heilige Abendmahl zu Ende schrieb. Geistesabwesend hatte er dabei das ganze Neunauge aufgegessen und rief, nachdem er nun den Abschluß der Dichtung gefunden hatte, aus: *«Consummatum est!»*, ich bin fertig, es ist vollbracht. Das *Manifest*, der Fisch oder die *Nachfolge unseres Herrn*?

«Aber wann denkst du denn aus deinen Schulden herauszukommen?» fragte Pantagruel. «An den griechischen Kalenden», erwiderte Panurg, «wenn alle Welt zufrieden sein wird und jeder sich selbst beerbt.» Die Herausgeber fügen in der Anmerkung hinzu, daß diese drei sprichwörtlichen Redensarten «niemals» bedeuten. Die Art und Weise, wie dieses Niemals zum Ausdruck kommt, ist von Bedeutung. Goethe hat lange die zweite kommentiert, Freud die dritte. Dieses Unmöglich fällt nicht auf die Untertanen, ausgesprochen von einem leibhaft-sichtbaren König, es steht auch nicht in dem Erlaß eines Fürsten, der verschwindet, sobald er die Wohlgeborenen in Thelema und die anderen Gott weiß wo angesiedelt hat. Tu, was du willst, *und* alle können nicht zufrieden sein: Thelema ist tot, auf zu neuen Abenteuern! Da wirst du zwangsläufig einem Vater begegnen, denn dich selber beerben kannst du nicht. Frischen Wind!

7

Die Thelemiten waren einander nichts schuldig; sagte einer «Laßt uns trinken», so tranken alle. Sie schuldeten alles, d. h. zuviel, dem Vater des Thelemitenvolkes. Die panurgische Ökonomie entzieht sich den vollendet vollkommenen Welten, die Schuld untersagt die unzerbrechlichen Vereinigungen, ebenso aber auch die apokalyptischen Konflikte, die alles regeln sollen: weder die Abtei noch die Kriege Pikrochols, noch der Hafen der Ruhe, noch der letzte der letzten Kriege . . . So wartet Panurg nicht mehr auf die allgemeine Krise des Kapitalismus, deren Herannahen Marx mal erfreute, mal beunruhigte, denn er befürchtete, sein großes Werk – *Das Kapital* – nicht fertigstellen zu können, bevor die Bourgeoisie damit aufräumte und dem Proletariat mittels einiger Krisen, Zusammenbrüche, Katastrophen: 1853, 1857, 1862 usw., die Prachtstraßen der Zukunft eröffnete.

Mit einem noch panurgischen Vergnügen studiert Marx das englische Kreditsystem, das seinerzeit das modernste war, da, «wo die prozessierende Kette der Zahlungen und ein künstliches System ihrer Ausgleichung völlig entwickelt sind». Doch war ihm daran gelegen, dieses «künstliche» Gebilde vor dem Gerichtshof der «realen» Krise auszutragen – zu einer Zeit, als das Urteil in letzter Instanz die Barzahlung war: «Dies plötzliche Umschlagen des Kreditsystems in das Monetarsystem fügt den theoretischen Schrecken zum praktischen panic, und die Zirkulationsagenten schaudern vor dem undurchdringlichen Geheimnis ihrer eigenen Verhältnisse.» Das ist der Tag, an dem alle

Schulden geregelt werden, der «theoretische Schrecken» der Knechte des Kapitals findet in der theoretischen Macht von Marx und seinen Gefährten einen Ausgleich, so wie die «praktische Panik» in der revolutionären Diktatur. Ein zweites und endgültiges «künstliches System» des Schuldenausgleichs . . ., diesmal zwischen den Machtträgern. Es funktioniert immer noch: 1975 – anläßlich *der* Krise – gab die KPF eine sorgfältig edierte neue Ausgabe jenes Buches heraus, das Varga zur allgemeinen, endgültigen Krise von 1930 geschrieben hatte (es war sein Verdienst, diese vorausgesehen zu haben, ebenso hatte er für das vorangehende Jahrzehnt etwa zehn Krisen vorausgesehen, und fast ebenso viele für das Jahrzehnt danach).

Man setze an die Stelle von «bare Zahlung» «Waffenentscheidung», an Stelle von «Krisen» «große Gefechte», und schon entdecken wir, wonach sich Marx sehnte: nach der Sonne von Austerlitz und dem Abend von Waterloo. Wenn die Stunde schlägt, «wie können dann *unter dem Kapitalismus*», so fragt Lenin, «die Gegensätze anders ausgetragen werden als durch Gewalt?» Es konnte Wladimir – nachträglich – nicht schwerfallen, aus der Konstruktion von Marx die Notwendigkeit des Krieges von 1914 abzuleiten: ging es da nicht um eine besonders blutige «Abrechnung»? Marx beschreibt wie Balzac auf napoleonisch die «Widersprüche» des Kapitalismus, er vermutet, sucht und erwartet den «höchsten Gerichtshof» der Entscheidungsschlacht.

Als er empfahl, diese Art höchster Entscheidungen «auszuwürfeln», brach Rabelais mit einem guten Jahrhundert militanter und militärischer Überlieferung; er wurde aus zahlreichen Arbeiterorganisationen, nicht nur den marxistischen, ausgeschlossen. Der «syndikalistische Generalstreik» steht der «katastrophenhaften Revolution von Marx» entgegen: Georges Sorel sieht da zwei «Mythen», das heißt Aktionsprogramme solcher Art, «daß die vorgeschlagenen Taktiken in das von Napoleon ausgedachte Drama sich einfügten». Wie sie auch programmiert werden mag, es muß eine Endschlacht stattfinden, damit es zur Endlösung kommt. Man könnte Sorel für etwas sektiererisch halten, wenn er den «Reformismus» vergißt, der eben zu der napoleonischen Landschaft gehört: es geht immer darum, die Kampagne der Kampagnen zu führen (die Wahl-, die Aufstands- oder die syndikalistische Kampagne), damit der Einsatz von allem, was auf dem Spiele steht, in den eigenen Händen bleibt (die Macht über alle Entscheidungen, den Staat oder seinen Stellvertreter).

Das genügt, um den armen Genossen Panurg in Acht und Bann (von sechs Internationalen) zu legen: versucht er denn nicht, wenn er auf den Sankt-Nimmerleins-Tag die endgültige Zahlung der Schulden verschiebt, zu verstehen zu geben, daß das letzte Gefecht niemals zu Ende geht? Wie könnte er sich da «dem Drama einfügen, das von Napoleon ausgedacht wurde» und das so viele unserer verehrten Führer an so vielen weniger ehrwürdigen Hälsen zu exekutieren verstanden (die immerhin die Schwäche zeigten, daß sie an ihrem Kopf hingen)?

Mit seiner nicht enden wollenden Ökonomie geriet er in ein trübes Licht, zum Häretiker wurde er auch in der Politik. Hat man ihn nicht dabei ertappt, wie er in dem (versteht sich, so gutgläubigen und großzügigen) Herzen der Arbeiterklasse jene gefährliche Illusion verbreitete, die der Reformist, Revolutionär und Elitegewerkschafter einmütig anprangern: «Den grünenden Weizen verzehren!» ohne auf die Ernte, die eine glücklichere Zukunft verspricht, zu warten, oder etwa auf die solidarisch nationale Einheit, oder auf die Anforderungen der wirtschaftlichen Determinismen. Ist das nicht Egoismus, Ökonomismus, sein Ich allem voranzustellen, die Hände in den Hosentaschen, wo es doch darum geht, die Ärmel aufzukrempeln? Verflixte Arbeiterklasse! Ihr muß die Wissenschaft vom Sozialismus «von außen» (Lenin) gebracht werden, wenn sie «spontan», im Innersten, eher dazu neigt, ihren Weizen panurgisch zu verzehren. Es sei denn, daß auch sie mit ihrem Klassenbewußtsein davon träumt, napoleonisch zu sein.

Ein Siegfried – ohne es zu wissen

«Der Deutsche fügt sich,
unter allen zivilisierten Völkern am leichtesten
und dauerhaftesten, der Regierung,
unter der er ist, und ist am meisten von
Neuerungssucht und Widersetzlichkeit
gegen die eingeführte Ordnung entfernt.
Sein Charakter ist mit Verstand
verbundenes Phlegma; ohne weder über die
schon eingeführte zu vernünfteln,
noch sich selbst eine auszudenken.
Er ist dabei doch der Mann von allen
Ländern und Klimaten ...»

I. Kant
Anthropologie

«Die deutsche Arbeiterbewegung ist die Erbin der
deutschen klassischen Philosophie.»

F. Engels
Ludwig Feuerbach und der Ausgang der
klassischen deutschen Philosophie

Liebe, Heirat und genauso Revolution, Staat: wer unangenehmen Fragen aus dem Wege gehen will, versenkt sich in Texte. Als Panurg verzweifelt versucht, sich aus den «Abgründen und Gefahren» der Ungewißheit herauszuziehen, wird er auf diejenigen verwiesen, die «gelehrter» und «besser unterrichtet» sind, auf die Regel des «Es steht geschrieben», Zuflucht des Zaudernden und Gewissenhaften.

Als Panurg auf der Insel der Papimanen an Land geht, läßt man ihn «ein großes vergoldetes Buch» bewundern, das mit «kostbaren Edelsteinen übersät ist ...» Es ziemt sich, dem Buch zu gehorchen, bevor es gelesen wird, und es wird beim Lesen nicht erstaunen, in ihm als einzige, erste und letzte Wahrheit zu entdecken, daß man ihm gehorchen müsse. Die Liebe zu den Texten bildet die Grundlage der Tradition, nicht umgekehrt. Mao mit Lenin erklären, Lenin mit Marx, diesen mit Hegel, den wiederum mit Moses, warum nicht? Das läuft darauf hinaus, daß man glauben will, daß die Gesetzestafeln sich durch die Generationen hindurch fortpflanzen und daß die Texte, ob degeneriert oder erneuert, neue Texte durch Selbstbegattung erzeugen. Der gewohnte Glaube an die klugen «Ideengeschichten», Zuflucht für den, der den Fragen entgehen will, die er sehr sokratisch in sich trägt: zerbrich dir nicht den Kopf! Die Fragen und Antworten gibt der Text, er kommentiert, widerlegt und hebt sich selber auf. Die heiligen Inschriften sind um so heiliger, als sie nicht zu dechiffrieren sind, schrieb Hegel (wobei kein Kommentator die Gelegenheit nutzte, den sorgfältig chiffrierten, andeutenden Stil des eben Genannten in Frage zu stellen).

Gehorchen? Warum? Um frei zu sein! antworten einmütig die Modernen Zeiten, deren Erscheinen in Thelema Rabelais fröhlich willkommen hieß. Um sie streiten sich die Experten, ob sie nun eine industrielle, technische, moralische, gewalttätige oder ruhig verlaufende, graduelle oder sprunghafte sei – daß es von dieser befreienden Revolution eine Wissenschaft gibt, daran zweifelt niemand von ihnen.

Die Wissenschaft von der Revolution erweist sich so als der Einsatz, um den am meisten gestritten und am wenigsten diskutiert wird: verschiedene Modelle, aber nur ein Programm: am Eingang («input») deine Fragen, am Ausgang («output»): es steht dir frei . . ., sie nicht mehr zu stellen. Oder du fängst wieder von vorne an. Stellst du dir immer noch Fragen? Zeichen eines Unbehagens geben die Experten in Sachen Politik, Familie, Sexualität oder Gartenpflege zum besten. Die Fragen sind Symptome: ich stelle Fragen, also fehlt es mir an Wissen, also verlange ich danach. Meine wahre Freiheit? Ein Platz in einem gelehrten Text!

Die Behauptung, die Stärke des Fürsten beruhe auf der Schwäche der Bürger, sagt noch gar nichts, das spricht nur den Fürsten frei. Es sei denn, es würde die Frage gestellt, wem die Bürger gehorchen. Einem einzigen! Da haben wir die Krätze des Personenkultes – mit der man die Macht eines einzigen erklärt, diesen Krätzekranken. Ist der Diktator verschwunden, verschwindet auch sein Kult, alles ist geregelt: die Ursache (der Kult) verschwindet mit ihrer Wirkung (dem Tyrannen). Dieses Szenarium war in Rußland und Deutschland von Nutzen, Hitler und Stalin wurden wegradiert. Daran waren der große Böse und die kleinen frommen Schafe schuld. Darauf fallen wir nicht noch einmal rein! Wieso denn? Wem leisteten denn die zu gehorsamen Bürger Gehorsam? Ihrem Gehorsam! Ihrem Respekt, ihrem Kult. Der Führer führt, weil die Geführten sich führen lassen, nun ja! Das Opium schläfert ein, weil es eine «einschläfernde Wirkung» hat. Dabei ließ man nur in Vergessenheit geraten, daß Stalin und Hitler mit dem Text in der Hand Gehorsam fanden; sie sahen sich als Sieger erst an dem Tag, als der eine sein Buch zur einzigen Geschichte der Partei der Zukunft und der andere sein *Mein Kampf* zum einzigen Zeugnis der Nation des Dritten Reichs erklären ließ. Bis zu ihrem Tod erhielten sie von ihren Untertanen Autorenrechte, in Form von Menschenfleisch.

Deutschland haftet an der Haut. In einer Mischung aus Angstschweiß. Algerien-, Vietnam-Krieg, «sozialistische» Lager – jedesmal geht für die Generationen nach 1940 ein Gespenst um, weckt ihre geängstigten Proteste, das Gespenst eines Volkes, das nazistisch wurde (nachdem es seine «Wegweiser des Denkens» dem 19. Jahrhundert der Gelehrsamkeit, der Philosophie, der Musik und des Sozialismus gegeben hatte). Die Fragen, die bis ins Innerste bewegen, nehmen ihren Weg über dieses Deutschland, das so lange das «Schlachtfeld Europas» war (Thomas Mann, 1920).

Wir gehen einem Text in die Falle, resümierte Fritz Lang in seinem *Testament des Dr. Mabuse* (1932), eine durchsichtige Anspielung auf den Aufstieg des Nazismus und zugleich ein Befragen des wirklichen Textes, den das damalige Deutschland buchstäblich anwenden will. Der Nazismus hat seine Wirksamkeit gefunden, indem er die (wie man sagt) nationale und die revolutionäre Ideologie miteinander verband, doch war er damit nicht der erste, alle deutschen Denker des 19. Jahrhunderts haben sich darin versucht, und der letzte ist er auch nicht gewesen. Mit andern Worten: wenn die «Persönlichkeit» Hitlers ihren Platz in einem Text findet, dessen Autor sie zu sein meint, so geht der Text über sie von allen Seiten her hinweg. Und auch wenn Hitler mit seiner Reverenz an die Vergangenheit sich wenig um die

Echtheit der Referenzen schert – schamlos deformierte er Nietzsche und Wagner –, so ist nichtsdestoweniger die Vergangenheit, bevor sie zum Vorwand wurde, ein richtiger Vor-Text gewesen: das ganze deutsche 19. Jahrhundert hat über eine nationale und sozialistische Revolution nachgedacht. Soll das heißen, daß da eine Erbsünde des deutschen Denkens zur Rechenschaft gezogen werden muß? Lukács und die Marxisten haben sich auf diese Piste begeben, weniger auf der Suche nach der Wahrheit als nach einem Sündenbock. Sie haben ihn mit den Tricks und Haken der Soziologie festgebunden: im Unterschied zu Frankreich, England und vielleicht den Vereinigten Staaten hat Deutschland keine Volksrevolution gemacht: seine Einheit verdankt es der «Revolution von oben» eines Bismarck und der preußischen Armee. Diese schlecht heimgebrachte Revolution ergibt den Irrationalismus ihrer Denker und explodiert schließlich als nazistische. Mit einer leichten Veränderung des Ablaufs malten die Liberalen das gleiche Thema aus: der Soziologe Max Weber soll behauptet haben, daß das größte Unglück der Deutschen darin besteht, daß sie nicht einen ihrer Hohenzollernkaiser geköpft haben.

Es geht um die Deutschen, nur um sie! Es geht um einen genau umschriebenen Zeitraum, keinen andern! Die Marxisten haben das gleiche Thema entwickelt, um die Taten Stalins in Stalin zu «lokalisieren». Zu allem Unglück gibt es nichts eigentlich Lokales in der Akkumulation der Völkermorde in den Kolonien und anderswo, in der universellen Ausbreitung des Konzentrationslagersystems. Es ziemt sich, weniger kleingeistige Überlegungen anzustellen.

Die Wiege der Büros

Das «Deutschland», Geburtsstätte der faschistischen Bewegungen, ist kein Territorium, keine Bevölkerung, sondern ein Text und ein Verhältnis zu Texten, die lange vor Hitler aufgestellt und weit über die alten Grenzen des Heiligen Römischen Reiches Deutscher Nation verbreitet wurden. Dieses Deutschland ist ganz zeitgemäß, es hat seinen Sitz in den modernen Köpfen des modernen Planeten, im Pentagon zu Washington ebenso wie in dem letzten Loch eines Konzentrationslagers in den Dörfern

Kambodschas. Vielleicht wird die Hypothese, die hier brutal aufgestellt wird, auf die Dauer plausibel, wenn das Deutschland des letzten Jahrhunderts und seine Meisterdenker neu überdacht werden, wenn das Gestern sich an dem Heute reibt; doch darf sie nicht zu Anfang schon für unwahrscheinlich gehalten werden. Man ist gewohnt, Text und Territorium in eine Entsprechung zu bringen: die Menschenrechte und Frankreich, der Liberalismus und England, die Deutsche Ideologie und Deutschland. Diese Entsprechung verläuft nur in eine Richtung: so wie das Land, so der Text. Verschieben wir nun mal etwas den Blickwinkel: ist denn für einen Bretonen, Korsen, Basken und (die Frage ist inzwischen geregelt) einen Araber Frankreich diese erste, territoriale Realität, die dann, an zweiter Stelle, in den Texten Ausdruck findet? Haben diese «Eingeborenen» nicht zunächst eine Strategie des zum Gesetz erhobenen Textes erlitten, der sich – über Drangsalierungen und Zwangsalphabetisierungen – einer rebellischen fremden Realität aufzwang?

Die Entsprechung von Text und Territorium ist nicht von Rechts wegen da, sondern de facto, sie fällt zeitlich mit der Entstehung der Staaten-Nationen der Neuzeit zusammen und mit den Religionskriegen, deren vorläufiger Abschluß (jeder Region ihre Religion, *cujus regio, ejus religio*) militärisch war, bevor er metaphysisch wurde. Ob sie nun von Königen geführt werden oder von Revolutionären, die Kriege, die das Territorium vereinigen – das Zentrum gegen die Peripherien, Städte gegen das Land, Orthodoxie gegen Häresien, die Sprache gegen «Dialekte» –, verbieten es, daß man eine einfache «Vereinigung von unten» der Vereinigung von oben gegenüberstellt, die die Besonderheit Deutschlands ausmachen soll.

«Die Kirche hat kein Territorium» heißt es im Kirchenrecht, was die älteste Bürokratie Europas nicht daran hindert, ihre Texte allen Gläubigen aufzuzwingen, im Gegenteil: das Fehlen eines Territoriums erweist sich als Kennzeichen einer universellen, entterritorialisierten Macht, eines absolut göttlichen Textes, dem das Menschengeschlecht unterworfen ist. Adäquatheit zwischen Text und Territorium, seit fünfhundert Jahren, mit Ausnahmen – doch muß die aktive Seite dieser Entsprechung in der mit dem Text bewaffneten Institution herausgefunden werden: der Text übt das Gesetz auf dem Territorium aus (Territorium =

das Recht, Schrecken zu verbreiten: eine bezeichnende Etymologie, die der Kaiser Justinian verbreitete), was den Gedanken zuläßt, daß die Besonderheit Deutschlands, historisch und geographisch gesehen, nicht auf Grund einer Revolution von oben am Ende des 19. Jahrhunderts zustande kam oder infolge einer Revolution von unten, zu der es von Anfang an nicht kam. Vielmehr veranschaulicht sie über vier Jahrhunderte hinweg die beispielhafte Unangemessenheit von Text und Territorium.

Um das nicht aus dem Auge zu lassen, genügt es, zwei für das deutsche Schicksal entscheidende Faktoren hervorzuheben:

1. Die Einheit der Deutschen besteht vor der Einheit des deutschen Territoriums. Sie festigt sich mit der Übersetzung des Buchs der Bücher durch Luther und mit seinem großen Aufruf an die «deutsche Nation»: er verurteilt die Kleinstaaterei der Fürsten, die Machtansprüche der Ritterschaft, den Eigennutz der Bürger und Bauern und erhebt über sie alle sein «liebes Deutschland»: Für Euch, liebe Deutsche, suche ich das Heil und die Heiligkeit (1531).

2. Die Auflösung des Territoriums in viele Einzelstaaten fällt in die gleiche Zeit wie die Einigung durch Texte. Während die Nachbarstaaten sich als Nationen konstituieren (England, Frankreich), zerfällt das alte germanische Reich durch zwei Ereignisse für einige Jahrhunderte in viele absolutistische lokale Mächte (die Kleinstaaterei). Zunächst die Niederschlagung der Bauernaufstände und die damit einhergehende Gleichschaltung der Handelsstädte. Bei Engels wird dieses in der Tat sehr wichtige Geschehen hervorgehoben, bekommt allerdings zu sehr eine Sonderstellung, denn anderswo hatten nicht minder brutale Unterdrückungen (z. B. der Kamisardenkrieg, usw.) nicht die von ihm vermuteten endgültigen Auswirkungen. Eine zweite Katastrophe ließ dann die erste zum Schicksal werden: die Verwüstung und die Massaker, die im Dreißigjährigen Krieg ihren Höhepunkt fanden, zu einer Zeit, als die Bevölkerung wahrscheinlich auf ein Drittel von ihren Fürsten und allen Armeen der jungen europäischen Staatengebilde dezimiert wurde. Der Friede trat wieder ein (der Westfälische, 1648), Friedhofsruhe herrschte – Deutschland war das Vietnam der neuen Großmächte, ein Vietnam, das zwei Jahrhunderte am Boden lag.

Daher dieses unheimliche Deutschland, dessen Text nicht am

Territorium haftet, es wird von gestern und morgen sein, niemals von heute, schreibt Nietzsche. An der Elle des Europas der Vaterländer gemessen ist es ein besonderer Fall, «anstatt ein Nationalstaat zu sein, ist es in Territorien zerfallen und nur noch ein Traum von einem hegemonischen Reich. Das ist das deutsche Paradox par excellence». Nur das deutsche Unheimliche? Nun ja! Wenn der Text bei den umgebenden Staaten-Nationen auch besser «haftet», dann träumen sie dennoch von Imperien, die sie sich bei Gelegenheit in den Kolonien holen – die Träumereien der Legionäre sind ihrem Ruf nach nicht von zarterer Natur als die der teutonischen Ritter. Der Mond der großen Katastrophen, der durch die Wolken bricht, der aufrührerischen Bewegungen aufflackerndes Sonnenlicht genügen, und schon wird dieses «Staubgebilde» der bürokratischen Feudalsysteme sichtbar, von den großen Staaten zusammengekittet, wenn sie schon nicht völlig weggefegt werden konnten. Während die anderen europäischen Staaten sich über ihre Herrschaftsmethoden ausschweigen, bleibt dem deutschen Staat das Maul weit offen, seinem Gesetz gelingt es nicht, das Territorium zu verschlingen. Ein für lange Zeit unvergleichliches Panorama, ein Ausblick, der auf das Verdauungssystem moderner Mächte immer noch ein bezeichnendes Licht wirft. Ist Deutschland etwa so *monströs*, weil es die Verfahrensweise des Regierens im neuen Gewande zeigt, während sie woanders mit Grünspan überwachsen und besser verborgen ist?

Es gilt als eigentümlich deutsche Spezialität – die berühmte «deutsche Misere» von Marx und den Junghegelianern –: die Fähigkeit, gleichzeitig in zwei getrennten Welten zu leben, in der Welt der Ideen und der Tatsachen, des Ideals und des Realismus, in der Politik der Mythologie und der Kanonen. Unsere deutsche Philosophie ist nichts anderes als die Französische Revolution – aber im Traum, war dazu Heines ironische Anmerkung: was man auf der einen Seite des Rheins tut, wird auf der andern gedacht. Im Einklang mit dem Dichter spricht Marx von dem «politischen Kopf» der Franzosen im Gegensatz zu dem «philosophischen Kopf» der Deutschen, der sie dazu bringt, die «unvollendeten Werke» ihrer wirklichen Geschichte durch die Kritik auszugleichen, durch die «posthumen Werke» ihrer geistigen Geschichte. Als dann später die deutsche Politik ihrerseits sehr real, aber reaktionär wurde, waren sich Marxisten und Liberale (vor 1940) darin einig, die Dualität einfach umzukehren: Deutschland wird wieder einmal geteilt gesehen, die Politik ist zu ihrem schlechten Ufer geworden (das preußische, militaristische, feudalistische), wohingegen seine humanistische, universelle, goethesche Bildung auf dem andern Ufer zu finden ist. Dieses Mal ist die philosophische Grenze nicht mehr der Rhein, sondern Elbe und Oder. Das Schema der Dualität besteht weiter.

Doppelgesichtig ist der Deutsche – gebildet und dämonisch; doppelgesichtig ist Deutschland – wirklich und ideal. Solche Erklärungen fallen nicht schwer, man braucht nur mit zwei Fingern zu zählen. Die Kritiker Deutschlands haben dieses Verfahren nicht für sich allein gepachtet, jeder deutsche Kopf hegte einmal die Vorstellung, ein wahres, gesundes Deutschland wiederzufinden, das dem falschen Deutschland Nr. 2, das ihn umgab, ganz äußerlich war und sozusagen gleichgültig gegenüberstand. Auch heute gibt es noch bei den politischen Sekten eine Neuauflage aller nur denkbaren Theorien der Kommunistischen Partei vor dem Kriege, als müsse da der Faden zu einer ganz anderen Geschichte angeknüpft werden, der revolutionären, der des wahren Deutschland. War der Bundespräsident (im Jahre 1976) weniger naiv, als er die «Chancen» der deutschen Demokratie mit dem unglücklicherweise nicht «wahrgenommenen» Tun des «Schusters Ebert» verband? Der sozialdemokratische Begründer der Weimarer Republik stand zur gleichen Zeit der Niederschlagung der Spartakus-Revolutionäre durch die Reichsarmee (1919) Pate (was der Bundespräsident vergißt). Das erste, wahre Deutschland suchten die Folkloristen bis in die Wälder des Mittelalters hinein . . .

Die Erklärung von einem Deutschland durch zwei – das gute und das schlechte – reproduziert so die Mythen, die es aufzuklären gälte. Wie da etwas festhalten? Die berühmte deutsche Kultur ist viel subtiler, sie entfaltet sich in einer Welt außerhalb der Barbarei, die sie erkundet – würde Serenus Zeitblom schreiben, der friedliche Kommentator des Doktor Faustus (von Thomas Mann), hätte er nicht in seinem dämonischen Helden die Ganzheit des deutschen Schicksals aushorchen wollen. Doch vorerst: an welcher *Einheit* wird die so sehr kritisierte Dualität der Deutschen und Deutschlands gemessen?

Wenn Marx von den «unvollendeten Werken» der deutschen Geschichte spricht, vergleicht er sie mit den «vollständigen Werken» der Französischen Revolution. Kaum hat er sich dieser zugewandt, da findet er sie schon ebenso unvollendet im Hinblick auf die vollständigen Werke der proletarischen Revolution. Als er sich dann einem Deutschland zuwendet, das (1848) seine Nachahmung von 1789 verpaßt hatte, erklärt er das auch wieder mit einer doppelten Unvollständigkeit: Deutschland ist im Rückstand, weil es allem voran ist, seine künftige proletarische Revolution hindert es daran, eine Revolution zu vollziehen, die es sozusagen schon hinter sich hat. Erklärt diese doppelte Unvollständigkeit das eigentümliche Schicksal Deutschlands? Durchaus nicht, denn sogleich erklärt Marx, daß der neue Kaiser der Franzosen, Napoleon III., der Industriebourgeoisie, dem das Industrieproletariat auf den Fersen folgt, voraus und ihr gegenüber rückständig ist. Sofort gibt es Marxisten, die von dem «Bonapartismus» von Bismarck, Hitler und Stalin reden.

Wie man sieht, lebt Marx in einer Welt, in der die Geschichte eines jedes Landes «unvollständig» ist. Die deutsche Geschichte wird mit diesem Merkmal nichts Besonderes, wo doch Marx die einzigen «vollständigen Werke» der Geschichte in seinem Kopf und in den Bücherregalen der Bibliotheken findet, wo sie alle enden.

Ein zusätzlicher Beweis: die Theorie der Deutschen Ideologie wurde aufgestellt, um von der spezifischen Situation des Intellektuellen in einer bestimmten geschichtlichen Zeit, der des vorrevolutionären Deutschlands, Rechenschaft zu geben; zur marxistischen Theorie von der «Ideologie» geworden, diente sie zu allgemeinen Erklärungen (der Religion, des Wahnsinns, des Elektoralismus, des Rationalismus, des Machinismus, usw.). Dann könnte ebensogut zugegeben werden, daß die deutsche Lage nichts Spezifisches hatte (was der Hypothese entgegensteht), oder daß, wenn die genannte Theorie alles erklärt, egal ist, was erklärt wird.

Die Augen schließen und sich das Gesicht verhüllen – mit solcher Geste kleidet die Theorie von dem dualistischen Deutschland es in ihr Papiergewand. In dem «guten», jungfräulich unschuldigen Deutschland sieht sich immer schon der kritische Kommentator – ebensogut könnte er zugeben, daß all seine

Theorie nur dazu dienen soll, dem schlechten Deutschland den Teufel auszutreiben: es soll uns ja nicht berühren, in Versuchung bringen oder umzingeln! Noch über Jahre hinweg springt diese geistige Falle, nachdem die Kulisse zu wanken begonnen hatte, ins Auge: da rechtfertigt doch ein Professor der Sorbonne im gleichen Atemzug die zaristische Knute und den Kolonialismus, um diesen «Gesammelten Werken» des abendländischen Humanismus das gute Deutschland einzuverleiben, weder das preußische noch das militärische, sondern das «gebildete»: «Dieser Glaube an die Aufklärung (. . .) hat im 18. Jahrhundert nicht nur die bedeutendsten Bestandteile der deutschen Kultur, sondern auch das verwestlichte Rußland Peters des Großen erobert. Das ist nun aber die bürgerliche Idee par excellence. Mit der Aufklärung gehen die Technik und ihre wundervollen Verrichtungen Hand in Hand . . ., alles Großtaten dieser westlichen Bourgeoisie, die weitläufige Reiche wie das britische und das französische Imperium errichtete . . .» (E. Vermeil, *L'Allemagne*, 1945). Es läßt sich der Preis dafür ermessen, daß Deutschland zum Land der Dualität par excellence gemacht wurde: überall sonst – in jedem westlichen oder revolutionären Thelema – wird eine Einheit phantasiert, die ihre Vollkommenheit aus der deutschen Unvollkommenheit ableitet.

Als ginge es darum, aus Deutschland ein Schreckgespenst zu machen, aus lauter Angst, man könnte in diesem Land die wilde Besessenheit anderer Mächte und die Strategien wiedererkennen, mit denen sie sich bei ihren Untertanen beliebt machen. Das Europa der Nationalstaaten wagt es nicht, sich ungeschminkt im deutschen Spiegel ins Gesicht zu sehen. Es verlangt auch nicht danach, sich in dem Blick wiederzuerkennen, den das algerische, das vietnamesische Waisenkind oder der Überlebende aus dem Archipel GULAG auf dieses Europa mit seinen rationellen Methoden der Zivilisation, Regierung und Revolution richten. Und wenn es das gleiche Bild wäre? Wäre das heute nicht der Torheit zuviel, wenn man die eine Hälfte (die gute) dieses phantasierten Deutschlands retten will, aus Angst, man könne hier auf die alten Geheimnisse europäischer Macht stoßen? Wäre Europa etwa jenem Wappen gleich, das abgrundtief in sich eingraviert jenes schreckliche «deutsche» Bild trägt, das so oft den Völkern der anderen Kontinente vorgehalten wurde?

«Es gibt gewisse Familiengefühle, die besonders heftig sind, und dazu gehörte die vor dem Krieg in der europäischen Staatenfamilie allgemein verbreitete Abneigung gegen Deutschland.» Als er das aufschrieb, befand sich Robert Musil auf der Flucht vor der braunen Pest und lebte im beschwerlichen Exil. Doch schrieb er weiter über Deutschland: «es war außerdem streitsüchtig, beutegierig, prahlerisch und gefährlich unzurechnungsfähig wie jede erregte große Masse: aber alles das war schließlich nur europäisch, und es hätte den Europäern höchstens ein wenig zu europäisch sein können.» Dem ließe sich vielleicht erwidern, daß Musil 1942 starb, als die großen Manöver der «Endlösung» begannen – sind die sechs Millionen Juden, die in den Lagern starben, nicht Deutschlands Schicksal geworden, das keinem anderen zu vergleichen ist? Kann man darin nur etwas «zu Europäisches» sehen?

Oder sollte man sich nicht eher die Meinung Musils zu eigen machen und verwundert darüber sein, daß die Zahl der Opfer nicht im geringsten die Reden vor 1914 veränderte (die Staaten, die Deutschland zu ihrem Sündenbock machten, haben später oft bei den Naziverbrechen kollaboriert): «Man läßt andere Leute sich anstrengen, während man auf einem Sitzplatz zuschaut, das ist Sport; man läßt Leute die einseitigsten Übertreibungen von sich geben, das ist Idealismus; man schüttelt das Böse ab und die davon bespritzt werden, das sind Unwunschbilder. (. . .) Aber diese Technik der Heiligenverehrung und Sündenbockmast durch Entäußerung ist nicht ungefährlich, denn sie füllt die Welt mit den Spannungen aller unausgetragenen inneren Kämpfe.» Dreißig Jahre nach dem Zweiten Weltkrieg und der feierlichen Verurteilung der Naziverbrechen gegen die Menschheit kreisen uns alle diese «unausgetragenen Kämpfe» ein. Die Sache ist jetzt klar: in Buchenwald und Auschwitz haben die Deutschen tatsächlich *europeanisiert*, sie haben eine europäische (sogar eine westliche, moderne, revolutionäre) Art gezeigt, «Endlösungen» zu erzwingen, eine Art, die auch die Franzosen in Poulo Condor im besetzten Vietnam und dann die Amerikaner zeigten und die es seit einem halben Jahrhundert auch in der sowjetischen Kolyma gibt.

In zweihundert Jahren der Kolonisierungen und Revolutionen sind die europäischen Ideen und Methoden schon einmal um die

Welt gegangen, während – besonders nach dem Blutbad ihrer Weltkriege – die denkende Elite unseres Kontinentzipfels, die davon träumt, die Geschichte mit Hilfe anderer Kontinente fortsetzen zu können, die Fragen aufteilt, um sie besser nicht zu lösen: Deutschland ist eben Deutschland, Rußland Rußland, der südamerikanische Faschismus wieder etwas anderes, usw. Doch sind diese Herrschaftsstrategien, die dazu geführt haben, daß die Völker den Staaten und die Welt den Supermächten unterworfen werden konnten, von typisch europäischem Zuschnitt. Warum sich also bis zu den Antipoden begeben, wenn wir exotische Ereignisse auskosten wollen, vor fast fünfzig Jahren entdeckte der jugendliche Nizan Aden, und das war noch Europa – seitdem hat sich die Welt mit der Revolution von der Kolonisation, d. h. am häufigsten durch Europa von Europa befreit.

Die Revolution durch Texte

Die Nachahmung von 1789 und 1793 war Lenin, Trotzki und Mao bewußt: In außergewöhnlichen Momenten von Einsicht lassen sie erkennen, daß sie – weit davon entfernt, die «bürgerliche» Französische Revolution in die «proletarische» marxistische Revolution zu überführen – vielmehr bestenfalls die Abenteuer und Wandlungen der Großen Revolution noch einmal aufführten. Als Lenin zugestand, daß er womöglich die alte Zarenbürokratie nur mit sowjetischer Lasur überzogen hatte, als Mao im hohen Alter seine Fragensteller, und wahrscheinlich auch sich selber, über Robespierre ausfragte, ließ sich dieses Eingeständnis von ihren Lippen ablesen. Doch wird es nicht deutlich ausgesprochen, aus Respekt für die «Wissenschaft von der Revolution», deren Seiten immer dann umgeblättert werden, wenn die Sternstunden der Geschichte aufeinanderfolgen.

Revolutionen sind – was immer man dazu sagen mag – nicht ansteckend. Die englische, die französische, die russische, die chinesische, alle machen, gehorsam oder nicht, an den Grenzen zu den andern Völkern halt. Nur dann nicht, wenn die revolutionären Kriege zu Eroberungskriegen, zu imperialen und imperialistischen Kriegen werden. Für sich genommen erweist sich jede Revolution in ihrem Aufstieg mehr noch als in ihrem Niedergang als unnachahmbar – auch die von 1789, die sich als universelles Modell verstand und als solches aufgenommen wurde, fand nirgends eine Neuauflage. Der Schein revolutionärer Ansteckung geht von der «Wissenschaft der Revolution» aus. Als Lenin 1917 die «kleinbürgerlichen Kompromisse» kritisierte und eine neue Form des revolutionären Radikalismus erfand, dachte er nur daran, die «Lehren» anzuwenden, die Marx aus dem Scheitern der deutschen Revolution von 1848 gezogen hatte. Im Namen dieser «wissenschaftlichen» Lehren überträgt er einfach das deutsche Modell auf die russische Situation. Die Konstituante, die er auflösen läßt, ist in seinen Augen nur eine Zweitausgabe des schwatzhaften Frankfurter Parlaments, das von den Vätern des Marxismus so sehr verschmäht wurde (in ihm sahen sie eine «Konstituante», die bei dem Gedanken, ein «Konvent» werden zu können, vom Schlag gerührt war). Rußland, 1917 zu neunzig Prozent ein Land der Bauern, erschien also unserem materialistischen Denker wie ein zweites achtundvierziger Deutschland (in der Nachzeichnung dessen, was Marx nur unter einem Blickwinkel gesehen hatte: dem Vergleich mit dem Frankreich von 1789). Die «Wissenschaft von der Revolution», die so nur in den Köpfen der großen Denker existiert, erlaubt es damit, als einziges Objekt dieser Leidenschaft in den Köpfen nur *die Revolution* anzusehen, die in allen Revolutionen gegenwärtig und doch keiner einzigen unter ihnen ähnlich ist. Das Prestige dieser Wissenschaft bringt die Leidenschaft im Kopf dazu, zum Kopf der Leidenschaft zu werden.

Und bei Gelegenheit ihn abzuschlagen. 1927: Trotzki, noch anerkannter Führer der russischen Revolution, hat seinen ersten Prozeß vor dem Präsidium der Zentralen Kontrollkommission. Die Auseinandersetzung wird mit Textangaben geführt. Der Ankläger Solz fragte: «Wohin soll das führen? Sie kennen die Geschichte der Französischen Revolution . . .» Trotzki ließ sich das nicht zweimal sagen; in diesem Wissensstreit kannte er alle Wendungen und Kniffe:

«Während der Großen Französischen Revolution wurden viele enthauptet. Auch wir brachten viele Menschen vor das Erschießungspeloton. Aber es gab zwei große Kapitel in der Französischen Revolution (. . .) Im ersten Kapitel, als sich die Revolution aufwärts bewegte, köpften die Jakobiner – die Bolschewiki jener Zeit – die Royalisten und Girondisten. Auch wir sind durch ein ähnlich großes Kapitel hindurchgegangen (. . .) Aber dann begann in Frankreich ein anderes Kapitel . . . Die Thermidorianer und die Bonapartisten (. . .) begannen die linken Jakobiner zu verbannen und zu erschießen (. . .) Revolution ist eine ernste Sache. Niemand von uns fürchtet sich vor Erschießungspelotons. (. . .) Aber wir müssen wissen, wer erschossen werden soll und in welchem Kapitel wir uns befinden . . .»

Da haben wir's! Weit weg ist das Rußland, in dem die ersten Vorläufer des Archipels GULAG galligbös ihren zehnten Geburtstag feiern; Türen und Fenster sind in diesem Raum schon längst verschlossen, in dem so verbissene Gegner darin einig waren, «daß sie sich alle wieder in die Annalen der Französischen Revolution vertiefen sollten» . . . Wie rührend der Realismus dieser beiden Kollegen – vor der Erschießung nicht zurückschrecken, ist das nicht für jeden politischen Realismus der Weisheit letzter Schluß? Die russische Realität von 1927 wurde also in den Annalen von 1793 gelesen. Man muß nur wissen, auf welcher Seite geschossen wird. Ob im Jakobiner-Kapitel die Köpfe rollen, oder im Thermidor-Kapitel . . . Die Geschichte schreitet voran, während die Seiten eines Buches umgeblättert werden.

Das Spiel mit dem Gesetz

Diese Leidenschaft für den Text ist weniger für den Revolutionär im besonderen als für den Machthaber im allgemeinen charakteristisch. Eine Regierung hält sich nicht allein mit Waffengewalt an der Macht, sondern durch die Wirkungen des Textes auf andere. Als Stalin fragte, über wie viele Divisionen der Papst verfüge, täuschte er Naivität vor, mit dem Blut der andern hatte er das Vorrecht bezahlt, als der unbestrittene Interpret der «Geschichte» der KP aufzutreten, als der alleinige Vikar des Geistes des Leninismus. Macht stützt sich nicht einfach nur auf eine gewisse Anzahl von Texten, die zu einer bestimmten Anzahl von Panzern hinzukommt. Die Geschichte der KP, so wie Stalin sie zu interpretieren zwang, ist nicht einfach nur Narration, ob lügenhaft oder nicht; sie teilt das politische Weltbild in Orientierungspunkte und Hauptlinien auf, sie stellt eine Verfahrensweise auf, die den Feind ausmachen, einordnen und bekämpfen sollen, usw. Die Texte dienen nicht nur bloß der Machtausübung, sie sind diese Ausübung selbst, sie bringen die Unterwerfung zustande. Mehr noch als Ketten der Sklaverei haben sie Anteil an dieser Sklaverei. Ordenshüter in den Köpfen aller derer, die sie ertragen müssen, sind die großen Texte der europäischen Macht nicht den Herrschaftsstrategien zu Diensten, sie sind diese Strategien selbst.

Die Strategie des Textes kann sich nicht als solche kundtun. Eine Macht sagt nicht, meine Macht erstreckt sich *über* . . ., bevor sie nicht behauptet hat: ich bin die Macht *von* . . . Das französische Gesetz ist «des französischen Volkes» Wille, der russische Staat ist «vom ganzen Volk» und die Diktatur «vom Proletariat». Von Rechts wegen ruft die Macht zu einem Spiel gegen die Natur auf, sie fordert jeden dazu auf, im allgemeinen Interesse «die Dinge zu regieren». Als eine universale ist sie von gestern und morgen, aber niemals von heute (wie bei Nietzsche Deutschland): sie beruft sich auf die Tradition, «die uns zu dem gemacht hat, was wir sind», oder auf eine bessere Zukunft, die uns alle zu Brüdern macht. Da sie für sich beansprucht, Gesetze vorzuschreiben, nach denen die Untertanen ihre Konflikte legalisieren, muß die Macht jenseits dieser Konflikte abgeleitet werden; ob ihre Wahrheit nun philosophisch, geschichtlich oder rassistisch ist, sie beherrscht die Probleme, die sie lösen soll, sie kann nicht von den Beziehungen der einzelnen untereinander, die sie gerade regelt, bestimmt werden, also muß es auf andere Weise für sie zu einer Regelung kommen, so wie Gargantua den Thelemiten eine Institution errichtet, bevor sie als solche existieren.

Damit stellt sich der Text der Macht nicht mehr als ein «Spiel gegen den andern» dar: als den Anderen erkennt er nur den an, den er ausschließt (die «Barbaren»), d. h. womit er, wie er behauptet, nicht ins Spiel tritt. Dennoch kann die Strategie des Textes nicht einfach als «Spiel gegen die Natur» gewollt sein, sie wendet sich an Freiheiten, die als solche vereinigt werden sollen. Die Macht regiert nicht über Menschen wie über Sachen, denn sie braucht Untertanen, doch läßt sie sich auch nicht auf eine Beziehung *zwischen* den Menschen zurückführen, denn sie nimmt sich das Recht, die Spielregel, das heißt die den genannten

Menschen zugestandene Menschlichkeit, zu bestimmen. Daher das Paradox des ersten Gesetzgebers, dem jede Theorie von der Macht begegnet, den sie setzt oder umgeht, niemals jedoch vermeiden kann: «Das Volk, das den Gesetzen unterworfen ist, muß auch ihr Urheber sein; (. . .) Der Gesetzgeber ist in jeder Beziehung ein außerordentlicher Mann im Staat. (. . .) Demzufolge findet man in dem Werke der Gesetzgebung zwei scheinbar unvereinbare Dinge vereint: ein die menschliche Kraft übersteigendes Unternehmen und zu seiner Ausführung eine Macht, die gleich Null ist» (J.-J. Rousseau, *Gesellschaftsvertrag*).

Gegenüber diesem Paradox veranschaulicht Thelema den Standpunkt des Herrschenden: Gargantua regelt das Regnum des «Tu, was du willst» und stellt seine Autorität durch seine Abwesenheit unter Beweis: eine Herrschaft, deren Urheber außer Reichweite ist, stellt sich als unangreifbar dar. Der andere Standpunkt, der von Sokrates-Panurg, intendiert nicht Macht zu gründen, sondern sie zu nehmen, wie sie ist: unbegründet – um sie anzuzweifeln. Damit erscheint die Strategie der Macht, die das Gesetz beherrschen will, auf zweifache Weise unbezwingbar: nicht Spiel gegen den Anderen, denn derjenige, der das Gesetz diktiert, sieht sich in der Einsamkeit eines Gargantua; auch nicht Spiel gegen eine gleichgültige Natur, denn er ist genau darauf aus, eine Gegenstrategie des Aufwieglers auszuschließen, die er nur so nennt, um sie als unmöglich zu dekretieren. Weder ein Verhältnis zwischen Dingen noch eine Beziehung zwischen Menschen, führt dieses Spiel mit dem Gesetz, das logisch «vor» einer solchen Unterscheidung stattfinden soll, eine Schlacht gegen Gespenster, in der genug Blut vergossen wird, so daß man nun einige seiner bezeichnenden Schritte getrennt zeigen kann (einfacher gesagt, man wird in diesem Gesetzesspiel den für moderne Bürokratien wesentlichen Trott erkennen, mit dem sie sich ihre Untergebenen fest unterwerfen).

Welches sind diese Schritte? Was brauchen diejenigen, die heute den Weg zur Macht einschlagen, mehr als gute Soldaten, Schnaps und Wurst?

Ein Text wird gebraucht.

Vorschrift ist Vorschrift, behauptet der Bürokrat. Der Soziologe sieht da seine «Rationalität»: der Bürokrat scheint nur festzulegen, daß ein jeder die Gesetze kennen und nach den allgemeinen Anordnungen handeln muß, die eine abstrakte Vorschrift festlegt. Er bringt es zu einem berechenbaren Handeln, indem er das gegebene Mittel in Funktion eines klar festgelegten Ziels kombiniert (ein nach Max Weber zweckrationales Handeln) – und wenn mit Marx hinzugefügt wird, daß er des öfteren seinen Eigennutz als Gemeinnutz ausgibt, so ist das kein Abstrich an der berechnenden Art (ob egoistisch oder nicht), die ihm nachgesagt wird.

Gelegentlich erscheint der Bürokrat wie jemand, der eine unmögliche Berechnung anstellt; wenn er den Schrank mit all den Vorschriften öffnet, steht man vor einem Aktenbündel offizieller Papiere, während er wie ein Beamter aus Kafkas «Schloß» trostspendend säuselt: «und das ist nur ein kleiner Teil. Die Hauptmasse habe ich in der Scheune aufbewahrt, und der größte Teil ist allerdings verlorengegangen.» Daher der Verdacht, daß seine «Rationalität», weit davon entfernt, in einer «entzauberten» (Max Weber) oder nüchternen Welt (Marx) zu funktionieren, zu modernen Verzauberungen führt: wenn er sich auch in ein Paragraphengestrüpp verwandelt hat, so hat der Wald von Brocéliande doch nichts von seinem Geheimnis verloren. Es ist schon zehn Jahre her, als ein amerikanischer Minister von sich behauptete, er könne die Verteidigungspolitik der Vereinigten Staaten rationalisieren und damit auch den Vietnam-Krieg, indem er die ganze Haushaltsplanung Experten anvertraute, die «rationell die notwendigen Aktionen bestimmen, damit die gewählten Ziele erreicht werden». Es ist nicht mehr an der Zeit, heute noch über das zu ironisieren, was damals die «MacNamara-Strategie» genannt wurde; bleibt nur die Anmerkung, daß nicht der Kalkül für den Minister wichtig war, sondern die Möglichkeit, sein Publikum davon zu überzeugen, daß dieser Kalkül machbar war (und warum sollte dann ein überzeugtes Publikum es ihm nicht überlassen, den so unangenehmen Auftrag auch auszuführen?).

Wenn der rationelle Kalkül nun das Ideal ist, das der Bürokrat mit anderen teilen möchte, dann besteht seine durchaus andere, konkrete Arbeit eher darin, daß andere an dieses Ideal glauben: nicht der Mann, der Berechnungen ausführt, sondern der, der dem Kalkül die Garantie gibt, stellt sicher, daß der Aktenschrank mit den Vorschriften nicht plötzlich überschwillt an Verpflichtungen, die in Konflikt geraten, sondern daß im Gegenteil darinnen alles sorgfältig geordnet und koordiniert bleibt und daß seine segenspendende Arbeit darin besteht, noch mehr für Ordnung zu sorgen, was nicht unmöglich erscheint: das ist der Mann «des Glaubens an einen einzigen Text» (Legendre, *Jouir du pouvoir*).

In Thelema stand die Vorschrift einfach am Eingang; wenn sie die moderne Entsprechung dafür entschlüsseln, zeigen die Büros ihre Verbissenheit: daß es dieses Gesetz, das sie entziffern, auch gibt, soll insgeheim anerkannt werden: Gesetzgebung, Vorschriften, Rechtsprechungen bilden eine einzige Unordnung, wenn man nicht einsieht, daß diese Tätigkeiten «immer wieder den gleichen Gegenstand aufstellen, der eben immer als derselbe eingeordnet wird, egal ob man ihn französisches Recht, bürokratisches System oder anders nennt». Besser können es die bürokratischen Systeme nicht machen: sich als *ein* System zu präsentieren; mehr noch als nur eine Vorschrift anzuwenden, geht es darum, daran glauben zu lassen, daß es *die* Vorschrift gibt: «so betritt man eine Welt des Schweigens, das Universum des Textes, der alles weiß, alles sagt, und die Fragen und Antworten gibt» (ebd.).

Ihre Legitimität leitet die Macht nicht einfach aus dem Gewehrlauf ab, es genügt nicht, das Pulver der Geschütze sprechen zu lassen, sie läßt Texte sprechen: «Es gibt keinen Dialog mit dem Gesetz, man bringt es zum Sprechen; man benutzt eine Scholastik, die Techniker der geschriebenen Rede verwenden, nach Art der alten Glossatoren. Doch geht es heute nicht mehr um das Gesetz der Kirche, des Imperiums, der Vasallenstaaten usw., sondern um das Gesetz des zentralistischen Industriestaates.»

Staat, Bürokratie, die anwachsende Geschichte setzen in dem Leben der Völker, heißt es bei Lévi-Strauss, den Sprung voraus, den die Erfindung der Schrift markierte. Die Armee der Waffen zieht vorbei und fegt alles hinweg, doch bedarf es der Armee der Schreibfeder, wenn das Gebiet besetzt werden soll. «Die Gewehre haben keinen Geist. Wenn die Ideologie der Menschen, die Gewehre haben, sich ändert, dann dienen die Gewehre dazu, ein anderes Ziel für einen anderen Herrn zu erreichen. Wer das vergißt, würde die Grundthesen des Marxismus-Leninismus vergessen und wäre dumm geworden» (Mao). Um eben nicht «dumm» zu sein, d. h. um sich zu erhalten, haben die Machthaber seit der Erfindung der Schrift kaum darauf gewartet, daß der Marxismus ihre Weisheit kodifiziert. Doch seitdem die Gewehrläufe auf Menschen gerichtet sind, die zu Unruhen fähig sind (die «freien Arbeiter»), hat der Marxismus den modernen Fassungen des Textes aller Machthaber einen unschätzbaren Beitrag zu bieten.

Schreibweisen des 20. Jahrhunderts

Der Marxismus? Man wagt es, einen bestimmten Artikel zu gebrauchen, wenn mit unverdrossenem Ernst *der* geistige Schatz bezeichnet werden soll, den sich doch die größten Todfeinde teilen: die russische Macht, die chinesische, drinnen ein Verräter, draußen ein Revisionist.

Wenn ein Sechstel des Globus ein Viertel der Erdbevölkerung mit einem thermonuklearen Strafgericht bedroht – und der umgekehrte Fall ebenso denkbar ist –, wo ist dann die beiden gemeinsame «Wissenschaft von der Revolution»? Dessen ungeachtet wird an allen Universitäten des Westens im doktorhaften Ton *der* Marxismus kommentiert, diskutiert, manch einer bezeichnet sich bei der Gelegenheit als Antimarxist und setzt dazu eine Miene auf, die besagen soll, daß die Pfeile hier auf ein bestimmtes Ziel abgeschossen werden. Doch wo ist die Zielscheibe? Der rote Stern? Ist es der, den der Moskauer Marschall trägt, der davon träumt, Peking auszuradieren, oder der gleiche Stern, den mit mehr Zurückhaltung sein Kollege in Peking trägt, der – mit nicht minder Diskretion – davon träumt, ihm jeden Schlag heimzuzahlen? Wer ist nun der Marxist? Der, der als letzter oder der, der vorsichtshalber als erster schießt?

Oder ist es der Dritte im Bunde? Der etwas auf sich hält, weil er die Fehler der beiden andern zählt, der in Gedanken versunken daherkommt, wenn *die* Marxismen sich erst einmal gegenseitig vernichtet haben und einige verstreute Blätter über dem

Schlachtfeld fliegen, sie aufsammelt und in ihnen den Marxismus wiederentdeckt. Die schlimmsten Verbrechen können als «Irrtümer» gedacht werden, nicht nur von ehemaligen oder künftigen Folterknechten, sondern von marxistischen Intellektuellen, die einige Tausend Kilometer vom Schauplatz des Dramas entfernt sind. Auf nicht allzu ehrenrührige Art werden sie schließlich zugestehen, daß es sich doch um Verbrechen handelt, und werden, was gegenüber den treibenden Kräften der Geschichte an Unhöflichkeit grenzt, zustimmend sagen: es waren «schreckliche Verbrechen» . . . Doch mit einer geistigen Einschränkung: ein Verbrechen ist mehr als ein Irrtum, gleichwohl verlangt ein Verbrechen eine Erklärung; hinter dem Verbrechen, behaupten sie, stünde der Irrtum, der es erklärt. In der Einschätzung dieses Irrtums fehlt es den Akademikern und Parteien nicht an Worten: Ökonomismus, Voluntarismus, Dogmatismus, die Liste ist endlos, zahllos sind die Gelegenheiten zu sündigen: Stalin hat Lenin oder dieser hat Marx schlecht gelesen, oder Marx hat zuviel Hegel gelesen, usw. Mögen hundert Schulen wetteifern, mögen hundert Blumen der Rhetorik blühen – wenn nur zugegeben wird, daß es immer derselbe Garten ist, den man pflegt, der des einzigen Textes: *die* Gebrauchsanweisung der Macht, auf den jede Machtelite Bezug nehmen muß. Alle diese Abweichungen in Form von «ismus», mit denen Tränen und Blut zu Angelegenheiten werden, die erklärt und damit klassifiziert worden sind – und was ist das nun? Irrtümer der Lektüre? Wovon? Vom Text!

Was haben alle Marxisten miteinander gemein, bevor (und während) sie sich in ein Blutbad stürzen? Den Glauben an den einzigen Text, den Marxismus! Einen Glauben, den sie im übrigen mit allen Bürokratien der modernen Staaten teilen, nur daß *der* Text von ihnen verschieden benannt wird. Alle berufen sich auf ihn: «Es gibt keinen Dialog mit dem Gesetz, man bringt es zum Sprechen.»

(Nebenbei: die Schwäche der meisten sogenannten linken Kritiker der selbsternannten sozialistischen Bürokratien rührt daher, daß sie – wie die meisten Soziologen – unterschlagen, daß die Bürokratie sich um den Text mobilisiert. Da der Markknochen dieser Bürokratien eben der marxistische Text ist, in dem ihre Kritiker ihre kritische Waffe zu entdecken glauben, erwächst daraus eine Reihe von Mißverständnissen, und zwar in einer

Exponentialgeneration von kritischen Kritikern – dieser gemeinsame – schimärische, doch notwendige – Marxismus, der bei den Bürokraten unendliche Verbreitung findet, kann selber wachsen und sich vermehren, wie Engel auf der Nadelspitze der Macht.)

Das Spiel mit der Wahrheit

Du weißt oder du weißt nicht! Mit dieser Anrede an Sokrates schloß Hegel (oder schon Platon) die dritte Möglichkeit aus, nämlich die des «Unwissens» (zu wissen, daß man nicht weiß, könnte ohne Wissen auskommen). Das Gericht von Athen begründete, soweit man weiß, die Verurteilung von Sokrates auf solche Weise: er achtet weder unsere Götter noch unsere Sachkenner, also schmiedet er Ränke, um andere Götter und andere Sachverständige einzusetzen, er will sein Gesetz an Stelle des unsrigen. Wer nicht mit uns ist, ist gegen uns, sagte Lenin wissenschaftlich und verfrachtete statistisch Massen von «Kulaken, Kleinbürgern, korrumpierten Arbeitern» in die ersten Lager. Warum nur zwei Parteien? Schlecht eingeholte Religion? Ausbruch des Moralismus? Endemischer Dogmatismus? Dahinter steht, viel näher dem gesunden Menschenverstand und damit unendlich viel eindringlicher, das Postulat einer jeden Macht: «eins wird in zwei geteilt» (Mao), und nicht in drei oder fünf, denn alles ist Gegenstand der Entscheidung: es gibt ein Wahres und ein Falsches, einen Gewinner und einen Verlierer.

«Kehrt doch ein . . . Kehrt nicht ein . . .» steht vor Thelema angeschlagen. Wissen oder Unwissen, schuldig oder unschuldig, alles ist links oder rechts, links von der Linken oder zur rechten Linken, usw. Die Dichotomien können verwickelt sein, sogar nicht aufzählbar, sie werden zunächst durch Schnitte hergestellt: das Gesetz entscheidet. «In jedem Unterschied ist schon ein Widerspruch . . ., der Unterschied selbst stellt schon einen Widerspruch dar» (Mao). Diese Formel kann wie die eines gefährlichen Radikalismus verstanden werden (es gibt verschiedene Schulen, also rivalisieren sie bis auf den Tod, die Hundert Blumen sind aus Blut). Dieser Radikalismus ist jedoch der des Gesetzes: der Text gibt die Fragen und die Antworten vor, entscheidet über alles, wenn erst einmal vorausgesetzt werden kann, daß jedes Ding durch ein Ja oder Nein *entscheidbar* ist, wobei das Dritte ausgeschlossen und Sokrates zum Abtritt verurteilt ist.

Einer der Grundsätze der allgemeingültigen Vernunft ist das Prinzip vom Nicht-Widerspruch: es kann nicht zu gleicher Zeit und vom gleichen Ort aus eine Sache und ihr Gegenteil behauptet werden. Wenn das Gesetz seinem widerspruchsfreien Urteil das Verhalten oder Nichtverhalten seiner Untergebenen unterstellt, dann bringt es diese in den Bereich der entscheidbaren Fälle und erklärt, ein Werk für die Vernunft zu tun, wissenschaftlich zu sein, eine Entscheidungswissenschaft.

Man sieht, warum die Behörden es so eilig haben, einen einzigen Text zu postulieren, in dem die Verstreuung der Vorschriften, Dekrete und die Rechtsprechung zusammengefaßt werden: zunächst einmal darf das Gesetz nicht in sich widersprüchlich sein, wenn es souverän entscheiden will. Zum andern muß der Text dem Gesetz dieses Reich der Handlungen garantieren, über das es statuiert, entscheidbare Handlungen also. Wenn das Gesetz allgemein, problemlos, wie durch gesunden Menschenverstand den Grundsatz vom Nicht-Widerspruch anwendet, gibt es sich in der Tat ein außergewöhnliches Vorrecht, über Zeitpunkt und Standpunkt verfügen zu können, die es erlauben, eine Sache und ihr Gegenteil einander entgegenzusetzen. Das Problem des Prinzips vom Nichtwiderspruch ist da. Nicht in der gewalttätig subtilen oder in der subtil gewalttätigen Bestimmung des «Gegenteils» einer Sache (wie es die Dialektiker, Mao hier als Schüler von Hegel, glauben lassen wollen). Viel wichtiger ist dieser «Moment» und dieser «Standpunkt», auf den sich der Grundsatz vom Nicht-Widerspruch bezieht, wenn er uns bedeutet, daß das der Ort ist, von ihm Gebrauch zu machen.

Ohne ersichtliche Probleme etabliert hier das Gesetz seine Hausgötter, im Namen des gesunden Menschenverstandes, in Wirklichkeit ausgestattet mit einem unerhörten Sonderrecht. Sogar die Mathematik behauptet nicht mehr (nach einer langen Arbeit der Formalisierung und seit Gödel), über diesen Blick auf sich selbst verfügen zu können, der es zu einem Zeitpunkt ihrer Ableitungen als Möglichkeit erscheinen ließ, sich als nicht widersprüchlich zu behaupten oder nicht. Sie erkennt (auf ihre Weise) das Paradox des Kreters als aussagbar an, von dem das Gesetz (das Sokrates verurteilte) nichts wissen will. Das Gesetz läßt seine Vernunft da beginnen, wo die Mathematik die ihre anhält. *«Sieh . . ., er gibt zu, er kenne das Gesetz nicht, und behauptet gleichzeitig, schuldlos zu sein»* (Kafka, *Der Prozeß*).

Treibt man das Paradox zum Fenster hinaus, kommt es zur Tür wieder herein. Das Gesetz ist, wenn man es in Aktion sieht, ein lebendiger Beweis für die Unwirksamkeit des Unentschiedenen, Verworrenen, kurz des Papierkrams.

«Die Trägheit der Behörden, die Mauer der Papierformalitäten, die Widersprüche, die aus der Konkurrenz der verschiedenen Dienstzweige entstehen, die selber wiederum heute von einem rätselhaften Koordinationsverfahren verdeckt wird, bilden keine Nebenprodukte, sondern realisieren Tag für Tag in einer immer mehr anwachsenden Massenverwaltung eines der Ziele der zentralistischen Organisation (. . .) In der aus dieser delirierenden, geheiligten Doktrin hervorgegangenen Praxis können nur noch die Chefs das Wort haben, weil sie das allwissende Gesetz verkörpern (. . .) Alles muß wie in der Kolonialinstitution ablaufen, in der die einfachen Untergebenen als solche betrachtet werden, die nicht sprechen können, da sie politisch an diese Abwesenheit von Sprache gehalten sind» (Legendre, *Jouir du pouvoir*).

Hier muß die gewöhnliche Darstellung der Dinge umgekehrt werden: die Ausrutscher der bürokratischen Rationalität sind rationeller und wirksamer als ihre Lobsprüche an die oberste Vernunft. Das Papier stopft dem Wort den Mund, der hierarchische Paternoster verhindert jeden Nahkampf, die äußere und innere Uniform eines Sekretärs und seine «administrative Scham» untersagen es, ihn sich in seiner Blöße vorzustellen: «Hier hast du ja deinen griechischen Gott! Reiß ihn doch aus den Federn» (Kafka, *Das Schloß*).

K., der indiskrete Landvermesser, fragt den Dorflehrer, ob er den Schloßherrn kenne. Der Lehrer wollte gleich weiter; er gibt zur Antwort: «Wie sollte ich ihn kennen?» Er wies auf die Schüler und fügte auf französisch hinzu: «Nehmen Sie Rücksicht auf die Anwesenheit unschuldiger Kinder.» Jede Bürokratie praktiziert eine doppelte Sprache: Latein und eine Vulgärsprache, vornehmes Französisch und das vulgäre Russisch des zaristischen Rußland, (juristischen, marxistischen, usw.) Spezialistenjargon und Kneipengespräch. Die gemeine Sprache wird durch eine Bildungssprache annulliert, doch diese birgt kein anderes Geheimnis als das, daß sie die Gemeinsprache annulliert. Das Gesetz, hinter seine Papiere und Formeln verschanzt, spricht nicht zu den gewöhnlichen Leuten, weil es ihnen nichts anderes zu sagen hat, als den Mund zu halten. Für diese Aufgabe muß hinter der Anhäufung der Akten kein anderes Wissen vermutet werden als das, daß Akten gestapelt werden. Angesichts der Menge von Barrikaden von Papier, die im Laufe der Jahrhunderte aufgetürmt wurden, bedarf es eines beträchtlichen praktischen Wissens, wenn man zwischen ihnen zirkulieren will, um ihrer noch mehr zu errichten. Diese Wissenschaft von der nicht enden wollenden Zirkulation von Büro zu Büro ergibt eine Wissenschaft der Nichtentscheidung.

Die einzige Art, ein Spiel zu erzwingen, bei dem man sicher sein kann zu gewinnen, ist, daß der andere von ihm nichts weiß. Das Gesetz überzeugt also seine Untergebenen von ihrer unwiderruflichen Unwissenheit. Weil es gänzlich unverständlich ist, erbringt es den lebendigen Beweis ihrer Unterlegenheit: «‹*Die vierzig Bände Lenin haben für die Massen etwas Erdrückendes*›, was man sich vorstellen kann, denn die Massen haben gegenwärtig weder Zeit noch die Möglichkeit, sich solche Kenntnisse anzueignen, die die Kenntnisse eines Intellektuellen sind. Was also tun?» (Sartre, *Situationen X*). Der Status der marxistischen Theorie, in der es – will man Lenin–Althusser glauben – auf jedes Komma ankommt, ist nicht der einer Wissenschaft, sondern *der* Wissenschaft der Entscheidung, des Gesetzes, deren Doktoren, wenn sie die Satzzeichen falsch lesen oder vertauschen, entweder den GULAG bestimmten oder die unerhörte und niemals gesehene sozialistische Glückseligkeit. Ein sicheres Zeichen dafür, daß diese Texte zu denen gehören, die die Macht zückt, die unverständlicherweise für die wirksam wird, die durchaus nicht sehen wollen, daß sie sich auf wirksame Weise unverständlich macht.

Diese Strategie funktioniert in dem Maße, wie sie nicht von dem einzelnen wahrgenommen wird, der glauben muß, was das Gesetz behauptet und daß es weiß, was es tut – nicht glauben, daß es den einzelnen zum Gehorsam zu bringen weiß, sondern daß es ihn gehorsam macht, weil es weiß. Dazu dient zum Beispiel die simple Version vom Kampf zwischen Herr und Knecht. Anfangs ist der Herr im Genuß eines Wissens, und der

Knecht unterwirft sich ihm durch seine Arbeit. Mit seiner Arbeit transformiert er die Welt und erwirbt das Wissen dieser Transformation, wohingegen der Herr sie genießt, ohne zu wissen, was ihm den Genuß bringt. Alles übrige ergibt sich von selbst, der Knecht, der arbeitend gelernt hat, stürzt den vom Genuß abgestumpften Herrn, setzt sich an seine Stelle, beseitigt ihn (as you like it). Diese Version für Kinder in der Theorie ist bemerkenswert, denn sie zeugt von den Mythologien, mit denen sich das Gesetz umgibt: ich kann, weil ich weiß, ich bin die Macht, weil ich das Wissen bin.

Etwas näher betrachtet, findet genau das Gegenteil statt; Macht ausüben zu können, heißt andere unwissend und sich selbst unverständlich machen zu können, das ist kein Problem, wenn man sich von da ab nicht versteht, wenn die Untergebenen nicht verstehen, daß man sich nicht versteht. Der Herr stützt sich auf die Unwissenheit seiner Untertanen, gewiß, doch auf welche Unwissenheit? Auf die Unwissenheit über seine eigene Unwissenheit. Stalin mußte kein Genie sein, doch durfte sein Volk nicht auf den Gedanken kommen, er sei betrunken, also zensierte er den Film *Iwan der Schreckliche*, weil hier ein Zar betrunken unter dem Tische lag.

Wenn die Sklaven annehmen, daß ihre Sklaverei durch das Wissen des Herrn gerechtfertigt ist, gestehen sie ihm zu, was er verlangt: daß die Knechtschaft durch ein Wissen gerechtfertigt ist. Mit der Forderung nach diesem Wissen stellen sie zugleich die Forderung nach den Rechtfertigungen der Knechtschaft: zwar wird gekämpft, doch in Ketten. Da sich zu befreien und zu arbeiten wissen Hand in Hand gehen, werden beide in der von einem entgegengesetzten Wissen organisierten Knechtschaft triumphieren.

Der Handel um Einflußnahme

Das Gesetz setzt auf Gewinn unter der Bedingung, daß die Untergebenen das Spiel mitmachen. Seine einzige Strategie besteht also darin, das Spiel zu erzwingen. Zur Vorbereitung darauf, daß die einzelnen in den Genuß ihrer Rechte kommen, indem sie sich dem Gesetz unterwerfen, gibt es die Familie, die Schule, die Gefängnisse und alle besonderen Wissensformen, die dazugehören: die Pädagogik, die sittliche, religiöse, staatsbürgerliche Erziehung, Psychiatrie, Kriminologie, usw.

Betrachtet man das Spiel des Gesetzes wie von außen, so wird man unter diesem Gesichtswinkel der Vorbereitung des einzelnen entdecken, daß Schulen, Gefängnisse und Fabriken genau in dem Augenblick für den einzelnen eine *Seele* erfinden, in dem das – republikanische und laizistische – Gesetz den Anspruch erhebt, über sie zu urteilen. Das Buch *Überwachen und Strafen* von Michel Foucault entdeckt in dieser Begegnung die Geburt einer «Disziplinargesellschaft».

Und wenn man nun das Spiel des Gesetzes wie von innen sieht? Von der Papst-Theokratie über die Theoregie des Ancien régime bis hin zum republikanischen Gesetz besteht die Laizisierung des Rechts nicht darin, den «unverständlichen Charakter der Macht» zu beseitigen, sondern über seine Erwähnung ein Schweigen zu legen. Früher einmal göttlicher Herkunft, fand die Macht einen Widerhall, ihre Stimme wurde vernommen wie biblischer Donner, unangreifbar, unwiderlegbar, aber nicht einsehbar. Ihre Wirksamkeit verdankt die weltlich gewordene Autorität auch heutzutage immer noch ihrer Unverständlichkeit, der zentralistische Staat trat an die Stelle der Papstautorität: «Makellos liebt uns der Staat, er tut nichts anderes, als uns zu lieben (. . .) Die öffentlichen Dienstleistungen stipulieren diese Phantasmagorie: die Opferbereitschaft des Staates. Im Gegensatz dazu herrscht auf seiten des Privatrechts der Handel in allen seinen Formen» (Legendre).

Drittes Augenmerk: Bevor sich das Gesetz in die (vermeintliche) *tabula rasa* der Revolutionen eingravierte, mußte es erst in die vermeintlich naiven Köpfe der revolutionären Massen eindringen. Die revolutionäre Theorie kommt zu den Massen «von außen», behauptet Lenin, denn sonst bliebe die revolutionäre Klasse in dem Trott der Tagesforderungen stecken, des tagtäglichen Kampfes, der unmittelbaren Interessen, des Spontaneismus und des Ökonomismus. Es besteht kein Grund, in diesem Punkt allein das Duo Kautsky–Lenin anzuklagen, denn es handelt sich nicht einfach um die These von der Herkunft der revolutionären Ideen, die von einem besonderen Elitismus geprägt wäre; ob These oder nicht, allen modernen revolutionären Theorien ist eine Aufteilung der Welt gemeinsam, die durch den

Gegensatz zwischen (guter) Öffentlichkeit und (schlechtem) Privaten gekennzeichnet ist. Die chinesischen Massen sind aufgerufen, «gegen den Egoismus» zu kämpfen, gegen das individuelle, materielle Interesse, gegen den (sicher kleinbürgerlichen) Subjektivismus, im Namen des öffentlichen Geistes (sich auf Kriege und Naturkatastrophen vorzubereiten). Man findet diesen für die westlichen Bürokratien so wichtigen Gegensatz wieder in der Gegenüberstellung von (staatlichem, also wertmäßig anerkannten) öffentlichem und privatem Recht (Geld- und Sexangelegenheiten, also verabscheuungswürdig), in dem Legendre «ein Verbot, das den Genuß betrifft», sieht.

Das Gesetz ist außerhalb derer, die es erleiden, die Theorie ist außerhalb der revolutionären Klasse, so wie diese Klasse außerhalb der Gesellschaft steht, die von ihr revolutioniert wird. Sobald man eine Klasse als Trägerin des Gesetzes postuliert, wird sie theoretisch als radikal fremd gegenüber denen erklärt, denen sie das Gesetz aufgibt, verschieden in Sprache, Rasse und Religion, wie es der Einbildung beliebt. Reaktionäre oder fortschrittliche Denker, solche, die aristokratisch, bürgerlich oder «proletarisch» denken, sie unterscheiden sich nur noch in Einzelheiten, mit denen sie diese Exteriorität der Gesetzesträger ausschmükken. De Boulainvilliers verteidigte schon vor 1789 die Vorrechte des französischen Adels, indem er ihn mit einer legalen Mission betraute (die grundlegenden Gesetze des Landes gegen den Despotismus des Königs zu retten): im Namen einer Legitimität, die sich aus der Rasse ergab («alle Franken waren Edelleute und alle Gallier Bürgerliche»).

Die Klasse des Gesetzes

Die einfache Umkehrung der Entgegensetzung diente dazu, die reine, harte Herkunft des Dritten (des gallisch-römischen, städtischen) Standes im Gegensatz zu den (feudalistischen, ländlichen) germanischen Invasoren deutlich zu machen: «Nach der Beendigung der großen Kämpfe des 4. und 5. Jahrhunderts (. . .) zwei Menschenrassen, zwei Gesellschaften, die nichts anderes gemein haben als die Religion . . .», erzählt Augustin Thierry nach Guizot, beide für Marx und Engels die bürgerlichen Väter des Begriffs Klasse. Weniger der «reaktionäre» oder «rassistische» Standpunkt muß in der Rückschau bei Boulainvilliers hervorgehoben werden, als vielmehr diese allgemeine Art, eine gesellschaftliche Gruppe als Trägerin des Gesetzes einzusetzen und sie damit zugleich aus dem gesellschaftlichen Ganzen herauszulösen, als wäre sie von «besonderem Stoff» (Stalin). Der Aristokratismus des Edelmannes und die Diktatur des Berufsrevolutionärs finden an der gleichen Quelle ihre Rechtfertigung.

Es gilt die allgemeine Regel, daß jeder einzelne (Gruppe oder Individuum), der vom Gesetz *erwählt* ist, die Exteriorität des Gesetzes verinnerlicht: dieser Berg unverständlicher Papiere muß Fleisch von seinem Fleisch werden, in sich richtet er das Unverständliche ein, und der Gefangene muß in sich eine «Seele» (Foucault) entdecken so wie die Klasse ihr Zentralkomitee: ein Kontrollstand überwacht die legale Grenze zwischen dem Erlaubten und dem Verbotenen oder zwischen dem Öffentlichen und dem Privaten. Der einzelne macht sich so zum Fremden gegenüber seiner Umgebung, so wie der Dritte Stand gegenüber dem Chaos der großen Invasion, die bewußte, organisierte Arbeiterklasse gegenüber der kapitalistischen Anarchie (und der Kleinbürgerlichkeit der Gefühle), der Gefangene gegenüber der Außenwelt.

Das Wort verinnerlichen soll jedoch nicht dialektische Träume wecken, wenn es einen Dornenpfad gibt, dann ist es nicht der des Geistes, der sich schmerzvoll mit dem Wissen von sich selbst oder des Individuums oder der Klasse versöhnt. Leidensweg des Gefangenen, dem die Verwandlungen des Gefangenendaseins zugleich eine «Zugabe an Seele» und die Erneuerung des Leidens bringen. Von dem Gesetz wird gesagt, daß es von einem inneren Wissen bewohnt wird, weil sein Zugang von außen unverständlich ist, das Unwissen ist das Maß seines Inneren. Ebenso ist es mit den Untertanen des Gesetzes: je mehr sie sich ablösen, um so mehr sind sie im Innern, je mehr die Arbeiterklasse für die Welt, in der sie lebt, ein Fremdes ist (fremd durch ihren Hunger, dann durch ihre Ideologie, ihre Partei, ihre Wissenschaft, usw.), um so mehr ist sie im Innern der Revolution; je härter die Strafe, um so tiefer die Seele, die der Verurteilte sich im Grunde seiner Zelle bilden muß: «Es bedarf der Bildung einer Klasse mit radikalen Ketten» (Marx).

(Nein, das ist nicht der Kommentar eines Ministers für seine soundsovielte Strafreform.)

Das Gesetz zwingt seinen kommenden Untertan zu spielen . . . und fabriziert ihm ein Inneres. Indem es ihm alles, was nicht selber das Gesetz ist, äußerlich macht.

Die Operationen, mit denen das Gesetz seine Untergebenen mobilisiert, sind allzu bekannt. Wichtig ist, jeden x-beliebigen zum Spiel zu zwingen, wenn der Organisator seines Sieges sicher sein kann. Es gibt eine Operation Kampf um die Macht: spielt nur, damit ihr selber zum Organisator werdet, der gewinnt. Es gibt die Operation Apokalypse: egal was euch passiert, wenn ihr nicht spielt, herrscht das Chaos. Die Operation Siegfried: Wagners Wotan (das Gesetz, der Staat) rekrutiert einen vollkommen «freien» Helden, das heißt er ignoriert die Bräuche und spielt das Spiel, ohne es zu wissen: da das Gesetz von Natur her unverständlich ist, wird es niemand besser erfüllen als ein Schwachkopf (der bei der Gelegenheit durch das Gesetz zum Schwachkopf wird).

Werdet ehrgeizig, terrorisiert euch, infantilisiert euch. Kurz, bleibt modern! Die drei Operationen, um das Spiel in Gang zu bringen, sind gewöhnliche Imperative im täglichen Leben, und an Beispielen fehlt es nicht. Die delirierenden Ängste (Operation Apokalypse), die die französische Verwaltung bei der geringsten antihierarchischen Protestbewegung offenbart, werden von Legendre als Wiederholung einer *Kastration* der Untergebenen interpretiert, die Kinder bleiben sollen (Operation Siegfried): rühr nicht an das Gesetz! Die Aufteilung der Welt durch die nuklearen Supermächte setzt einen ähnlichen Ablauf in Szene: es wird eskaliert (Kampf um die Macht), wobei das letzte Argument vom atomaren Weltuntergang vorgebracht wird (Operation Apokalypse), bis die kleinen Länder (Siegfried) die von den Supermächten aufgestellte Ordnung annehmen.

Wenn sich auch die angewandten Tricks ähneln, so unterscheiden sich die Fallstricke des Gesetzes doch im Hinblick auf diejenigen, die in die Falle gehen sollen. Obwohl der bürokratische Apparat eine sorgfältige Gehirnwäsche vornimmt, bis hin zum Nullpunkt der Siegfried-Operation, geht er doch immer das Risiko ein, auf unbezwingbare Unterschiede zu stoßen: Schwarze, Vietnamesen, Bandarbeiter, Gulag-Deportierte sind sich keineswegs gleich, außer in dem, daß sie immer das Gesetz aus den Fugen bringen. Der US-Staat entdeckte eines Tages, daß der vietnamesische Bauer nicht der Indianer der Steppen des 19. Jahrhunderts war . . . Sobald sich das Gesetz eines bestimmten Territoriums bemächtigen will, muß sein Spiel sich seinem Gegner entsprechend differenzieren und zu einem spezifischen Spiel werden.

Wenn die Frage gestellt wird, was dieser oder jener Herrschaftsapparat sagt, muß gefragt werden, *wen* er mundtot machen will. Im Gesetz selbst klingt immer die Forderung nach Ruhe, und seine drei Operationen wollen auch nur sagen: Halt Ruhe, Siegfried, oder es wird ein Blutvergießen bis zur Apokalypse geben! Jedoch abgesehen von diesen schalen Sprüchen, werden die langen Ansprachen des Gesetzes durch diejenigen eingegeben, die es unterwerfen will – obwohl es nur sich selbst zum Sprecher macht und sich bei dieser Gelegenheit allem aufzwingt, hat es nur eines zu sagen: gehorche! Und seinen langen Monologen ist nur zu entnehmen, was in ihnen verkannt oder anerkannt wird: wer Ohren hat zu hören, vernimmt ihr Heilsversprechen, wer vogelfrei ist, unterliegt ihrer Verführung und den Drohungen zur Einkehr. Gesetz, sage mir, an wen du dich wendest, und ich sage dir, wer du bist – die Geschichten der Mächtigen sind sich alle gleich, es gibt daher nur die Geschichten der Völker. Die angebliche Wissenschaft von der Geschichte wird, egal welcher Färbung, mit ihrem Sitz in der Allgemeinheit der Gesetze, immer zweifach überrascht werden. Zum einen, wenn Völker durch ihr Auftreten vorgefaßte Modelle umstoßen: die chinesische Revolution hatte keine Ähnlichkeit mit den Oktobertagen 1917. Zum anderen, wenn das Gesetz die bereits aufgerissene Bresche notdürftig schließen will, sich auf seinem Gebiet verschanzt und hier zum Marxismus der Zarensöhne, dort zu den Kindern der Mandarine wird.

Das innere Deutschland

Einmal jedoch begegneten die legale Fiktion und die reale Geschichte einander fast, das Gesetz arbeitete auf einem großen Territorium wie auf einem unbeschriebenen Blatt Papier. Ausgehöhlt von der ungestümen Geburt des Kapitalismus, in den Religionskriegen zerrissen (dank der Erfindung der Druckerkunst, der «Vulgär»sprachen und ihrer Bildung trat hier zum erstenmal der moderne Fanatismus auf), eingezwängt zwischen den jungen Nationalstaaten, denen es an Eroberungslust und starken Armeen nicht mangelte, war Deutschland das Experimentierfeld des europäischen Gesetzes.

Die Operation Apokalypse war der Dreißigjährige Krieg (1618–1648): Kein zivilisiertes Volk hatte eine solche Katastrophe erlitten. Deutschland wurde gleichsam zwei Jahrhunderte zurückversetzt, es benötigte zwei Jahrhunderte, um das wirtschaftliche Niveau vor dem Dreißigjährigen Krieg wieder zu erlangen, schrieb der Sozialist F. Mehring vor dem Ersten Weltkrieg. Doch die Wirtschaft ermißt nicht die Tiefe einer Katastrophe, in der jeder dritte Deutsche umkam. Man könnte den Auswirkungen dieses Terrors auf die Bevölkerung in den Beschreibungen nachgehen, die dann von dem deutschen Charakter gemacht wurden: gelassen? ernsthaft? unpolitisch? musikalisch? friedlich? cholerisch? metaphysisch? provinziell? barbarisch? Sind alle diese sich oft widersprechenden Charaktermerkmale, die im Lauf der Jahrhunderte als «natürliche» Gegebenheiten aufgestellt wurden, nicht die Auswirkungen ein und desselben erschreckten Zurückweichens vor der Autorität, dem Gesetzesträger, der Ordnung, dem Staat usw.? In ihrer eigentümlichen Wortwahl machen zwei Psychoanalytiker diese Feststellung: «Nur eines blieb verpönt, und darüber bestand ein kollektiver Konsensus: die Zivilcourage. Dem Gedanken der individuellen Gewissensentscheidung und der Bereitschaft, persönliche Verantwortung zu übernehmen, haftete das Odium einer unehrerbietigen Haltung gegenüber den von Gott stammenden Autoritäten an» (A. und M. Mitscherlich). Nach der Niederlage 1945 erlebte Deutschland die *Trauer* als *unmöglich*, ohne klare Gedankenvorstellung; muß darin nicht eine Wiederholung der ersten Apokalypse, der des 17. Jahrhunderts, gesehen werden? Als sich der Deutsche nach 45 in den wirtschaftlichen Wiederaufbau stürzte und alles andere dabei vergaß, fand er da nicht in der Geschichte, die wieder bei Null anfängt, die Wiederholung der ewigen deutschen Geschichte?

Tradition: die der Operation Apokalypse, die für das Gesetz

tabula rasa macht: «Werktätigkeit und ihr Erfolg verdeckten bald die offenen Wunden, die aus der Vergangenheit geblieben waren. Wo ausgebaut und aufgebaut wurde, geschah es fast buchstäblich auf den Fundamenten, aber kaum noch in einem durchdachten Zusammenhang mit der Tradition» (ebd.).

Von einigen großen Romantikern abgesehen, stürzte sich die deutsche Elite, sobald die Französische Revolution ausgebrochen war, kopfüber in die Operation Kampf um die Macht. Denker, Reformminister, Musiker, aufgeklärte Generäle, sie gingen alle darin auf, und langsam folgten die Körperschaften im Verlauf des 19. Jahrhunderts. Die Mittel, die vorgeschlagen wurden, waren verschieden, doch das Ziel war eines: die anderen Nationalstaaten Europas einholen und überholen, mit Frankreich auf dem Kontinent und dann mit England auf Weltebene rivalisieren. Das Ziel hatte also nichts spezifisch Deutsches, das politische Vorbild Hegels war Richelieu, während Fichte, der Philosoph, und Clausewitz, der General, einen Briefwechsel unterhielten, weil sie beide Machiavelli verehrten. Eigentlich deutsch dagegen war, daß dieses allgemein europäische Gesetz zum erstenmal auf ein Volk traf, das von einer Apokalypse heimgesucht worden war (die Wunde war jedesmal wieder offen, die große Armee Napoleons wiederholte in Deutschland die Verletzungen des Dreißigjährigen Krieges und löste, im Gegensatz zu dem, was zur gleichen Zeit in Spanien und Rußland geschah, mehr Terror als Widerstand aus).

Ein in seine kleinsten Bestandteile aufgelöstes Volk, eine Elite, die ihre Energien auf den Staat lenkte: die Fiktion vom Spiel des Gesetzes wurde Wirklichkeit, die Geschichte wurde zum Laboratorium, die Entsprechung von Gesetz und Territorium konnte unter äußerst klaren Voraussetzungen zustande kommen.

Nichts fehlte, noch nicht einmal dieser Untertan des Gesetzes, der in seiner freien Unschuld zur vollendeten Unterwerfung wird, Siegfried. Die Verblödung eines Volkes erreichte unter dem Nazismus eine bisher unerreichte Intensität, und jeder nahm, je nach seinen Fähigkeiten, daran teil, bis hin zum großen Philosophen oder Dirigenten, vorher noch die neunundneunzig Prozent in der Verwaltung, bei den Offizieren, in den freien Berufen und in der Gesamtheit der Lehrerschaft (alle, die Widerstand leisteten und auswanderten, verdienen es, erwähnt zu werden, wenn nicht als Alibi, so doch als Ausnahme).

Niemals hatte sich ein Volk so vollständig «in den imaginären Raum der Institutionen» hineingestürzt, «in dem die einzelnen Kinder sind» (Legendre), doch ist dieser Raum ein europäischer. Wenn die deutsche Erfahrung sich vermitteln läßt, dann nur unter der Bedingung, daß in ihr eine äußerste Art zu *europeanisieren* ausgemacht wird. Alexander und Margarete Mitscherlich stellen das Fehlen einer «deutschen Zivilcourage» fest, verstanden als Bereitschaft zu persönlicher Verantwortung und individuellem Einspruch. Als Solschenizyn sich die Frage stellte, welche Bedingungen zu einer Ausdehnung des Archipels GULAG führen, unterstrich er ebenfalls den Mangel an «Zivilcourage».

Durch und durch europäisch macht das Nazi-Deutschland immer wieder deutlich, was geschieht, wenn man den Gesetzen ohne Einspruch gehorcht. Ein Lehrmeister im Negativen. Ein in seiner Perfektion vielleicht einzigartiges Modell, dessen Nachbildungen jedoch in der Welt von heute weit verbreitet sind. Es muß als Produkt von Interesse sein, soll die Produktionsweise solcher Infernos erkennbar werden. Ein Volk dazu zu bringen, sich in der Apokalypse einzurichten; die Elite sich auf das konzentrieren lassen, was der einzige Schlüssel zu jeder Veränderung ist, auf den Staat, der eingenommen, transformiert, revolutioniert werden soll (die Einzelheiten sind unwichtig: als erstes immer der Staat); schließlich ein allgemeines Verdummen, im Großen wie im Kleinen; zu diesem Zweck alle Energien mobilisieren, schreiben, verwalten, prophetisieren, Volksreden halten, philosophieren, bekämpfen, dienen, arbeiten: die deutsche Katastrophe, wer kann ihr ganz entgehen?

Das Deutschland des 19. Jahrhunderts ließ es sich zur Ehre gereichen, die europäische Wissenschaft und Kultur zum Siedepunkt zu bringen. Ein Grund mehr, seine Denker zu befragen. Nicht um sie zu retten, als hätten sie nichts von alldem, was kam, gesehen, oder als hätten sie damit nichts zu tun – das würde ihnen die traurige Ehre zugestehen, daß sie von einer anderen Welt oder mit Blindheit geschlagen waren. Weniger noch, um der gewissenhaften Anständigkeit die Schuld anzulasten, mit der sie die Mechanismen nannten und beschrieben, zu deren Zustandekommen sie aber auch ihren Beitrag leisteten: «Die Zeit kommt, wo der Kampf um die Erdherrschaft geführt werden wird, – er wird im Namen *philosophischer Grundlehren* geführt werden» (Nietzsche). Mag derjenige, der seinen Weg kennt, sich die Mühe geben, ihnen Vorhaltungen zu machen. Die Fragen an sie müssen mit mehr Einfachheit gestellt werden, damit wir entdekken, woher wir kommen, und wahrnehmen, was in einem jeden endgültig den Protest, den Funken, der von Sokrates und Panurg ausging, erlöschen lassen will.

Der unmögliche Herr Sokrates

«Jetzt mache ich dir
erst den hervorragendsten Vorschlag:
Stell dir Ordnung vor. Oder stell dir lieber zuerst
einen großen Gedanken vor, dann einen noch
größeren, dann einen, der noch größer ist, und dann
immer einen noch größeren; und nach diesem Muster
stell dir auch immer mehr Ordnung in deinem Kopf
vor. Zuerst ist das so nett wie das Zimmer eines
alten Fräuleins und so sauber wie ein ärarischer
Pferdestall; dann großartig wie eine Brigade in
entwickelter Linie; dann toll, wie wenn man nachts
aus dem Kasino kommt und zu den Sternen
‹Ganze Welt, habt acht; rechts schaut!›
hinaufkommandiert. Oder sagen wir, im Anfang ist
Ordnung so, wie wenn ein Rekrut mit den Beinen
stottert und du bringst ihm das Gehen bei; dann so,
wie wenn du im Traum außer der Tour zum
Kriegsminister avancierst; aber jetzt stell dir bloß
eine ganze, universale, eine Menschheitsordnung,
mit einem Wort eine vollkommene zivilistische
Ordnung vor: so behaupte ich, das ist der Kältetod,
die Leichenstarre, eine Mondlandschaft,
eine geometrische Epidemie!»

Robert Musil
Der Mann ohne Eigenschaften

Das ernsthafte Denken kümmert sich um ernste Dinge: Unternehmen, die expandieren, Organisationen im vollen Wachstum, Staaten, Kontinente. Oder sind es vielleicht diese umfassenden Ganzheiten, die von innen das Denken besetzen und es nur dem Faden der Zeitpläne, Programme, Parteilinien und der Staatsräson folgen lassen. Ist da eine Unterbrechung? Ist die Leitung weg? Dann noch mal die gleiche Nummer.

Die meisten Gaben, die gefälligerweise als «eigentlich» menschliche qualifiziert werden, sind Gegenstand ernsthafter Investitionen. Die großen Unternehmen vernachlässigen weder das Wort – konfessionsfreie Schule, Partei-, Gewerkschaftsschule – noch die Schrift (Oh, Büros! Oh, Schlösser!), weder die guten Gefühle, weiß Gott!, noch, Teufel noch mal!, die schlechten. Sogar die Imagination, die, allerdings ironisch, sich im Mai 68 «an der Macht» wähnte, ist damit beschäftigt, das Leben zu verändern – ist ein Leben vorstellbar, das sich nicht ändert? Und die Vernunft? Davon gibt es eine für die Nuklearbombe, mehrere für den Gulag, keine der Institutionen, die diesem Jahrhundert zum Ruhm gereichen, würde auch nur einen Augenblick darin innehalten, über alles zu räsonieren. Eine menschliche Vernunft? Nicht ohne allzu oft in den Gefühlen des Unmenschlichen Verwirrung zu stiften, wenn napalmisierte Vietnamesen und Millionen von Konzentrationslagerinsassen mit gesellschaftlichen Gründen gerechtfertigt werden. Es müßte in der gemeinsamen Verachtung, die die Räsonierer für die «kleinen» Nebeneinkünfte ihrer Funktion zur Schau tragen, das Funktionieren ein und derselben Vernunft entdeckt werden, wenn möglich so, daß man sie verliert. Wahrhaftig, der Mensch ist ein für große Unternehmungen begabtes Tier.

Bleibt eine kleine Fähigkeit, winzig klein, die da herumlungert, eine Unordnung, verlumpt und so armselig, daß die Experten in ihr noch nicht die Gelegenheit zu gewinnbringenden Investitionen ausgemacht haben. Vernunftgründe, konstruktive Imagination, distinguierte Gefühle werden ohne weiteres Gegenstand der Verhätschelung der Regierenden. Vernachlässigt, eher noch verlassen weil nicht verwendbar, steht diese verdrehte Fähigkeit weiterhin allen zur Verfügung, und doch kann niemand von sich behaupten, daß er sie eigentlich besäße. In Wahrheit kaum eine Fähigkeit, nicht mal ein Können, höchstens eine Befugnis, oft an nichts gebunden, meistens davongejagt – die Freiheit unterbrechen zu können.

– Seien wir doch etwas ernst! Es ist die Zeit der Großraumkomplexe. Der amerikanischen Herausforderung. Der marxistischen Herausforderung, die 250 Millionen Russen und 800 Millionen Chinesen (vielleicht die einen gegen die andern) aufmarschieren läßt. Heute haben wir die Zivilisation der Masse, die

Produktion vom Band, den tonnenweisen Konsum, die Kriege sind schon als Weltkriege vorweggenommen und die Zivilisation als eine planetarische. Diese Welt braucht Gedanken im millionenfachen Ausmaß; sprecht nur als Techniker, und alle Pläne und Programmierungen lassen ihren Trommelwirbel erschallen; sprecht als Marxist, und schon erzittern ganze Kontinente in dem kalkulierten Beben eurer Stimme. Doch unterbrecht uns nicht mit eurer Unterbrechung!

– Wenn jedoch ein Student einen Minister unterbricht und von Sexualität spricht, wenn dieser mitten in seiner Rede ihm so nebenbei anrät, doch einen Sprung ins Schwimmbecken zu tun, wenn wenig später Studenten den Verkehr unterbrechen und noch etwas später die Arbeiter ihre Arbeit niederlegen: der größte Streik der Weltgeschichte, 10 Millionen Unterbrecher!

– Schon wieder Mai 68! Ob die Gedanken sich nun nach links oder rechts wenden, man wird dem zustimmen, daß es sich um die «unauffindbare» Revolution handelte. Um nichts also. Ein Psychodrama, sagen die Denker der Rechten. Folklore, heißt es bei den Helden der Linken. «Ereignisse» waren es, schrieben einhellig die Zeitungen.

– Eben! Die Unterbrechung macht das Ereignis. Ein Ereignis, so bezeichnet und nicht anders, weil nichts Besseres zur Hand war, das letzte Mittel also, man war mit dem Latein am Ende. Die Unterbrechung befragt die Begriffe: wer weiß, wo das hinführt? Wo das herkommt? Das Ereignis ist mit dem Ereigniswerden nicht zu Ende, denn es kann nicht eingeordnet werden. Da sind noch andere Ereignisse der gleichen Sorte, mit denen man Mai 68 auf eine Stufe stellen kann, bis einem manches klarer wird. Da war eines, unbemerkt in Frankreich, fremd außerdem auf Grund der großen Entfernung und viele geistige Lichtjahre entfernt, sicherlich eine Angelegenheit auf Weltebene und doch reine Folklore, ein gigantisches Psychodrama für das Denken ernsthafter Menschen: der Vietnam-Krieg wurde gestoppt. Gewiß, durch die Vietnamesen – das ist nicht neu, nur für die Strategen des Pentagons: Napoleon wurde durch die spanische und russische Guerilla aufgehalten, nationale Befreiungskriege hat es schon immer gegeben.

Da haben wir das Nicht-Vorhergesehene, das Nie-Gesehene: der amerikanische Krieg, den die amerikanische Jugend selber zum Stillstand brachte. Eine Armee – die erste der Welt, die stärkste der Weltgeschichte – von innen zerrüttet und gespalten. Mit Liedern und Drogen, mit Hilfe von aufbegehrenden Pastoren, Rabbinern und Priestern, mit Gedichten und Granaten, die in die Offiziersmesse geworfen wurden. Unterbrechung in den offiziellen Reden und Paraden, in den hochstrategischen Berechnungen der herrschenden Weisheit. Zehn Jahre weniger Napalm auf Vietnam. Die Wirksamkeit einer geistigen Atombombe, die modernste Kriegsmaschine hat dieser Menge kritischer Massen nicht widerstanden.

Diese Protestbewegungen als Gesamtheit zu sehen, deren Wirkung der Größenordnung der thermonuklearen Waffen entspricht, die sie aufhalten kann, fällt dem Denken schwer. Was haben der bis tief in die Augen Drogensüchtige und ein bis in die Tiefen seiner Seele römischer Katholik gemeinsam? Das, wogegen sie sich mit ihrem Protest zur Wehr setzen und was sie ganz verschieden benennen: der Teufel, sagt vielleicht der eine; und der andere? Das Ekelhafte, Widerliche? «Mostriche Gören aller Länder, vereinigt euch!» (W. Burroughs).

Ein jeder hat seine Worte, um das zu benennen, was hier und da unterbrochen wurde. Es bleibt diesen oder jenen überlassen, das Unterbrechen nicht zu vergessen. Die sowjetischen Dissidenten zeigen – auf Kosten eines gespritzten Gehirns und eines durchlöcherten Körpers –, daß Widerstand die größte Polizeimaschine zum Stehen bringen kann. Als Solschenizyn die Herkunft des russischen Lagersystems untersuchte, lieferte er den Gegenbeweis: zu Anfang hat das Fehlen individueller Protestaktionen – das, was er den Mangel an Zivilcourage nennt – das Krebsgeschwür des Polizeisystems auswuchern lassen. Die Wurzeln dieses Verhaltens sind nichts spezifisch Russisches: alle europäischen Eliten sind mit gesenktem Haupt in das Kriegsgemetzel von 1914 gegangen.

Es steht dem ernsthaften Denken frei, dagegen einzuwenden, daß der russische Widerstand, der Zerfall der amerikanischen Armee, die Protestbewegungen des Westens nur verstreute Ereignisse sind, jedesmal punktuelle, ephemere Angelegenheiten. Doch ist es nicht unmöglich, in ihnen vereinzelte Versuche zu sehen, die voneinander nichts wissen und dennoch konvergieren, alle darauf ausgerichtet, den tödlichen Gang zu brechen, den dieses Jahrhundert mit seiner weniger denn je ewigen Menschheit eingeschlagen hat: zwei Weltkriege, vielfache faschistische Bewegungen, Kolonialmassaker, Varianten des KZ-Sozialismus für eine Milliarde Menschen und die thermonuklearen Spiele, wenn die Promotoren dieser Geschichte sich im siebenten Jahrzehnt ausruhen.

All das mit einem Blick zu erfassen und als Ganzes zu betrachten, ist noch nicht möglich. Man zieht es vor, die Übel serienweise zu zeigen, von den Irrtümern des Sozialismus auf der einen und dem Versagen des Liberalismus auf der anderen Seite zu reden. Diese subtilen Unterscheidungen halten nicht stand, nichts sieht einer Leichengrube ähnlicher als eine andere Leichengrube, und ein zu Tode gequälter Körper läßt nicht erkennen, ob die Tortur «sozialistisch» oder «kapitalistisch» war. Deshalb werden die Eliten des nun zu Ende gehenden Jahrhunderts von einer verspäteten Scham gepackt, wenn sie die Gewaltszenen im Fernsehen zensieren.

Unterbrechung, Geheimnis der Geschichte, Triebfeder der Zivilisationen, Zugkraft der Expansion!

Diese Ungeheuerlichkeit könnte den abgesteppten universitären Ohren als zu verrückt erscheinen; zum Beleg werden zwei Wissensautoritäten zitiert, der klassischste bürgerliche Ökonomist: Ricardo, und sein marxistischer Schüler: Marx. In der Mitte des 19. Jahrhunderts setzten nach einem Jahrzehnt äußerst harter Kämpfe die englischen Arbeiter eine Herabsetzung des Arbeitstages mit gleichzeitiger Lohnerhöhung durch. Die Arbeitgeber reagierten darauf mit einer Modernisierung ihrer Ausrüstung, um den Lohnkostenanteil zu senken; Marx stellt an diesem Verhalten «eine allgemeine Methode des Kapitals» heraus: «Ricardo hat diese richtige Anmerkung gemacht, daß die Maschinen in ständiger Konkurrenz zu der Arbeit stehen, und daß man oft, bis sie eingeführt werden, darauf warten muß, daß die Arbeitskosten gehörig gestiegen sind . . .»

O sakrosankte, russisch-amerikanische Entwicklung der Produktivkräfte und Technik! Bis die neuen, so faszinierenden Maschinen eingeführt werden, muß noch «gewartet» werden. Auf was denn? Auf Entdeckungen, auf Forschung und Entwicklung? Nein, auch sie müssen möglicherweise warten . . . bis die Arbeitskosten gehörig angestiegen sind. Gehörig heißt hier: mit

Hilfe sehr ungehöriger Mittel, die damals von den englischen Arbeitern angewandt wurden, als sie die unzähligen Arten der Arbeitsunterbrechung erfanden. Die Unterbrechung, Stachel von Industrie und Handel, das ist der patentierte Universalmotor der Firma Ricardo–Marx, deren Ruf schon überall hingedrungen ist.

Weniger weit zurückliegende Beispiele könnten den Anwendungsbereich dieser «allgemeinen Regel» noch weiter ausdehnen. Nach den großen sozialen Erschütterungen, die die Krise von 1930 und die Weltkriege begleitet haben, waren die Besitzenden gezwungen, den zyklischen Umfang der Arbeitslosigkeit und ihre schwerwiegenden Folgen zu vermindern, so wie sie einst im letzten Jahrhundert die Arbeitszeit begrenzen mußten. Daher neue «Methoden» in der Ausrichtung der Investitionen, die Intensivierung der Industriearbeit und der Massenkonsum. Eines müssen sich die Lobredner der Wirtschaftsentwicklung sagen lassen: der wahre Motor der Expansion muß in den Streiks, in den Demonstrationen, auf der Straße gesucht werden. Der historische Gegenbeweis: die Ökonomien, die nicht von diesem massiven Protest erschüttert werden, stagnieren; man sehe nur auf die sozialistischen Länder, deren einzige Spitzentechniken die Bewaffnung und die Repression sind.

Die Ökonomie selbst – die unsere Experten wie ein Orakel befragen, die unsere Regierenden wie ein Schicksal ehren und die alle übrigen wie eine Fatalität erleiden sollen – funktioniert also nur, wenn ihre «Gesetze» unterbrochen werden können. Dieser Markt, der ohne Unterlaß die Lebensbedingungen der Massen umwälzt, muß von den Massen umgewälzt werden, um expandieren zu können. Sich selbst überlassen und vor jeden inneren (sozialen) oder äußeren (aus dem Ausland kommenden) Bedrohungen geschützt, schlaffen die sogenannten Marktmechanismen ab. Jedesmal wenn eine Bourgeoisie ohne eine Gegenbewegung über den Weltmarkt und über ihre eigene Bevölkerung herrscht, verfault sie am eigenen Leib: in seinem Aufstieg oder im Niedergang «wird der Bourgeois, in dem Maße wie er reicher wird, immer fetter und gewöhnt sich daran, seinen Reichtum in Form von Kapitalerträgen zu genießen, wenn er sich gleichzeitig dem Luxus hingibt und es für ziemlich hält, das Leben eines Landedelmannes zu führen», schreibt der Historiker Sombart und ruft den Untergang des italienischen (16. Jahrhundert), holländischen (17. Jahrhundert) und englischen Kapitalismus (19. Jahrhundert) in Erinnerung. Der Bourgeois bringt nicht von selbst seinen Herausforderer auf den Plan, doch braucht er einen Gegner, um sich von seiner Schwäche zu erholen. Ein Beweis dafür, daß der ernsthafte Bourgeois weniger ernsthaft ist als die Protestbewegung.

Damit ist noch nichts Halbes, nichts Ganzes bewiesen, denn die Falle schnappt schon wieder ein: stärkt die Protestbewegung nicht das, wogegen sie ihren Protest erhebt? Die Unterbrechung läßt die Rede untergehen, aber ist es nicht der Beginn eines neuen leeren Geschwätzes? Der Geist, der stets verneint, Mephistopheles, stellt sich selbst vor als Teil jener Kraft, «die stets das Böse will und stets das Gute schafft» (Goethe). Kaum hat man die Protestbewegung auch bei jenen wiedergefunden, die sie verabscheuen (bei den seriösen sozial-politisch-ökonomischen Geistern), wird man auch schon zum Gefangenen dieser Apologie, man verneint nur, um etwas besser begründen zu können! Aus solcher Sicht macht Hegel aus der Weltgeschichte eine gigantische List der Vernunft; über die «schlechten Seiten» hinweg und schlechten Einflüssen ausgesetzt, geht sie trotzdem «von Mißerfolg zu Mißerfolg bis hin zum endgültigen Sieg», wiederholt Mao Tse-tung. Der aufrührerische Mephistopheles muß sich katzenfreundlich zeigen, und wenn er recht hat aufzubegehren, so doch nur, weil seine Revolte schließlich doch der Vernunft dient; ein guter kleiner Teufel. Ohne Ironie?

Was hier auf dem Spiel steht, ist von Bedeutung, dafür lohnt es sich schon, alte Zöpfe hervorzuholen. Gegen den Widerstand der Arbeiter zu Anfang des Jahrhunderts erfand der Ingenieur Taylor die «wissenschaftliche» Organisierung der Arbeit. Kann daraus geschlossen werden, daß der Anarcho-Syndikalismus die Bandarbeit zur Folge hatte? Die gewalttätigen Kämpfe der Arbeitslosen in den dreißiger Jahren haben nicht ohne Umweg die Organisation der «Konsumgesellschaft» herbeigeführt: ist diese die Wahrheit jener Kämpfe? Der Kampf der amerikanischen Jugend gegen den Krieg hat einige Präsidenten schon vor die Tür gesetzt, doch ist er damit schon beschrieben? Ist jede Protestbewegung schließlich schon von dem begraben, was sie in ihrem Kampf verändert hat? Oder gibt es zwischen Protestierenden eine transversale Verwandtschaft? Jeder Aufbegehrende ist der Sohn seiner Zeit, von ihr gekennzeichnet, auch wenn alle Aufbegehrenden aller Zeiten sich eine Familienähnlichkeit zugestehen. Je mehr sich die Gesichter entfernen, desto mehr verblassen die Fotos, und Vergleiche werden ungewiß.

Vergeblich der Versuch, ein einziges Gesicht unter vergilbten Abzügen erkennen zu wollen. Die Protestbewegungen wiederholen einander, ohne miteinander Ähnlichkeit zu haben. Für die Indianer, die Pierre Clastres in den Tiefen der Wälder Amazoniens wiederfand (*Staatsfeinde*), war es vernünftig zu revoltieren, lange bevor die abendländische Vernunft überhaupt ihre Ufer erreichte: sie erhoben sich gegen den vorweggenommenen Schatten der Staatsmacht, den sie in dem Machtstreben ihrer Führer erkannten und denen sie dementsprechend Zügel anlegten; das kann mit den begrifflichen Mitteln verstanden werden, über die sie verfügten, die nicht besser und nicht schlechter als die unsrigen sind, nur anders. Es ist überflüssig, die Guayaki-Indianer, Spartakus, Gavroche, den Matrosen von Kronstadt usw. in eine Reihe zu stellen, in dem vergeblichen Versuch, in ihr einen *einzigen* Kopf zu erblicken, die «menschliche Natur». Da Protestieren immer darauf hinausläuft, Unterschiede zu retten, können diejenigen, die den Protest erheben, nicht umhin, sich voneinander zu unterscheiden. Gemeinsam ist ihnen das, was ihnen entgegensteht.

Was ist denn den Versuchen gemeinsam, die unternommen wurden, um die Protestbewegungen kleinzukriegen? Alle berufen sich auf eine Vernunft, die nur für spezifisch bürgerlich gehalten werden kann, wenn man die «sozialistischen» Regime ebenso qualifiziert. Die rassistischen Machthaber, wie sie verrückter nicht sein können, brauchen ein vermeintliches rassistisches Wissen, so wie die Anti-Volks-Diktaturen eine als proletarisch ausgegebene Wissenschaft benötigen. Die Vernunft argumentiert, widerlegt und bringt die Protestbewegungen zum Schweigen, indem sie sie zwangsweise in eine Ordnung einbezieht. Entweder eine zukünftige Ordnung: das Kind und der Proletarier müssen aufhören zu spielen, sie müssen lernen, Chefs zu werden. Oder eine Gegenordnung: für den Antisemiten war der umherirrende Jude der Agent eines unsichtbaren Staates, so wie für die Regierenden jede innere Opposition sich rasch als Instrument der Feinde draußen enthüllt. Oder dazwischen, in einer verworrenen Ordnung: der Aufbegehrende muß erzogen und umerzogen werden, sei es auch in einer psychiatrischen Anstalt. Oder an der Grenze des Denkbaren eine abwesende Ordnung: der Aufbegehrende ist dann nichts anderes als ein Tier und wird als solches behandelt.

Das Argument folgt immer der gleichen Tendenz: wer aufbegehrt, hat Hintergedanken, er spricht insgeheim von einer Ordnung; als Doppelagent zerstört er, um etwas anderes an die Stelle zu setzen, er ist ein Verschwörer; Agent der Zukunft oder Agent des Auslands, wenn nicht der eine, dann der andere. Es ist der Hang zu den Schauprozessen: die Bekämpfung einer Ordnung geschieht im Namen einer anderen Ordnung. Für die Regierung der Vernunft gibt es keinen unschuldigen Aufbegehrenden.

Das Argument des Arguments gibt Hegel. Nicht als «großer Philosoph», auf diesem Gebiet gibt es keinen Maßstab für den, der oben ist. Vielleicht weil er ein Intellektueller war, zutiefst erschüttert von einer Revolution, die von woanders her kam, und weil er sich fragte, wie nach den Ereignissen von 1789 die Welt, sein Land, Deutschland, ja er selbst noch (einmal) regiert werden könnten. Es gibt einen Streit darüber, ob er reaktionär war oder insgeheim fortschrittlich, doch unzweifelhaft sah er sich als Beamten – als ersten Philosophen, der sich als einen seiner selbst bewußten Beamten funktionieren sah: «da ohnehin bei uns die Philosophie nicht, wie etwa bei den Griechen, als eine private Kunst exerziert wird, sondern sie eine öffentliche, das Publikum berührende Existenz, vornehmlich oder allein im Staatsdienste, hat». Das siedelt Hegel nicht bei der Rechten an, eher links, er wird damit auch nicht als Philosoph des preußischen Staates, oder gar als «letzter Philosoph» (Marx), abgetan. Wenn ein Meisterdenker sich «realistisch» nennt, unterstreicht er, daß diese Wirklichkeit, an die er uns anpassen will, im Gegensatz zu «Griechenland» steht, und betrachtet sie demnach im Maßstab mehrerer Jahrhunderte. Hegel würde sich eher als ersten modernen Philosophen denken, und der Staat, als dessen Diener er sich sieht, ist oftmals nur der Staat, wie er in seinen Gedanken ist. Er wäre sehr befriedigt darüber gewesen, von dem berühmtesten der «Berufs»revolutionäre die Erklärung zu hören, daß man die Revolution nicht ohne die Wissenschaft von der Revolution machen könne, und daß man diese nicht ohne den Schlüssel dazu, *Das Kapital* von Marx, besitzen kann, und daß man diese dicken Bücher nicht ohne die Große Logik Hegels verstehen kann. Er wäre sehr wenig erstaunt darüber gewesen, die stärkste Ansammlung von professionellen Marxisten-Leninisten im *Syndicat National de l'enseignement supérieur* anzutreffen, auch wenn diese sehr hegelsche Versammlung sich zuweilen einige Freiheiten mit ihrem Gründungsvater herausnimmt. Hegel erkennt die Seinen wieder: die einzige Art, einem Aufbegehrenden Vernunft einzureden, ist zu hegelianisieren, vielleicht sogar ohne es zu wissen.

Das Argument der Argumente schreitet, mit dem Linnen der Unschuld angetan, vorwärts: Sokrates ist unmöglich. So wie die Mission, die ihm das delphische Orakel aufgetragen hatte, einfach widersprüchlich war: nachzuprüfen, daß Sokrates, nichts wissend, aber wissend, daß er das weiß, der wissensreichste aller Menschen ist. Daß eine solche Formulierung verwirrend ist, darauf hatte Sokrates als erster hingewiesen, er, der immer wieder seine Gesprächspartner in diese nicht zu beseitigende Verlegenheit (Aporie) verstrickte: «Es glauben nämlich jedesmal die Anwesenden, ich verstünde mich selbst auf das, worin ich einen andern zuschanden mache». Sokrates erging sich in Plaudereien über das Wissen wie Panurg über das Heiraten: Ihr wißt, daß ihr nichts wißt, verheiratet euch also mit dem Wissen – doch . . . – also heiratet nicht! sagt sein Dämon. Hegel will dem nicht so einfach auf den Leim gehen; er macht eben nicht aus der Philosophie eine «private» Angelegenheit (privat . . . auf griechisch!). Sie ist eine Staatsangelegenheit, die als solche geregelt wird: Sokrates hatte, ohne es natürlich zu ahnen, Verbindungen zu einer ausländischen Macht, denn wenn er Fragen stellt, weiß er etwas, und wenn er die Sachkenner kritisiert, dann hält er sich zwangsläufig für einen besseren Sachkenner, und wenn er so tut, als ignorierte er die Güte seiner Oberhäupter, gibt er damit nicht zu, daß er etwas Besseres im Sinn hat? Wenn er die Frage der Macht stellt, will er die Macht! Nicht für sich? Dann also für jemand anders! Sage mir, wem die Unruhen zugute kommen . . . für wen die Kastanien aus dem Feuer geholt werden . . . Hegel verfolgt die Spur mühelos, Sokrates wäre dann nur der Lückenbüßer Platons.

Über die Art, wie der Staat zu regieren sei, fehlt es Platon nicht an Theorien. Über etwas Solides kann diskutiert, argumentiert werden, das ist nicht wie das Ich-weiß-nichts des Sokrates weder Fisch noch Fleisch. Die *Grundlinien der Philosophie des Rechts* von Hegel antworten also auf die *Politeia* Platons, zwischen Männern des Wissens werden die Probleme aufgehellt, vor allem wenn es sich um die Frage der Fragen handelt, die nicht in Frage gestellt wird: eine Zeitung herausgeben, eine Theorie-Zeitschrift begründen, mit einem Tyrannen auf gutem Fuße stehen, die ganze Philosophie erneuern, *warum?* Damit die künftigen Führer besser erzogen, die Menschen der Macht besser geführt werden können: Platon und Denys, Aristoteles und Alexander, Hegel und Napoleon, Lenin und Lenin, wie gut träumt es sich dabei!

Gegenüber dem griechischen Staat, dem zivilisiertesten seiner Epoche, verhält sich Sokrates – will man Hegel Glauben schenken – «als Revolutionär». Wurde er nicht des Atheismus angeklagt und zugleich der Verehrung neuer Götter, was außerdem die Jugend verführte und den Ungehorsam in die Familien brachte und Zwietracht zwischen Eltern und Kindern schuf? Wurde er nicht auf sehr rechtmäßige Weise auf Grund der demokratischsten Verfassung der damaligen Welt, der atheniensischen, verurteilt? Außerdem stimmte er seiner Verurteilung auch noch zu und lehnte ein Gnadengesuch ab. Wäre das denn das Eingeständnis einer Schuld gewesen? Gewiß, antwortet Hegel, aber warum nicht? «Man kann diese Weigerung allerdings wohl für eine moralische Größe halten, andererseits aber . . .» Hegelianischer als Sokrates war Bucharin, jedoch weniger «einseitig», nachdem er die Verfassung der UdSSR geschrieben hatte, «gestand» er seinen Hochverrat . . .

«Höchst wichtige Figur in der Geschichte der Philosophie», «welthistorische Person», «Hauptwendepunkt des Geistes» – Lobsprüche noch und noch! Für den, der es verstand, das Denken im Menschen zu wecken. Als er einen General bat, den Mut zu definieren, einen Politiker, was Tugend, einen Dichter, was das Schöne, und einen Priester, was der Glaube sei, erwies Sokrates denen, die sich für kompetent hielten, eine Ehre, in der das Gift steckte, denn daß «er sich unwissend stellt», bringt die anderen zum Sprechen. Indem er alle Antworten annahm und sie beim Weiterfragen dazu brachte, sich selbst zu widerlegen, so daß «die innere Zerstörung selbst sich daran entwickeln» läßt, zerbricht Sokrates die Autorität der Tradition. Mit einem, wie Hegel sagte, «Scheine der Unbefangenheit»: seine Fragen stellt er mit Achtung vor dem anderen, hört aufmerksam zu, er expliziert die Antworten und deckt in ihnen das sich Widersprechende auf: «Er brachte daher die Individuen unter seine dialektische Luftpumpe, beraubte sie der atmosphärischen Luft, die sie gewohnt waren einzuatmen, und ließ sie stehen. Nunmehr war alles für sie verloren, außer sofern sie etwa imstande waren, in einer rein ätherischen Luft zu atmen. Sokrates hingegen hatte mit ihnen nichts weiter zu schaffen, sondern hastete zu neuen Experimenten . . .» (Kierkegaard). Dieses Getue konnte Hegel nicht ganz gefallen, die «negative Seite» mußte durch eine «affirmative» verstärkt werden, die die negative bloß als den falschen Schein einer Unbefangenheit zutage brachte.

Blumen Hegels auf dem Grab des Sokrates. Der Philosoph, der seine Stadt in Verwirrung stürzte, verkörperte die Zukunft, denn sein Stadt-Staat verfiel tatsächlich in eine tödliche Verwicklung. Doch der Staat verkörpert die daseiende Ewigkeit des Geistes. Ein tragisches Duell, das mit dem Tod der beiden Kämpfenden endet. Die Hartnäckigkeit des Sokrates spricht zwar für sein Genie, doch bleibt sie «einseitig», wie Mao sagt, also schuldhaft. Hegel sagt uns das mit aller erforderlichen Seichtheit, damit hier ein Ohr des 20. Jahrhunderts die ihm wohlbekannten Stimmen vernimmt: «Aber kein Volk, am wenigsten ein freies Volk (und von dieser Freiheit wie das atheniensische Volk) hat ein Tribunal des Gewissens anzuerkennen (. . .) Und das erste Prinzip eines Staats überhaupt ist, daß es keine höhere Vernunft, Gewissen, Rechtschaffenheit, wie man will, gibt als das, was der Staat für Recht erkennt. Quäker, Wiedertäufer usf., die bestimmten Rechten des Staats, der Verteidigung des Vaterlandes, sich widersetzen, können in einem wahren Staate nicht stattfinden. Diese elende Freiheit, zu denken und zu meinen, was jeder will, findet nicht statt . . .» (Hegel).

Man ahnt, daß hinter Sokrates, dem er Blumen bindet, Hegel sich einen anderen vorstellt, einen Quäker, Wiedertäufer, Romantiker, Ironisten, kurz: einen Aufbegehrenden. Beide Figuren haben nur eine entfernte Beziehung zu der historischen Person, die Hegel nach eigenem Belieben auf Grund viel aktuellerer Gedanken nachzeichnet. Eigentlich versetzt nicht der revolutionäre Sokrates den Meisterdenker in Unruhe: in dem Modell von 1789–93 hatte er erkannt, daß die Revolutionen «selbstzerstörerische» Ausbrüche der Freiheit waren, die um so besser die Welt verwandelten, als sie ganz aus ihr verschwanden. Der blumenumwundene Sokrates geht also auf seinen eigenen Tod zu, wie jeder gute Revolutionär war er die Verbindung zwischen zwei Ordnungen, in diesem Fall zwischen Griechenland und dem Christentum. Inzwischen hatte er auch seine Stabilisierungsphase, seine N.E.P. Die positive Wahrheit über Sokrates wäre Platon, der weiß, daß er weiß. Dahinter bleibt der Andere, dieser Schatten des Aufbegehrenden, der an den Rändern der von Hegel erzählten Geschichte lebt, ein böser Geist: seine Beweglichkeit «wippte (. . .) den einen nach dem andern heraus aus der substantiellen Wirklichkeit des Staates», und sich selbst mit den anderen. In seinem Korb zwischen Himmel und Erde, wie es bei Aristophanes heißt, verspottet er immer mit einem «ich weiß, daß ich nichts weiß» Meister Hegel, ganz aufgeblasen von dem selbstbewußten Wissen. Von diesem Schatten spricht Kierkegaard, der im Hegelianismus erstickt: die Menschheit bedarf «einer leichten Diät an Sokratismus», Hegel treibt diesem Schatten mit Hilfe seiner Guillotine der Logik den Teufel aus.

Wenn er so sehr auf den Marktplätzen agitierte, wollte er denn nicht damit die Agitation aufhören lassen? Wenn er alle zum Schweigen brachte, war es nicht, damit endlich in diesem Schweigen der Dialog derjenigen gehört würde, die wissen und keineswegs auf Märkte gehen? Sokrates, dem Anschein nach der Ironiker des «ich weiß nichts», verbarg seine wirkliche Kunst: seine «Maieutik» war die der Hebamme. Hat er nicht das «ich weiß» Platons entbunden? Seine Ironie, so plädiert Hegel, sei nur die Trägerrakete eines Wissens gewesen, dieser «Zitteraal» griff den gesunden Menschenverstand an, um der Wissenschaft Platons um so besser den Platz zu sichern. Hätte er sich ihm dankbar zeigen können, so hätte Sokrates seinen Körper wohl einem solchen Sachwalter überantwortet – wer sich gut darauf versteht, die Lebenden wie Tote zu behandeln, muß dazu in der Lage sein, die Toten für Lebende auszugeben. Verlorene Liebesmüh, wenn Sokrates in Platon verschwindet, so verschwindet dieser seinerseits in Hegel, und die offenkundige Ironie der beiden ersten, die unfreiwillige des dritten, erscheint im Schlußbild nicht mehr.

Man habe nicht das Recht, behauptet Hegel, gegenüber der philosophischen Wissenschaft skeptisch zu sein. Der Skeptizismus muß gegen den gemeinen Menschenverstand im Dienste des wahren Wissens tätig werden. Wenn er darauf verfällt, gegen die Wissenschaft anzugehen, dreht er sich im Kreise, ein Zirkelschluß: es wird behauptet, «daß alles ungewiß sei und daß dieser Satz sich selbst mit einschließe», aber das sollte, meint Hegel, die Vulgärmeinung lächerlich machen und zu dem philosophischen Wissen hinführen; sonst wäre da nur Inkonsequenz, «unleugbare Gewißheit», «Eitelkeit», «Witz», und diese Ungereimtheit ist bezeichnend für die Modernen, wenn sie nicht Hegelianer sind. Die Historiker können auf die Fälschung hinweisen, die griechischen Skeptiker griffen, wenn nicht «die» Philosophie, von deren Existenz sie vielleicht nichts wußten, so doch ein philosophisches Wissen an, das sie für dogmatisch hielten. Gleichwohl, es geht darum zu zeigen, daß der Aufbegehrende, der sein Unwissen behauptet, *logisch* unmöglich ist.

Die logische Unmöglichkeit des Sokrates – «ich weiß nur eines, daß ich nichts weiß» – ist wohl bekannt, denn sie ist nicht von der des Lügners unterschieden, der behauptet: «ich lüge». Hegel löst diese Schwierigkeit auf banale Weise, indem er Sokrates zweimal zeigt: auf der einen Seite Sokrates Nr. 1, «der nichts weiß», auf der andern Nr. 2, der weiß. Nr. 2 (Sokrates–Platon) hat ein Wissen, das Nr. 1 (Sokrates–Sokrates) nicht hat, wobei das Wissen von Nr. 2 in der Rangordnung höher steht als das von Nr. 1, das er kontrolliert («ich weiß, daß ich nichts weiß» = «ich, Nr. 2, weiß, daß das ich, Nr. 1, nichts weiß»). Im gewöhnlichen Marxismus heißt das dann: Nr. 1 kam in Nr. 2 zu Bewußtsein. Im Marxismus des «Althusser-Stils»: Nr. 2 hat die wissenschaftliche Theorie von Nr. 1 aufgestellt. In der modernen Logik werden hierarchisierte Ebenen der Sprache unterschieden (Typen und Ordnungen bei Russell, Metasprache und Objektsprache bei Carnap, Tarski, usw.). Das Meta-Ich weiß, daß das Objekt-Ich nichts weiß. In der Alltagswelt heißt es: es gibt den Begutachter und den Begutachteten, den Arzt und den Patienten, den leitenden Angestellten und den, der angeleitet wird.

Im Unterschied zu dem Hegel-Marxismus und der guten Gesellschaft hatten die modernen Logiker genug Anstand zuzugeben, daß eine solche bewundernswerte Lösung mit Hilfe einer

Unterteilung zumindest nicht sehr elegant ist und daß sie das Problem nur löst, indem sie es für nicht existent erklärt. Wenn die Sprache in vollkommen getrennte Schichten aufgeteilt wird, so daß immer die höhere Stufe die Wahrheit der unteren sagt (die unfähig ist, die Wahrheit auszusagen), dann verschwindet das Paradox in der Tat insofern, als es gar nicht ausgesprochen und vernommen werden kann: ich-sage (höhere Ebene): ich-lüge (tiefere Ebene). Dein Ohr kann sich nicht an zwei Orte gleichzeitig begeben, niemals wird ihm das paradox vorkommen. Da diese Theorien den Vorteil haben, daß sie von einem Paradox handeln wollen (das zunächst einmal gehört und verstanden werden mußte), hat die moderne Logik diesen Grobschnitt etwas aufgegeben und mit zunehmender Feinheit durchaus interessante Ergebnisse erzielt, die an die *Grenzen* kommen, innerhalb derer eine Sprache logisch verifiziert und kontrolliert werden kann. Grenzen, auf die Hegel nicht stoßen konnte.

Für ihn kann Sokrates Nr. 1 (der nicht weiß) nicht an Sokrates Nr. 2 (der weiß) Fragen stellen: *ich weiß* ist «stärker» als *ich weiß nichts.* Wenn er so tut, als stelle er Fragen, dann spricht Platon. Dieser Beweis der Nichtexistenz des Sokrates ist das erste und letzte Wort des hegelschen Wissens, sein Alpha und Omega. Es ist unmöglich, sich wie von außen zu fragen, ob man weiß oder nicht weiß: Denken und Sein sind eins und haben kein Äußeres (hier verweist Hegel gegen die zu «äußerlichen» Skeptiker nach eigenem Gutdünken auf Parmenides, auf die ersten Worte der griechischen Philosophie). Hinter den Skeptikern hat es Hegel auf Kant abgesehen. Hatte dieser nicht ein (halbes) Jahrhundert zuvor behauptet, daß man nicht von der Idee Gottes aus seine Existenz beweisen könnte («ontologischer» Beweis), ebenso wie er es nicht für statthaft hält, von der Idee von hundert Thalern zu hundert wirklichen Thalern in klingender, fallender Münze überzugehen? Heutzutage verwirft jeder beliebige Spekulant die zweite Unterscheidung, so wie Hegel die erste entfernt, wenn er unumstößlich zu verstehen gibt, daß das höchste Wissen den «Gegensatz zwischen denkendem Subjekt und existierendem Objekt» nicht zuläßt. Wodurch der Beweis von der Inexistenz des Sokrates und der vom Dasein Gottes eins sind. Derjenige der denkt, kann sich nicht «außerhalb» dessen setzen, was er denkt, außer durch ein Denken, das wissensreicher und wahrer ist: ein

Wissen kann nur im Namen eines höheren Wissens negiert werden, und Gott nur im Namen Gottes. Eine Anmerkung für empfindsame Seelen: Hegel führt auf diese Weise nicht in den Glauben an Gott ein, sondern in den Glauben an den Beweis, was heute viel verheerendere Folgen hat.

Der logische Mord an Sokrates ist für Hegel ein Ritual, sobald er das abschließende Wissen bestimmt, in das er uns einzuführen gedenkt. Da Sokrates in seinen Augen nur die Maske von Platon ist, wird die *Ironie* der Kritik unterworfen, eine Ironie, die den Anspruch erhebt, ohne Wissen, aber nicht ohne ein Lächeln, zu sagen, daß sie nicht weiß. Ironie der Ironie, von diesem strategischen Ort aus lichten alle Kritiken gegen Hegel den Anker, ob sie es nun wissen oder nicht, die existentialistischen, die marxistischen, die ästhetischen und die poetischen, die Geh-nur-deiner-Nase-nach und die Die-der-Wind-verweht . . .

Sokrates ist unmöglich, wenn das Paradox unmöglich ist, wenn etwas begrenzen (zu sagen: ich lüge) schon das Überschreiten der Grenze ist (einen wahren Standpunkt über eine Lüge haben). Die existentialistische Kritik (nach Kierkegaard) bringt diesen Stein ins Rollen, doch nur um die Misere des Menschen im Paradox zu beweinen, seine Tränen sind noch hegelisch: die Subjektivität ist in der Sünde, auf dem Rückzug, gegenüber dem wahren Diskurs mit einem Makel versehen. Ich bin ein Verräter in einer wahren Geschichte, vor einem Diskurs, der, weniger verräterisch als ich, doch Schmutz am Stecken hat. Ich bin unmöglich, aber ich bin. Der «Kleinbürger», das unglückliche Bewußtsein würde mit Éluard immer wieder sagen: «Hauptsache ist, wenn alles gesagt wird, und mir fehlen die Worte» . . . Woher nimmt man die Überzeugung, daß alles zu sagen, schon alles sagt, es sei denn aus diesem Willen zum absoluten Wissen, den alle bekannten Köpfe des 20. Jahrhunderts in den Mohnblumenfeldern der *Großen Logik* anbauen? Um sich ernsthaft des absoluten Wissens zu entledigen, hielt man es für angemessen, etwas anderes ernst zu nehmen: die Religion (Kierkegaard), die Politik, die Geschichte, die Gesellschaft. Doch die Religion ernst nehmen, oder was auch immer, ist ein hegelscher Zugriff. Und die Paradoxa, die aus dem gelehrten Denken entfernt waren, kehren wieder zurück.

Bei Kierkegaard heißt es: «Und da nun Hegel, wie mich bedünkt, sich vergeblich bemüht hat, Sokrates einen positiven Inhalt zuzuschreiben, so glaube ich, daß hier der Leser mir Recht geben muß. Wäre sein Wissen ein Wissen von ‹etwas› gewesen, so wäre seine Unwissenheit lediglich eine Form der Gesprächsführung gewesen. Jetzt hingegen ist *seine Ironie vollendet in sich selbst.* Insofern ist es mithin *zu gleicher Zeit* mit der Unwissenheit des Sokrates ein *Ernst* und *doch hinwiederum kein Ernst*, und *auf dieser Spitze* muß man Sokrates festhalten.» Einfacher gesagt, die Ironie des Sokrates als «Kunst des Fragenstellens» besteht darin, ein Wissen in die Falle seiner eigenen Prätentionen gehen, es voller Ehrgeiz seine Fangreuse auslegen zu lassen und die Maschen auszumachen, die sich auflösen, es sich dann auseinanderfalten zu lassen, zerfressen von Vorurteilen und von Widersprüchen unterminiert. Sokrates braucht keine «höhere», «positive» Wissenschaft, um diese Wissenschaft, die gar keine ist, zu sehen, zu prüfen, festzustellen oder anzuzweifeln. Doch der Schüler bleibt in den Kategorien des Meisters gefangen. Kierkegaard fügt hinzu: «Daß man von seiner Unwissenheit weiß, ist der Anfang zum Wissendwerden; weiß man jedoch nicht mehr, so ist es eben bloß ein Anfang . . .» Hier beginnt das Jahrhundert auf der Stelle zu treten. Das heißt im hegelschen Wissen, das es verwerfen oder auf Distanz bringen wollte: «Der Anfang zum Wissendwerden; . . . eben bloß ein Anfang!» Etwas anderes hatte auch Hegel nicht gesagt, dies sogar Wort für Wort: die Dialoge des Sokrates lassen uns auf der Stelle stehen, ohne Lösungen, ohne Abschluß, in der Verwirrung, «diese Verwirrung hat nun die Wirkung, zum Nachdenken zu führen; und dies ist der Zweck des Sokrates. Diese bloß negative Seite ist die Hauptsache. Es ist Verwirrung, mit der die Philosophie überhaupt anfangen muß . . .»

Die Denker der letzten beiden Jahrhunderte erheben oft den Anspruch, ihren Ausgangspunkt bei einem Zweifel zu nehmen, von dem jeder meint, er müsse «radikaler» sein als der der andern. Je nachdem machen sie den Zweifel an Descartes fest (Fichte), an Sokrates (Hegel und Kierkegaard) oder an der Bourgeoisie, die ihnen «nüchterne Augen» gibt (Marx im *Manifest*). Weniger wichtig ist der Bildschirm, auf den die Herkunft des Zweifels projiziert wird, Hauptsache ist, daß die Dinge an der Wurzel erfaßt werden. Je radikaler der Ursprung, um so ernsthafter das Wissen, das er einführt. Am Anfang, am Ausgangspunkt steht der Zweifel. Vorwärts zur *ernsthaften* Religion, zum *Ernst* der Politik, zur unerbittlichen Selbstkritik! Hegel ist überholt, weil er die Welt erobert hat: bleibt nur zu fragen, *für was* er eine solch wirksame Rüstung abgab. Ihr lieben Dialektiker, und wenn Hegel die Ideen der Führer, der Regierenden, der Herren dieser beiden Jahrhunderte versammelt und systematisiert hatte, um sie euch, mit der feinsinnigsten aller Methoden, eurer revolutionären Dialektik, anheimzustellen?

Hinter dem unerwünschten Sokrates wird die Zielscheibe ausgemacht, die die hegelsche Kriegsmaschine ins Visier nimmt. Der Meister zeichnet das ruhmreiche Porträt dieses Helden des Selbstwissens; im Grunde zeichnet sich, tief abgesetzt, der Schatten des Aufbegehrenden ab, der exorzisiert werden muß. Damit die Ziele des Jahrhunderts erreicht werden – Ordnung, eine bessere Zukunft, die beste aller Welten –, sind die Maschinengewehre des Geistes rundum zusammengestellt, und wenn sie das Gebiet unter Beschuß nehmen, tauchen Legionen von Schatten auf, die wissen, daß sie nichts wissen, aber daß um sie herum auch niemand mehr weiß.

Müssen wir den Mut der 340000 Deutschen und der 360000 Franzosen bewundern, die in Verdun massakriert wurden und dabei fast stillehielten? Oder den der Behörden, die noch ein halbes Jahrhundert später etwas auf diesem Sterbefeld zu feiern haben? Jetzt weiß man ja Bescheid. Verdun? Ein Hinterhalt des deutschen Generalstabs, der den symbolischen Wert, den diese Stadt für die französischen Führer hatte, einkalkulierte. Aus Prestigegründen würden sie hier ihre Armee in Stücke zerreißen lassen. Und man stellte fest: die feindlichen Armeen gingen beide in die genannte Falle, die Generäle mit ihrem Kopf, die Soldaten mit ihrem Leib. Aus dieser riesigen Leichengrube, die schon die folgenden ankündigte, steigt der feine Geruch zahlreicher Wissenschaften auf, die der Generäle, Präsidenten und Kaiser, auch die, die der Pflichtunterricht sakralisierte, so obligatorisch wie der Militärdienst. Wird man noch darüber hinausgehen, es besser machen, wird eine noch stärkere Wissenschaft über die Wissensformen Rechenschaft geben, die unter ihrer eigenen Verwüstung begraben liegen?

Wo muß damit begonnen werden, daß man sich eingesteht,

nichts zu verstehen, sich über nichts zu verwundern? «Die Eingeborenen aber funktionieren wohl nur mit Stockschlägen, sie bewahren diese Würde, während die Weißen, die durch die öffentliche Erziehung perfektioniert werden, ganz von allein drauflos marschieren.» Als Céline seine Bilanz zieht (*Voyage au bout de la nuit*), ist er auf wunderbare Weise «unwissend» («kurz, der Krieg ist alles, was man nicht verstand»). Später wird er dann «alphabetisiert» und marschiert und glaubt zu wissen, geführt von einer Wissenschaft, der rassistischen.

Doch mutterseelenallein auf dem Schlachtfeld, noch nicht einmal die Hand vor Augen sah er, führt uns Ferdinand Bardamu zu den Realitäten des Jahrhunderts; wieviel GI-Soldaten sagten sich nach ihm: «in einer solchen Geschichte ist nichts zu machen, nur abhauen kann man da». Wie viele Soldaten der Kolonialarmeen, wie viele SS- und GULAG-Wächter sagten sich das nicht, weil es ihnen nicht gelang, die Stimme zu vernehmen, die ihnen solches sagte (besonders ihre eigene).

Die Truppen des 1. Weltkrieges wurden in den hinteren Linien mit einer Kette von Polizisten verstärkt, deren Auftrag es war, die Deserteure abzuknallen. Die gleiche Vorkehrung, als die Rote Armee die Eisfelder überquerte, um die aufständischen Matrosen der Kommune von Kronstadt (1921) zu züchtigen. Die Macht kommt aus zwei Gewehrläufen, der zweite ist auf den gerichtet, der den ersten im Anschlag hält. Der Waffen und Soldaten wären nicht genug, würde nur ein Gewehr dem letzten in dieser Kette den Garaus machen. Neben dem feschen Sokrates, dem Helden des Wissens in hegelscher Sauce, ein Schatten, der des Fahnenflüchtigen. Er ist im Fadenkreuz des Jahrhunderts: wenn alle Formen des Wissens zum Kampf aufrufen, dann ist der, der sagt, ich weiß, daß ich nichts weiß, ein Deserteur. Bedarf es einer höchsten Wissenschaft der Wissenschaft, um den Bankrott jedes anderen Wissens festzustellen? In den sogenannten exakten Wissenschaften ist von einer solchen Hypothese nicht die Rede. In den menschlichen Angelegenheiten wird sie allzu drollig. Man nehme verschiedene Geschehnisse dieses Jahrhunderts – Weltkriege, Kolonialkriege, die faschistischen Bewegungen – und nehme Bezug auf die damaligen Urteile der wissenschaftlichen Auguren, dann wird man aus Mitleid oder Müdigkeit den Test bald aufgeben.

Ein höheres Wissen urteilt über sich selbst und über die anderen, Privileg von nur wenigen Eliten? Gibt es nicht vielmehr in den Wissenschaften, über ihnen und außerhalb von ihnen, ein Wissen der Ignoranz, das auf viel demokratischere Weise gestellt wird? Ist es nicht dieses Wissen, das Sokrates, Ferdinand Bardamu und den GI-Deserteur sagen läßt: «Ich weiß nichts, doch ich weiß es?» Eine seltene, zum Glück ansteckende Krankheit.

Man kann nicht sagen «ich lüge», ohne die Wahrheit zu kennen, auch nicht behaupten «ich weiß es nicht», ohne ein Springquell der Wissenschaft zu sein, man kann nicht etwas «böse» oder «falsch» finden, ohne die Idee vom höchsten Gut zu haben, man kann auch nicht ein Ruinenfeld sehen, ohne den Blick des Architekten zu haben . . . Wirklich? Die Ruinen geben unter den Füßen nach, die Trümmerhaufen fallen über den Schädeln zusammen, die Folter läßt einen gruseln, aber ohne Kommentar, und das Blut spricht für sich selbst; die Kriege Pikrokols erscheinen so sonderbar, bevor überhaupt von den Idyllen in Thelema die Rede ist: die praktische Wahrheit der Katastrophen wird ohne Bezug auf die idealen Wahrheiten der theoretischen Paradiese wahrgenommen – und über das erste wird man sich schneller einig als über das zweite.

Sagen können «ich lüge», und wissen oder fühlen können, was man sagt, aber ohne zu erklären, man sei mit einem höheren Wissen ausgestattet; in der Lage sein, auch andere dieses «Unwissens» teilhaftig werden zu lassen, es dem gewöhnlichen Sterblichen als so gewöhnlich erklären wie die Sprache – das alles schließen nicht nur Hegel und mit ihm die ganze deutsche Spekulation des 20. Jahrhunderts (und die der ganzen Welt) aus, sondern auch die Sonnen der Wahrheit, die Sonne des Lügens, die im Osten aufgeht, und die des Sich-Belügens, die im Westen untergeht.

Jedem, der das hört, steht es frei, nicht zu begreifen, daß ein Sozialismus, der Konzentrationslager ausbrütet, lügt, es steht jedem frei, nichts von einem Widerstand lernen zu müssen, der angesichts dieser Monstrosität eine Strategie auf Teufel komm raus anwendet, die der «Verweigerung der Lüge», es steht jedermann frei, dies nicht zu hören: *«Welcher Zyniker würde es wagen, mit erhobener Stimme gegen diese Verhaltensweise zu protestieren: die Nicht-Teilnahme an der Lüge?*

Oh! man wird mir, nicht ohne Grund, entgegenhalten: und was ist Lüge? Wer könnte sagen, wo die Wahrheit aufhört, wo die Lüge beginnt? In jeder historisch-konkreten dialektischen Situation, usw. Auf diese Weise machen sich alle unsere Lügner seit einem halben Jahrhundert davon.

Dabei ist die Antwort so einfach wie Guten-Tag-Sagen: du selbst mußt es sehen, sage, was dir dein Gewissen sagt. Und das wird schon eine Zeitlang genügen. Jeder sieht entsprechend seiner Mentalität, seiner Erfahrung und Erziehung und hat eine andere Auffassung über die Grenze der gesellschaftlichen und staatlichen Lüge: für den einen ist die Grenze noch sehr weit weg, ein anderer fühlt sie schon wie den Strick um seinen Hals . . .» Du selbst mußt es sehen . . . Die Zivilisationen des Lügens, wie grobschlächtig auch die Lüge sei, wie weit es auch mit der Roheit, die sie mit sich bringt, gegangen sein mag, benötigen es, daß ihre Untertanen sich belügen, oder genauer, daß sie nicht auf den Gedanken kommen – «einfach wie das Guten-Tag-Sagen» –: «ich lüge». Zu diesem Zweck züchten sie in einem jeden gleichermaßen die dialektisch-wissenschaftliche Art heran, sich davonzumachen. Auf subtilere Weise zwischen den einzelnen Lehrdisziplinen stehend, erlaubt es gerade diese Kultur, die die Monotonie des Monolithismus gegen die Farbtöpfe der Fachleute der Humanwissenschaften eingetauscht hat, unter einem anderen Himmel Einsparungen zu machen: die Mächtigen ersparen sich gewisse Roheiten des Lügens, und zwar in Proportion zu den Mehrwerten, die sie bei dem Sich-Belügen der Untertanen eingeheimst haben. Das Axiom der modernen Macht in seiner Niederung ist einfach wie das Guten-Tag-Sagen: du kannst dich nicht mit einem «Ich weiß, daß ich nichts weiß» freimachen, sei brav und halt den Mund! Jedes Eingeständnis, unwissend zu sein, muß eine Einwilligung zum Gehorsam sein, nur die Macht in jedem sagt: *ich weiß*.

«Stimmen unter den Trümmern». Mit diesem Titel begannen russische Widerstandskämpfer ihr Nachdenken über eine historische Erfahrung, die lange Zeit ohne Kommentar blieb. *Stimmen* und nicht Wissenschaft oder Prolegomena zu einer Theorie der Theorie. *Trümmer*, und nicht Rechenfehler, die von einer moderneren Methode ausgemacht worden wären, auch kein Laborexperiment, bei dem die Veraltung des verwandten Materials und einige Mißgriffe des Lehrjungen unangenehme Zwischenfälle mit sich gebracht haben, die bei einer Modernisierung der Anlage dann vermieden werden können. Das Geschick, die Trümmer nicht zu sehen, gehört zu dem Trümmerwerk, so wie die Theorie, die es nicht erlaubt zu sehen, wie sie sich aufhäufen, Teil dieser Anhäufung ist: in diesem Fall nicht nur die marxistischen Systeme, sondern jede «rationale» Einrichtung des Verbots, sich sein Unwissen einzugestehen.

Ich weiß sehr wohl, daß ich nicht weiß, ist das Eingeständnis eines weissagenden Sokrates, eines Panurg, der zögert, sich immer wieder zu verheiraten, eines aufsässigen Bardamu. Sagen sie guten Tag!, dann käme dieses Unwissen unter die Leute – wäre da nicht das Verbot, das jene aussprechen, die nicht wissen, daß sie nicht wissen. Und wer ist das? Um sie zu kennen, braucht man nur die Todesanzeigen berühmter Männer zu lesen und irgendeinem Chef zu begegnen; jeder Machthaber ist von sich eingenommen. Von Sokrates bis zum GI-Deserteur stellt die Teilhabe am Unwissen und die vorsätzliche Verbrüderung der Unwissenden eine Erfahrung von Demokratie dar: die einzige, die wir kennen.

Diese Stimmen, die das Wissen bis in sein Trümmerwerk begleiten, versuchten die letzten zwei Jahrhunderte mit aller Macht zum Schweigen zu bringen. Wohingegen die Theoretiker sie für unmöglich, weil widersprüchlich, erklärten. Daß man seine Unwissenheit kennt, ist schon ein Paradox, doch wird dieser Funke zum Widerspruch, der sich selbst widerlegt, erst in einer zuvor aseptisierten Welt, der des Großen Wissens. Es ist der alte Traum der Herrschaft, in dem die verstreuten, unvollkommenen, nicht spekulativen Wissenschaften sich ihren Wert anerkennen und ihre Wirksamkeit vor dem höchsten Gerichtshof aller Wissenschaft, Richter seiner selbst und Wissen von sich selbst, weihen ließen. Das alte Verlangen, von Leibniz bis Husserl, nach einer «mathesis universalis», die es bisher nur in der Verdrossenheit gab, die sie anderen Erkenntnisarten aufgab. Welche aber den nicht geringen Vorteil haben, sich nicht gegen die Fragen der wissenden Unwissenheit abzusichern. Es sind also nicht sie, die unmittelbar die Stimmen übertönen und die Trümmer verdecken; es bedurfte einer ziemlich selbstgewissen Wissenschaft, um den theoretischen Mord an einem rebellischen Sokrates zu begehen und dabei noch zu behaupten, daß sie allein wissen kann, wer was nicht weiß.

Die vier Asse

«Es ist auch wahr,
daß Du mich kaum einmal wirklich geschlagen hast.
Aber das Schreien, das Rotwerden Deines
Gesichts, das eilige Losmachen der Hosenträger,
ihr Bereitliegen auf der Stuhllehne,
war für mich fast ärger.»

Kafka
Brief an den Vater

Das neue Griechenland und sein Jude

«Wir kennen doch beide ausgiebig charakteristische Exemplare von Westjuden, ich bin, soviel ich weiß, der westjüdischeste von ihnen, das bedeutet, übertrieben ausgedrückt, daß mir keine ruhige Sekunde geschenkt ist, nichts ist mir geschenkt, alles muß erworben werden, nicht nur die Gegenwart und Zukunft, auch noch die Vergangenheit, etwas das doch jeder Mensch vielleicht mitbekommen hat, auch das muß erworben werden, das ist vielleicht die schwerste Arbeit, dreht sich die Erde nach rechts – ich weiß nicht, ob sie das tut – müßte ich mich nach links drehen, um die Vergangenheit nachzuholen ... Es ist etwa so, wie wenn jemand vor jedem einzelnen Spaziergang nicht nur sich waschen, kämmen u. s. w. müßte – schon das ist ja mühselig genug –, sondern auch noch, da ihm vor jedem Spaziergang alles Notwendige immer wieder fehlt, auch noch das Kleid nähn, die Stiefel zusammenschustern, den Hut fabricieren, den Stock zurechtschneiden u. s. w. Natürlich kann er das alles nicht gut machen, es hält vielleicht paar Gassen lang (...) Und am Ende stößt er noch in der Eisengasse auf einen Volkshaufen, welcher auf Juden Jagd macht.»

Kafka, *Briefe an Milena*

Ewige Jugend der Denker

Der junge Professor Fichte versöhnte die geheimen Studentenbünde von Jena, bevor er selbst unter der Anklage des Atheismus stand und wegen Jakobinismus entlassen wurde. Er wies sie auf Paris hin, wo es zu interessanteren Terrorszenen kam, als sie selbst untereinander hatten. Kurz nach 1789 waren Hölderlin, Hegel und Schelling, der Dichter, der Philosoph und der andere, mehr mystische Philosoph, Studenten; vor allem aber waren sie die künftigen Redner der künftigen deutschen Revolution, für die sie, wie ihnen nachgerühmt wurde, einen Freiheitsbaum gepflanzt hatten. Fünfunddreißig Jahre später verkündeten das Junge Deutschland, Heine und die Linksintellektuellen (man sprach von Links«hegelianern») alle zusammen: Aufgepaßt auf unsere Philosophien! Durch diese Doktrinen haben sich revolutionäre Kräfte entwickelt, die nur des Tages harren, wo sie hervorbrechen und die Welt mit Entsetzen und Bewunderung erfüllen können (. . .) Ihr habt von dem befreiten Deutschland mehr zu befürchten als von der ganzen Heiligen Allianz mitsamt allen Kroaten und Kosaken . . ., flüstert Heine seinen französischen Freunden zu.

Später inaugurierte Nietzsche das letzte Drittel des Jahrhunderts: der deutsche Geist, der sich wiederfindet (. . .) die ernsteste Philosophie: Kant und die deutsche Armee. Als derselbe sich fünfzehn Jahre später anklagte, vom «deutschen Wesen» gefabelt zu haben, wollte er an Deutschland verzweifeln, im Namen des *deutschen Geistes*, «der nicht vor langem noch den Willen zur Herrschaft über Europa, die Kraft zur Führung Europas gehabt hatte», der mit den alt werdenden Bismarck und Wagner «abdankte und, unter dem pomphaften Vorwande einer Reichs-Begründung, seinen Übergang zur Vermittelmäßigung, zur Demokratie und den ‹modernen Ideen› machte!» Von einem Ende des Jahrhunderts bis zum andern erinnert die erstaunliche Frische des deutschen Denkens an die Unbekümmertheit der jungen Anführer, die nach Truppen Ausschau halten: «Wir haben allerhand Rumor im Kopfe und auf dem Kopfe; dabei läßt der deutsche Kopf eher seine Schlafmütze ganz ruhig sitzen, und operiert innerhalb seiner» (Hegel).

Warum Deutschland?

Junge Anführer ohne Truppen, davon gab es genug; sie irrten über zwei Jahrhunderte durch Europa und die Welt, identifizierten sich mit Napoleon, dann mit Lenin . . . Gelegentlich stießen sie auf Organisationen, Revolutionen und Kriege, doch fürs erste endeten diese Kollagen in Verwechslungen, ohne daß man schließlich wußte, wer wen verriet, die Revolution einen ihrer Führer oder ihre Führer eine – nicht *die* – Revolution. Die deutschen Meisterdenker haben ihre Wahrheit nicht bei den Antipoden gesucht, etwa in der Meinung, andere Jahrhunderte oder andere Kontinente könnten für sie Zeugnis ablegen; ihre Exploration der Moderne ging nicht über den Revolutionsexotismus, oder über die unbedingte Treue zu einem fernen Land, hinaus, um womöglich als Helden zurückzukehren und für die andere Seite der Erde zu prophetisieren. Auf ihrer Erdscholle der Realität, Deutschland, Europa, haben sie sich häuslich eingerichtet. «*Hier* ist die Rose, *hier* tanze» (Hegel). Sie haben dabei so tief gegraben, daß ihre hundert Blumen um die Welt gegangen sind. Heroen und Propheten waren dabei die Mittler, wenn auch nur als ihre Handelsvertreter. Bis dann die Geschichte und die Welt, einmal deutsch geworden, uns nur noch eines von den Meisterdenkern zu lernen aufgeben (fürs übrige genügt die Tageszeitung), das einzige, was sie uns widerwillig lehren: zu verlernen, Anführer zu sein.

An der Wende

Das Unglück Deutschlands, von jungen, kriegslustigen Staaten umgeben, war es, jahrhundertelang keinen Staat zu haben. Daß das Glück darin zu suchen wäre, einen solchen für sich einzusetzen, wurde zur Schimäre, die alle nationalen und revolutionären Eliten der sich befreienden Länder hegten – ob «in der Entwicklung begriffen» oder im «nationalen Befreiungskampf». Daß es, um einen solchen aufzubauen, nötig sei, alle Mächte der Geschichte und Kultur in Begleitschutz zu nehmen – das ist der «deutsche» Geist.

Dementsprechend lauert Deutschland jedem Befreiungskampf auf – keine Schicksalhaftigkeit, was den Ausgang angeht, die einzige Fügung, ob bewußt oder nicht, hängt von der Begegnung ab. Es hängt von denen, die kämpfen, ab, ob sie durch sie oder gegen sie sich bewaffnen. Jedenfalls ist es nicht überflüssig, den Gegner zu kennen, den intelligentesten der Welt, denn einige seiner Köpfe heißen Fichte, Hegel, Marx und Nietzsche.

Wer stellt die Fragen?

Will man einem intelligenten Menschen Fragen stellen, dann ist es nicht notwendig, dümmer als er zu sein. Oder intelligenter. Es genügt, wenn man eine andere Art aufgeklärt zu sein entdeckt. Sokrates bekommt von seinem Dämon kein Versprechen eingeflüstert, dieser gibt sich damit zufrieden, ihn davon abzuhalten, spontan die Kompetenzen Athens anzuerkennen. Daran ist nichts Originales, auch nichts Geniales, wie es Platon gewünscht hätte (um daraus eine Besonderheit des Sokrates zu machen), die Rotte der Stadt kennt diesen Übermut. So entstand ein Problem, für das die Sachverständigen Endlösungen erfinden wollen und damit immer noch nicht am Ende sind. Möge der Rauch der letzten als Dämon tätig sein.

Nicht verwechseln!

Die Meisterdenker sind keine Nazis. Fichte bleibt ein Revolutionär nach französischer Art; gegen das kaiserliche Frankreich der Besatzer ruft dieser Webersohn das Volk zu den Waffen, auch wenn er damit das xenophobe und reaktionäre Alldeutschtum der Studenten mißbilligen mußte. Hegel machte sich zum liberalen Beamten von Napoleon, dann des reformierten, für diese Epoche aufgeklärten Preußen (vielleicht ist er ein heimlicher Revolutionär geblieben, jedenfalls ist das die Meinung Heines, eine Meinung, die noch bis heute zahlreiche Doktorarbeiten nähren kann . . .) Marx und Nietzsche verstanden es, die Deutschen mit so viel Witz zu schmähen, in dem es ihnen nur andere Deutsche, allerdings sehr selten, gleichtun konnten.

Zum Nazismus gibt es eine einzige, offenkundige Beziehung: *den Antisemitismus.* Im allgemeinen nicht vulgär, sondern sehr verfeinert. Alle Denkerköpfe des 19. Jahrhunderts kommen mit dieser Haube zur Welt.

Zuallererst Hegel. Er tritt in das Jahrhundert und in seine Laufbahn, indem er die schöne griechische Einheit, in der alle Brüder sind, der schändlichen jüdischen Entfremdung entgegensetzt, die nur Herr und Knecht kennt, einen rachsüchtigen Gott und einen unterworfenen Menschen. Dann Marx: kein Wohlgeruch der Universität kann diese wütende Ausdünstung seiner Schrift *Zur Judenfrage* vergessen machen. Der letzte im Aufgebot Nietzsche, der sein tragisches Hellas weit über den Sumpf des jüdisch-christlichen schlechten Gewissens emporhob. Die Frage geht über Deutschland hinaus. Die Gedanken haben den Weg um die Welt angetreten. (Paradoxerweise mußte bis Heidegger gewartet werden, bis man eine deutsche Philosophie fand, die nicht antisemitisch war: auf dem Weg nach Griechenland versperrt uns Rom und nicht Judäa den Weg; das Imperium Romanum, seine Neufassungen, die ebenso verheerend sind wie seine Friedenszeiten . . .)

Der Gipfel des Perversen

Der Antisemitismus ist keine deutsche Besonderheit, damals, vorher und nachher nicht, wohl aber die Behauptung der Meisterdenker, daß das, was sie seien – nämlich «Deutsche» oder «revolutionär», je nachdem, was sie gerade für wichtiger halten –, nur im umgekehrten Verhältnis zu dem steht, was sie nicht seien: Juden. Sein erstes (nicht veröffentlichtes) politisches Manifest schließt Hegel mit den Worten: «Wenn die gesellige Natur des Menschen einmal ist gestört und gezwungen worden, sich in Eigentümlichkeiten zu werfen, so kommt eine so tiefe Verkehrtheit in sie, daß sie ihre Kraft jetzt auf diese Entzweiung von anderen verwendet und in der Behauptung ihrer Absonderung bis zum Wahnsinn fortgeht; denn der Wahnsinn ist nichts anderes als die vollendete Absonderung des Einzelnen von seinem Geschlecht, und wenn die deutsche Nation auch nicht fähig ist, ihre Hartnäckigkeit in dem Besonderen bis zum Wahnsinn der jüdischen Nation zu steigern, dieser mit anderen zu Geselligkeit und Gemeinschaftlichkeit unvereinbaren Nation, wenn sie auch nicht zu dieser Verruchtheit der Absonderung, zu morden und sich morden zu lassen, bis der Staat zertrümmert ist, kommen kann . . .»

Da fehlt auch nichts: der Wahnsinnige, der Perverse, der verstockte Individualist, Mord und Selbstmord, Privileg und Dummheit, Krieg und Verstreuung – der Jude. Nun soll nicht der Rauch aus den Verbrennungsöfen ungebührlich unsere Nasen reizen, Hegel ist kein Antisemit solchen Schlags, er will ein modernes Gesetz, das nur die «allgemeine Person» kennt und Gerichtshöfe, vor denen der Mensch gilt, «weil er Mensch ist, nicht weil er Jude, Katholik, Protestant, Deutscher, Italiener usf. ist.» Kein Widerspruch zu der vorhergehenden Meinung: Um das Gesetz und den Staat der Moderne einzurichten, muß der Deutsche den Juden in sich töten. Hegel schließt nicht aus, daß der Jude zu dieser Moderne gezählt werden kann, wenn er den «Juden» in sich tötet.

Mit den Meisterdenkern ist es nicht anders als mit der Mehrheit der deutschen Bevölkerung. Jeder Bewohner hat seinen guten Juden vorzuweisen, mit den andern mag geschehen was will, mit diesem hier aber nicht; das gäbe für sechzig Millionen Deutsche Millionen Juden, die nicht angetastet würden, heißt es bei Himmler in der Ansprache vor seinen SS-Leuten. So kann den Meisterdenkern nicht der Vorwurf gemacht werden, die Konzentrationslager organisiert, vielmehr jedoch, nicht im voraus ihre Organisierung verhindert zu haben. Ihr Antisemitismus bereitet nicht dem Nazismus den Weg, sondern dem Nicht-Widerstand gegen ihn.

Ich denke, also denkt der Wahnsinnige nicht

Descartes zweifelt – so sagt er – an allem, er setzt voraus, daß seine Sinne ihn täuschen, daß die Welt nicht existiert, daß er sich in einem Traum befindet, doch gehört er nicht zu denen, die sich einbilden, ihr Körper sei «aus Glas zusammengeblasen», denn «die sind eben von Sinnen, und ich würde selbst als nicht weniger verrückt erscheinen, wenn ich deren Beispiel auf mich übertragen würde». Hier zweifelt er nicht mehr. Das denkende Subjekt kann nicht verrückt sein, denn «der Wahnsinn ist gerade die Bedingung der Unmöglichkeit des Denkens», schreibt Foucault. Diese – ganz neue – gegenseitige Ausschließung von Vernunft und Wahnsinn begegnet dem – ebenfalls neuen – Geist der großen Gettoisierung aller Abweichenden (Arbeitslose, Libertins, Leprakranke, Syphilitiker, Verrückte . . .) Im Zeitalter der Klassik im Namen der abendländischen Vernunft: «Wenn der *Mensch* immer wahnsinnig sein kann, so kann das *Denken* als Ausübung der Souveränität eines Subjekts, das sich die Verpflichtung auferlegt, das Wahre wahrzunehmen, nicht wahnsinnig sein. Es ist eine Trennungslinie gezogen worden, die die der Renaissance so vertraute Erfahrung mit einer unvernünftigen Vernunft und einer vernünftigen Unvernunft unmöglich machen wird» (Foucault).

Durch welche obskure Bewegung wird der Jude in dem Ausschließungsraum der hegelschen Vernunft neben den Wahnsinnigen gestellt? Um zum «Herrn und Eigentümer der Natur» zu werden, schließt der cartesische rationale Mensch den Wahnsinnigen ein; warum aber, um zum Herrn und Besitzer der rationalen Gesellschaft zu werden, den Juden daraus vertreiben? Die Vernunft des klassischen Zeitalters hat niemals nur den «Wahnsinnigen» eingeschlossen. Richtet sich die zum «Selbstbewußtsein» gekommene Politik der Vernunft einzig und allein gegen den Juden?

Was fehlt dem Juden?

Der Juden-Jude lebt für Hegel im «Zustand einer völligen Passivität, einer völligen Häßlichkeit». Diese Definition ist weder rassistisch noch ästhetisch, sie ist politisch. Im Gegensatz zur schönen Unabhängigkeit der Griechen, freie Staatsbürger in den freien Stadtstaaten der Antike, ist der Jude ein Tier ohne Vaterland, der Staat entspricht nicht dem Geist der Juden und bleibt der mosaischen Gesetzgebung fremd. Wenn der Deutsche, um sein Vaterland zusammenzuführen, seinen Staat bauen muß, dann hat der Jude kein Vaterland, denn er hatte den Staat seit Abrahams Zeiten nicht gewollt.

Hier ist eine Schwierigkeit für den, der wie ein Meisterdenker Volk, Nation und Staat gleichsetzt. Die Juden sind ein lebendiger Beweis für die Falschheit einer solchen Gleichsetzung: ein Volk seit zweitausend Jahren ohne sichtbaren Staat. Das Problem stellen heißt es lösen: die Juden finden ihre Einheit, indem sie die der anderen Nationen negieren, «die Seele der jüdischen Nationalität» ist der Haß, das *odium generis humani*. Die ganze Geschichte Abrahams, der «*nicht* lieben» wollte, ist die einer immer wieder wiederholten Trennung: seine Familie verläßt ihr Vaterland, er verläßt seine Familie, um ein «selbständiger, unabhängiger Mann» zu sein, ein «Oberhaupt», das «frei von diesen Beziehungen» ist, was voraussetzt, daß jede Beziehung zur Natur, zu sich und zu anderen Völkern aus reiner Feindseligkeit besteht; seinem Gott gleich, der für Hegel allmächtig, einzig und rachsüchtig ist, «das Gedachte erhoben zur herrschenden Einheit über die unendliche feindselige Natur, denn Feindseliges kann nur in die Beziehung der Herrschaft kommen.» Die ganze Geschichte der Juden ist die Wiederholung von Abrahams Auszug.

Seiner selbst sicher und herrschsüchtig, also anarchistisch, will das jüdische Volk alles und befriedigt nichts: «es wurde aus einem in der Idee herrschenden ein in der Wirklichkeit beherrschtes Volk». Wie auch immer die Geschichte verlief, die Zerstörung der jüdischen Staatsgebilde beweist, daß die Juden ihren eigenen Staat zugrunde richten, zwei Jahrtausende bringen es zu einem Kurzschluß in diesem *Zerstreuungswillen*, den Hegel, Vernunft und Staat vor Augen, wahnsinnig und jüdisch nennt.

Kein Leben außerhalb des Staates

Die Juden sind der Anti-Staat (Hegel). Oder einfacher gesagt: ein Staat im Staate, wie Fichte unter anderen zu verstehen gibt. Er beginnt mit dem Schreiben nach dem Ausbruch der Revolution von 1789, als erster schrieb er unter ihrem Eindruck: «Fast durch alle Länder von Europa verbreitet sich ein mächtiger, feindselig gesinnter Staat, der mit allen übrigen im beständigen Kriege steht, und der in manchen fürchterlich schwer auf die Bürger drückt; es ist das Judentum. Ich glaube nicht, und ich hoffe es in der Folge darzutun, daß dasselbe dadurch, daß es einen abgesonderten, und so fest verketteten Staat bildet, sondern dadurch, daß dieser Staat auf dem Haß des ganzen menschlichen Geschlechts aufgebaut ist, so fürchterlich werde.»

Diese Bemerkung erscheint erst zu dem Zeitpunkt in den Überlegungen Fichtes über die Revolution, nämlich als er eine Bestimmung des Wortes Volk vornimmt, um sie zu legitimieren. Die Bezugnahme auf den Juden führt zu einer Liste von Ausschließungen, wobei sich das Volk gegenüber den Ständeordnungen/privilegierten Staaten (Kirche, Adel, die kleinen deutschen Fürstenhöfe) als Souverän konstituiert. Anscheinend erlaubt es der Hinweis auf den Juden-als-Ausländer über ein Wortspiel hinwegzugehen: der Jakobinerphilosoph geht unmerklich von dem Begriff Stand (Beispiel: Adel, Dritter Stand) zum Begriff Staat über. Die Figur des Juden legt auf dem Hintergrund des Schreckens aus alter Zeit das neue Profil des *inneren Feindes* fest. Staat im Staate und, wie es heißt, feindselig gegenüber seiner Umgebung, muß der Jude auswandern . . . und schon ist die Ausweisung des Klerus und des Adels legitimiert, falls sie sich den Revolutionsstaaten feindlich gesonnen zeigen.

Mit seinem *Beitrag zur Berichtigung der Urteile des Publikums über die französische Revolution*, der anonym veröffentlicht wurde, will Fichte sein Volk zum Erwachen bringen, das, im Vergessen über die eigene Not, wegen des unglückseligen Schicksals der Marie-Antoinette und anderer gekrönter Häupter in Rührung zerfließt. Es muß gelernt werden, seinem Mitgefühl eine Richtung zu weisen: «Wenn du gestern gegessen hast, und hungerst wieder, und hast nur auf heute Brot, so gib's dem Juden, der neben dir hungert, wenn er gestern nicht gegessen hat, und du tust sehr wohl daran. – Aber ihnen Bürgerrechte zu geben, dazu sehe ich wenigstens kein Mittel, als das, in einer Nacht ihnen allen die Köpfe abzuschneiden, und andere aufzusetzen, in denen auch nicht eine jüdische Idee sei. Um uns vor ihnen zu schützen, dazu sehe ich wieder kein anderes Mittel, als ihnen ihr gelobtes Land zu erobern, und sie alle dahin zu schicken.» Der Plan, die Juden nach Madagaskar zu exportieren, wurde von den Nazis mit all dem Ernst gehegt, den wir von ihnen kennen, doch waren die Verbrennungsöfen von Auschwitz für sie diplomatischer, einfacher zu bewerkstelligen und ökonomischer.

. . . der Deutschen Weh

An ihrem Krankenlager ist ein ständiges Kommen und Gehen der Herren Doktoren, an der Diagnose ändert sich nichts: ohne Staat zu sein, das ist das Unglück Deutschlands, das Übel ist radikal. An seiner Wurzel: «wodurch die Deutschen sich am berühmtesten gemacht haben, nämlich in ihrem Trieb zu Freiheit. Dieser Trieb ist es, der die Deutschen, nachdem alle anderen europäischen Völker sich der Herrschaft eines gemeinsamen Staates unterworfen haben, nicht zu einem gemeinschaftlicher

Staatsgewalt sich unterwerfenden Volke werden ließ.» Stolz und niedergeschlagen sieht Hegel sein Volk an einem Kreuzweg. Entweder verstärkt diese schreckliche «Hartnäckigkeit des deutschen Charakters» noch den Gegensatz zwischen Freiheit und Staat auf der Spur des ewig umherirrenden, lausigen Juden. Oder aber dieser Eigensinn wird überwunden und die Individuen haben «ihre Besonderheiten der Gesellschaft aufgeopfert, sich alle in ein Allgemeines vereinigt und die Freiheit in gemeinschaftlicher freier Unterwürfigkeit unter eine oberste Staatsgewalt gefunden». Indem er den Juden in sich tötet, wird der Deutsche in den Grenzen des modernen Lebens . . . griechisch.

Die Chronologie des deutschen Übels ist im Grunde immer gleich geblieben, für den jungen Hegel (*Der Geist des Christentums und sein Schicksal*) oder für den alten (*Vorlesungen über die Philosophie der Geschichte*), oder für Nietzsche (*Die Geburt der Tragödie*): das neue Deutschland soll die Fackel eines Griechenland weitertragen, das hinweggefegt wurde von dem «Sieg der jüdischen Welt über den abgeschwächten Willen der griechischen Kultur».

In die großen Hollywood-Dekorationen kleidet die Weltgeschichte ihre Transvestiten: der «Jude» dient zur Austreibung der Frage des «Triebs zur Freiheit», durch das imaginäre Griechenland hindurch läßt der moderne Staat seine Umrisse erkennen, und der Knoten der Intrige inspiriert sich frei an Pariser Ereignissen, die zu Schlagzeilen wurden: eine, zwei, drei Revolutionen.

Die Revolution und der Staat

Gleichgültig wie die Weltgeschichte geschrieben wird, solange man nicht entdeckt, auf welchem unbeschriebenen Blatt Papier diese Geschichte mit ihren zahlreichen, aber im *Weltmaßstab* ablaufenden Varianten eingetragen werden sollen. Die Superproduktionen beginnen und enden mit einem Satz, dessen Form sich nie ändert: *die ganze Geschichte wird zurückgeführt auf* . . . oder auch: *die Geschichte ist nur die Geschichte von* . . . Die Verfasser setzen nach Belieben einen jeweils anderen Hauptdarsteller in dieser einen Komödie ein: Geschichte des . . . Selbstbewußtseins, des Klassenkampfs, der blonden Bestie. Für derartige Projektionen mußte die Leinwand weiß sein.

Überlastet von Staaten im Staat (Stände, Fürstentümer), ist Deutschland keine «unbeschriebene Tafel», jammert Hegel und denkt sein ganzes Leben lang an das Licht eines revolutionären Radikalismus. Er sieht in den französischen Ereignissen den Zeitpunkt, als «der Mensch sich auf den Kopf, d. i. auf den Gedanken stellt und die Wirklichkeit nach diesem erbaut». Geliebt oder verabscheut, sogar gleichgültig, je nach der Mode, ist die Revolution ein Beginnendes, kein Abschließendes, man denkt in der Hitze der Brände, der rationale Staat wird auf dem Gelände aufgebaut, das seine Schreckensherrschaft leergefegt hat. Der junge Hegel rechtfertigte die Tyrannei Robespierres, die er sorgfältig von dem «Despotismus» des Ancien régime unterschied. Später teilt er mit Goethe, Marx und Nietzsche eine militante Bewunderung für Napoleon. Allen sagt die Revolution von 1789, daß nichts dem modernen Staat widerstehen darf, der, wenn nötig, alles von Null an neu aufbauen wird.

Angesichts der bekannten Pedanterie einer wenig revolutionierten Öffentlichkeit, wird die Lektion erst einmal ins Griechische übersetzt, bevor sie dann im Deutschen verabreicht wird: «erst die eiserne Klammer des Staates zwängt die größeren Massen so aneinander, daß jetzt jene chemische Scheidung der Gesellschaft, mit ihrem neuen pyramidalen Aufbau, vor sich gehen *muß.* Woher aber entspringt diese plötzliche Macht des Staates, dessen Ziel weit über die Einsicht und über den Eogismus des einzelnen hinausliegt? Wie *entstand* der Sklave, der blinde Maulwurf der Kultur? Die Griechen haben es uns in ihrem völkerrechtlichen Instinkte verraten, der, auch in der reifsten Fülle ihrer Gesittung und Menschlichkeit, nicht aufhörte, aus erzenem Munde solche Worte auszurufen: ‹dem Sieger gehört der Besiegte, mit Weib und Kind, Gut und Blut . . .›» (Nietzsche).

Der Staat und die Revolution

Ein Marxist würde mit etwas mehr Zurückhaltung die «Eisenhand des Staates» preisen, auch wenn seine Klammer nicht weniger hart ist: «Die Marxisten (werden) unter keinen Umständen das föderative Prinzip oder die Dezentralisation propagieren. Ein zentralisierter Großstaat ist ein gewaltiger historischer

Schritt vorwärts auf dem Wege von der mittelalterlichen Zersplitterung zur künftigen sozialistischen Einheit der ganzen Welt . . .» (Lenin). Natürlich zeigt dieser Text eine erstaunliche Unschuld, der Zentralstaat ist nur eine Etappe zwischen dem Mittelalter und der glänzenden Zukunft.

Die Notwendigkeit, den Weg über eine solche Zwischenetappe verlaufen zu lassen, ist für Marx und Engels unbestreitbar, die daraus eine vollständige Einteilung der Nationen und Völker der Welt ableiten, denen ihr Rang zugewiesen wird, je nachdem ob sie «historisch» sind oder nicht. Historisch sind die Völker («Nationen»), die in der Lage sind, sich einen rationalen Staat zu geben. Nicht historisch sind die andern («Nationalitäten»), die, wenn sie überleben wollen, sich den ersten angleichen müssen, so wie der Haufe der Tschechen, Serben, Gallier, Bretonen, Basken . . . «Abfälle (. . .), die unerbittlich vom Gang der Geschichte am Boden zertreten werden». Noch nebenbei sollen erwähnt werden: die «listigen Zigeuner», die «Slaventiere» Südeuropas oder auch, nach Engels, «die schmutzigste aller Rassen», nämlich die polnischen Juden. Was die übrigen Kontinente angeht, die Vereinigten Staaten, Persien und Afghanistan ausgenommen, scheint für sie die Finsternis der Barbarei bevorzustehen.

Marx (in London) sieht sehr wohl, daß der Staat sein Territorium einigt und die Welt mit der blutigen Roheit der ursprünglichen Akkumulation kolonisiert. Irland, das halb eingegliedert, halb kolonisiert ist, zeigt, daß sich an der Methode nichts ändert. Der Beobachter weiß, daß die Mechanismen der Herrschaft schrecklich sind, doch schreckt er vor dem Greuel nicht zurück: «Und so sehr die Engländer das Land irlandisiert haben, das Aufbrechen dieser stereotypen Urformen war die conditio sine qua non für Europäisierung (. . .) Die Vernichtung der uralten Industrie gehörte dazu, die diesen *villages* den *self-supporting character* raubte» (Marx über die Kolonisierung Indiens, Brief an Engels, 14. Juni 1853).

Nur solche Völker bilden Nationen, sind zivilisiert und erscheinen als Träger der Zukunft, die in der Lage sind, einen Staat unter den Bedingungen der modernen Welt, das heißt Westeuropas, aufzubauen und zu verteidigen. Marx und Engels zeigten eine gewisse Sympathie für eine etatistische, diktatorische Strategie der proletarischen Revolution, eine Neigung, die jedoch durch Kompromisse mit den Tatsachen oder anderen Revolutionären gemildert wurden. Sahen sie im Geiste den Staat nur als eine Etappe, wenn sie «vom Standpunkt des Sozialismus» die Lage überschauten, oder sahen sie nicht vielmehr den Sozialismus, indem sie sich die Brille des Staates aufsetzten?

Karl Marx' philosophische Taufe

Von den deutschen Denkern mit der Bürde versehen, die Perversion des sozialen Instinkts zu verkörpern, ist der Jude damit zugleich auch emanzipiert; wenn seine Religion verurteilt ist, verurteilt ihn nicht mehr die Religion; wenn er der Anti-Staat ist, ist er nicht mehr der Anti-Christ. Zwar ist die moderne Gesellschaft mehr denn je von ihm besessen, doch ist diese Besessenheit nicht religiöser Natur und kommt mit mehr realistischen Erklärungen aus, so realistisch wie die tägliche Zeitungslektüre («dieses Morgengebet des modernen Menschen», Hegel).

Der Materialismus von Marx bietet gegenüber Hegels Realismus nichts Neues. Hegel sieht in dem «Bürgergeist» die jüdische Versuchung des Deutschen, der sich vereinzelt, seine Besonderheiten pflegt und im allgemeinen die Staatsräson in den Kategorien des Privateigentums denkt. Jeder deutsche Stand – jeder Bewohner – unterhält zum Ganzen ein Verhältnis «in Form eines Eigentums», d. h. ein fakultatives Verhältnis, das vom Willen eines kleinen Eigentümers abhängt. Damit verliert das Ganze sein Dasein: «Solche Assoziationen gleichen einem Haufen runder Steine, die sich zu einer Pyramide zusammentun, der aber, weil sie schlechthin rund sind und, ohne sich zu fügen, bleiben sollen, sowie die Pyramide zu dem Zweck, zu dem sie sich gebildet hat, sich zu bewegen anfängt, auseinanderrollt . . .» (Hegel).

Indem er in Hegels Manier die *Judenfrage* zur Frage des Privateigentums macht, bleibt der junge Marx in der Logik, wenn er das Privateigentum als eine neue Judenfrage umformuliert: der Eigentümer wird enteignet, damit die Gesellschaft ihren Zusammenhalt findet, das Private wird ausgetrieben, damit die Welt wieder eine allen gemeinsame wird, also kommunistisch – die Welt der «assoziierten Produzenten», wie er dann sagt. Indem er die «*chimärische* Nationalität des Juden» als «die Nationalität des

Kaufmanns, überhaupt des Geldmenschen» anprangert, hegelianisiert der junge Jude Marx und besteht damit einfach nur seine Aufnahmeprüfung für das, was er später die Berliner Cafés nannte.

Vielleicht hat er diesen Eintrittspreis zu teuer bezahlt, wenn er für seine Abzahlungen nicht mehr aufkommen konnte. «Der Jude hat sich auf jüdische Weise emanzipiert, nicht nur, indem er sich die Geldmacht angeeignet, sondern indem durch ihn und ohne ihn *das Geld* zur Weltmacht und der praktische Judengeist zum praktischen Geist der christlichen Völker geworden ist» (*Zur Judenfrage*). Im Gegensatz dazu emanzipiert sich Marx nach deutscher Art, d. h. er hat nur eines im Sinn: sich von der angeblich jüdischen Art der Emanzipation freizumachen. Die Kritik der jüdischen Art wird zur Kritik der politischen Ökonomie, das Geld als «Weltmacht» wird als *das Kapital* angeprangert, was dem Werk seinen Namen gab.

Nicht in die Berliner Kaffeestuben ist er eingetreten, sondern durch sie hindurch in das geschlossene Universum der Meisterdenker, aus dem er nie mehr heraustrat. Man spürt, woher die moderne Verdammung der Juden kommt. Tritt von daher der Zug der ewig Flüchtigen durch die Welt und der Weltmarkt des Kapitals in unseren Blick? Wer anders als der Staat beginnt damit, den Juden und das Geld in eins zu setzen, ein Staat, der, hegelisch aufgeklärt, in diesen Grenzüberschreitungen die gleiche Gefahr sieht, die seiner Zersetzung? Wenn die Judenfrage und die Frage des Kapitals so vollkommen zur Deckung kommen, ist es nicht deshalb, weil sie eine und dieselbe, nicht genannte, Frage betreffen, die Frage des Staats?

Ist es wirklich der *Kommunismus*, den Marx der Macht des Privateigentums entgegenstellt? Oder einfach nur den *öffentlichen* Bereich, die Verstaatlichungen, die Staatsgewalt? Das Kapitel über den Staat fehlt, obwohl es vorgesehen war, wie zufällig im *Kapital*. Ist es ein Zufall, wenn der Staat, der alle Haßgefühle auf die einzelnen, vom Juden bis zum Eigentümer, richtet, sich vergessen machen läßt und jeder Protestbewegung entgehen konnte?

Warum benötigten die Eliten des Westens zwei Jahrhunderte, bis sie den Staat als den größten aller Eigentümer begriffen? Weil alle Verurteilungen des *Privat*eigentums im Namen des *öffentli-*

chen Geistes, eben dieses Staates, vorgebracht wurden! Marx hat den Haß auf den Juden zum Haß auf das Geld verlagert. Die Nazis haben diese Verschiebung wieder zurückverlagert. Maschine, Fahrt voraus! Fahrt zurück! Geleise des Hasses, der moderne Staat macht Dampf.

Das neue Regime

Solange sie von ihm sprechen, gibt es keinen deutschen Staat. Als er entstand, ergingen die Meisterdenker sich nur in Verwünschungen über ihn. Der Staat bleibt also als etwas Gedachtes, doch weder als idealer noch ideeller, gedacht wird in ihm die Realität, wie sie den realen Nachbarstaaten zugeschrieben wird: der Staat ist eine Maschine. Wenn Kommentatoren ein Jahrhundert später darüber verwundert waren, daß sie einen jungen ultra-liberalen Fichte entdecken konnten, der beinahe libertär gewesen sein soll, dann hatten sie ihn schlecht gelesen: die unnachsichtige Kritik am Ancien régime geht auf Schritt und Tritt mit dem neuen Regime der legalen Maschine einher: «Das *Gesetz* muß durch den Fürsten herrschen, und ihn selbst muß es am strengsten beherrschen (. . .) Der Fürst, als Fürst, ist eine vom Gesetz belebte Maschine, die ohne jenes kein Leben hat.»

Das Wort ist politisch geladen: der Fürst tritt vor dem Gesetz zurück, der Sonnenstaat wird Staatsmaschine, weder religiös noch verehrungswürdig, entzauberte oder nüchterne Welt, sagen dann später Marx und Weber als Erben. Bald stellte sich Hegel gegen Fichte, der moderne Staat ist komplexer als «eine Maschine mit einer einzigen Feder es ist, die allem übrigen unendlichen Räderwerk die Bewegung mitteilt». Er setzt an die Stelle des Bildes von der Maschine das vom lebendigen Organismus. Auch Fichte machte aus seiner Maschine einen Baum, der Staat vereinigt seine Teile zu Wurzeln, Stamm und Blätterwerk. Diese Verfeinerungen pflegen wir immer noch weiterzutreiben, o Kybernetik! Sie können jedoch nicht die erste Übereinkunft verbergen: vom Staate als Baum oder als Maschine sprechen heißt prosaisch von ihm reden.

In Frankreich wissen die Zivilisationen – will man Paul Valéry Glauben schenken – seit dem 1. Weltkrieg, daß sie sterblich sind.

In Deutschland wissen die Staaten – und über die Meisterdenker auch die Zivilisationen – seit 1789 von ihrer Sterblichkeit. Das Privileg, das Marx Persien einräumt, das einzige historische Volk des Orients zu sein, kommt aus den *Vorlesungen über die Philosophie der Geschichte* von Hegel: «Die Perser sind das erste geschichtliche Volk, Persien ist das erste Reich, das vergangen ist. Während China und Indien statarisch bleiben und ein natürliches vegetatives Dasein bis in die Gegenwart fristen, ist dieses Land den Entwicklungen und Umwälzungen unterworfen, welche allein einen geschichtlichen Zustand verraten. (. . .) Hier (. . .) in Persien geht zuerst das Licht auf, welches scheint (. . .), denn erst *Zoroasters* Licht gehört der Welt des Bewußtseins an, dem Geist . . .» Ergo Zarathustra.

Der Staat ist eine Maschine, weil er sterblich ist. Eine gute Maschine, wenn er sich sterblich weiß. Darum macht Persien «den eigentlichen Anfang der Weltgeschichte; denn das allgemeine Interesse des Geistes in der Geschichte ist, zum unendlichen Insichsein der Subjektivität zu gelangen, durch den absoluten Gegensatz zur Versöhnung zu kommen». Für uns Lebende ist der Gegensatz der Tod. Für uns als bewußte Menschen unser eigener Tod, wodurch der Gegensatz zum «absoluten» wird. Der Staat ist die lebende Maschine, in der jedes Einzelteil eines Volkes seine Sterblichkeit kennt und sich für andere Völker zu einem sterblichen macht – man stirbt für das Vaterland, wenn man es als sterblich erlebt. Der moderne, rationale Staat ist eine Maschine, die bewußt in Funktion des immerwährenden Wissens zusammengesetzt wird, daß das Vaterland, das heißt der Staat selber, in Gefahr ist.

Machiavelli empfahl – drei Jahrhunderte vor Hegel – dem modernen Fürsten, dem Staat, zur Fundierung seiner Macht die härtesten Mittel einzusetzen, auch solche, die Blut vergießen, heuchlerisch oder dem Blick entzogen sind. Die Kommentatoren erwähnen oft die Ironie Machiavellis, der *öffentlich* den Fürsten auffordert, im *Geheimen* zu agieren. Das Buch klärt den Fürsten über die unzähligen Arten auf, das Volk zu unterdrücken, und die Veröffentlichung des Buches informiert das Volk über die unzähligen Machinationen des Fürsten. Im jungen Alter, und sehr wahrscheinlich revolutionär, begreift Hegel dieses Paradox nicht. Er stimmt Machiavelli zu («brandige Glieder können nicht mit Lavendelwasser geheilt werden»), hört ihm zu mit einem Ernst, der nunmehr deutsch zu nennen ist: Machiavelli hat nur einen Gesprächspartner, den Fürsten, politische Wissenschaft ist nicht nur eine Wissenschaft vom Staat, sie ist eine Wissenschaft für den Staat. Da dieser sterblich ist, muß er für alles ihn Umgebende tödlich werden: «Gegen einen Staat ist Bewirkung von Anarchie das höchste oder vielmehr das einzige Verbrechen» . . .

Eine Disziplinarmaschine

Welches auch immer seine Beschaffenheit sein mag, der rationale, moderne Staat zeichnet sich durch zwei Merkmale aus: Zentralisierung und Sichtbarkeit.

Wenn der Deutsche der Diaspora entgehen will, müssen Armee und Finanzen in den Händen einer einzigen Autorität liegen: «Die Staatsgewalt muß sich (. . .) in einem Mittelpunkt konzentrieren . . .» Diese Zentralisierung wird mit Gewalt vollzogen – kein Denker besaß die Naivität, an eine friedliche Geburt der Staaten zu glauben. Die Gewalt ist weder einzigartig, noch notwendigerweise physisch, «wenn dieser Mittelpunkt für sich selbst durch die Ehrfurcht der Völker sicher (. . .) ist» (Hegel), läßt die Staatsmaschine einen gewissen Spielraum zu, indem sie den Untergeordneten ein Betätigungsfeld und autonome Initiativen gestatten, in denen sie die Freiheit des Eigentums und des Denkens üben können. Der rationale Staat ist Herr der Dinge – der partikularen Freiheiten –, er *determiniert* nicht das Leben der einzelnen, er kontrolliert es: «Daß die höchste Staatsgewalt die oberste Aufsicht über die angeführten Seiten der inneren Verhältnisse eines Volks und ihrer nach Zufall und alter Willkür bestimmten Organisationen tragen müsse, daß sie die Haupttätigkeit des Staats nicht hindern dürfen, sondern diese vor allen Dingen sich zu sichern und zu diesem Zweck die untergeordneten Systeme von Rechten und Privilegien nicht zu schonen habe, versteht sich von selbst.»

Das Regime der obersten Aufsicht wird auf verschiedene Weisen vorgestellt, doch sein Prinzip ist einfach: der Staat überläßt das Jenseits den verschiedenen Religionen und behält sich den Bereich des Sichtbaren, der «Phänomene», des Scheins vor. In seinem ersten, angeblich «libertären» Werk stellt Fichte die allgemeine Formel von der Trennung zwischen Kirche und Staat als eine Aufteilung in Sichtbares und Unsichtbares auf: der Staat «hat keine so unsichere Herrschaft, wie die Kirche über die Gewissen; er gebietet über Handlungen, die sich in der sichtbaren Welt zeigen (. . .) er muß auf den Erfolg jeder Handlung, die er geboten hat, sicher rechnen können, wie wenn man in einer wohlgeordneten Maschine auf das Eingreifen eines Rads in das andre sicher rechnen kann (. . .) Ein Staat, der die Krücke der Religion borgt, zeigt uns nichts weiter, als daß er lahm ist.»

Hegel wirft Fichte vor, eine allzu mechanistische, mit polizeilichen Mitteln ausgeführte staatliche Überwachung zu entwickeln. Die hegelsche Antigone ist schuldig, obwohl ihre Absichten unbescholten sind, denn die Wahrheit der Absicht ist das Tun, und das Tun entfaltet sich mit seinen Folgen in dem sichtbaren, zentrierten Raum der obersten Aufsicht. Antigone beruft sich auf die Überlieferung, wenn sie der Leiche ihres (gegenüber dem Staat aufbegehrenden) Bruders die gleiche Ehre zuteil werden lassen will wie gegenüber ihrem anderen (im Dienste des Staates gestorbenen) Bruder. Mit diesem Tun verhöhnt sie die Autorität des Oberhauptes Kreon, sie bringt die Gesetze des Jenseits gegen die Regierung hienieden auf; die Gleichheit der Toten fordert die Ungleichheit des Lebens heraus. Sie komplottiert, sie umhegt den Familienclan, begründet eine «Partei», sie gewinnt sogar den Sohn des Oberhaupts für sich . . . ihre Feminität wird zum «inneren Feind».

Wie originell sind doch die Hegelschen Analysen der Tragödie des Sophokles! Sie zeichnen Antigone nach, die symmetrisch zu Kreon steht, gleichermaßen schuldig und auf die gleiche Weise: beide verletzen ein Gesetz. Die Tragödie wird politisch, Hegel hat die Formulierung Napoleons umgekehrt. Der Kaiser soll Goethe gesagt haben, daß die Politik die moderne Tragödie sei. Für den Philosophen ist die Tragödie der Alten schon die moderne Politik. Während Antigone den Zentralismus des Staates anklagt, greift Kreon in den Totenkult ein und stößt so die Meinungsfreiheit vor den Kopf: in dem modernen Staatsraum müssen beide Lager zugrundegehen.

Auf dem Umweg über die Griechen erweitert sich das Regime

der obersten Aufsicht noch um die Mechanismen gegenseitiger Überwachung.

Der panoptische Apparat

Jeder moderne Staatsbürger kann das Schicksal der Antigone teilen. Jede seiner Gesten muß in dem politischen Raum gesehen werden, in dem er den todbringenden Zentralstaat ins Wanken bringen könnte: «Nur Steine sind unschuldig.» Die Tragweite eines Tuns kann ihm entgehen, und doch erhält sie ihren Sinn aus ihrem Verhältnis zum Zentrum und bleibt für andere sichtbar – wegen seiner einseitigen Sicht bietet das Individuum dem Blick anderer mehr, als es selber zu sehen vermag.

Mit anderen Worten, über *das Gesetz des Verdachts* wird hinausgegangen, doch wird es niemals abgeschafft, die Dramatik des jakobinischen Schreckens, wie Hegel sie sah, führt den Bürger zur Weisheit, und zwar in dem Maße, wie sie sich immer wiederholen kann. Das macht sie zu einem beständigen Lehrstück. Der Übergang vom Ancien régime zum Staat der Vernunft findet genau an dieser Stelle statt, «der Verdacht erhielt eine fürchterliche Gewalt und brachte den Monarchen aufs Schafott». Von diesem Augenblick an ist der Staat gezwungen, sich an die Freiheit seiner Untertanen zu wenden, die Herrschaft der Vernunft schreitet da voran, wo die Meisterdenker ihr Regnum einleiten.

Gleichzeitig sind so gesetzt:

1. der Überwachbare (Antigone tut mehr dafür, als sie weiß, ein jeder läuft Gefahr, der Selbstüberwachung zu entgleiten, denn er kann, ohne es zu merken, an das Zentrum des Staates rühren);

2. die gegenseitige Überwachung (der andere sieht, was der einzelne verfehlen kann);

3. die Überwachungszentrale (der Staat). Damit also: der Raum der Sichtbarkeit (1 und 2) und der zum Zentrum hinführende Bewacherblock, die beide zusammen die elementaren Strukturen des panoptischen Gefängnisses bilden.

Die Gefangenen (Antigone, Kreon) in ihren «ideologischen» Zellen werden (von den Zuschauern oder dem Autor) gesehen, ohne selber zu sehen (sie wissen nichts von ihrer Einseitigkeit). Reziprok dazu, im Zentrum, *sieht* der Staat, *ohne gesehen zu werden.*

Diese Formel gibt den Schlüssel zu einer offensichtlichen Monstrosität, so augenfällig, daß Marx daraus das tragende Argument für die Kritik am hegelschen Staat macht. An die Spitze seiner Vernunftkonstruktion setzt Hegel das unvernünftigste Wesen, das man sich nur denken kann. Einen Erbmonarchen, vom Zufall der Natur ausgesucht und gelegentlich auch pervers, schwachsinnig, paranoisch, kongenital idiotisch. An Beispielen dafür fehlt es nicht, und sie bringen nicht nur Monarchien in Verlegenheit. Dieses Problem war Hegel nicht entgangen, der dadurch nicht auf eine Schwäche, sondern auf die Trefflichkeit seiner Konstruktion schloß und den Schluß daraus zog, daß, je vollkommener der Staat desto gleichgültiger die Person des Monarchen sei: «Die Regierung ruht in der Beamtenwelt, und die persönliche Entscheidung des Monarchen steht an der Spitze (. . .) Doch bei feststehenden Gesetzen und bestimmter Organisation des Staats ist das, was der alleinigen Entscheidung des Monarchen anheimgestellt worden, in Ansehnung des Substantiellen, für gering zu achten . . .»

Es ist unwichtig, ob es in dem zentralen Observatorium des panoptischen Gefängnisses einen Wächter gibt oder nicht: wenn es nach den Vorschriften gebaut ist (bei feststehenden Gesetzen und bestimmter Organisation des Staats), gibt es das Gefühl immerwährender Überwachung (immer und gleich wann), gerade in dem Maße, wie wir unsere Wächter nicht zu Gesicht bekommen, so wie diese sich nicht nach dem Zentralwächter umschauen können. Dieser letzte darf abwesend sein, soviel er will, das Gebäude genügt, sein Blick lastet auf dem Nacken eines jeden, mögen seine Augen geöffnet oder geschlossen sein.

Hegel setzt *irgend jemanden* in das monarchische Zentrum: der Monarch «hat nur Ja zu sagen und den Punkt auf das i zu setzen». Hier gibt es kein Scheitern, auch keinen Fehler aus Unachtsamkeit, unerbittliche Irrationalität, Kompromiß mit der Reaktion. Mit einem Geniestreich hat der Philosoph den höchsten Ausdruck des (disziplinarischen) Rationalen definiert: mit dem schlimmsten der Schwachköpfe an der Spitze funktioniert das Gefängnis.

Kein Widerspruch: Hegel definiert das Oberhaupt als den, der sieht, ohne gesehen zu werden. Wenn Marx darin einen solchen liest, sieht er nicht den modernen Staat.

Sie dachten, den bestehenden Staaten Lehren geben zu können, den Völkern zu zeigen, wie neue Staaten zu errichten seien, und mit dem Anspruch, den Staat in allem zu belehren, wurden sie in Wirklichkeit in allem von ihm belehrt.

Die Geschichte der Kultur dieser Welt ist nur die Geschichte der Staaten, sie sterben, gewiß, doch ohne voneinander abzulassen – im Weltlauf bilden sie eine Kette und übergeben einander die Fackel der Kultur. Es war an Persien, auf hegelsche Weise die erste Übergabe vollzogen zu haben und vor dem Nachfolger zurückzustecken: «China und Indien sind . . . geblieben, Persien nicht; der Übergang zu Griechenland . . . wird . . . auch äußerlich, als Übergang der Herrschaft, eine Tatsache, die von nun an immer wieder eintritt. Denn die Griechen übergeben den Römern den Herrscherstab und die Kultur, und die Römer werden von den Germanen unterworfen.» Krieg, Tod und Unterwerfung – die Geschichte der Staaten wird auf philosophischem Weg zur Weltgeschichte.

Zur Geschichtsstunde kommen dann noch praktische Übungen in Soziologie hinzu. Hegel unterteilt die Bevölkerung in drei Klassen, die unabdingbar für das gute Funktionieren des modernen Staates sind. Die erste ist ein militärischer, bürokratischer Adel, der den partikularen Interessen und dem Tod gegenüber gleichgültig ist und die allgemeinen Interessen des Staates im Frieden wie im Krieg verteidigt. Der Marxist sieht darin einen Beweis für den schimärenhaften «Idealismus» Hegels; ein unbefangener Beobachter glaubt darin die kluge, wenn auch zu optimistische Vorwegnahme dessen zu erkennen, was dann die sowjetische «nomenklatura» und verschiedene Bürokratien der sozialistischen Länder wurden. Dieser «Adel» steht allen Kompetenzen offen und rekrutiert seine Mitglieder über ein Examen – als Vorbild den napoleonischen Kaiseradel und die preußischen Reformen, kündigt er den französischen Verwaltungskörper an, seine E. N. A. und den Apparat der Éducation nationale.

Die mittlere Klasse bewegt sich in der Welt der Arbeit, des Bedürfnisses, des Privatinteresses; das ist das Ganze der bürgerlichen Gesellschaft, das Volk der Städte, das sich vor dem Tod schützt, Bürger, Handwerker und Gesellen allesamt (die Arbeiter sind in dieser Zeit schwerlich von den andern zu trennen). Die dritte Klasse (die Bauern) ist die «substanzhafte», denn sie ist mit der Erde verbunden; ihr wird nachgesagt, daß ihr das «Selbstbewußtsein» fehle (auch bei Marx heißt es dann: Bauern = Barbaren). Indem er dem Rest der Gesellschaft die Subsistenzmittel liefert, das tägliche Brot, das Blut für die großen Ereignisse, ist der hegelsche Bauer die Kraft der Armeen und die Festigkeit des Staates – stirb und halt den Mund!

In dieser panoptischen Perspektive auf Geschichte und Gesellschaft kann der Staat die Beziehung Beherrschender/Beherrschter, die anfangs als jüdische Häßlichkeit ausgemacht worden war, nun auf sich nehmen. Der alles beherrschende Staat beherrscht gleichzeitig seine bourgeoise Judenschaft. Wenn Hegel auch nicht die Diktatur des Proletariats erfunden hat, so gab er doch schon einen Vorgeschmack davon, indem er mit dem Dienst am Staat den neuen Adelsstand der Beamten, das Proletariat der Diktatur, definierte.

Wer steigt auf wessen Schulter?

Auf den ersten Blick der Staat: Mount Everest. Auf seinem Gipfel hockt der Meisterdenker und urteilt, wie weit sich der moderne Planet erstreckt, lotet seine Tiefen aus. Dieses Dach der Welt gibt es allerdings nur unter der Schädeldecke des erwähnten Denkers, der, nachdem er auf seine eigenen Schultern gestiegen war, das Schild des modernen Staates und den Stiel seines Eispickels immer höher reckt.

Die Meisterdenker sind nicht die Erfinder des modernen Staates, selbst wenn sie zu seinen Plakatträgern oder gar Anwerbern geworden sind. Sie erkundeten in seinen beunruhigenden Aushöhlungen eine neue Gemeinsamkeit zwischen Wissen und Macht, zwischen den Experten und der disziplinarischen Gesellschaft, zwischen den neuen Intellektuellen und dem neuen Staat aus der Zeit nach den europäischen Revolutionen. Sie sind nicht so «idealistisch», wie man meint!

An dem inneren Drama und dem geistigen Weg des jungen Europäers hat sich seit zwei Jahrhunderten kaum etwas geändert. Hegel beginnt sein Denken mit einer Gegenüberstellung: der Liebe zur Herrschaft (Jude) und der Beherrschung der Liebe (abwechselnd die griechisch patriotische und die christliche Liebe). In einer mehrere Jahre dauernden Krise, die er seine «Neurasthenie» nennt, lernt er es, sich die Hände schmutzig zu machen, wie ein sartrescher Held, und verhökert seine «schöne Seele» für ein Engagement in seinem Jahrhundert.

«Begreifen ist beherrschen» – auf das, was er hier gefunden hat, baut er seine Wissenschaft (nehmt das Wort «Begriff» aus seiner Großen Logik heraus, und der Text ist leer). Zunächst einmal schreckt Hegel vor ihr zurück, als er sie für «jüdisch» erklärte. Dann war er daran gewöhnt. Und der Jude, der nicht mehr die ganze Abscheu vor der «Abstraktion» auf sich zieht, verliert an Bedeutung. Die moderne Gesellschaft eliminiert nicht ihre bürgerliche Abstraktion, sondern beherrscht sie mit Hilfe eines noch «abstrakteren» Staates, der über allen den Schrecken der höchsten Abstraktion schweben läßt, die Todesgefahr, die für das Vaterland, das immer einer Gefährdung ausgesetzt ist, besteht.

Die Weltgeschichte, sagte der «alte» Hegel, beginnt mit den Staaten des Orients, wo die sittliche Freiheit fehlte, wo aber «das höchste Prinzip die Abstraktion ist» – wo die Bürokraten hinreichend ausgearbeitete Kalküle anstellen und große Imperien festigen. Das Bewußtsein des Weltweiten dieser Geschichte beginnt weder mit der «abstrakt» allgemeinen Religion der Juden noch mit der griechischen Philosophie – am Ende beruft sich Hegel auf Rom: in der Weltgeschichte hält mit der römischen Welt die Politik tatsächlich ihren Eintritt als abstrakt allgemeines Gesetz. Das immer noch geachtete griechische Ideal ist nun zwischen Persien und Rom eingezwängt, zwei universellen, weil imperialen Verwaltungen.

Abscheu vor dem Juden und Sehnsucht nach Griechenland, über beide wird hinweggegangen, denn der Gang der Welt ist der der universellen Herrschaft: «Aber nicht in der Zeit entsteht und vergeht Alles, sondern die Zeit selbst ist dies *Werden*, Entstehen und Vergehen, das *seiende Abstrahieren*, der Alles gebährende und seine Geburten zerstörende *Chronos.*»

Philosophie des Staates, Philosophie der Bürokratie und Philosophie des Imperialismus bauen den gleichen Garten an: «Begreifen ist beherrschen.» Descartes faßte seinen ganzen metaphysischen Weg in einer Formel zusammen: ich denke, also ist Gott. Hören wir nur, wie seit zwei Jahrhunderten die Vorkämpfer der verschiedenen vollkommenen Staaten leise von sich geben: ich denke, also ist der Staat. Hören wir uns zu.

Die Landstreicher Europas

Der Begriff Jude läßt sich nicht durch die Realität des Juden erklären, sondern durch die Notwendigkeit des Begriffs. Man verstehe richtig: durch die Staatsräson. Dieser Wille zur Herrschaft, der als Bestimmung Abrahams beschrieben wurde, tritt nun wieder als Gesetz des modernen Staates auf. Nachdem seine Neurasthenie erst einmal vorüber war und die Stunde der Versöhnung zwischen dem Begriff und dem Wirklichen geschlagen hatte, projizierte Hegel die allgemeine Abstraktion nicht mehr auf den häßlichen Anderen, sondern auf die von ihm so bewunderte Weltgeschichte.

Der Kreis ist geschlossen. Als innerer Feind des Staates wurde der Jude zur Zielscheibe. Das ist keine Originalität der deutschen Intellektuellen. Mal bilden die Juden einen «Staat im Staate», mit «Organisation» und «Besonderheiten» (Dostojewski), mal sind sie mit ihrer «Niedrigkeit» gerade gut genug fürs Kabarett und für den Wucher und geben den «Beweis für ihr heilloses moralisches Versagen, für einen totalen menschlichen Bankrott» (noch einmal Dostojewski). Ihre *Niedrigkeit* läßt sich am völligen Verkennen der Bedeutung des Staates ablesen. Für die Linke verbindet Proudhon beide Themen miteinander: «einige Seiten, auf denen nur von den Juden die Rede ist. – Eine Freimaurerei, die sich über Europa erstreckt. – Eine zur Staatsbildung unfähige Rasse, nicht durch sich selbst regierbar, versteht sich in bewundernswerter Weise darauf, die anderen auszubeuten. Das Entsprechende bei den Böhmen, den ausgewanderten Polen, den Griechen und bei allem, was herumvagabundiert.»

Alles, was herumvagabundiert, da ist die Frage. Mitsamt dem Juden wird diese ganze kleine Welt verurteilt, die sich dem Staat entziehen könnte, wenn sie über die Grenze geht und bei ihrem Überschreiten die Disziplinargesellschaft vor den Kopf stößt. Das Europa der Staaten versucht alle die auszuschließen, die an den Rändern der Gesellschaft leben, die Meisterdenker übergeben an die Meistersäuberer, sie vermischen in den Nazi-Lagern Juden und Homosexuelle und in den russischen Lagern alles, was abweicht. Das liberale Europa wollte die Assimilation und Normalisierung mit mehr Ruhe vornehmen, der kulturelle Völkermord tritt an die Stelle des physischen.

Als der Abt Grégoire bereits 1775 zur Emanzipation der Juden aufrief, sagte er mit aller Deutlichkeit, daß das Problem nicht nur die Juden betrifft: «Frankreich hat in seinem Schoße vielleicht acht Millionen Untertanen, von denen die einen kaum ein paar verstümmelte Worte oder einige zusammenhangslose Sätze unseres Idioms stammeln können, während die andern darüber völlig in Unwissenheit sind.» Da das ein Drittel der damaligen französischen Bevölkerung betraf, war es eine Staatsangelegenheit.

Die Gleichheit der Rechte soll zu einer Assimilation führen, also zu der Ausschaltung dieses «teutsch-hebräisch-rabbinischen Kauderwelschs». Mit dieser Definition benennt der moderne Staat seine Hauptfeinde: den Ausländer von der anderen Seite des Rheins, die traditionsreichste aller Traditionen (die hebräische) und die Religion.

Für den modernen Staat gehören Bécassine*, der Jude, der Araber und der Homo zu einer Familie, «denn wir leben immer angesichts eines mörderischen Trugbilds: daß allein die Menschengruppen das Recht auf eine anerkannte und gebilligte Existenz haben – kurz, auf die Existenz –, die wenigstens zum Staat sich berufen fühlen» (R. Marienstras).

* Junge Bretonin, die in den zwanziger Jahren nach Paris ging, um Arbeit als Dienstmädchen zu finden. Eine volkstümliche Figur aus den damaligen Bildgeschichten (A. d. Ü.).

Wenn der Staatsjude nicht notwendig Jude ist, so hatten die jungen Staaten dennoch eine ausgesprochene Neigung, an den Juden all die Behandlungsarten auszuprobieren, die sie für störende Elemente bereithalten. Zu diesem Zweck war es leicht, den alten, tiefverwurzelten Haß der Christen auf das «Volk der Gottesmörder» auszunutzen. Obwohl die Staaten den Weg des geringsten Widerstands gehen, läßt sich wohl kaum allein mit der Religion der Rassenhaß erklären, der auf immer katastrophalere Weise in Gesellschaften, die immer weniger religiös sind, zum Ausdruck kommt, bei Denkern, für die Gott schon lange tot ist, und in politischen Strömungen, die sich als heidnisch oder materialistisch verstehen.

Die Formel vom Juden als «Staat im Staate» wird von Schiller empfohlen, der sie vor dem großen Sprung nach vorn, der im Antisemitismus vollzogen wurde, gebrauchte. Der Dichter bezeichnet damit die Lage der Juden in Ägypten, Nomaden, die im Reich der Pharaonen ihre Zelte aufgeschlagen hatten, ohne daß es ihnen gestattet gewesen wäre, an dem Leben der Stadt teilzunehmen, und die so ihre Stammesunabhängigkeit bewahrten. Diese Bevölkerung war um ihrer Befreiung willen zur gemeinsamen Aktion bereit, als «Die Sendung Moses» bevorstand (das ist der Titel bei Schiller, der all denen viel zu demokratisch und philosemitisch erscheinen könnte, die sich auf seine Formulierung berufen). Jüdisch ist jede Form der außerstaatlichen Gemeinschaft, jedes kollektive Leben außerhalb der Kontrolle der Zentralverwaltung, jede subversive Möglichkeit des einzelnen, der Wahl zwischen Privatleben und öffentlichem Dienst zu entgehen. Dazu ein Indiz:

«Als ich einmal so durch die innere Stadt strich, stieß ich plötzlich auf eine Erscheinung in langem Kaftan mit schwarzen Locken.

Ist dies auch ein Jude? war mein erster Gedanke.

So sahen sie freilich in Linz nicht aus. Ich beobachtete den Mann verstohlen und vorsichtig, allein je länger ich in dieses fremde Gesicht starrte und forschend Zug um Zug prüfte, um so mehr wandelte sich in meinem Gehirn die erste Frage zu einer anderen Fassung:

Ist dies auch ein Deutscher?»

Dies ist die Geschichte einer Erleuchtung. Vorher hatte Hitler den Antisemitismus nicht verstanden. Von jetzt an heftet er ihn mit Hilfe einiger Broschüren an seine Fahnen. Etwas hatte ihn in diesem Mann «in langem Kaftan» gepackt. Der Jude? Nein. Zunächst einmal der Nicht-Deutsche. Der dann durch ihn zum Un-Menschen wurde. Fortan gab es für ihn nur eine Aufgabe: überall den Juden aufzuspüren, alle diejenigen auszubürgern, die eingebürgert worden waren, denn die Wahrheit des Juden ist in diesem nichtassimilierbaren Kaftan. Nicht assimilierbar an was? An die Religion? Eine solche hatte er nicht. «Ist dies auch ein Deutscher?» Mit solchen schwarzen Locken? Unmöglich für ihn, in den Staat-als-Nation eingebürgert zu werden!

Wenn der Haß auf den Juden konzentriert wird, wer anders als der Staat schaut dem zu? Und wen wirft er da – mit einer Klappe zwei Fliegen – hinaus, wenn nicht alle Lausigen, Umherziehenden, die auf irgendeine Weise sich seinem Zugriff entziehen, mögliche Träger einer antistaatlichen Unterwanderung?

Der ideologische Multiplikator

Die Meisterdenker strecken vor dem Rassismus die Waffen. Nicht weil sie unter christlichem Einfluß stünden – oder psychologische bzw. psychopathologische Schwierigkeiten gehabt hätten (wer hätte das nicht?), auch wenn sie heute noch des Atheismus verdächtigt werden, sind sie zu unabhängig, um anderen Dogmen als dem eigenen zu huldigen. In dem Maße, wie sie alle vom Staat aus denken, legitimieren sie schließlich die rassistische Überwachung, die der Staat auf seinem Territorium einrichtet. Der Jude ist der Inbegriff dessen, der vernichtet werden muß. Entweder weil aus Kleinlichkeit des Geistes der Sinn ihm nicht nach dem Staat steht (und mit ihm so vielen anderen wie diesen Negern, deren Versklavung Hegel rechtfertigt: «Dieser Zustand ist keiner Entwicklung und Bildung fähig, und wie wir sie heute sehen, so sind sie immer gewesen»), oder weil der Jude als Staat im Staate seine Funktion als Feindagent erfüllt.

Dieser Rassismus des Staates ist nicht nur eine der Wurzeln des Antisemitismus, der im Denken des 19. Jahrhunderts fast allgemein verbreitet war, er liefert auch den Schlüssel für die rassistischen Massenbewegungen, die in dieser Zeit zum Ausbruch kommen. Das Kriegsgeschrei der deutschen Studenten (*Hierosolyma est perdita*, Jerusalem ist verloren), die sich 1819 auf die Jagd nach Juden machten, kam aus einer nationalistischen Gesinnung. Auf dem Juden-Kadaver sahen sie nicht eine Kirche, sondern einen Staat erstehen. Historische Deutungsversuche, die sich darauf beschränken, diese genau datierten Erscheinungen mit dem Zusammentreffen von traditionellem religiösem Antisemitismus und individueller Krankhaftigkeit zu erklären, stehen auf schwachem Grund. Die Koinzidenz des Auftauchens moderner Staaten mit dem Wiedererstehen des Rassismus ist jederzeit nachweisbar.

1915. Der Völkermord der Jungtürken an den Armeniern zeigt, daß religiöse Vorwände in einer solchen Angelegenheit äußerst wechselhaft sind. Nur am Staatskult ändert sich nichts. Die Jungtürken wollten als Laizisten, Nationalisten und Demokraten auf den Ruinen des alten Ottomanenreiches einen modernen Staat errichten. Kulturell gesehen sind die Armenier nicht assimilierbar: sie haben schon lesen und schreiben gelernt. Vom Religiösen und Ökonomischen her gesehen sind sie Christen und haben eine Bürger- und Handelselite. Auch wenn sie nie den Türken die Macht streitig machten, so bildete doch schon ihre Anwesenheit eine undurchsichtige Zone in dem transparenten Raum der obersten Aufsicht. Die übrigen Länder Europas verstanden sehr wohl die Staatsräson, die hinter dem millionenfachen Tod stand. In Frankreich brachte ihr Pierre Loti Lobeshymnen, Lenin pflegte die Freundschaft mit der jungen Türkei, Hitler berief sich in aller Offenheit auf sie, als er dem Judenproblem die Endlösung gab.

Für jede Regel eine Ausnahme. Das zeigt sich am italienischen Volk, das den Faschismus ablehnte, als der faschistische Staat zwanzig Jahre lang den Rassismus zur offiziellen Doktrin erhob. An «religiösen Wurzeln» fehlt es jedoch nicht in diesem Italien, das mit der Einschließung der Juden begann und der Welt das Wort «Ghetto» mitsamt der Sache gab. Von den angeblich «ökonomischen Ursachen» des Antisemitismus kann keine Rede sein, auch wenn es eine italienische jüdische Bourgeoisie gab. Das Verhältnis des Italieners zu seinem Juden muß also mit dem allgemeinen Verhältnis des Italieners zu seinem Staat erklärt werden. So wie sich Italien nicht für den antisemitischen Kreuzzug begeistern konnte, so haben auch die Italiener wie keine andere Nation Europas im 1. Weltkrieg gekniffen. Bis auf den heutigen Tag lassen sie sich noch nicht einmal von einer Linken, mit ihren Gewerkschaften an der Spitze, dazu bringen, die Ärmel aufzukrempeln . . . Die Italiener lassen sich nur schwer *mobilisieren.* Sie sind keine Antisemiten und haben keinen Staatskult. Das eine erklärt das andere.

Es lassen sich – herabsetzend gesagt – als *Ideologien* die Konglomerate vereinfachter Ideen ausmachen, die die großen Massaker des 20. Jahrhunderts gedeihen lassen, wenn sie ihnen als Übermittler, Widerhall und als Rechtfertigung dienen, kurz, wenn sie das Räderwerk der Vernichtungsmaschinen ölen und deren Federn spannen. Das ist die Ideologie: ohne sie lassen sich – mit Macbeth verglichen – die Verbrechen an fünf Fingern abzählen; mit ihr aber wachsen sie an, bis hin zu einer Endlösung oder zu einem Archipel GULAG.

Eine leichte Feststellung, der Hebel der Ideologien findet einen Ansatzpunkt: die Staatsmacht. Über sie lassen alle die von ihnen programmierte Veränderung der Welt laufen. Die Meisterdenker waren die Väter der herrschenden Ideologien, weil sie ihre Vernunftgründe dem Staat überantworteten.

Warum ich so revolutionär bin (zunächst einmal Fichte)

«Denn es kam die Stunde,
du weißt es ja, für den großen schlimmen langen
langsamen Pöbel- und Sklaven-Aufstand:
der wächst und wächst!»

Nietzsche
Also sprach Zarathustra

«Es ist, als fühlt ich ihn,
den Geist der Welt, wie eines Freundes warme Hand,
aber ich erwache und meine, ich habe meine
eignen Finger gehalten.»

Hölderlin,
Hyperion

Apologie für die Herren, die auf Holzwege führen

Demosthenes, der stotterte und kleine Steine kaute, um besser zum Volk sprechen zu können, begeisterte sie. Und Moses – nicht als Führer in ein gelobtes Land, von dem sie nichts zu sagen wissen, sondern weil er sein Volk vereinigte und aus dem Ägypten der Pharaonen abzog. Bonaparte in seinen Reden an die Italienarmee, das immer noch bewunderte Profil des Monarchen: «Den Kaiser – diese Weltseele – sah ich durch die Stadt zum Rekognoszieren hinausreiten; – es ist in der Tat eine wunderbare Empfindung, ein solches Individuum zu sehen, das hier auf einen Punkt konzentriert, auf einem Pferde sitzend, über die Welt übergreift und sie beherrscht» (Hegel, anläßlich der Schlacht von Jena, 1806).

Mit achtzehn Jahren sahen sie sich mehr als Prediger denn als Gelehrte oder Philosophen, doch auf dieser Erde träumten sie davon, die Massen mit sich zu reißen. Hundert Jahre nach ihrem Tode stellt man sich Fragen: haben nicht alle Ehrenbezeigungen der zuhöchst spekulativen Philosophie das Feuer der Revolutionen, das sie mit sich bringen, mehr als nur ausgelöscht, vielleicht ganz bewußt erstickt? Generationen kommen und gehen – es ist seit Athen der einzige Ort auf der Erde und in der Geschichte, wo die Philosophen von einer Generation zur andern aufeinander folgen – und es fängt immer wieder so an; Büchner verteilt seine christlich-linksradikalen Flugblätter «Friede den Hütten! Krieg den Palästen!» und erfindet ein unerhörtes Theater, bis er dann mit dreiundzwanzig stirbt; dann das Junge Deutschland; dann die Freunde Wagner und Bakunin auf den Barrikaden von Dresden; dann Nietzsche, der es in seiner Ecke weiß: «ich bin Dynamit». Seine Ecke? Die Welt: «zwischen der Vergangenheit und der Zukunft, wie eine schwere Wolke, die vorbeizieht» . . .

Nicht alle sind Meisterdenker gewesen. Hölderlin steht woanders, Büchner und Heine, andere. Nicht alle liebkosen die Kaiser der Welt mit entzücktem Blick, sie erfinden ganz andere wundervolle Empfindungen, doch alle sehen und haben Empfindungen. Der Kaiser sitzt auf einem Pferd, drum herum das Blutvergießen, die Toten und Sterbenden, «einzelne, die in ihren Zuckungen die Welt erschüttern», sie sind Legion. Details, unter Tonnen von Weihrauch verborgen, die für alle modernen Personenkulte des 20. Jahrhunderts aufgebraucht werden, angesichts derer die Bewunderung Hegels für Napoleon ein Wunder an Intelligenz, Besonnenheit und Klarsicht gewesen zu sein scheint: «Die französische Nation ist durch's Bad ihrer Revolution nicht nur von vielen Einrichtungen befreit worden, über die der Menschengeist als über Kinderschuhe hinaus war (. . .), sondern auch das Individuum hat die Furcht des Todes und das Gewohnheitsleben, das bei Veränderung der Kulissen keinen Halt mehr in sich hat, ausgezogen . . .»

Verglichen mit ihrer Denkweise scheint die unsere nur kurz zu greifen: im Jahre 1976 ließ die kaum umstrittene Leuchte des französischen Marxismus durch seinen besten Schüler eine neue, durchschlagende Wahrheit verkünden: es wäre vielleicht angemessen, die marxistische Theorie dem Problem zu öffnen, das die Millionen Toten in den sozialistischen Konzentrationslagern stellen. Ein Leben, das damit beschäftigt war, ein Loblied auf Marx zu singen, der den «Kontinent Geschichte in der wissenschaftlichen Theorie» hatte auftauchen lassen, und noch kein

Wort über die Archipele *unserer* Geschichte verlor – dieses gemarterte Fleisch, für das derjenige, der alle Bücher gelesen hat, nur ein Ach! übrig hat. Wer den Denkern es nachsieht, nicht ihre Geschichte zu denken, dem soll nur dies gesagt sein: wenn die Theorie über die Geschichte der Arbeiterbewegung feierliche Sätze abgibt und über Generationen von Arbeitern, Bauern und Intellektuellen, die unter sicherem Geleit in die Todeslager gebracht wurden, kein Wort verliert, so läßt sie es sich dennoch nicht nehmen, die wirkliche Geschichte anzurufen. Da es nun mal nicht die der Körper ist, dann soll sie wenigstens die der Bittschriftkampagnen sein, die vom Kreml in der ganzen Welt ausgelöst wurden, ein «harter, langer Kampf, der bis an den Horizont des von unzähligen Menschenarmen zurückgedrängten Kalten Krieges den Schatten der Katastrophe zurückweichen lassen wollte» (Althusser). Das Schöne des Bildes steht direkt proportional zu der Gedankenerhebung: der marxistische «Philosoph» spricht hier von einer Unterschrift gegen die Atomwaffe – im Aufruf von Stockholm –, die zu einer Zeit den Massen der Welt abverlangt wurde, als Rußland in diesem Waffentyp um einiges unterlegen war. Zur Zeit dieses Polittrödlerladens war der Archipel GULAG mit seinen Millionen von Gemarterten wieder bei einer neuen Zehnerzahl angelangt (der vierten wohl), ein kleines Detail, das sicherlich keinem deutschen Denker des vorhergegangenen Jahrhunderts (Marx inbegriffen) entgangen wäre, und auch keiner «Arbeiterbewegung» jener Zeit.

Wenn die «konkrete Analyse einer konkreten Situation die lebendige Seele des Marxismus ist» (Lenin), kann man sich denken, was die obenstehende Analyse von ihrer so lebendigen Seele erraten läßt. Und dieser starke Theoretiker und feinsinnige Politiker erlaubt sich, von seiner marxistischen Wissenschaft her, bei Hegel ein «absolutes Delirieren» zu diagnostizieren! Mit einem Ernst wird diese Lektion verabreicht, wie er nur in der demütigen Zerknirschung jener seinesgleichen hat, die – in der besten aller universitären, politischen Welten – ihm zuhören.

– *Hier* ist die Rose, hier tanze (Hegel). Hier wirst du gepflückt. Ihre Blumen wird die Realität sowieso in unsere Hände legen, entweder mit Schlamm und Blut besudelt, oder aus Papier und Rhetorik.

Von ihren Meistern des letzten Jahrhunderts haben die kleinen Meister von heute nur die Kunst, Sträuße zu binden, gelernt, die Manier und nicht die Materie, die von nun an die Großen Verantwortlichen Organisationen gedeihen lassen. Alles ist den Meisterdenkern abgeguckt, nur der Mut nicht, einmal dem Drachen in den Rachen geschaut zu haben, hätte man auch seinen Kopf dabei lassen müssen. «*Nicht* Mut vor Zeugen, sondern Einsiedler- und Adler-Mut, dem auch kein Gott mehr zusieht?» (Nietzsche). Uns bleibt es überlassen, von ihren erblaßten Lippen die ungeheuerlichste Wahrheit abzulesen, die Wahrheit der Ungeheuer: Denken ist Beherrschen.

Wohlverstanden

Über das ganze 19. Jahrhundert hinweg denkt das deutsche Denken die Französische Revolution. Daher hört es, Fichte und Hegel zufolge, damit auf, Philosophie zu sein, und affirmiert sich als Wissenschaft. Wissenschaft von der Revolution: «Hegels Philosophie ist die Algebra der Revolution», schreibt der russische Revolutionär Herzen, dem ein treuer Leser diese Formel ausleiht, um damit achtzig Jahre später seinen Marxismus zu definieren (Lenin).

(In den Jahren um 1960 wurde im Umkreis der École Normale Supérieure der Rue d'Ulm in Paris eine Entdeckung gemacht: man versuchte sich darin, «diese *eigentlich unerhörte* Realität (weil ohne Beispiel) zu denken: die marxistische Theorie als *revolutionäre* Theorie, die marxistische Wissenschaft als *revolutionäre* Wissenschaft» (Louis Althusser). Die Qualifizierung als *unerhört*, die beliebig oft hervorgehoben wird, scheint die Stelle zu definieren, an der auch eine «außergewöhnliche» Anstrengung vorgenommen wurde; bei dieser Gelegenheit kann es auch Langohren zum Vorschein bringen, die niemals dergleichen Dinge vernommen hätten. Von dieser geistigen Provinz einmal abgesehen, scheint es doch zur Beschreibung der Sache falsch ausgewählt zu sein: «diese eigentlich *unerhörte* Realität» gibt für das Deutschland des 19. Jahrhunderts etwas Schlimmeres als nur einen Gemeinplatz ab – marxistisch oder nicht, und was ist *die* Theorie oder *die* Wissenschaft, die sich nicht als beispiellose «Algebra» bezeichnet, und noch dazu als die «der Revolution»?)

Der Paarung Wissenschaft/Revolution, die 1793 für unerhört dekretiert wurde (weil sie «etwas Entscheidendes in unserer Vorstellung von Wissenschaft in Bewegung bringt»), begegnet Fichte, als er seine ersten Schritte auf dem Gebiet der Philosophie unternimmt.

«Entscheidend» ist in der Tat die Begegnung im Jahre 1774, nicht im Jahre 1973: «Wie jene Nation von den äußeren Ketten den Menschen losreißt, reißt mein System ihn von den Fesseln der Dinge an sich, des äußeren Einflusses los, und stellt ihn in seinem ersten Grundsatz als selbständiges Wesen hin. Es ist in den Jahren, da sie mit äußerer Kraft die politische Freiheit erkämpften, (. . .) entstanden. (. . .) ihr *valeur* war, der mich noch höher stimmte . . .»

Von der Französischen Revolution an gibt es nicht mehr die *Liebe* zum Wissen, man *weiß* einfach; besser als der Philosoph ist der Wissenschaftler. Schon auf der vierten Seite der Vorrede zu seinem großen Werk – *Phänomenologie des Geistes* – spielt Hegel mit dem Wort (Philo-sophie, Liebe zum Wissen – Wissenschaft, usw.) und nutzt das, um die Geburt seiner Wissenschaft von den französischen Ereignissen ab zu datieren: «Daß die Erhebung der Philosophie zur Wissenschaft an der Zeit ist, dies aufzuzeigen würde daher die einzig wahre Rechtfertigung der Versuche sein, die diesen Zweck haben, weil sie dessen Notwendigkeit dartun, ja sie ihn zugleich ausführen würde.» Die These: von nun an ist eine Wissenschaft möglich, die auf die früher von den Philosophen formulierten Fragen antwortet. Und die Stellung, von der aus diese These vorgetragen wird, ist avanciert: unsere Zeit ist die Zeit der Revolution, nicht «unter anderm», sondern wesentlich. Hier kann der Punkt ausgemacht werden, um den sich alles Denken der revolutionären Intellektuellen zwei Jahrhunderte lang bewegte, ein Drehpunkt, an dem Enthusiasmus als auch Verblendung zustande kamen, «Fusionspunkt» zwischen wissenschaftlicher Theorie und der Bewegung der Volksrevolutionen, Punkt der Konfusion zwischen Ansprüchen des Theoretikers und Forderungen des kleinen Chefs als Menschenführer. Diese um zwei Jahrhunderte gealterte Entdeckung vergeht nur auf kaum merkliche Weise, denn sie konnte noch einmal als etwas «Unerhörtes» entdeckt werden.

Von 1800 an reichen sich die Meisterdenker untereinander die

Fackel weiter: für Fichte ist der letzte Philosoph Kant, nach ihm, mit mir beginnt die Wissenschaft. Für Hegel bleibt Fichte ein Philosoph, der letzte. Für Marx ist Hegel der letzte. Doch zum Allerheiligen der Philosophen wird schon Weihnachten gefeiert: «Und wenn euch Großes mißriet, seid ihr selber darum – mißraten? Und mißrietet ihr selber, mißriet darum – der Mensch? Mißriet aber der Mensch: wohlan! wohlauf! Je höher von Art, je seltener gerät ein Ding. Ihr höheren Menschen hier, seid ihr nicht alle – mißraten? (. . .) Was Wunders auch, daß ihr mißrietet und halb gerietet, ihr Halbzerbrochenen! Drängt und stößt sich nicht in euch – des Menschen *Zukunft?*» (*Zarathustra*).

Sie stehen mit dem Rücken gegen einen Aufstand, der mit der Vergangenheit abrechnet, sind mit einem Wissen ausgerüstet, das die Gegenwart beherrscht, Erbauer des Programms, das die Zukunft beherrscht, übertreffen sich gegenseitig bis nach Peking, jeder setzt die Wahrheit des vorhergehenden, alle kündigen an, was danach kommt, so wie Nietzsche als Sprecher Zarathustras, Sprecher des Übermenschen, der über sich in der Behauptung der ewigen Wiederkehr hinausgeht, «wohlan!», da sind sie, in der Walhalla der abendländischen Vernunft errichten sie große Spiegelsäle, in denen die radikalste Revolution und die endgültigste Wissenschaft endlich einander antworten.

Die Abenteuer des Kopernikus

Die Anmaßung, Revolutionen lenken zu wollen, ist den Meisterdenkern gemeinsam, auch wenn sie nicht die kritische Masse von «Revolution» und «Wissenschaft», aus denen sie ihre geistigen Atombomben zusammensetzen, in die gleiche Proportion bringen.

Die Begegnung zwischen der Französischen Revolution in der Wirklichkeit und der deutschen Revolution im Gedanken wurde als «kopernikanische Wende» gefeiert (die Formulierung ist von Kant, dessen entscheidende Gedanken aus der Zeit vor 1789 stammen). Mit dem Namen des Kopernikus wird das Unternehmen der Mathematisierung der physikalischen Welt bezeichnet, das die Bereiche der Wissenschaft und der Naturbeherrschung an der Wende zur Neuzeit neu verteilt (Kopernikus, Galilei,

Descartes, Newton). Kant weist da auf das Ereignis, das es ihm erlaubt, dem zu entgehen, was er als «Skeptizismus» (der englische Empirismus) und «Dogmatismus» (eine in Gott begründete Vernunft) bezeichnet; Charybdis und Szylla, durchwirkt von dem feinen Schleier der *Autonomie* der Vernunft, die (wissenschaftlich) Erkenntnisse erbringt, des Willens, der sich (sittlich) verwirklicht, und der Kunst (die ästhetisch urteilt). Enthüllen, wie eine niemandem und nichts unterworfene Vernunft in ihrer Auto-nomie funktioniert, eine Vernunft, die sich selbst ihre eigenen Gesetze gibt, Zielscheibe kantscher Philosophie, der große Stil aller Meisterdenker: «Über das Chaos Herr werden, das man ist; sein Chaos zwingen, Form zu werden: logisch, einfach, unzweideutig, Mathematik, *Gesetz* werden – das ist hier die große Ambition» (Nietzsche).

Die kopernikanische Wissenschaft beweist, daß die Beherrschung der physikalischen Welt möglich ist; die Französische Revolution greift fest verankerte Überlieferungen und dauerhafte Vorurteile an, «alle Fiktionen verschwinden angesichts der Wahrheit, alle Unvernunft vor der Vernunft» (Robespierre), sie setzt die Beherrschung der gesellschaftlichen, politischen Welt auf die Tagesordnung. Die Situationen scheinen vollkommen parallel zu laufen, und der junge Fichte erklärte seinem verehrten Meister Kant bescheiden (vorsichtig formuliert), daß er für die politischen Wissenschaften das zu vollbringen gedenke, was Kant für die Naturwissenschaften tat: die (offensive) Abgrenzung dessen, was die Vernunft auf diesem Gebiet vermag. Der alte Philosoph war voller Güte gegenüber seinem brillanten Schüler, dessen Existenz er finanziell unterstützte, nicht jedoch dessen philosophisches Vorhaben: er spürte wohl, daß es ein Vergleich war, der hinkte, oder ahnte vielleicht sogar, daß es zu einem letzten Anstoß kam, mit dem all das ständig und immer mehr abtrieb, was früher einmal Kunst gewesen war, Schicksal, Geschichte, Religion, Sexualität, Heroismus, Denken, Leben und Tod und sich den – allzu menschlichen – Humanwissenschaften anschloß. Womöglich verstand der alte Mann in Königsberg-Kaliningrad nichts von dem, was im Paris des Jahres 1970 noch «unerhört» erschien. Es sind die schillernden Vieldeutigkeiten des Schlagworts «kopernikanische Wende», die die Zukunft in sich tragen wie die Wolke das Gewitter.

Das Verhältnis zwischen der Philosophie Kants und der Naturwissenschaft war zu Beginn klar, die Wissenschaft existiert historisch gesehen außerhalb der kritischen Philosophie und für sich; sie hatte sich über Jahrhunderte hinweg konstituiert, das war eine Tatsache für den Denker, der von ihr nur Maß nehmen wollte. Kant und Kopernikus sind zweierlei. Doch wo steht bei der Gegenüberstellung von deutscher Vernunft und französischer Revolution Kopernikus?

Damit setzt ein Versteckspiel ein, das bis heute ausgetragen wird. Mal verbirgt sich Kopernikus in der Revolution, historischer Moment der Vernunft, wenn die Massen «auf dem Kopf laufen» und die Politik überall «auf dem Befehlsstand» ist (Mao). Mal muß er, bevor er die Massen ergreift und zur materiellen Gewalt wird, in einem von außen kommenden Wissen gesucht werden: «so findet das Proletariat in der Philosophie seine geistigen Waffen, und sobald der Blitz des Gedankens gründlich in diesen naiven Volksboden eingeschlagen ist . . .», wird man sehen, was kommt (Marx). Mal bleibt Kopernikus innerhalb der Wissenschaft, die ganz allein das Wirkliche revolutioniert; die Völker werden zu dem «Start» (take-off), wie er von den amerikanischen Experten gedacht wird, oder zu der technisch-wissenschaftlichen Revolution der russischen Experten vorgeladen. Mal geht Kopernikus aber auch ganz in die Revolution ein, zum Beispiel in die von 1848: «Eine Klasse, worin sich die revolutionären Interessen der Gesellschaft konzentrieren, sobald sie sich erhoben hat, findet unmittelbar in ihrer eigenen Lage den Inhalt und das Material ihrer revolutionären Tätigkeit (. . .) Sie stellt keine theoretischen Untersuchungen über ihre eigene Aufgabe an» (Marx).

Mal deklariert sich die Wissenschaft, in die sich Kopernikus zurückzieht, als exakte Humanwissenschaft, politische Ökonomie oder Soziologie, mitunter wissenschaftliche Methode «im allgemeinen», Dialektik der Natur zum Beispiel; bisweilen auch (nicht mehr auf der Seite des Gegenstands der Wissenschaft, sondern auf der des Wissenschaftlers selbst) Theorie der theoretischen Praxis, «Gnoseologie» im alten Russisch oder Epistemologie im neuen Französisch; oder auch eine Vorbedingung, die bescheiden jede mögliche Wissenschaft vorwegnimmt, eine theoretische Kritik mit einer kritischen Theorie in der Hinterhand;

oder auch, und das fast immer, eine mehr oder weniger ausgeklügelte Mischung der mehr oder weniger wissensreichen Varianten der vorhergehenden Möglichkeiten; zuweilen sogar die «wissenschaftliche» Analyse der gröbsten Mängel der genannten Möglichkeiten, wodurch man sich einen Ruf als Gelehrter verschafft, wenn man den der andern ankratzt; oder auch die Aufnahme in eine Fachrichtung, die bisher nur auf Gleichgültigkeit stieß, und von der niemand sagen kann, daß sie ihre Versprechen nicht hält, da sie eben nur bei ihren Versprechungen stehenbleibt. Analysen und . . . logien aller Art ordnen Kopernikus nur ein in: psycho, semio, astro, sexo, ethno, charaktero, grammatologisch, wenn man sich schon nicht die Mühe der Aufzählung in «. . . ismen», «. . . graphien» und anderen «. . . tiken» machen will.

Im Gegensatz zu dem, was betrübte Seelen zu verstehen geben könnten, entstehen die Schwierigkeiten nicht aus der unmöglichen Begegnung von Wissenschaft und Revolution, da sind überall nur Stelldicheins, Gefühlsergüsse, gegenseitige Versprechungen. Unter uns ist Kopernikus nicht einem Mangel, sondern einer Überdosis ausgesetzt und weiß nicht mehr, wo ihm der Kopf steht. Wenn er weder in der Wissenschaft noch in der Revolution Ruhe findet, wird er sich schließlich dort sehen, wo er gesehen wird. Eine Lösung, wie sie in den Universitäten, Unternehmen, Organisationen und Staaten gewöhnlich praktiziert wird. Nur im schlimmsten Fall erhält sie den Namen «Personenkult», und das auch nur – wenn möglich – in der Rückschau. Nicht jeder hält sich für eine so exklusive «Koryphäe der Wissenschaft» wie Stalin, und für den gewöhnlichen Kopernikus neuen Stils ist die erzwungene Begegnung zwischen Wissenschaft und Revolution den jeweiligen Posten und Kommunikationen überlassen.

Die neue Gravitation: universell und universitär

Soziologie, Philosophie, Epistemologie, es ist gleich, welche Zugkraft die Humanwissenschaften hinter sich herzieht, denn die allgemeine Organisation der Wissensbereiche läßt das Vorhaben der Beherrschung, das anfangs als «neue Kopernikanische Revolution» gedacht wurde, nur als Invariante zu. Die unzähligen Weisen, Wissenschaft und Revolution zu verpaaren, geben entsprechend viele Variationen über dieses eine Thema ab. «Die Planeten, von der Erde aus gesehen, sind bald rückgängig, bald stillstehend, bald fortgängig. Den Standpunkt aber von der Sonne aus genommen, welches nur die Vernunft tun kann, gehen sie nach der Kopernikanischen Hypothese beständig ihren regelmäßigen Gang fort (. . .) Aber das ist eben das Unglück, daß wir uns in diesen Standpunkt, wenn es die Vorhersagung freier Handlungen angeht, zu versetzen nicht vermögend sind. Denn das wäre der Standpunkt der *Vorsehung*, der über alle menschliche Weisheit hinausliegt.» Da haben wir nun die Meinung und das «Unglück» von Kant. Nach ihm – welch ein Glück! – entdeckte man, daß dieser «Standpunkt» von der Revolution aus eingenommen werden konnte, dieser Menschheitssonne, um die herum die Vernunft alle Dinge kreisen läßt.

Von einem Willen zur Emanzipation bewegt, der immer wieder bezaubert, auch wenn es ihm ein wenig an Klarsicht fehlt, haben die neuen Humanwissenschaften von der Warte ihrer Objektivität aus den «Subjektivismus» der Philosophien zurückgewiesen, die ihnen wenn nicht das Leben, so doch wenigstens die Hoffnung gegeben haben, eines Tages leben zu können. Die kopernikanische Revolution besteht nicht darin, die Gegenstände um das Subjekt-das-kennt kreisen zu lassen, auch wenn das manche Philosophie-Lehrbücher zu verstehen geben. Als Revolution der Vernunft bringt sie, eher zweimal als einmal, das Subjektive des Subjekts zur Strecke, das «perzeptive Urteil» (Fichte), das empirische Meinen (Hegel), das Spontane, Unmittelbare – nicht vom Standpunkt der Erde aus wird die Bewegung der Sterne wissenschaftlich geordnet, man muß dazu schon auf der Sonne hocken dürfen und sie in ihrem Lauf betrachten!

So polemisch wie sie gegen den gewöhnlichen Verstand ist, ist die kopernikanische Revolution auch gegen die theologischen Ultra-Welten, die Wiege der künftigen Humanwissenschaften wird sorgfältig nach oben und nach unten abgeschirmt. Die Lichter, die «von außen» den gewöhnlichen Menschen gebracht werden, sucht die Wissenschaft nirgendwo anders als in dem von ihr beherrschten Raum. Damit, betont Fichte, läßt die kopernikanische Revolution weniger die Dinge als vielmehr das philosophierende Subjekt selbst um das erkennende Subjekt kreisen – als Marx Prometheus, «der den Göttern das Feuer entreißt», zu seinem philosophischen Helden machte, war er gegenüber dem Wissenden von dem Format eines Fichte, der sein Feuer ganz allein anzündet, um einiges zurück.

Hegel hebt mit Sorgfalt hervor, daß «alles von diesem wesentlichen Punkt abhängt: das Wahre als Subjekt erfassen und ausdrücken». Doch die objektivistischen, materialistischen oder theoretisch-espistemologischen Widerlegungen treffen immer wieder . . . daneben, wenn Hegel drei Abschnitte weiter sein Subjekt auf den «ruhenden Bewegungsantrieb» des Aristoteles bezieht – diesem Göttlichen, das nicht Gott ist, um das aber sich alles dreht. Hätte man mit mehr Aufmerksamkeit dieses Hin- und Herverweisen verfolgt, dann hätte man sich viele althussersche Tintenfässer einsparen können, die dabei leer wurden, als man den vorausgesetzten «Subjektivismus» und die angenommene Religiosität des Philosophen, die beide einem «ohne Subjekt» sich vollziehenden wissenschaftlichen Prozeß entgegengesetzt sind, anschwärzte. Hegel ergibt sich nicht dem vermeintlichen religiösen Finalismus des Aristoteles, ebensowenig wie ein kopernikanischer Wissenschaftler, der die Planeten um die Subjekt-Sonne, einer weiteren ruhenden Bewegungskraft, kreisen sieht. Nur Hegel hat soviel Feingefühl, seine Quellen auch zu kennen und zu zitieren, was die Epistemologen, die sich aneinanderreihen, ihm um so weniger verzeihen, als sie diese Quellen oft nicht kennen. Als Marx den Klassenkampf als *Motor* der Geschichte bezeichnete, machte er sich aller Sünden schuldig, die seine Epigonen dann seinen Vorgängern anlasteten. Der bescheidene, nette Forscher aber, dessen Wissenschaft mit diesen Problemen nichts zu tun hat, hat es dennoch weiter mit einer Frage zu tun, einer einzigen, und das genügt: so bescheiden er auch sein mag, der Passagier dachte in den Wagen der Humanwissenschaften zu reisen, und wie auto-mobil sie auch sein mögen, so stellt sich doch die Frage nach ihrem Motor, selbst wenn man darauf nicht zu antworten weiß. Die erste Auto-mobilisierung der Humanwissenschaften mit dem Ereignis von 1789 kann erklären, warum ihre sukzessiven Ansprüche so sehr den Eindruck erwecken, auf der Stelle zu treten.

Alt und vergangen ist die Geschichte für den modernen Forscher, der «Fakten und Gesetze» festlegen möchte, d. h. der an dem Punkt stehenbleibt, an dem die kopernikanische Revolution in der Sicht Fichtes anlangte: die menschlichen Verhältnisse so zu *sehen*, wie sie von den natürlichen Notwendigkeiten vergleichbaren Gesetzen geregelt werden. Vielleicht findet man, daß diese Notwendigkeiten allzu mechanisch sind? Niemand wird sie so sehr *verfeinern* wie Hegel . . .

Die Lehrbücher in Methodologie mögen zu einem Stapel anwachsen, das Nicht-Bekannte ist immer neu und, noch ein Lehrsatz Fichtes, «wer einmal aufgestiegen ist, kümmert sich nicht mehr um die Leiter».

Für Akademiker, in Parenthese

Die sogenannten Humanwissenschaften sind nicht auf einmal entstanden, weil man etwas vergessen hätte: man studierte sorgfältig die Natur, dann stellte man fest, daß es noch etwas anderes gab, schließlich wurden einige Unterrichtsgebäude «Fakultät für Literatur und Geisteswissenschaften» genannt, später wurden die Benennungen noch exotischer. Das Wissen erhob die allgemeine Gravitation in den Stand der Theorie, klassifizierte aber auch die Arten, grammatisierte, reflektierte die Zirkulation der Reichtümer lange vor dem Eintritt der Revolution. In diesem äußerst dichten Netz schien der Bezug auf die französischen Ereignisse nur noch einige neue Fachrichtungen hinzuzufügen. In Frankreich stammten, außer der Geschichte, die Soziologie und ihre Kinder und Kindeskinder in direkter Linie von den Reflexionen ab, die die Erschütterung von 1789 auslöste (Henri de Saint-Simon und dann Auguste Comte). In Deutschland gab es keine so offen zutage liegende Abstammung. Erst mit der Philosophie treten die «Geisteswissenschaften» in ein Verhältnis zum Ereignis und gewinnen Abstand zu ihm. Das 19. Jahrhundert ging zu Ende, als die deutsche Soziologie zu Würden kam, dieser Vorgang ist nicht mehr bewußt, so selbstverständlich war er. Als Max Weber im Gegensatz zu der marxistischen Lehre von den «ökonomischen Mechanismen» und dem «revolutionären Geist» der jungen Bourgeoisie die religiösen Faktoren in der Entstehung des Kapitalismus herausstellt, wiederholt er wie aus einem kulturellen Automatismus heraus das Vorgehen Hegels, der die Sonne der modernen Vernunft mal 1789, mal mit der Reformation aufgehen ließ. Die philosophische Reflexion über die Revolution gehörte in der Universität zum guten Ton und schien der Gegenstand einiger Unterrichtsfächer zu werden.

Der Eintritt der Revolution in die Wissenschaft bewirkt jedoch keine Addierung, sondern einen Riß, sie verteilt die alten Fakultäten neu und fügt andere nur hinzu, um sie auf ein Zentrum festzulegen. Sie reißt ein Loch in das Gewebe des Wissens, sie bringt es wie zwischen Kontinenten zu einer Trennung zwischen Naturwissenschaften und Wissenschaften . . . der Kultur? der Gesellschaft? der Zivilisation? des Geistes? des Menschen? Indem sie aufteilt, setzt sie die Vereinigung auf die Tagesordnung, die Einheit der Wissenschaft, die nicht soviel Tinte hätte fließen lassen müssen, wenn sie nicht eine so ungeheure, neue Verschiebung hätte verarbeiten müssen.

Es wäre zwecklos, direkt bis auf einen «theologischen» Einfluß zurückzugehen, um damit diese Entgegensetzung von Mensch und Natur in dem Raum des Wissens zu erklären. Es bliebe noch zu erklären, wie dieser angebliche Einfluß zu jener Zeit ohne Wirkung blieb, als die Theologie die Universität beherrschte, wohingegen sie die Einheit des Wissens von dem Zeitpunkt an auflöste, als sich das Wissen ihr verschloß.

Alle Universitäten des Westens, welches auch ihre impliziten Theologien seien, bemühen sich seit zwei Jahrhunderten darum, Physikwissenschaften und Moralwissenschaften, Wissenschaften von der Natur und Wissenschaften vom Menschen einander parallel zu setzen: sie alle gravitieren in dem Feld dieser «kopernikanischen Revolution», die 1789 auf die Umlaufbahn der Wissenschaft gebracht wurde. Von diesem Datum an vermischten sich zwei Vorhaben zur Beherrschung; Descartes fordert dazu auf, in dem Menschen, der zur mathematischen Physik fähig ist, «den Herrn und Eigentümer der Natur» zu entdecken. Der zur Revolution fähige Mensch führt, dem neuen Wissen gemäß, dazu, daß er Herr und Eigentümer der Gesellschaft ist: was wären die heftigen, doktrinalen Streitereien der Humanwissenschaften, ja sogar die «Parteimeinungen», gäbe es nicht diesen Streit um Beherrschung und Besitz?

«Die Religion ist nur die illusorische Sonne, die sich um den

Menschen bewegt, solange er nicht um sich selber sich bewegt», so feiert der junge Marx die neue Weise, sich im Kreis zu drehen.

Die drei ewigen Etappen der Revolution

«Anaxagoras hatte zuerst gesagt, daß die Vernunft die Welt regiert; nun aber erst ist der Mensch dazu gekommen, zu erkennen, daß der Gedanke die geistige Wirklichkeit regieren soll.» Wenn Hegel so den «herrlichen Sonnenaufgang» der Französischen Revolution feiert, macht er daraus einfach einen Theatervorhang, der sich mal hebt, und zwar durch eine Ironie, die ebenso denen entgeht, die in ihm den versteckten Revolutionär verehren, wie denen, die den Renegaten in ihm anprangern. Denn Anaxagoras hält nicht, was er verspricht: «Aber wie sehr wurde ich getäuscht, als ich nun die Schriften des Anaxagoras selbst eifrig vornahm und fand, daß er nur äußerliche Ursachen, als Luft, Äther, Wasser und dergleichen, statt der Vernunft aufführt.» Das sagt Sokrates an einer Stelle des *Phaidon*, den Hegel zitiert. Ebenso verwirrt und enttäuscht die Französische Revolution; es ist die Morgenröte der Vernunft, nicht der Mittag, der «in sich selbst sich denkt und sich selbst genügt» (Valéry).

Diese Haltung geistiger Einkehr vor dem Ereignis ist kein Rückzug, im Gegenteil: wenn die Meisterdenker die Revolution als unvollkommen und krank darstellen, können sie eine beherrschende Stellung einnehmen, die sie immer noch halten. Je höher sie das Beispielhafte der Revolution stellen, um so eindringlicher sind ihre Lektionen und Heilmittel. Ob sie zu einer zweiten Revolution aufrufen oder zu einer Stabilisierung, oder ob sie Fürsprecher der Gegenrevolution sind, ist nicht entscheidend: wenn die Revolution der Sonnenaufgang ist, dann ist die Sonne diese Wissenschaft, die die Revolutionen zur Disziplin anhält, das gemeinsame Programm dieser Herren.

Aus der Revolution werden die Lehren ein für allemal gezogen, es sind ihrer drei, wie die Etappen, in die die Idee der Revolution eingeteilt wird und die von nun an in allen Apologien der Revolutionäre und von den Apologen der Konterrevolutionäre gefeiert werden, soweit diese sich nicht einfach darauf beschränken,

Massaker zu organisieren, ohne sie überhaupt noch zu rechtfertigen.

1. Die ideologische Vorbereitung. Man mag es gerne sehen oder nicht, die Revolution bietet den Beweis für die Wirksamkeit des Denkens; bevor die Vernunft die Welt regiert, stürzt sie diese um, «allen wichtigen Revolutionen, die in die Augen fallen, muß in dem Geist der Epoche eine geheime Revolution vorausgehen, die nicht für alle sichtbar ist» . . . Ein Gesetz, das hier (von Hegel) auf Jesus projiziert, dann, dem Beispiel der ersten Christen entnommen, schließlich dem Sozialismus zugeschrieben wird (Engels). Wie durch Zufall wurde es in der Zeit vor 1789 wiedergefunden: «Man hat gesagt, die *Französische Revolution* sei von der Philosophie ausgegangen, und nicht ohne Grund hat man die Philosophie *Weltweisheit* genannt.»

Haben die Philosophen über das ganze 18. Jahrhundert hinweg die Revolution programmiert, die es beendet? Eine solche Hypothese erscheint den ehrlichen Historikern einigermaßen an den Haaren herbeigezogen, doch sie florierte: jetzt führen wir schon ganze zwei Jahrhunderte unsere Ideen mit der Vorsicht eines Feuerwerkers mit uns herum und warten nur darauf, unsere Dynamitbrötchen an der richtigen Stelle anzusetzen. «Um eine politische Macht umzustürzen, beginnt man immer damit, die öffentliche Meinung vorzubereiten und ideologische Arbeit zu leisten» (Mao Tse-tung). Die rückblickende Illusion ist hartnäckig, obwohl – wie man bei jeder Revolution bemerkte – das «man», das sich zur Aufgabe gegeben hatte, die Meinung vorzubereiten, als erstes überrascht war und ohne alles dastand, als der rauhe Nordwind gekommen war. Voltaire, Diderot und sogar Rousseau, die Ratgeber der aufgeklärten Despoten, schrieben 1789 nicht auf ihr Programm. Auch Lenin nicht den Oktober 1917 (wenigstens nicht vor 1917). Und wenn der Marxismus Mao auf etwas vorbereitete, dann wohl auf alles, außer sich mit Landstreichern einzulassen und die Revolution aufs Land zu tragen. Er muß seltsame Wegweiser angetroffen haben, Bäume, deren Borke die hungernden Bauern abnagten. Das hindert dann niemanden daran, nach bestem Brauch das Programm der Weltrevolutionen zu schreiben.

2. Der Terrorismus oder die Steigerung bis zum äußersten. Die Ausstrahlung der Geister ist tödlich, nicht nur für das in Schutt liegende «alte Regime», sondern auch für die Geister selbst. Sollen sie unter sich aufeinander losgehen – es regiert das Gesetz der Verdächtigung. Wenn jeder in seinem Kopf Dynamit-Gedanken herumträgt, dann ist es verständlich, daß die Revolution Köpfe abschlagen läßt wie ein «Kohlhaupt», heißt es bei Hegel, den Guillotinierten von 1793 zu Ehren.

An diese zweite Etappe denken alle Meisterdenker, wenn sie den Kampf auf Leben und Tod zur Theorie erheben, entweder als Kampf der Bewußtseine (Hegel), als Entfremdung und Klassenkampf (Marx) oder als verallgemeinerten Nihilismus, Ära des Ressentiments (Nietzsche). In welcher Figur auch immer, der Herr ist nicht derjenige, der *in* diesem Kampf siegt, sondern der, der *aus* diesem Kampf seinen Triumph macht, indem er seine Ordnung etabliert.

3. Eine Revolution beenden können. «Der Fluß kehrt in sein Flußbett zurück» (Trotzki), und Stabilisierung wird nötig, deren Grundthemen Hegel (als er an Napoleon dachte) aufgezählt hatte: Einigkeit gegen die äußere Gefahr, Ende der Unruhen und bürgerlicher Friede im Innern, offizielle Neuaufteilung der Gesellschaft im Hinblick auf Funktionen, Kompetenzen und Reichtümer. Das ergibt die großen Arbeiten, die die hegelsche «Vernunft» dem Staat vorschreibt, die «Diktatur des Proletariats» oder die «Herrschaft» Nietzsches: der Krieg, die politische Herrschaft der Ökonomie, die Ordnung und die Erziehung der Mehrheit.

Zwischen den zwei letzten Etappen ist das Verhältnis noch enger als zwischen der ersten und der zweiten. Es muß der Kampf auf Leben und Tod aufhören. Der ganze zur Schau getragene Radikalismus der maoistischen Kulturrevolutionen verhindert nicht, daß sich in jeder Massenmobilisierung von Anbeginn an die Normalisierung ankündigt: «Sich in Vorhersicht auf einen Krieg und auf Naturkatastrophen vorbereiten und alles im Interesse des Volkes tun» (Mao), das ist bereits der Ruf nach den wesentlichen, dem Staat zugeschriebenen Funktionen, die den Abgrund auffüllen sollen, der sich in dem Kampf auf Leben und Tod aufgetan hatte. Wer zu Beginn einer jeden Revolution die Allmacht der ideologischen Vorbereitung gedacht hat, wer sie nicht als Galaessen, sondern als gegenseitiges Verschlingen erlebt hat, muß notwendig bis zum Direktorium, zum Empire oder bis zur NEP kommen, alles Übergangsfiguren einer immerwährenden dritten Etappe. Malraux projiziert dieses Schema auf die spanische Revolution: Die Hoffnung, die Apokalypse und die Organisation der Apokalypse (in diesem Fall die Ordnung der kommunistischen Partei und der russischen Polizisten in Madrid).

Die Geschichte der Revolutionen kann so als die Geschichte der Massen erzählt werden, die sich geistig bilden (1. Etappe), sich in Angst erziehen (2. Etappe) und sich selbst disziplinieren (3. Etappe). Oder als die Iliade des Staates, der sein altes Regime verliert (1), in einer Krise verschwindet (2), deren Tiefe ihn um so rationaler und unerbittlicher wieder hervortreten läßt (3). Oder als Odyssee der Intellektuellen, die frei und anarchisch denken (I: «das geistige Tierreich»), deren Anarchie zu Blutvergießen führt (2), während die Angst sie zu Vernunft und zum Ordnungsprinzip finden läßt (3). Ebenso: die Berichtigung einer idealistischen Abweichung nach rechts (1) durch eine abenteuerliche Abweichung nach links (2) zugunsten einer Autorität, die sich sowohl gegen links wie gegen rechts absichert. Ebenso: die Mißgeschicke der jungen Generationen, die alles für erlaubt halten (1) und ein schlechtes Ende nehmen (2), es sei denn, sie setzen ein Ende (3).

Immer besteht die Wissenschaft von diesen Abgründen darin, diese Abgründe der Wissenschaft nicht aus den Augen zu verlieren, um dann besser der Wissenschaft Abgrund zu sein und zu erkennen, wie Trotzki sagte, «in welchem Kapitel» der Geschichte der Revolution man erschießt oder erschossen wird.

Man kann aus der Sonne nie mehr heraus

Das große Buch der Welt, in dem Descartes blätterte, ist zum Kassenbuch der Revolution geworden, das ebenso respektvoll gelesen wird: «Die Menschen machen eine Revolution wie auch einen Krieg nicht gern. Der Unterschied jedoch ist, daß die entscheidende Rolle im Kriege der Zwang spielt; in der Revolution gibt es keinen Zwang, sieht man vom Zwang der Verhältnisse ab». Trotzki, ein gefallener, exilierter Mann, ist mit diesem Axiom kein naiver Optimist, sondern sieht sich weiterhin als wissenschaftlicher Revolutionär. Als Kritiker denkt er Stalin als einen Umstand des revolutionären Prozesses in einem zurückgebliebenen und schlecht gebildeten bäurischen Rußland. Es besteht kein Grund, einem fatalistischen oder mechanistischen naiven Glauben dafür die Schuld zu geben; bei Trotzki findet sich durchaus die Annahme, daß die Geschichte unter bestimmten Umständen rückläufig sein kann: «Der Film der Revolution läuft in umgekehrter Richtung ab, und Stalin spielt in ihm die Rolle eines umgekehrten Kerenski». Kurz, er hält es nicht für undenkbar, daß alles mit einer «Restauration des Kapitalismus» (wie die chinesischen Kommunisten sagen) zu Ende geht.

Vorwärts oder rückwärts, Film bleibt Film, und man kann aus der großen revolutionären pädagogischen Erfahrung nicht mehr heraus: da sind die Massen und die Umstände, beide verändern und erziehen sich gegenseitig. Sogar die Beschwörung einer Rückkehr in das Geschehene bringt uns dazu, zweimal dieselbe Strecke zu durchlaufen und aus der Revolution dort herauszutreten, wo wir in sie eingetreten waren. Und einmal drinnen, wird entweder revolutionär vorwärtsgeschritten oder der Film wird rückwärts gespielt. Die Verbundenheit des Revolutionärs mit einer Serie von Ereignissen, die in einem Meer von Blut zu Ende geht, ist weniger fatalistisch als rational: wenn eine revolutionäre Serie zu denken, darauf hinausläuft, daß man jeden Zwang als den der Verhältnisse denkt, dann wird der Kämpfende normalerweise dazu geführt, sich nicht der Führung zu widersetzen, so mörderisch sie auch werden mag. Wenn er zugibt, daß es in der Revolution keinen Zwang gibt, «sieht man vom Zwang der Verhältnisse ab», steht er entwaffnet einem Zwang gegenüber, der sich auf die revolutionären Verhältnisse beruft; unfähig, einen Krieg zu erklären, der von Anfang an ausgeschlossen war, beschränkt er sich darauf, als (unglücklicher) Ratgeber eines Fürsten Kritik zu üben, der die Verhältnisse falsch einschätzt.

Die berühmten «Verhältnisse» könnten von einer Vergangenheit sprechen, die noch nicht beseitigt ist: Lenin ab 1920, dann Trotzki, aber auch Stalin und die Kommunisten heute erklären die Mißgeschicke der Revolution mit der Rückständigkeit (vor allem der Massen). Wenn die Kämpfe um die Macht zu offenkundig werden, als daß man noch länger über sie hinwegsehen könnte, werden sie als Kämpfe zwischen dem *Alten* und dem *Neuen* angesehen und korrigiert, zwischen jenen, die die Vergangenheit wieder einzusetzen versuchen, und denen, die die Zukunft bauen möchten, kurz, zwischen den Parteigängern, die den Film richtig einlegen, und denen, die ihn rückwärts abspielen lassen – für alle gilt, daß das Drehbuch endgültig ist, das Zukunft und Vergangenheit über die «Erfahrung der Massen» allein verbindet.

Jede Revolution gilt so als eine durchgängige Prüfung der Volkssouveränität, in der die Massen unter sich und gegen die Verhältnisse kämpfen und in der der tausendjährige Krieg gegen die «Mächtigen dieser Welt» plötzlich ausgesetzt hat: in dem Lager der Revolution gibt es nur Erzogene-als-Erzieher und Erzieher-als-Erzogene, jedoch keinen feindlichen Zwang. Mit anderen Worten, jede Theorie *der* Revolution postuliert, daß eine chinesische Mauer Autoritäts- und wirkliche Zwangsverhältnisse innerhalb und außerhalb des Lagers der Revolution voneinander trennen kann; eine Behauptung, die auch dann gilt, wenn über die unzählig vielen Weisen, eine Grenze zwischen guter und schlechter Macht zu ziehen, gestritten wird. Die Geschichte der Welt ist «entzweigebrochen» (Mao), und in ihrem Bruch wird die Wissenschaft von dieser Geschichte entdeckt.

Wenn sie die Massen nur mit sich selbst konfrontiert, kann die Revolution als eine durchgängige erzieherische Erfahrung gelten. In dem, was einem Volk zutiefst am Herzen liegt, kann es nicht getäuscht werden (durch eine Priesterpartei oder böse Bürokraten), denn sonst müßte angenommen werden, daß das Volk *sich* selbst *täuscht*, behauptet Hegel (vor Trotzki) nach der Erfahrung von 1789: in der ersten Etappe befreit sich das Volk von jeder Autorität, die nicht von ihm kommt (das alte Regime), in der zweiten steht es sich selbst gegenüber, in der dritten legt es sich eine Ordnung auf, in Anbetracht des Abgrunds, der sich vor ihm aufgetan hatte, und des Gewichts der Umstände. Die Revolution gilt so als ein Erziehungsprozeß ohne Erzieher, in dem die Massen ihre «eigene Erfahrung» machen, ohne daß ein Pädagoge die Versuchsanordnungen bereitgestellt und die Umstände organisiert hätte, die den Schülern als so natürlich erscheinen.

Es sei denn, es hielten sich, wie im *Émile* von Rousseau und in *La Dispute* von Marivaux, hinter den Dingen einige Lehrmeister verborgen. Diese letzte Annahme schließen die Denker aus, die in den revolutionären Erfahrungen eine Wissenschaft – die ihre – erstehen lassen, ebenso unbefleckt und rein wie die Venus, die in einer Sankt-Jakobs-Muschel zur Welt kommt.

Wie in jedem richtigen Labor der Humanwissenschaft behauptet der experimentierende Meister, nicht Teil des Experiments zu sein, das seine Hypothesen bewahrheiten soll: «Der grundlegende politische Prozeß der Revolution besteht eben in der Erfassung der sich aus der sozialen Krise ergebenden Aufgaben durch die Klasse und der aktiven Orientierung der Masse nach der Methode sukzessiver Annäherungen. Die einzelnen Etappen des revolutionären Prozesses, gefestigt durch die Ablösung der einen Parteien durch andere, immer extremere, drücken das anwachsende Drängen der Massen nach links aus, bis der Schwung der Bewegung auf objektive Hindernisse prallt. Dann beginnt die Reaktion: Enttäuschung (. . .) Dies ist wenigstens das Schema der alten Revolutionen» (Trotzki).

Die neuen sind kaum anders als die alten, hier ist die Art und Weise gefunden, mit der Trotzki einige Jahre später erklärt: eine deformierte, dann «verratene» Revolution bleibt eine Revolution, über Sieg oder Niederlage entscheidet nur die Lehre, die daraus gezogen wird. War die erbauliche Revolution, die seit zwei Jahrhunderten gedacht wird, jemals etwas anderes als der geometrische Ort all der Lektionen, die den einfachen Sterblichen vorgehalten werden? Belehrungen der Dinge? Lektionen des Meisters!

Strenger als die Mathematik

Das moderne Denken denkt die Revolution als wissenschaftliches Experiment. Damit entgeht sie im Grunde Einwänden (oder Schmeicheleien) wie Utopismus, Fatalismus oder Tausendjährigkeit, die nur etwas mit ihrem *laisser-aller* zu tun haben. Sie vermeidet auch die politische Frage nach einer Parteinahme für oder gegen diese oder jene konkrete Revolution: ein wissenschaftliches Experiment ist niemals, so gelungen es auch sein mag, das jeweils letzte; im übrigen ist es auch im Falle des Mißlingens nicht weniger wissenschaftlich und reich an Informationen – «von Mißerfolg zu Mißerfolg bis zum Endsieg». Mao sieht dieses Finale in «Zehntausenden von Jahren», das heißt nirgends. Welches auch die Virulenz sein mag, mit der die Meisterdenker gegeneinander angehen, auf dem gemeinsamen Gebiet der Theoretisierung dieser wissenschaftlichen Erfahrung haben sie gegeneinander nichts einzuwenden.

Wissenschaftliche Erfahrung ist die Revolution zunächst, weil von ihr angenommen wird, daß sie die Wissenschaft nicht mehr in die Angelegenheiten der Natur, sondern in die der Menschheit einführt. Die Aufklärung bereitete 1789 vor (meint Hegel), indem sie das natürliche Verhältnis eines Volkes zu seiner Umgebung, seinen Überlieferungen, den Autoritäten des alten Regimes zerbrach; die Wissenschaft des Sozialismus schuf einen Bruch mit der Spontaneität, sie kommt von außen (Lenin); auf diesem Weg macht die Revolution weiter, sie läßt die Vergangenheit zu «Staub» zerfallen (Lenin); sie entfernt vier Traditionen – das alte Denken, die alte Kultur, alte Sitten und Gebräuche (Mao).

Von Hegel zu Mao kann die «ideologische Vorbereitung» nur als erste Etappe gelten, wenn sie viel mehr tut, als nur eine («reaktionäre») Ideologie durch eine andere (eine «revolutionäre») zu ersetzen. Die Zerstörung der Ideologie der Vergangenheit ist ganz das Gegenteil eines Verfahrens nach dem System der kommunizierenden Röhren, das nur durch Umgießen die «gute» Moral durch die «schlechte» ersetzt; mit der alten Moral wird auch die alte Röhre zerstört. Erzählungen und Legenden, Theater, Familien werden mit viel Aufhebens zerbrochen oder unbemerkt im Museum untergestellt. Dieser Sonnenaufgang soll «den Menschen in seiner tiefsten Natur verwandeln» (Mao) – ihm eine neue Tiefe schaffen. «Ohne Zerstörung kann man nicht aufbauen. Zerstören ist Kritisieren, ist die Revolution machen. Um zu zerstören, muß die Vernunft gebraucht werden, und die Vernunft gebrauchen heißt aufbauen. So kommt zuerst die Zerstörung, die in sich den Aufbau tragt» (Mao). An die Stelle der alten Moralen setzten die Revolutionäre keine neue Moralität, sondern eine Wissenschaft – die «Aufklärung», wie sie Hegel sah, der «Marxismus-Leninismus, zugleich Fernglas und Mikroskop» nach Mao. Diese Wissenschaft ist zu allem fähig, auch dazu, anschließend eine neue Moral zu verbreiten, daher der Irrtum der außenstehenden Beobachter, die den Moral-Pflug vor die Wissenschafts-Ochsen spannen.

Indem sie die alten Bindungen unter Hammerschlägen zerbrechen läßt und ihre Wissenschaft in der neuen, freigelegten Tiefe aufpflanzt, führt die Revolution den kommenden Menschen in die Universalität des Wissens ein. Nicht jedoch indem sie ihm den Kopf mit allgemeinen, dogmatischen Wahrheiten anfüllt – was sie in zweiter Linie auch mit dem wohlbekannten Ergebnis tut –, sondern indem sie in den Revolutionär ein wissenschaftliches Verhalten einführt, wenn sie ihn zu «Pfeil und Zielscheibe der Revolution» umformt (Lin Piao) – Subjekt und Objekt dieser als wissenschaftliches Experiment errichteten Geschichte. Bucharin im Moskauer Prozeß: Bist du schuldig? Ja. Als Zielscheibe, als Objekt. Doch bist du unschuldig? Mehr als das! Ich bin der Pfeil, das Subjekt, der Staatsanwalt, der Wissende . . . «Ungeheure *Selbstbesinnung*, nicht als Individuum, sondern als Menschheit sich bewußt werden . . .» (Nietzsche).

Die neue Sonne der Wissenschaft strahlt schon hoch am Horizont, wenn es zur zweiten Etappe kommt, der des Schreckens und des Kampfes auf Leben und Tod. Die Revolution regelt nicht allein die historischen Probleme eines sowieso wurmstichigen alten Regimes, sie «bricht die Geschichte entzwei». Mit der Einführung ihrer Wissenschaft fegt sie nicht nur den Staub der Zeit hinweg, sie macht reinen Tisch, um aufzubauen: *Königreich* der Geister, *Reich* der Welt, *Organisation*, mit diesen Worten, mit dem großen Abenteuer des Geistes, das sie nachvollziehen wollen, enden die letzten Seiten der *Phänomenologie des Geistes*, des Meisters Meisterwerk.

Jedes hegelsche Bewußtsein geht «auf den Tod des andern», nicht auf Grund einer angenommenen bösen Natur – oder einer zu guten Natur, wenn niemand es zuläßt, daß an seiner Stelle jemand anders das Gute tut. Auch nicht weil es einfach den andern ‹ansieht›, es gibt tränenverhangene Augen, so reizvoll wie ein Himmel, wolkenverhangen. Nicht direkt, weil es den andern in ein Ding verwandelt, denn der Widerspruch fällt auch dem Verstocktesten ins Auge, man empfindet keine Lust, einen Stein zu foltern. Man foltert, um eine «wichtige» Information zu erhalten, sagen uns die Generäle, und man hat Lust daran, vom andern die Wahrheit zu erfahren. Am Horizont des Kampfes auf Leben und Tod gibt es immer eine gewisse Vorstellung von der Wahrheit, die Bewußtseine treten in die Schranken und betrachten sich nicht wie Ölgötzen, jedes will das «Subjekt» des andern sein, das es als «Objekt» setzt, doch Subjekt und Objekt wovon, es sei denn von diesem wissenschaftlichen Experiment, in dem die Herrschaft über die Welt entschieden wird? Jeder Kampf setzt einen Einsatz voraus, er führt nur über einen höchsten Einsatz zum Tod, und was steht höher als diese Wissenschaft, die die Welt beherrscht? «. . . der Geist in der absoluten Selbstsicherheit, ist Herr über alles Getane und alle Wirksamkeit, kann es zurückweisen und bewirken, daß das Getane nicht getan ist» (Hegel). Stalin schneidet historische Fotos aus und entfernt aus der Vergangenheit diejenigen, die er in der Gegenwart ermorden ließ; man mokiere sich über seine Schere, seinen Eispickel und seine gedungenen und wenig «wissenschaftlichen» Mörder. Dabei würde man aber außer acht lassen, daß diese kleinen Werkzeuge sich nur in dem Maße als wirksam erwiesen haben, wie alle, sowohl Gegner wie Parteigänger, die «Koryphäe der Wissenschaft» selbst, dieses dialektische Wissen anerkannt haben, das die Geschichte entzwei schlägt, auf daß, wie ihr Initiator betont, «geschehe, daß das Geschehene nicht geschehen ist». Das geschah dann auch, wobei Scheren und Kugel mit von der Partie waren.

Die Wissenschaft von der Revolution spielt auf zwei Klaviaturen, sie bewaffnet die Revolutionäre mit einer («allmächtigen, weil wahren», Lenin) Theorie und die Wissenden mit einer Revolution. Ohne sie würden die ersten vielleicht Revolutionen machen, würden es jedoch nie unternehmen, *die* Revolution zu machen, und die zweiten würden wahrscheinlich die Ereignisse wie historische Erfahrungen denken, niemals jedoch als die Erfahrung der Geschichte, von der aus die Geschichte ihr Maß nimmt als Geschichte der Völker, des Geistes, der Demokratie, der Klassen usw. Dazu aufgerufen, eine der «kopernikanischen» Mathematisierung vergleichbare Rolle zu spielen, beinhaltet die Wissenschaft *der* Revolution die doppelte Zugehörigkeit der Revolution zur Wissenschaft und der Wissenschaft zur Revolution (ihr Genitiv ist der des Objekts und zugleich der des Subjekts). Die Meisterdenker beanspruchen für sich mehr Strenge als die

Mathematik, weil in der Geschichte, die sie begreifen lassen, die Bedingungen der Herrschaft der Erfahrung zugleich die Bedingungen der Erfahrung der Herrschaft sind.

Revolution um eine Krone

Beherrschen heißt zu beherrschen wissen, Herr ist derjenige, der weiß. Die Aufklärung der Wissenschaft bereitet die Revolution vor, indem sie den künftigen Bürger von dem, was ihn umgibt, befreit (das «Natürliche» nach Hegel), sie stürzen ihn in einen Kampf, der dann in dem Maße tödlich wird, als sie es ist, die die strenge Beherrschung der Welt als Einsatz festlegt: alles für den, der über die Wissenschaft von ihr verfügt, nichts für den, der sie erleidet. Vor dem Horizont dieser Wissenschaft wird die Begegnung zum Kampf und dieser ein Kampf um alles oder nichts. Als sie der modernen Machtpraxis den philosophisch-wissenschaftlichen Adelsbrief gaben, zeigten die Meisterdenker klarsichtig die todbringenden Auswirkungen dieser «kopernikanischen Revolution» auf. Als wissenschaftlicher Kampf, und damit auf Leben und Tod, verbreitet der Kampf um die Macht überallhin seine Metastasen. Die Schreckensherrschaft sieht Hegel nicht nur als eine politische (1793), er sieht sie überall dort, wo eine Wissenschaft von der Herrschaft gehandhabt wird (zwischen «befreiten» Ideologen ergibt das das «geistige Tierreich»); d. h. schließlich *überall*, jedenfalls für den, der den Kampf zwischen Herr und Knecht durchdenkt, wenn er über Empfindung, Wahrnehmung, Verstand nachdenkt, kurz, über alle diese Fähigkeiten, mit denen die traditionelle Philosophie sich darin gefällt, die Ewigkeit dessen zu begreifen, was sie den Menschen nennt.

Was weiß der Herr? Beherrschen ist Wissen. Wissen ist Beherrschen. Es sind Teufelskreise, und das Teuflische ist das, dem das Denken sich entziehen muß, an Auswegen hat es dazu niemals gefehlt: die Herren sind Herr über Stahl und Schiene, sie handeln mit Kanonen, schaffen Butterberge, regieren mit Geld und der Polizei. Punkt. Schluß. Das letzte Gefecht: «wir» werden ihnen das Geld und die Polizei nehmen, «wir» werden regieren, Präsident aller Franzosen und Diktatoren des Proletariats. Wer ist dieses «Wir»? Das Prinzip der modernen Herrschaft ist «ein

Herr und keine Knechte», heißt es bei Hegel, ein Herr, der für alle das «Wir» sagt und der ohne das vor mancher Schwierigkeit stände, das Kanonen- und das Butterkapital anzuhäufen. Ich akkumuliere für einen jeden, ich sage «Wir» für alle. Und wer ist dieses «Wir»? Das sind wir alle, die sagen können: ich sage wir für alle. Noch ein Teufelskreis. Man kann ihn verstaatlichen: die Nation sagt «ich» für mich. Oder auf die Weltebene tragen: der internationale Markt sagt «ich» für dich. Ist Herrschen Verstaatlichen? Seit langem schon ist Verstaatlichen Herrschen! Das bezeugen die Niederbretonen und die Bewohner der Haute-Provence, die Arbeitsimmigranten und alle die, die in den großen Kriegen beim Kommiß waren. Ein Teufelskreis, der, nicht nur weil er teuflisch ist, einkreist.

Der Herr ist der, der weiß, doch was weiß er? Vielleicht nichts, so verteufelt ist der Kreis. Es ist ganz überflüssig, den verschreckten Blick eiligst abzuwenden, wenn er sich doch etwas sicherer dabei fühlen darf, in aller Ruhe Tonnen von Stahl, Butterberge und Aktionspakete abzuschätzen. Da hat man doch etwas Solides in der Hand, die «realen Grundlagen» der Macht der Herren. Die Herren lösen einander ab, sie entreißen sich gegenseitig diese soliden Realitäten oder reichen sie sich untereinander. Der Stahl rostet, die Butter wird ranzig, die Papiere verbrennen oder bekommen ein anderes Etikett, die Herren aber bleiben. Auch wenn das Wissen des Herrn nichts ist, ist die «wirkliche» Grundlage seiner Macht deswegen noch nicht eine Sache – noch mehr als der «Idealist» Hegel bezeugt das der «Materialist» Marx, der nicht als Verhältnis zwischen Sachen das denken möchte, was in Wirklichkeit ein gesellschaftliches Ausbeutungsverhältnis ist. Beherrschen ist Wissen, Wissen ist Beherrschen, man dreht sich im Kreise, aber um den Herrn; auch der Herr dreht sich: um die Macht – daß alles schließlich um die Macht sich zu drehen scheint, ist gering zu schätzen, auch wenn diese Macht ein Nichts kleidsam macht oder in ihr wohnt: «Denn in dem Kreis der Krone, die umgibt die sterblichen Schläfen des Königs, hält der Tod seinen Hof; da thront der Schelm, verspottet die Macht des Königs, verlacht seinen Pomp, gewährt ihm noch einen Atemzug, eine kleine Szene, damit er den Monarchen spielt und Furcht einflößt und tötet mit einem einzigen Blick» . . . (Shakespeare, *König Richard der Dritte*).

Der Herr hat eine ganz eigene Art, diesen Teufelskreis zu durchmessen. Er schließt die anderen darin ein. Eine eigene Art, davon nichts zu wissen, er weiß das Nichts. «Denn der Mensch will lieber noch das Nichts wollen, als *nicht* wollen», schreibt Nietzsche, als er den schöpferischen Herrn definiert, den Hammer, der zertrümmert und den Stein behaut (im Gegensatz zu diesem «aktiven Nihilismus» der «passive» des Sklaven, der erleidet und nichts will). Eher das Nichts wissen, als nichts zu wissen, könnte auf ähnliche Weise der sehr hegelsche «Kampf» zwischen Herr und Knecht beschließen.

Das Wissen läßt nicht nur den Kampf auf Leben und Tod beginnen, es bringt auch seine Lösung mit sich. Am Ende des Kampfes ist derjenige Herr, der zu sterben weiß, und Knecht ist wer sich niederbeugt, zu sehr am Leben hängt. Dann kommt die Fabel (müßte jedenfalls kommen), die die Söhne des Volkes an der Macht nach harter Tagesarbeit den Arbeiterkindern erzählen: der Herr genießt die Früchte der Arbeit anderer und wird blöd, des Knechtes Knecht, wohingegen der Knecht der Welt eine menschliche Form gibt und sich beim Formen formt, die Natur beherrscht und dabei sich selbst, bis er nicht mehr Angst vor dem Herrn hat und ihn wegjagt. Keiner der Meisterdenker, auch Marx nicht, hat die Kühnheit besessen – die den begeisterten Kommentatoren vorbehalten ist –, auf so gewerkschaftliche Art die Geschichte der Welt zusammenzufassen.

Der Meisterdenker führt diese wohldenkende Legende in klaren Worten aus. Die Arbeit des Knechtes schließt, nur als Arbeit betrachtet, sicherlich ein Bewußtsein ein. Marx bezeichnet das als «Idiotismus des Berufs» und folgt damit Hegel, der diese «geisttötende Arbeit» verachtet, diese «Hartnäckigkeit, die sich in der Knechtschaft festigt». Das jeweils partikulare Wissen des Knechts ist das Wissen eines besonderen und, in hegelscher Konsequenz, jedesmal besonders servilen Knechtes. Der Knecht kann nur zu der allgemeinen Erkenntnis kommen, wenn er den allgemeinen Gesichtspunkt annimmt, den des Herrn – aus der Knechtschaft tritt man durch die Tür des Herrn heraus.

Heißt das, daß der Knecht den Herrn gewaltsam umstürzt und die Gewalt, die ihn unterdrückt, in eine ihn befreiende

Gewalt umkehrt? Sartres Untersuchung dazu zeigt, daß die revolutionäre Gewalt – wenn sie sich organisiert – die Beziehung Herrschaft–Knechtschaft, von der sie sich loszureißen beginnt, restituiert – wenn die fusionierte Gruppe die Situation beherrschen will, strukturiert sie sich in dieser Form. So verbleibt man im Umfeld der hegelschen Analysen der jakobinischen Schrekkensherrschaft. Zurück zum Ausgangspunkt?

Ausgeschlossen ist die Befreiung durch Arbeit: das Verfahren des Knechts entgeht ihr, es ist eine durchweg *befohlene* Arbeit, deren Früchte, Ziel und Absicht dem einfachen Ausführenden fremd sind: «Was der Knecht tut, ist da eigentlich das Verfahren des Herrn.» Marx geht noch weiter und bezeichnet die Arbeit (zum Beispiel die des Schneiders) als eine *abstrakte*, die einen Tauschwert unter den modernen Ausbeutungsbedingungen herstellt: «Letztern produziert sie [die Arbeit] nicht als Schneiderarbeit, sondern als abstrakt allgemeine Arbeit, und diese gehört einem Gesellschaftszusammenhang, den der Schneider nicht eingefädelt hat». Nur die Nadel des Allgemeinen, der Abstraktion, des ausbeutenden Herrn näht das gesellschaftliche Gewebe. Die Arbeit des Sklaven produziert den Sklaven: «hartnäckig», abgestumpft.

Die Knechtschaft der Arbeit befreit – nicht den Knecht, den Herrn! Zur wirklichen Geschichte zurückgekehrt, hält Hegel die *allmähliche* Abschaffung der Sklaverei für «etwas Angemesseneres und Richtigeres als ihre plötzliche Aufhebung». Gewiß ist die Sklaverei ein Unrecht, «denn das Wesen des Menschen ist die Freiheit» . . . *doch* . . . «doch zu dieser muß er erst reif werden». Die Sklaverei erweist sich so als ein – allgemeines – Prinzip des Reifwerdens zur Freiheit. Die feudale Leibeigenschaft ebenso wie die «Eisenruten» der Inquisition nehmen eine *Genealogie der* nietzscheanischen *Moral* vorweg: «Es ist die Menschheit nicht sowohl *aus* der Knechtschaft befreit worden, als vielmehr *durch* die Knechtschaft» (Hegel unterstreicht). Kann diese Apologie der Disziplin überhaupt über die Vergangenheit Rechenschaft abgeben? Eine solch sonderbare Art des Rechenschaftgebens müßte genau untersucht werden. Oder programmiert sie die Zukunft? Urteilt die Wissenschaft, wenn ihre Vorstellung in die Vergangenheit zurückgeht oder wenn sie vorher-sieht, mit zweierlei Gewicht und zweierlei Maß?

Dank der Arbeit des Sklaven kann der barbarische Herr vor dem gebildeten Herrn zurücktreten. Der erste ging seinen Genüssen nach und befriedigte sich auf blöde Weise, wurde zum «Sklaven des Sklaven». Der zweite «macht mit sich, was er an dem Sklaven tut», er tut im Bereich des Allgemeinen hellsichtig das, was der Sklave im Besonderen und in der Hartnäckigkeit macht. Während der Sklave «in einer besonderen Angst» *arbeitet, kultiviert* der Herr die Angst («die allgemeine Auflösung *überhaupt*»), er ist es, der als erster aus der Beziehung Herrschaft–Knechtschaft heraustritt (als Stoiker, wie Hegel behauptet – diese aus der Luft gegriffene Auslegung der Philosophie ist interessant, weil sie symptomatisch markiert, daß man hier der Sackgasse Meister–Knecht nur von oben her entgehen kann: der Herr denkt in die Weite, und der Knecht muß ihn nachahmen, indem er sich selbst beherrscht).

Der Knecht kommt noch mal davon, indem er Herr wird, nicht indem er die Herren umstürzt. Er tritt in ihre Gemeinschaft ein, indem er an dem teilhat, was ihrer Herrschaft zugrunde liegt, und indem er ihre Angst teilt. Er muß sich in der «absoluten Furcht» stählen und «einige Angst» überwinden, zum Beispiel den einen oder anderen Gegenstand, ja sogar sein Leben verlieren zu können. Seine Arbeit soll er nicht als Befreier verherrlichen, er soll sie als «spurlose» Arbeit entdecken und sie zu Stückwerk machen: «Indem nicht alle Erfüllungen seines natürlichen Bewußtseins wankend geworden (. . .); der eigene Sinn ist Eigensinn, eine Freiheit, welche noch innerhalb der Knechtschaft stehenbleibt». Um Herr zu werden, muß der Knecht seine Arbeit wie sein Leben verlieren können: er tritt aus der Sklaverei da heraus, wo er hineingekommen war. Er hatte sich geweigert, «aus sich alles unmittelbare Sein herauszulösen», hatte den Kampf auf Leben und Tod unterbrochen, weil er zu sehr am Leben hing. Staatsbürger geworden, beweist er sich, daß er Soldat sein, bis zum Äußersten gehen, «die Bewegung der absoluten Abstraktion vollziehen», die «Bewährung aber durch den Tod» vollführen kann, kurz, daß er für das Vaterland sterben kann. Von jetzt an ist er auf dem laufenden.

Für den Knecht ist «diese Furcht des Herrn . . . der Weisheit Anfang». Und was die Himmelfahrt? Die Befreiung von der Arbeit? Aber nein! Der Sturz des Herrn? Nicht doch! Der Weisheit letzter Schluß, daß im rationalen Staat niemand Sklave ist, beruht darauf, daß alle nur einen Herrn haben, *den absoluten Herrn: den Tod*. Nichts wollen, nichts wissen heißt: den Tod wissen und wollen.

Nekro-logisch

Herr ist der, der weiß und die Herrschaft will, das heißt den Tod. Woher kommt diese Gleichsetzung?

Anscheinend aus einer einfachen Feststellung. Um die Dinge zu beherrschen, müssen sie objektiv aufgenommen werden: «Dieses Verschwinden, dieses Aufgehen des Endlichen ist keine einfache Möglichkeit, die sich verwirklichen läßt oder nicht, sondern die Natur der Dinge ist eine solche, daß sie den Keim ihres Verschwindens in sich tragen. Die Stunde der Geburt ist zugleich die ihres Todes.» Die Beherrschung wird objektiv, wenn sie die Dinge von der Seite nimmt, die ihr Tod ist, auch wenn es sich um lebende Dinge handelt; die Anatomiestunde wird auf einem Kadaver abgehalten, und die ganze Medizin affirmiert sich im 19. Jahrhundert als wissenschaftlich, indem sie den Körper *in vitro* studiert, als toten (Foucault, *Die Geburt der Klinik*). Indem er die Wesen von ihrem Tod aus mißt, trifft Hegel mehr als nur eine Feststellung, er spricht das Vorhaben der Beherrschung aus, das die sogenannten «Human»wissenschaften und -techniken in der modernen Welt einzufassen beginnt.

Der Gedanke, daß wir sterblich sind, ist nicht neu, ebenso wenig der Wille, sein Leben in ein Schicksal zu verwandeln, es in «etwas» einzuschreiben, das es überdauert: Vaterland, Religion, Kunst, Philosophie oder einfach die Familie oder auch nur ein anderer. Wie es heißt, unterliegen diese «Dinge», die dem Endlichen einen Hauch von Ewigkeit geben, nicht der Beherrschung, man kann sie zwar berühren, doch nicht umfangen, wenn man sie umfängt, kann man sie nicht an sich reißen, und wenn man sie an sich reißt, kann man sie nicht auslöschen. Das Vaterland kann die Familienbande zerbrechen, der Philosoph kann übermütig mit der Achtung vor dem Vaterland brechen (Sokrates), er kann sich nach den Regeln der Kunst davonmachen und die Religion unterordnen (Platon), dennoch bleibt noch «etwas» nicht zu

Umgreifendes, eine Wahrheit, von der man besessen wird, ohne sie jemals zu besitzen, der Wahn zu philosophieren selbst.

Auf den ersten Blick scheint Hegel nichts anderes vorzubringen, das ist sogar seine bevorzugte Art vorzugehen, er «hebt» die Kunst in der Religion «auf» und diese im absoluten Wissen. Besteht der Streit der Meisterdenker darin, der allerhöchsten «Sache» des Nachbarn ein Bein zu stellen, um die eigene noch höher zu stellen? Das Wahre, sagt Hegel. Die Kunst, «um nicht an der Wahrheit zu sterben», wendet Nietzsche ein. Und Marx? Vielleicht das Gute, das die «assoziierten Produzenten» in diesen Kochtöpfen der Zukunft realisieren, die allein das Feuer der Revolution zum Sieden bringt? Jeder noch so unscheinbare Unterschied wird hier so markiert, daß sich zwischen den alten und den neuen Denkern eine unüberschreitbare Kluft auftut. Um zu wissen, um *Das Kapital* zu schreiben, ist es keineswegs nötig, die Kochtöpfe der Zukunft zum Sieden zu bringen, sagt Marx. Die Kunst . . . aber, bedeutet Nietzsche, gerade nicht um dem Tod oder der Endlichkeit zu entgehen, oder um «die Gewißheit des ganzen Evangeliums in dem Blick der Madonna von Raphael» finden zu wollen. Die Schönheit macht uns «oberflächlich *aus Tiefe*», anstatt uns eine Tür auf das Unsichtbare und Ewige aufzumachen, zwingt sie uns zur Erde zurück, «wenn die Macht sich huldvoll macht und zum Sichtbaren herabläßt, ich nenne diese Schönheit Herablassung». Weit davon entfernt, jede Herrschaft auf das zu lenken, was nicht zu beherrschen ist (das «Gute», das «Schöne», das «Wahre»), läßt der Meisterdenker in dem Schönen die Macht entdecken und in dem, was man nicht zu beherrschen glaubte, die höchste Kraft der Herrschaft.

Beherrscht man die Dinge von der Seite ihres Todes her, dann ist es richtig, sofern man alles beherrschen will, mit den unsterblichen oder unendlichen Dingen Schluß zu machen und ihnen wie allen anderen den «absoluten Herrn» aufzuerlegen, den Tod. Die hegelsche Aufhebung besteht nicht im Negieren, um irgendwo im Festen, anzukommen. «Das Endliche ist vergänglich und vergeht», der Herr spricht dieser Verzweiflung nicht Trost zu, er verzweifelt sie . . . «das Verschwinden, das Nichts, weit davon entfernt, das letzte Ziel darzustellen, sind vergänglich und vergehen ihrerseits». Was ist das letzte Ziel? Auch wenn sie Hegel gewöhnlich vorwarfen, die Geschichte von einem Ende der Geschichte her zu denken (an dem er anmaßenderweise seinen Platz hätte), konnten die Kommentatoren niemals genau dieses Ziel festlegen: der preußische Staat? Nordamerika, das nach einem Ausspruch Napoleons, den der Philosoph wiederaufnahm, das «zu enge» Europa ablöst? Oder das Reich der Slawen, Rußland? Für Hegel hat sie noch nicht ihr letztes Wort gesprochen – als sie Napoleon zerbrach, hatte sie gerade ihr erstes ausgestoßen. Das Ziel der Geschichte ist, daß die Geschichte nicht aufhört aufzuhören, sie hält sich in einem count-down – es ist überflüssig, beim Jüngsten Gericht dabei zu sein, um zu wissen, wie die Zeiten zu Ende gehen, wenn alle Dinge, auf die man zählt, weder eine Überraschung noch ein Dementi bringen können, wenn sie sich lebend schon wie Totes beherrschen, wenn ihr Geburtsschein schon als Totenschein gilt.

Der Tod bei der Arbeit

Da das Leben nicht mehr die Stunde der Geburt und noch nicht die des Todes ist, gibt es vielerlei Arten, zwischen diesen beiden Daten in der Klemme zu sein, fröhliche, traurige, vergeßliche; andere wiederum sind besonders aufmerksam oder sorgfältig unwissend; Ethnologen und Folkloreforscher zählen ihrer viele auf, lassen ganz bestimmte beiseite, die die Schriftsteller dann des Nachts aufsammeln oder die die Bildhauer in den Augen lesen. Die Meisterdenker hingegen kennen ihrer nur drei, denn sie legen bei allen die Stunde der Geburt auf die Stunde des Todes. Es gibt die Art desjenigen, für den es mit der Geburt noch nicht zu Ende ist, ohne daß er zugeben könnte, daß er sterben wird, wie bei den Tieren, meint Hegel, es ist derjenige, der nicht «Ich» sagt, sondern «meine Familie», «mein Land», «meine Götter» – dem Bauern wird nachgesagt, daß er dieses Unbewußtsein verkörpert, «Substanz» ohne Selbstbewußtsein (Hegel), ein «Barbar» (Marx). Dann ist da die Art desjenigen, der schon die Stunde seines Todes lebt, der Soldat, der alles riskiert, der Staatsmann, der – wie alle Beamten – sein Privatleben dem öffentlichen Dienst opfert, alle diejenigen, die ihre Person dem Vaterland oder einer noch höheren Idee aufopfern und die darin ihren sozialen Status finden: Wächter des Vaterlands, Repräsentanten der Ordnung und des Volkes, Revolutionäre von Berufs wegen, je nach der Waffensammlung, die den Meister kleiden soll.

Zwischen dem Bauern und dem Staatsmann, zwischen demjenigen, der seinen Platz ganz unten hat, unter dem Vorwand, er kenne den Tod nicht, und demjenigen, der die Höhen besetzt hält, nur weil er den «höchsten» Gefahren begegnet – Krieg, Revolution, Atomapokalypse oder Ölkrise –, gibt es eine Zwischenstation, die kennzeichnend ist für die Eigenart der modernen Gesellschaft, ein mal vereinigtes (Hegel), mal getrenntes Paar (Marx): der Bourgeois und sein Arbeiter. Sie verbringen ihre Zeit weder damit zur Welt zu kommen, noch zu sterben, sondern zu arbeiten, im modernen Sinn des Wortes: «die Arbeit ist ein Akt des Vernichtens, durch eine schmerzhafte Notwendigkeit zurückgehalten». Als «Vernichten» beherrscht die moderne Arbeit die Natur, sie hat Ähnlichkeit mit dem Herrn, wenn sie der (traditionellen) Welt, dem Leben (des Ackerbaus) eine zweite, fabrizierte Welt, eine Welt zum Handhaben, eine «menschliche», das heißt nicht «natürliche» Welt entreißt – die Arbeit des Bauern gilt dabei als weniger erfindungsreich, unterwürfiger, auf Grund eines Vorurteils nicht nur des 19. Jahrhunderts. Andererseits ist die Arbeit nicht das Tun des Herrn, denn zugleich mit der Arbeit untersagt man sich jeden Genuß – sie ist ein zurückgehaltenes, verdrängtes Tun, das sich in der Aufteilung vollendet: zwischen der Herstellung und dem Produkt, das dem Produzenten entgeht, zwischen dem Handarbeiter und dem Intellektuellen, zwischen der konkreten Geschicklichkeit, die bei einer Aufgabe vorausgesetzt wird, und dem abstrakten, monetären Wert, den man ihr zuerkennt. Entgegensetzungen von toter und lebendiger, individueller und gesellschaftlicher, sinnlicher und abstrakter Arbeit – man möge über sie Klage führen oder sie rühmen (und alle Meisterdenker machen beides zugleich und sukzessive), es läßt sich immer an der Macht selber zeigen, wie sie aus diesen Trennungen die ungeheure Wirksamkeit der modernen Arbeit bewerkstelligt.

Arbeit ist der «aufgeschobene Tod» (Hegel), auf seiten des Arbeiters, der jeden Morgen, wenn er an seine Arbeit geht, «sein Schicksal töten» muß, und auf seiten des Bourgeois, der nicht akkumuliert um zu leben, sondern lebt um zu akkumulieren. Das

Paar Arbeiter–Arbeitgeber erbringt so den *Beweis*, daß die Beherrschung der Welt sich weder mit erbaulichen Reden noch mit ehrlichen Gefühlen vollzieht, noch wenn man in diese Welt mit irgendeiner überweltlichen Wahrheit hineinleuchtet. Hegel, Marx zeigen ebenso wie Nietzsche in der Arbeit die Wirksamkeit der modernen Herrschaft auf, die Macht der «Abstraktion», dieses Lebens, das den Tod «erträgt», und der Selbstzucht. Wenn der Herr Herr ist, weil er dem Tod begegnet, dann zeigt die moderne Arbeit, daß es sich da nicht um eine fromme Wahrheit handelt, ebenso vergänglich wie die Chrysanthemen zu Allerheiligen, sondern um die alltäglichste und wirksamste Art und Weise, das Brot zu verdienen und die Welt umzuwandeln. Bei Verlust eines Lebens, von dem man außerhalb der Arbeit nichts mehr wissen darf, außer daß man es verliert.

In Wahrheit ist die Stellung des Paars Arbeiter–Arbeitgeber im Zentrum des von den Meisterdenkern errichteten Herrschaftsprojekts ganz und gar theoretisch. In der Gesellschaft gibt es noch allerlei andere Klassen. Weder der Arbeiter noch der Eigentümer sind spontan auf der Höhe der ihnen zugewiesenen Rolle – von daher die Notwendigkeit einer Körperschaft von Theoretikern, die sie «von außen» über jene Macht unterrichten, die sie – ohne es zu wissen – verkörpern. Der gegenwärtige Staat wird die Arbeitgeber erziehen, der künftige Staat, die Partei, wird die künftigen Herren auswählen – während die Meisterdenker die Erzieher erziehen werden, indem sie gleichzeitig von den Massen erzogen werden, das heißt von dem Geheimnis, das sie in sich tragen, das aber allein die Meisterdenker kennen: die Produktion. Wissenschaft vom Staat, Wissenschaft von der Revolution, Wissenschaft vom Arbeitseinsatz, drei Varianten für ein einziges Wissen. Das des Meisters Ubu, der es versteht, mit dem Ende anzufangen, wenn es aus der Fallklappe heraustönt: «Das Endliche erreicht in seinem Untergang sein Sein an sich durch diese Negierung seiner selbst, indem es gegen sich selbst stößt, findet es sich wieder.»

Von der Überzeugung zur Abschreckung

Die amerikanischen Strategen dachten sich, daß sie mit der thermonuklearen Waffe das Prinzip einer neuen Ordnung, vor dem Horizont eines Doppelselbstmordes, in den Händen hielten. Die beiden Supermächte, die zum «zweiten Schlag» in der Lage sind und von denen jede, auch wenn sie tödlich getroffen ist, die andere niederwerfen kann, mußten sich nur noch über mehr oder weniger zweifelhafte gemeinsame Interessen verständigen, denn ihr äußerst egoistisches, besonderes Interesse wurde im höchsten Grade allgemein. Zu zweit sterben oder zusammen leben, das ist die Frage. Die einzige Frage, heißt es bei den Strategen weiter: mit jedem Konflikt (so begrenzt er auch sein mag, auch wenn sich die Großen in ihm nur über andere bekämpfen) besteht die Gefahr, daß der letzte Brand entfacht wird. Wenn dieses Risiko nicht offenbar ist, kann es mit dem abwechselnden Eingreifen der beiden Großmächte zunehmen, sobald sie die Leiter der Gewalt «eskaladieren», die von dem unendlich kleinen Aufeinanderprall bis hin zur Apokalypse führt. Die Alternative: Ordnung oder Chaos, Frieden oder Ende der Welt prägt sich in jedem – damit überdeterminierten – lokalen Konflikt aus, der im Schatten der höchsten Drohung fixiert und besänftigt wurde. Hat man nicht da das *Sesam öffne dich*, das den Frieden für alle unter der schützenden, zentralwaltenden Garantie der Supermächte, im Imperium der «Abschreckung» beginnen läßt?

Früher setzte man sich mit Hilfe von Predigten, Argumenten oder mit Kanonen auseinander. Und wer am stärksten war – je nach dem gewählten Mittel –, hatte gewonnen. Heute hat man nichts mehr auseinanderzusetzen, es genügt schon, wenn man das Nichts auseinandersetzt: macht nur so weiter, ihr lauft in die Katastrophe, hört auf, oder es wird ein Unheil geben! Früher überzeugte man einander, es wurden – moralisch oder physisch, mit roher Kraft oder mit List – positive Argumente im Hinblick auf eine Entscheidung ausgetauscht. Heute begnügt man sich damit, abzuschrecken, man läßt dem andern die negativen Argumente zukommen; alle werden vor dem Tode gleich, auch wenn einige sich ein wenig mehr gleichstellen als die andern, weil sie eben das alleinige Recht, die Todesdrohung handhaben zu können, für sich in Anspruch nehmen.

Diese werdende Ordnung gegenseitigen Schreckens zeichnete sich in der abendländischen Kultur lange vor dem Auftreten der Nuklearwaffen ab. Die Zeit der Überzeugung war für die Meisterdenker schon mit den ersten Anzeichen einer Revolution zu Ende, deren erste, noch «ruhig» verlaufende Etappe der «ideologischen Vorbereitung» jede «natürliche» Bindung an die Umgebung abschnitt und mit der endgültigen Loslösung begann. Daß diese Ablösung später historisch immer weiter zurückprojiziert werden sollte, verkürzte diese Zeit der Überzeugung (der «Moralität» der Sitten, der «positiven Religion», der «Beziehungen von Mensch zu Mensch») auch noch. Es ist nicht von Bedeutung, ob der Zeitpunkt der kopernikanischen Wende mit der Reformation (Hegel), dem Ursprung des Kapitalismus (Marx) oder mit Kopernikus selbst datiert wird: «Seit Kopernikus scheint der Mensch auf eine schiefe Ebene geraten – er rollt immer schneller nunmehr aus dem Mittelpunkt weg – wohin? ins Nichts? ins ‹durchbohrende Gefühl des Nichts›? . . .» (Nietzsche, *Genealogie der Moral*). Die Bombe regelte noch nicht die Diplomatenballette, als die Erde schon von der Abschreckung bewohnt war und regiert wurde.

Anfangs ist die Natur das, was verzehrt wird. «Das Gefühl der Trennung ist das *Bedürfnis*, das Gefühl als Aufgehobensein derselben der Genuß» (Hegel). Die Begierde ist verzehrend, der Genuß ist Verzehrung, und es gibt keine endgültige Sättigung, weil es natürlicher ist, sogar die Sättigung zu verzehren, die Vergeistigung des Ausgangs im Tierischen ist nur das Verzehren der Verzehrung. Der Andere als Gesättigter weckt seinen Hunger in deinem Blick, oder umgekehrt. Die Arbeit ist immer nur der zurückgedrängte, gehemmte, aufgehaltene Genuß, das heißt so wie er vom andern, dem Herrn, verzehrt wird. Die Kultur ist dann Beherrschung seiner selbst, Selbstverzehrung, Übergang vom Besonderen zum Allgemeinen, Aufopferung des Lebens für eine Idee: in Staat, Kunst, Religion oder Wissen geben der Bürger, der Künstler, der Glaubende oder der Philosoph zu, daß anerkannt und aufgehoben werden «unmittelbar Eins und dasselbe» ist.

Alles, was subtil, tiefsinnig, endgültig und streng-logisch zum

Thema der Nuklearwaffen gesagt werden sollte – das heißt nichts besonderes –, wurde schon ein Jahrhundert früher gesagt. Die Strategen der Nuklearkriege haben nicht das Pulver in seinem wissenschaftlich-philosophisch-historisch, apokalyptischen Gebrauch entdeckt. Die Einführung in den modernen Krieg gab Hegel. «Dieser Krieg ist nicht der Krieg von Familien gegen Familien, sondern von Völkern gegen Völker, und damit ist der Haß selbst, indifferentiiert von aller Persönlichkeit frei. Der Tod geht ins Allgemeine hinein, wie er aus dem Allgemeinen kommt, und ist ohne Zorn, der sich zuweilen schafft, sowie er sich auch aufhebt. Das Schießgewehr ist die Erfindung des allgemeinen, indifferenten, unpersönlichen Todes . . .»

Man setze an die Stelle von «Familien» das Wort Nationen und an die Stelle von «Völker» das Wort Supermächte, und man wird einen bemerkenswerten Teil der Aufwendungen für strategische Untersuchungen einsparen, da man so ohne weiteres im wesentlichen den Diskurs herstellen kann, den die Supermächte halten. Die «familiär» gewordenen Dimensionen der Länder lassen jeden Willen zum Widerstand gegen das Imperium der Großen als altmodisch und veraltet erscheinen. Anders ist nur der Maßstab geworden, nicht das Argument: «der allgemeine, gleichgültige, unpersönliche Tod» treibt jetzt nicht mehr die «nationale Ehre» an, sondern die Disziplin des «Lagers der Freiheit» im Westen und die des «Lagers des Friedens» im Osten. Kanone oder Missile, das höchste Argument bleibt stets die «Bewährung durch den Tod».

Welche politischen Schranken der einzelne auch seinem Geist auferlegen mag, es läßt sich für jeden angesichts des Ausmaßes des amerikanischen Zusammenbruchs in Vietnam feststellen, daß weder die Einsicht in eine Lage noch die operationelle Wirksamkeit das Argument der neuen Strategen ausmachen. Die Theorien der Abschreckung sind universell verbreitet und finden eine allgemeine Aufnahme, weil sie weniger neu sind als die Waffen, die sie sich ausleihen. Daß die Ordnung sich auf Stärke stützt, ist eine sehr alte Wahrheit. Daß diese Stärke nur dann überzeugend und zwingend ist, wenn sie sich als eine zerstörende und abschreckende Kraft behauptet, ist eine Meinung, die nicht auf die Experten des Pentagon gewartet hat, um in den Gärten des modernen Denkens gehegt und gepflegt zu werden: «‹Nihilismus› als Ideal der *höchsten Mächtigkeit* des Geistes, des überreichsten Lebens, teils zerstörerisch, teils ironisch.» Eine für sie viel zu schöne Meinung – die Experten im Pentagon werden lange auf einen Nietzsche warten müssen, wenn sie erkennen wollen, wer sie sind.

Das Schlußduell

Abschreckung und Mißtrauen: man muß sich von nichts aus verständigen, denn jeder ist zu jedem fähig, selbst zum Schlimmsten. Abschreckung und Beherrschung: man muß sich über alles verständigen, denn es kann alles eintreten, vor allem die Apokalypse. In der Abschreckungsordnung wird nicht die Anarchie einer höheren, positiven Ordnung (von der angenommen wird, daß sie nach alter Weise die Überzeugung aller mit sich bringt) unterstellt. Die Abschreckungsordnung beherrscht eine unterlegene Anarchie im Namen einer überlegenen Anarchie, ihre Werteskala setzt Abgründe übereinander, die immer weniger auszusondieren sind. Die Ordnung herrscht im ersten Kreis der Hölle, denn er ist in einen zweiten, noch schrecklicheren, eingelassen: «Nationen, die in sich unverträglich sind, gewinnen durch Kriege nach außen Ruhe im Innern» (Hegel).

Die modernen Staaten haben durchaus nicht die Widersprüche zwischen Stadt und Land, Arbeitern und Arbeitgebern, zwischen Reich und Arm beseitigt, sie überlagern sie mit anderen Widersprüchen, die sie zu unmittelbar todbringenden machen, konstituieren sich als «belagerte Festung» (Stalin), praktizieren die «Politik am Rande des Abgrunds» (USA), bereiten sich auf Weltkriege wie auf Naturkatastrophen vor (Mao), richten ein ganzes Volk auf die «blaue Linie der Vogesen» aus oder auf die Notwendigkeit, einen «Lebensraum» zu besetzen, mit anderen Worten, sie bilden das aus, was Hegel prophetisch als «das sittliche *Moment des Krieges*» herausstellte.

Es genügt, die Menschen von ihrer Freiheit aus zu sozialisieren, so grenzt Fichte, der erste Zeuge der Revolution, das Problem ein. Hegel geht noch darüber hinaus: «Das organische Prinzip ist die Freiheit, daß das Regierende selbst das Regierte sei.» Das Wort «organisch» unterstreicht, daß die Menschen sich nicht wie Dinge, auch nicht wie Tiere, einordnen lassen und daß die rationalistischen Prinzipien Fichtes verfeinert werden müssen. Das kriegerische Duell bekommt hier seine spekulativen Orden: so reine, makellose Freiheiten, die untereinander einen terroristischen Handel betreiben, bringen sich nicht *für* etwas zur Disziplin und zur Mobilisierung, sondern *gegen* etwas. Staat gegen Staat. Klasse gegen Klasse. Partei gegen Partei. Die moderne Welt soll sich ganz und gar zu einer Zwei(kampf)-Symmetrie kristallisieren.

Sogar die Revolutionen wurden in Europa nach diesem Spiegel-Prinzip zur Theorie erhoben. Als Engels den «proletarischen» Aufstand vom Juni 1848 kommentiert, bewundert er das strategische Geschick der Pariser und erklärt mit der Disziplin die Wundertaten: «Dies wäre rein unerklärlich, wenn nicht die Arbeiter schon in den Nationalwerkstätten ziemlich militärisch organisiert (. . .) gewesen wären, so daß sie ihre industrielle Organisation nur auf ihre kriegerische Tätigkeit übertragen brauchten». Später bildet die «Fabrikdisziplin» in Lenins Augen die Grundlage für die organisatorische Fähigkeit der Arbeiterklasse – gemäß dem Prinzip allgemeiner disziplinarischer Eskalation: die Partei muß autoritärer sein als der Staat, den er bekämpfen will, geheimer als die Geheimpolizei, militarisierter als die feindliche Armee und hierarchisierter als bestehende Hierarchien. Wer sich so sehr bemüht, die Macht, die er umstürzen will, zu imitieren, darf sich nicht wundern, daß er nichts anderes als eine verzerrte Kopie von ihr errichtet.

Wissenschaft der Revolution? Wissenschaft des Staates? Wissenschaft der Organisation? Strategie der Abschreckung? Und zugleich Öffnung gegenüber allen Logien, Gogien und Therapien der Humanwissenschaften. Dieses große Programm faßt Nietzsche in nüchternen Worten zusammen: Erziehung der Gattung durch und für den Krieg.

Die Herren, die sich zur Aufgabe gestellt haben, die entstehende Ordnung der modernen Revolutionen zu denken, haben offenbar politische Divergenzen über eben diese Revolutionen. Doch seit Hegel bekennen sie ihre große Bewunderung für denjenigen, der die Notwendigkeit spürte und sich die Mittel verschaffte, . . . damit Schluß zu machen. «Napoleon verdankt man's (und ganz und gar nicht der Französischen Revolution, welche auf ‹Brüderlichkeit› von Volk zu Volk und allgemeinen blumichten

Herzens-Austausch ausgewesen ist), daß sich jetzt ein paar kriegerische Jahrhunderte aufeinander folgen dürfen, die in der Geschichte nicht ihresgleichen haben, kurz, daß wir ins *klassische Zeitalter des Kriegs* getreten sind, des gelehrten und zugleich volkstümlichen Kriegs im größten Maßstabe (der Mittel, der Begabungen, der Disziplin), auf den alle kommenden Jahrtausende als auf ein Stück Vollkommenheit mit Neid und Ehrfurcht zurückblicken werden . . .» (Nietzsche). So perfekt ist dieses Stück, daß vielleicht die Jahrtausende, die da kommen, es gar nicht sehen werden, mit Neid oder ohne, denn es wird niemanden geben, der sich solchen rückblickenden Betrachtungen widmen kann. Bis dahin kann man, ohne Neid und Ehrfurcht, die klare Aussage eines Programms, das dabei ist, verwirklicht zu werden, hervorheben, einer Prospektive, die die Mittel in sich hat, sich zu gehorchen und die Vollstreckung wissenschaftlich vorzunehmen.

Warum ich so wissend bin
(Hegel und sein Gefolge)

«. . . It is the most important point,
you know, that the tutor should be dignified
and at a distance from the pupil . . .
So I sit at the further end of the room;
*outside the door (*which is shut) *sits the scout;*
*outside the outer door (*also shut*) sits the sub-scout;*
half-way down-stairs sits the sub-sub-scout;
and down in the yard sits the pupil.
The questions are shouted from one to the other, and the answers come back in the same way . . .
Tutor. What is twice three?
Scout. What's a rice-tree?
Sub-Scout. When is ice free?
Sub-sub-Scout. What's a nice fee?
Pupil (timidly). Half a guinea!
Sub-sub-Scout. Can't forge any!
Sub-Scout. Ho for Jinny!
Scout. Don't be a ninny!

L. Carroll
to Henrietta and Edwin Dodgson

Pariser Urzeit

Zwischen der Revolution und der Wissenschaft von der Revolution dauert das Versteckspiel schon zwei Jahrhunderte. Ich habe alles von der Revolution zu lernen, sagt bescheiden die Wissenschaft, so Marx angesichts der Pariser Kommune. Ich habe alles der Revolution beizubringen, geben aber auch zugleich die vierzig Bände der wissenschaftlichen Werke von Marx-Engels zu verstehen, die nur dem verständlich sind, sagt Lenin (in weiteren fünfundvierzig Bänden), der Hegels *Wissenschaft der Logik* gelesen hat (zwei Bände nur, die dennoch sich auf die ganze Geschichte des abendländischen Denkens beziehen und einige Regalreihen in den Bibliotheken füllen).

Mit der Revolution von 1789 ist «der Himmel auf die Erde herunter verpflanzt» (Hegel). Hier bezahlt jeder Meisterdenker sein Scherflein. Marx, indem er Prometheus, der den Göttern das Feuer entriß, zum Helden seiner Philosophie machte. Selbst Nietzsche, sehr wenig «revolutionaristisch» in seiner Art, entgeht nicht diesem Horizont: wenn er behauptet, daß Wagner dem deutschen Volk die Möglichkeit zu einer neuen griechischen Tragödie gab, ist das eine zweifache Anspielung auf die Französische Revolution. Direkt: nachdem Wagner aktiv an der Revolution von 1848 in Deutschland teilgenommen hatte, beschloß er, seine Barrikade auf der aristokratischen Szene der Oper zu errichten (und macht es auch deutlich: *Kunst und Revolution*). Und indirekt: seit Hölderlin und Hegel begibt sich der deutsche Intellektuelle auf den Weg zu einem idealen Griechenland, wenn er der echten Französischen Revolution begegnen will. *Die Geburt der Tragödie*, den Rücken gegen den französischen Lärm gewandt, antwortet noch auf die immerwährende Frage der Meisterdenker: wie werden die Deutschen in Würde das zu Ende bringen, was die Pariser nur begonnen hatten?

Die Frage ist über die erstaunlichen Seilkunststücke der Theorie, die die großen marxistischen Führer des 20. Jahrhunderts vollbrachten, zu einer Frage geworden, die alle Welt bewegte. Daß die «proletarische Revolution» so natürlich auf eine «bürgerliche Revolution» folgt wie der Monat Oktober auf den Monat Februar, ging den orthodoxen Marxisten nicht in den Kopf, die es sich zur Gewohnheit gemacht hatten, eine Ära der Bourgeoisie dazwischenzuschieben, die mehr nach Jahrhunderten als nach Tagen berechnet war. Lenin erklärte ihnen, daß die Ausnahme die Regel bestätigt und daß Rußland das «schwächste Glied in der Kette» war, nicht im Hinblick auf das marxistische Denken, sondern mit Bezug auf die europäische Ordnung. Nach ihm machte Mao aus der Ausnahme die Regel des Jahrhunderts und dekretierte, daß in unserer Zeit die «Revolutionen der neuen Demokratie» in einem einzigen Prozeß die bürgerliche und die proletarische Revolution herauskatapultieren. Somit schreibt die Theorie dem Verlauf des Wirklichen nichts anderes als die Realität ihrer eigenen Umstände zu. Oder sieht sich Peking deshalb so plötzlich in die Pariser U(h)rzeit versetzt, weil die Wissenschaft seit langem schon eine und dieselbe Revolution kommentiert?

«Es war dieses somit ein herrlicher Sonnenaufgang. Alle denkenden Wesen haben diese Epoche mitgefeiert. Eine erhabene Rührung hat in jener Zeit geherrscht, ein Enthusiasmus des Geistes hat die Welt durchschauert . . .» (Hegel).

Weltuhrzeit

Der Schmeichler lebt auf Kosten desjenigen, der ihm zuhört. Je «größer» die Revolution, um so maßloser wird die Wissenschaft sein, die von ihrer Größe spricht. Was ist überzeugender als eine Doktrin, die dem Revolutionär versichert, daß er nicht etwa Revolutionen macht, sondern eine, und nicht irgendeine, sondern *die* Revolution? Zumal jeder Revolutionär die Neigung hat, sich selbst davon zu überzeugen, so wie jeder Künstler sich nur ans Werk macht, wenn er hofft, ein Meisterwerk, vielleicht sogar *das* Meisterwerk zu vollbringen. Die Wissenschaft vom Meisterwerk schafft das Epigonentum, und was schafft die Wissenschaft von der Revolution?

Die Jakobiner hielten die Werke von Jean-Jacques Rousseau in der Hand, sie gaben ihren Taten die Universalität, und jeder Pariser Tag stritt sich mit dem andern darum, wer das Jahr I der Freiheit der Welt markiert. Im 19. Jahrhundert schließen sich die französischen Historiker dem an und erklären *die* Revolution, die sie rühmen oder verdammen, zu dem hervorragenden Weltereignis. Frankreich blieb dem Einfluß der Meisterdenker sehr lange verschlossen, Hegel war ebenso wie der Marxismus unauffindbar, bemerkte Sartre. Das lag daran, daß der Platz schon besetzt war: die Arbeit der deutschen Philosophen wurde in Frankreich die der Historiker. Geschichtswissenschaft diesseits, Philosophie jenseits des Rheins, auf beiden Ufern wird die Weltuhrzeit auf das Ereignis von 1789 eingestellt.

Diese komplizierte Arbeit geschieht nicht ohne Hintergedanken. Die großen Geschichten der Revolution lassen sich ziemlich genau an den großen politischen Strömungen Frankreichs festmachen, die «Radicaux» zum Beispiel sind wie Michelet Dantonisten, der Historiker Mathiez als guter Leninist rehabilitiert Robespierre. Ebenso beginnen die deutschen Denker ihre Überlegungen vom Nullpunkt der Revolution an, es sind nicht die

Reflexionen von «Antiquaren», sondern von «Zukunftserbauern», sie arbeiten das Programm des neuen Staates aus, unter dem Vorwand, die Revolution zu kommentieren, stellen sie ihre Wissenschaft von der Regierung der Massen auf, vor oder mit Nietzsche entdecken sie den «Nutzen» der historischen Studien: «sich der Vergangenheit unter der Herrschaft des Lebens ... bedienen».

Die Plebs

Autorität versteht sich nicht von selbst, die Unterscheidung zwischen Regierenden und Regierten ist keine natürliche, noch weniger eine immerwährende Gegebenheit; allen Konservativen, die sich auf die Erfahrung der Jahrhunderte berufen, hält Fichte die Revolution entgegen: «Keinen von uns hat der Staat um seine Einwilligung gefragt; aber er hätte es tun sollen ...»

Fichte bringt als erster den Stein ins Rollen, den die Meisterdenker sich dann weiterreichten, seine Beschreibung ist von unerreichter Genauigkeit: «Die Gemeinschaft darf das Zwangsrecht nicht direkt gegen sich selbst ausüben (...) Sie muß also seine Ausführung einem einzigen oder einer konstituierten Körperschaft übertragen, und durch diesen Schnitt wird sie zur Plebs». Fichte, der nicht darüber hinwegsehen kann, daß der Ausdruck Plebs im Deutschen herabsetzend gebraucht wird, hält es für notwendig, dieses Wort zu verwenden, um damit die Trennung zwischen Volk und Macht (des Fürsten, der Regierenden) deutlich zu machen, er bezeichnet die Gesamtheit der Regierten als Volk/Plebs. Er nimmt bewußt Machiavellis Wortgebrauch wieder auf.

Die erste Aufgabe des Staats: die Plebs davon zu überzeugen, sich regieren zu lassen, sie wahrhaben zu lassen, daß sie *sich* regiert (indem sie ihre Macht überträgt). *Modern* ist der Staat nicht nur, wenn er das Alleinrecht auf physischen Zwang und die Ausübung der Gewalt fordert, er wird zu einem *Vernunft*staat, wenn er sein Dasein in den Augen der Völker, deren allgemeine Interessen er allein zu verteidigen beansprucht, «wissenschaftlich» rechtfertigt. «Das Volk, insofern mit diesem Worte ein besonderer Teil der Mitglieder eines Staats bezeichnet ist», drückt den Teil aus, *«der nicht weiß, was er will»* (Hegel). Das

Monopol der Stärke wird mit der Monopolisierung des Wissens verbunden.

Und wenn das Volk vom Staat nichts wissen will? Dann wird es zu jener Plebs kommen, die Hegel im Gegensatz zu Fichte vom Volk unterscheidet: «zu der Ansicht des Pöbels, dem Standpunkte des Negativen überhaupt, gehört, bei der Regierung einen bösen oder weniger guten Willen vorauszusetzen». Das Vertrauen in die Oberen ist im Volk verankert, das Verdächtigen ist plebejisch, als Plebs/Pöbel bezeichnet Hegel herabsetzend den Teil des Volkes, der womöglich nicht regierbar ist. «Das Herabsinken einer großen Masse unter das Maß einer gewissen Subsistenzweise, die sich von selbst als die für ein Mitglied der Gesellschaft notwendige reguliert – und damit zum Verluste des Gefühls des Rechts, der Rechtlichkeit und der Ehre, durch eigene Tätigkeit und Arbeit zu bestehen –, bringt die Erzeugung des *Pöbels* hervor . . .» Genauer beschrieb es der alte Hegel seinen Schülern: die wirtschaftliche Verarmung der bürgerlichen Gesellschaft schafft die objektiven Bedingungen für einen Pöbel. Die zusätzliche subjektive Bedingung dafür ist eine Frage der Geisteshaltung: «Die Armut an sich macht keinen zum Pöbel: dieser wird erst bestimmt durch die mit der Armut sich verknüpfende Gesinnung, durch die innere Empörung gegen die Reichen, gegen die Gesellschaft, die Regierung usw. Ferner ist damit verbunden, daß der Mensch, der auf die Zufälligkeit angewiesen ist, leichtsinnig und arbeitsscheu wird, wie z. B. die Lazzaronis in Neapel». Der englische Arbeiter, obwohl arm, zollt dem Anstand und der Regierung Respekt. Für Hegel gehört er im Unterschied zu den Lazzaronis, von den jungen Hippie-Arbeitern heute erst gar nicht zu reden, nicht zum Pöbel.

Fichte formuliert das Problem von seinem Anfang her: die Plebs ist das Volk, durch das der Staat legitimiert werden muß. «Ich muß mich in vollkommener Freiheit unterordnen.» Das gilt auch für Hegel. Der moderne Staat ist nur rational, wenn er bei seinen freien Untertanen, beim Volk also, Gehör und Zustimmung findet. Dasselbe Problem stellt Hegel vom Ende her, indem er es als gelöst voraussetzt: die Plebs/der Pöbel ist dann dieser nicht eingebürgerte Rest, über den alle Winde des Aufstands hinweggehen können. Dieser *Rest* braucht nur in der Minderheit zu sein, und schon ist es eine Angelegenheit der

Polizei. Ist er zahlenmäßig und ideologisch in der Mehrheit, dann stehen wir vor einer Revolution.

Eingekeilt zwischen dem Volk und dem Gesindel: die Plebs. Mit dieser Bezeichnung stehen die Meisterdenker vor der ersten Schwierigkeit, die sie auf ihrem Weg zu den Revolutionen vorfinden. Das Verhältnis zwischen der Plebs und dem Staat festigen, das ist das Ziel, das sich alle vor Augen halten – Nietzsche formuliert das unverblümt in einem Notizentwurf:

«Der große Pöbel- und Sklavenaufstand:

die kleinen Leute, welche nicht mehr an die Heiligen und großen Tugendhaften glauben (z. B. Christus, Luther usw.);

die bürgerlichen, welche nicht mehr an die höhere Art der herrschenden Kaste glauben (deshalb Revolution);

die wissenschaftlichen Handwerker, welche nicht mehr an den Philosophen glauben;

die Weiber, welche nicht mehr an die höhere Art des Mannes glauben.»

Wie von ihm nicht anders zu erwarten, spricht Nietzsche ohne Umschweife das aus, was die anderen Meisterdenker mit verdeckten Worten ausdrücken: der Himmel regiert nicht mehr die Erde, die bürgerliche Gesellschaft ist der Anarchie des Marktes verfallen, und die Gedanken sind nicht minder anarchisch. Wie soll unter solchen Bedingungen die Plebs regiert werden?

Die Strategie der Alphabetisierung

Niemand weigert sich, lesen zu lernen, außer man wollte ein Kind oder ein Wahnsinniger sein und all denen zugerechnet werden, die das Lesen lernen müssen, wenn sie nicht eingesperrt werden wollen. In ruhigen Zeiten sind die, die wenigstens lesen und schreiben können, die guten Arbeiter der Zivilisation, die frohgemuten Infanteristen der europäischen Kriege und der Weltkriege, die verdienten Zuckerrohrschneider der proletarischen Revolutionen in den Tropen. Wenn harte Zeiten kommen, gehen die Revolutionen in Halbbildungen und Strömen von Blut zu Ende. Wenn die Stadt es unternimmt, um ihrer Nahrung willen das Land zu Zucht und Ordnung zu bringen, dann heißt es von den Feuerbränden, die ihre Marschkolonnen legten, daß sie das Licht der Aufklärung bringen, wohingegen mit dem Widerstand der Bauern die Nacht des Obskurantismus herabsinkt – Vendée-Aufstände von 1793, Christeros der mexikanischen Revolution, Bauern Nordportugals, diese Freunde der beginnenden Revolution rebellieren nicht gegen eine neue städtische und staatliche Ordnung, sondern gegen . . . die Kultur.

Nachdem die russischen Bolschewisten die Städte und den Staatsapparat erobert hatten, sahen sie sich in einem Reich, das zu neunzig Prozent von Bauern bewohnt war, in völliger Isolierung, und das Floß der revolutionären Wissenschaft steuerte je nach Wind auf dem «Ozean der Kleinbauernschaft», und jedes Frühjahr brachte sein Gefolge an plebejischen Rebellionen: es waren immer die Bauern und die Arbeiter, wenn es davon noch genügend gab (Petrograd), oder beide zusammen (Kronstadt). Die von Lenin erfundene Lösung bestand aus einem Schlagwort: «Kulturrevolution», womit einige einfache Maßnahmen gemeint waren: die ganze Bevölkerung muß lesen und schreiben lernen, die Grundschulerziehung muß bis aufs Land vordringen, das über kulturelle und ökonomische Handelsnetze mit den Machtzentren verbunden werden sollte. «Lieber weniger, aber besser», heißt der letzte Artikel Lenins (März 1923). Er betont, daß diese anscheinend harmlosen Maßnahmen die Grundelemente des großen strategischen Plans einer jeden Revolution sind: «Ich glaube, daß es in keiner einzigen wirklich großen Revolution je anders zugegangen ist, weil die wirklich großen Revolutionen geboren werden aus den Widersprüchen zwischen dem Alten (. . .) und dem ganz abstrakten Streben nach einem Neuen, das schon so neu sein muß, daß kein Quentchen der alten Zeit mehr darin enthalten ist.»

Kein Abgrund zwischen den «bescheidenen» Aufgaben der Alphabetisierung und den großen Anfangsplänen («die Säuberung der russischen Erde von allem Ungeziefer», Lenin, Januar 1918). Die Taktiken der Säuberung werden (in der Theorie) verfeinert und ergänzen einander (in der Praxis), alle haben die gleiche Zielscheibe, daß das letzte Körnchen Vergangenheit verschwinde.

Alphabetisieren ist niemals nur eine Lese- oder Rechenlektion, es ist ein Neuerlernen des Sprechens, des Verhaltens, d. h. das Erlernte wieder von alldem zu befreien, was außerhalb des Erziehungsrechts des Staates lag. Alle Kolonisierten auf dieser Erde können davon ein Lied singen.

Eine Revolution muß beendet werden können, gibt die neue Ordnung zu verstehen; sie macht aus dem revolutionären Radikalismus (kein einziges Körnchen Vergangenheit) eine neue Methode der Entwurzelung der Widerstandsbewegung einer jeden Plebs (jeder Widerstand ist in vergangenen Widerstandsbewegungen verwurzelt, ihn an der Wurzel angreifen, heißt ihm die im dunkeln liegende Vergangenheit entreißen . . . also seine obskurantistische Vergangenheit). Oder: wie die Revolutionen mit Hilfe der Pädagogik zu beenden sind!

Nachdem Fichte das Auftauchen des Vernunftstaats nach der Französischen Revolution reflektiert hatte, brachte er seine neue Wissenschaft auf den Markt, deren Absicht er mit der Unschuld eines Anfängers aufdeckt: Die Wissenschaftslehre hat aber auch «einen positiven Nutzen: sie ist für das unmittelbar Praktische *pädagogisch* in weitester Bedeutung dieses Worts. Sie zeigt aus den höchsten Gründen, eben weil sie den ganzen Menschen begreifen lehrt, wie man die Menschen bilden müsse, um moralische und religiöse Gesinnungen auf die Dauer in ihnen zu bilden und nach und nach allgemein zu machen».

Der neue Staat will einen neuen Menschen. Denjenigen, den uns die Pädagogik «im weitesten Sinne» verspricht. Dieses Vokabular gehörte dann zum Wortschatz der großen Menschenfleisch-Unternehmen, es geht darum, Gesinnungen *zu bilden*, den ganzen Menschen *aufzubauen* – zu *bilden*, in seiner *Totalität* zu erfassen. Das folgende Jahrhundert wurde dann das der Pädagogen, Stalin nannte sie «Ingenieure der Seele», er ist tot, sie nicht.

Ein Herr und keine Knechte

«Der Orient wußte und weiß nur, daß *Einer* frei ist, die griechische und römische Welt, daß *Einige* frei seien, die germanische Welt weiß, daß *Alle* frei sind. Die erste Form, die wir daher in der Weltgeschichte sehen, ist der *Despotismus*, die zweite ist die *Demokratie* und *Aristokratie*, und die dritte ist die *Monarchie.*» Dieses scheinbare hegelsche Paradox faßt die allgemeine Lehre zusammen, die aus der Revolution gezogen werden kann: eben weil *alle* frei sind, übertragen sie die Macht, Zwang auszuüben, einem besonderen, von der Gemeinschaft unterschiedenen Organismus, dem Vernunftstaat. Die hegelsche «Monarchie» ist einfach das Eingeständnis dieses Schnitts zwischen Herrschenden und Beherrschten, sie bedeutet nicht den Despotismus eines einzelnen; käme Hegel unter uns zurück, würde er das Wort «Monarchie» mit heute geläufigeren Ausdrücken übersetzen: Personalisierung der Macht, Präsidentenregime, Personenkult . . . «In der Monarchie (. . .) ist einer Herr und keiner Knecht», fügt der Meisterdenker hinzu und liefert den Schlüssel zur modernen Disziplin. Niemand ist Knecht, denn das Auge des Herrn ist in jedermanns Kopf, jeder Gefangene sieht sich im Zustand permanenter Beobachtung, er ist sein eigener Bewacher, und 800 Millionen Chinesen sind 800 Millionen Mao Tse-tungs.

Die Berufung des Gelehrten

Unter dem Vorwand, die einzelnen müßten erzogen und aus jedem müsse ein Staatsmann werden, wird in jeden Kopf das Auge des Staats eingesetzt. Die Revolutionen enthüllen die Sterblichkeit der Regierungen, die Philosophen in der Manier von Platon fordern nicht mehr, Könige zu sein. Bescheiden geworden, nehmen sie ihren Platz zwischen den Völkern und dem Staat ein, d. h. über beiden – es ist der Übergang vom Philosophen-als-König zum Gelehrten-als-Theoretiker, der sich «die oberste Aufsicht über den wirklichen Fortgang des Menschengeschlechtes» zur Aufgabe gestellt hat (Fichte, *Über die Bestimmung des Gelehrten*).

Das «Oberste» bei Fichte ist dem «von außen» vergleichbar, von dem aus Lenin der Arbeiterklasse die Wissenschaft bringen wollte. Der «Gelehrte» erhebt (wie der Berufsrevolutionär) den Anspruch, «der Lehrer des Menschengeschlechts» zu sein. Eine noch tiefere Verwandtschaft ist: diese Denker trachten nicht nur danach, den Staat aus der Nähe oder aus der Ferne wissenschaftlich zu lenken, sie gedenken ihn zu seinem eigenen Tod zu führen. Auch in seinen autoritärsten und nationalistischsten Perioden stellt Fichte die Forderung nach dem endgültigen Verschwinden des Staats, so wie Lenin vor seiner Machtergreifung. In diesem

Anarchismus vom Ende der Zeiten kommt der Triumph einer guten Erziehung zum Ausdruck: jeder Staatsmann wird sich in der Selbstzucht selbst verwalten und das Ideal einer Gesellschaft der obersten Aufsicht verwirklichen – ein Gefängnis ohne Aufpasser.

Es genügt «die Kenntnis der Anlagen und Bedürfnisse des Menschen», verstärkt mit der «Wissenschaft, sie zu entwickeln und zu befriedigen» – dann ist der Rest nur noch eine Angelegenheit der Volkserziehung.

Die Berufung des Gelehrten? Elektrifizierung plus Macht des Alphabets.

Jedem seine Plebs

Die Meisterdenker widerlegen sich mit aller Heftigkeit gegenseitig, und jeder frohlockt, wenn er alle jene entdecken konnte, die sein Vorgänger unter den Tisch fallen ließ: diese «Überbleibsel» sind dann die neuen Massen, die mobilisiert werden müssen.

Bei Hegel hatte an den Rändern des Vernunftstaats der Pöbel seinen Platz, der auf Grund der Armut und des Geistes der Revolte, der ihn beseelen konnte, sorgfältig vom Volk unterschieden wurde. Hier nimmt die Kritik von Marx ihren Ausgang, sie beruft sich auf die «Bildung einer Klasse mit radikalen Ketten, einer Klasse der bürgerlichen Gesellschaft, welche keine Klasse der bürgerlichen Gesellschaft ist, eines Standes, welcher die Auflösung aller Stände ist (. . .), welche mit einem Wort der völlige Verlust des Menschen ist, also nur durch die völlige Wiedergewinnung des Menschen sich selbst gewinnen kann. Diese Auflösung der Gesellschaft als ein besonderer Stand ist das Proletariat».

Die Meisterdenker übertreffen auf diese Weise einander selbst . . . in der Plebs. Gewiß weiten sie dieses «Volk» aus, das die Grundlage des Staates sein soll, bleibt nur nachzuweisen, daß sie nicht auf die gleiche Weise mit ihm umgehen. Marx unterscheidet (auch er ist einmal dran) seine gute Arbeiterklasse, das Volk im hegelschen Sinn, von dem schlechten Gesindel, diesem Lumpenproletariat, die einfache Neuauflage des Pöbels bei Hegel. Bakunin wandte nun seinerseits den Vorwurf gegen Marx und berief sich auf «diese große Canaille des Volkes, die, fast unbefleckt von jeder bürgerlichen Kultur, in ihrem Schoß, in ihren Leidenschaften (. . .) alle Keime des Sozialismus der Zukunft trägt . . .»

Mit Bakunin beginnt die leninistische Kritik an der «Arbeiteraristokratie», die sich der Bourgeoisie verkauft hat, und die globale Anprangerung der «entwickelten» Proletariate durch die Dritte Welt und andere chinesische Kommunisten, die auch mal «radikal» waren.

Die verschiedenen Führer sprechen von den verschiedenen Massen, auf die sie sich berufen, in den gleichen Ausdrücken: in der «Auflösung», im «vollkommenen Verlust seiner selbst» steht diese «von aller bürgerlichen Kultur nahezu unbefleckte» Masse für diese Unbeflecktheit selbst. Sie ist das Stück Papier, das unbeschrieben für sie spricht, und auf das der Meisterdenker sein schönstes Gedicht schreibt, sie ist das brachliegende Land, das der Staat für seine rationalen Fundamente nach Belieben umpflügt.

Die Definition der radikalen Klasse ist, daß es ihr, wie vermutet wird, an Wurzeln fehlt; sie gibt das Versprechen auf eine Lösung eben auf Grund ihrer offenbar totalen Aufgelöstheit. Und wenn sie uns umerziehen soll, dann wäre das wohl genau in dem Maße, wie der Meisterdenker an ihr einen völligen Mangel an Erziehung feststellt und sie damit für vollkommen erziehbar hält!

Ruft der Meisterdenker Massen auf den Plan, die für immer radikaler gehalten werden, d. h. unbefleckt und stumm, dann sehen wir ihn bald seine tolle Nummer als Bauchredner aufführen. Bevor es uns den Atem verschlägt, nimmt er den Massen erst einmal das Wort, den Massen, die vielleicht weniger das Maul halten werden, als er es sich träumt.

Treue dem Staat und der Revolution

Ganze Generationen versuchten nacheinander, aus Hegels Denken ein Gedankensystem der Linken herauszulösen, eine revolutionäre Methode, die sie dem rechten System des angeblich «offiziellen Philosophen» des preußischen Staats entgegenstellten. Sie sind das Opfer einer optischen Täuschung, ein und derselbe Hegel erscheint hinter den Profilen, die die Linke und die Rechte von ihm zeichnete. Heine, Dichter, Deutscher und Jude, traf diese Feststellung am Ende seines Lebens. Als kranker Mann empfahl er ironisch seinen ehemaligen linkshegelianischen Freunden, Feuerbach, Ruge, Marx, Bauer, die Geschichte der kleinen Privatdozentin «ohne Füße» nachzulesen, die sich um den biblischen Baum wand und dabei schon alle Versprechungen des Hegelianismus 6000 Jahre vor der Schlacht von Jena mit leiser Stimme vorbrachte, während Eva beim Zuhören im Schatten des Baums der Erkenntnis lüstern wurde.

Man kann mit Marcuse behaupten, daß Hegel «den philosophischen Zugang zur Wirklichkeit von mächtigen religiösen und theologischen Einflüssen (befreite), die selbst in den verweltlichten Formen des Denkens im achtzehnten Jahrhundert noch wirksam waren», und daß bei ihm schon die «entscheidenden Abschnitte» vorgebildet sind, «in denen später Marx das abendländische Denken revolutionierte». Doch übernahm Hegel diese Überwindung (wie Marx) von der Französischen Revolution, die den «Himmel auf die Erde herunter verpflanzt», und der den Meisterdenkern eigentümlichen Art, Wissen und Macht, die Freiheit des Volkes *und* die Rationalität des Staates miteinander zu verbinden.

Im Gegensatz zu dem, was Marcuse hinzufügt, *verrät* der alte Hegel nicht «seine höchsten philosophischen Ideen», wenn er zum Schluß behauptet, daß das Volk jenen Teil der Mitglieder eines Staates bezeichnet, der nicht weiß, was er will». Für den jungen Hegel ist ein Volk nur ein Volk, wenn es einen Staat hat – sonst wäre es, wie die Bewohner Deutschlands, nur noch eine «Menge». Und wenn Marx nur zwei große Klassen unterscheidet, die das bürgerliche System polarisieren, dann übersieht er deswegen nicht, daß es noch andere gibt, sondern behauptet nur, daß diese beiden allein in der Lage sind, um die Macht zu kämpfen und sich des Staates zu bemächtigen.

Völker und Klassen, zum Staate fähig – oder zu nichts. Die Alternative gilt für alle Meisterdenker, ob jung oder alt, rechts oder links. Mit andern Worten: außerhalb des (gegenwärtigen oder zukünftigen) Staates weiß man nicht, was man will. In diesem Punkt sieht sich jeder als Hegelianer, und der Streit Marcuses erweist sich als grundlos.

Man wird vielleicht zu bedenken geben, daß die Rechte hofft, ihre rationale Gesellschaft «von oben» zu errichten, und daß die Linke «von unten» an ihr bauen will. In Wirklichkeit gehen die Meisterdenker weder von unten noch von oben aus, sondern von sich selbst und ihrer Wissenschaft. Sie erwarten nur eines: daß man auf sie hört – das setzt oben einen Vernunftstaat voraus (der existiert oder erst erbaut werden muß), unten eine erziehbare, d. h. unbefleckte Plebs.

Erziehung zum Leben und zum Tod

Die Behauptung, daß außerhalb des Staats das Volk «nicht weiß, was es will» (Hegel), läuft darauf hinaus, daß die Plebs wie das Kind und der Wahnsinnige in gesellschaftlich festgelegten Grenzen eingezäunt wird. Wenn der Staat kaum zögert, jede Opposition einzuschließen oder gar nach «sowjetischer Art» als Geisteskrankheit zu behandeln, so greift er im allgemeinen zur ersten Lösung: das Volk, das große Kind, kann nie genug erzogen werden.

In der Frage der Erziehungsmethoden sind die Meisterdenker verschiedener Meinung. Für Fichte, den frühen Leninisten, muß der Staat mit seinem Zwangsarsenal als eine «Erziehungsanstalt» verstanden werden, die Wege der Freiheit sind mit Einschränkungen wie mit Stacheldraht abgesteckt, denn «Erziehungsplan und Regierungsplan ist ganz derselbe». Hegel kritisierte diesen mechanisch-verwaltungstechnischen Aspekt der fichteschen Erziehung, er schlug eine mehr strategische Methode vor, die Erziehung durch den Kampf, nach maoistischer Manier. Nietzsche fand alle Methoden gut, wenn sie nur der Erziehung das gleiche Ziel zuwiesen: *Dressur* und *Auswahl.*

Erziehen (sagt Hegel als Anhänger der komplexen Methode) ist zunächst sprechen lernen. Darin liegt das implizite Verhältnis zum Staat, denn «Barbaren wissen nicht zu sagen, was sie meynen», da sie der Zivilisation beraubt sind. Wenn die Sprache schon die Staatsvernunft enthält, dann wird sie als Machtinstrument aufgefaßt: «Der erste Akt, wodurch Adam seine Herrschaft über die Tiere constituirt hat, ist, daß er ihnen Nahmen gab.» Benennen ist von einer Sache Besitz ergreifen und ihr eine «Seele» geben. Die Erziehung ist von Anfang an das Erlernen der Herrschaft über Dinge und Tiere. In der Beziehung zu den anderen Menschen kommt dieses Erlernen der Herrschaft im Kampf um die Herrschaft zu Tage.

Die Kinder sind «der Tod der Eltern». Diese Formulierung Hegels wird oft verstanden, als kündige sie Freud und die Psychoanalyse an. Es wäre überflüssig zu fragen, *welche* Psychoanalyse in dem von Hegel aufgezeichneten Erziehungskonflikt aufgezeichnet ist. Es ist ein Spiel mit der Summe Null, in dem der eine verliert, was der andere gewinnt. Ein streng abgestecktes Spiel, das hinter verschlossenen Türen zwischen Eltern und Kindern gespielt wird. Zu Anfang ist das Kind nichts, und die Eltern sind alles: «seine unorganische Natur ist das *Wissen der Eltern.*» Am Ende ist das Kind alles, d. h. alles, was die Eltern waren, die nur noch verschwinden müssen: «Was sie ihm geben, verlieren sie; sie ersterben in ihm; denn was sie ihm geben, ist ihr eignes Bewußtsein.»

Hegel begegnet hier nicht Freud, sondern Mao. Er zeigt, wie der Kampf um die Macht das beste Mittel sein kann, die Macht zu erhalten. Die hegelsche Erziehung führt zu einer einfachen Übergabe unveränderter Macht in der Aufeinanderfolge der Generationen: die Eltern sterben in den Kindern, aber nicht ohne ihnen noch im Eifer des Gefechts ihr «eigenes Bewußtsein» angehängt zu haben – ein jeder stirbt in der Familie, nur die Familie nicht, der König ist tot, es lebe der König.

Eine ganz und gar konservative, modellhafte Erziehung, so sehr sie auch auf Konflikten beruht, die angibt, wie der Staat als Staat und die Plebs als Plebs perpetuiert werden können, ohne daß man vor Klassenkämpfen, Kriegen und Revolutionen voller Entsetzen zurückweichen müßte.

Dunkelheit über die Nacht bringen

Für den absoluten Erzieher sind das Kind und die Plebs unberührtes Land, das frei kolonisiert werden kann, nichts kann den Eroberer aufhalten, keine Spur einer alten Zivilisation. Außerhalb seines Verhältnisses zur Autorität weiß das Kind (wie die Plebs) nicht, was es will, es wird einmal alles werden, das ist versprochen, unter der Bedingung, daß ihm zu Anfang eingegeben wird, daß es nichts ist. Um das Spiel zwischen Kind und Eltern, zwischen Plebs und Staat abzuschließen, um die Macht durch die unangetastete und unantastbare Macht zu erneuern, muß die ganze Angelegenheit wieder bei Null anfangen.

Am Anfang war das weiße Blatt Papier. Oder das weißgewordene Papier? Oder das Pergament, an dem herumgekratzt wurde?

Wenn der Erzieher vom Kind verlangt, das Kind zu spielen, gibt er ihm die Weisung, sich auszuleeren, damit es eine Seele empfangen kann: «Die Erziehung des Kindes besteht in diesem, daß das Bewußtsein, das in ihm als ein anderes als das, was es selbst ist, gesetzt wird, sein eigenes Bewußtsein wird.»

Das Kind war ein «andres» als das ihm gegebene Bewußtsein, es erziehen heißt, daß es eben das vergißt. Dieses «andere» konnte seinem Erzieher in die Augen sehen und darin eine Nacht entdecken, die der seinen verwandt ist – das Vergessen aber muß endgültig sein. Die Lichter, die die Erziehung bringt, vertreiben, verbrennen und verzehren eine Nacht, von der bei Hegel, bevor er sich darauf beschränkte, in ihrer Asche herumzustochern, einst die Rede war: «Der Mensch ist diese Nacht, dies leere Nichts, das alles in ihrer Einfachheit enthält . . . hier schießt dann ein blutiger Kopf, dort eine andere weiße Gestalt plötzlich hervor und verschwinden ebenso. Diese Nacht erblickt man, wenn man dem Menschen ins Auge blickt – in eine Nacht hinein, die *furchtbar* wird; es hängt die Nacht der Welt hier einem entgegen.»

Auf diese Nacht verweist Hegel, wenn er von der ersten Morgenröte der erzieherischen Entwicklung des Menschen spricht, die er «Erfahrung des Bewußtseins» nennt, Dialektik, Phänomenologie des Geistes. Die Nacht hat ihren Platz vorn, von ihr geht er aus, doch ihre angesprochene Tiefe kann nicht auf einen Punkt reduziert werden, wäre es auch der Ausgangspunkt, den er später bezeichnet, die Ausweglosigkeit einer Nacht, in der allein das Dunkle herrscht und in der alle Katzen grau sind. Mit dieser zweiten Nacht schwarzer Tinte überstreicht er die erste, als wollte er das leise Erbeben ihrer Entwicklung auslöschen.

Die Erziehung ist ein Todesstoß. Man fängt an zu sprechen, und von der Urnacht wird gesagt, daß es nichts zu sagen gibt, außer daß in ihr das Sein und das Nichts in dem Katzengrau identisch sind. Das zu sagen, bedeutet schon, daß wir aus dieser Nacht herausgetreten sind – diese Flucht nach vorn wird in der Erfahrung des Bewußtseins Fortschritt genannt, solche Fortschrittsepopöe ergibt das dialektische Werden. Morgen wirst du Mensch sein, und frei zumal, aber nur unter der Bedingung, daß du nicht dorthin zurückkehrst, von wo dich die Erziehung abbringen wollte: «Die absolute *Freiheit* der Idee aber ist (. . .) das Moment ihrer Besonderheit oder des ersten Bestimmens und Andersseins, die *unmittelbare Idee* als ihren Widerschein, sich als *Natur* frei *aus sich zu entlassen.*»

Im Staat der Meisterdenker gibt es einen Herrn, aber keine Knechte, denn alle Untertanen haben eine gute Erziehung erhalten: da ihre zuhöchst absolute Freiheit darin besteht, sich selbst zu entlassen, denken sie mit dem Herrn, wie der Herr, oder genauer: der Herr denkt in ihnen, während sie alles tun, diesen Teil ihrer eigenen Nacht fortzulassen, die sich als Knecht gefühlt und Widerstand geleistet hätte. Hegel im Jahre 01 der Gehirnwäsche.

Verbrennt eure Schiffe!

«Bringt die Probleme auf den Tisch! Übt keine versteckte Kritik!» Mao Tse-tung ruft zu Massenkampagnen auf, damit nichts verborgen bleibt, weder in dem Bewußtsein der Massen noch in den Gängen der Bürokratie. Konflikte brechen aus, Köpfe fallen, bei den Kadern gibt es ein paar Änderungen; zugleich jedoch wird die oberste Aufsicht verstärkt, die Kontrollierbarkeit nimmt zu, das Zentrum, in der Person des Präsidenten verkörpert (bei Hegel wäre es der Monarch), wird nicht angegriffen. Mao oder ein anderer, der Name nennt nur noch einen Platz, den Wachposten, der nach dieser Operation noch mehr Härte zeigt.

Diese «Kulturrevolutionen» nach chinesischer Art reproduzieren schließlich das Schema der hegelschen Erziehung. Wandzeitungen, Beschwerden, Proteste und sogar Übergriffe sollen das Volk auffordern, *sein Herz auf den Tisch zu legen.* Nachdem nun alles offen daliegt, steht es wieder, wie das Kind bei Hegel, vor dem Erzieher, der ein Monopol auf die Übermittlung von Informationen und Ideen hat (Zeitungen, Radio, Fernsehen), auf die

Auslegung der Doktrin (Verbreitung der ausgewählten Zitate) und auf die Kenntnis der Machtmechanismen (ein Führer verriet vor zehn Jahren . . .). Jeder hat sein Herz ausgeschüttet, und gegenüber stehen sich nun das Kind oder die Plebs (beide «ausgeleert») und der Erzieher, der mit dem ausgerüstet ist, was Hegel «das Wissen der Eltern» nennt, während die kommunistische Partei Chinas ihre Wissensmacht «Marxismus-Leninismus» nennt.

Dieser Kampf um die Macht ermöglicht die Selektion und die Erneuerung der Eliten, mit den Kadern wird umgesprungen werden, doch das Kaderprinzip bleibt unangetastet; alle jene, die *für* die Macht kämpfen, sprechen es frei, bestätigen und retten es. Das Kind ist der Tod der Eltern, und diesen Tod vollzieht es nur, indem es selber Leben zeugt. Der Staat und die Partei erhalten sich mit diesem Kampf, den Mao mit einem Metabolismus vergleicht, am Leben: «eine proletarische Partei muß all das verwerfen, was verdorben ist, und frisches Blut aufnehmen, um voller Tatkraft zu sein. Ohne die Ausstoßung der Abfallstoffe und die Aufnahme neuen Blutes kann die Partei nicht dynamisch sein.»

Ein solches Verfahren ist nur wirksam, wenn es völlig abgeschlossen stattfindet. Die Plebs ist aufgefordert, ihre Schiffe zu verbrennen, denn wenn sie alles zu gewinnen hat, muß sie nichts bewahren; ihre Vergangenheit rottet sie aus; ihre Privatgespräche breitet sie auf dem Marktplatz aus; ihre langen unterirdischen Gänge, die über Jahrhunderte hinweg gegraben wurden, um den Leuten von oben widerstehen zu können, muß sie nun mit den schweren Baggern von Kampf–Kritik–Reform offenlegen. «Wenn es Probleme gibt, sie aber nicht auf den Tisch kommen, dann bleiben sie lange ohne Lösung und können sogar über Jahre hinweg sich dahinschleppen» (Mao). Nichts darf mehr in der Stunde des Kampfes um die Macht hintenan stehen, wenn das Proletariat aufgerufen ist, «seine Macht in allem auszuüben». Alles ist geregelt, das Schlachtfeld ist abgezäunt, Staat und Partei haben die Plebs von ihrem Hinterland abgeschnitten.

Es gab dreitausend Stücke auf dem Spielplan des klassischen chinesischen Theaters; das Volk sah dort das Schauspiel der Mächtigen, betrachtete sie, war auf sie neidisch oder verhöhnte sie. Am Ende der Kulturrevolution waren es nur noch drei, und erbaulicher konnten sie nicht sein. Erbaulich von Null an. Auf dieser Szene, die zur *tabula rasa* geworden war, waren weniger die Kaiser und Kaiserinnen, die Hofdamen und die Edelknappen beseitigt als vielmehr der uralte, übermütige Widerstand gegen die Mächtigen für einen Tag.

Mao hatte nach Clausewitz richtig analysiert, warum die kriegführenden Völker einen materiell und ökonomisch weit überlegenen Gegner besiegen können. Ein Volk, das sich in seinem Land verteidigt, kann seinen defensiven Krieg lange andauern lassen, kann sich in die Tiefe seines Landes zurückziehen, den Eindringling Städte und Ballungsräume erobern lassen, es kann ihn vom Land her und unter dem Ansturm seiner Bevölkerung einkreisen. Umgekehrt zum Schema des Volkskriegs läßt das Szenarium des Kampfes um die Macht den Kampf vom Zentrum ausgehen und will dieses Zentrum besetzen, dessen Anziehungskraft nicht nachläßt («Feuer auf das Hauptquartier!»). Vor allem will es das Volk von jeder Möglichkeit zu einem strategischen Rückzug abschneiden, indem es gezwungen wird, die Grundlagen seines Widerstands im Kulturellen, Politischen und Moralischen einfach über Bord zu werfen, damit es dann zum höchsten Einsatz kommt. Auch eine «tausend Jahre» währende Aufeinanderfolge von «Kulturrevolutionen» dieser Art würde nichts daran ändern, daß das Ergebnis schon festliegt, denn der Staatsapparat allein hat das Recht, die sogenannten «Kulturrevolutionen» auszulösen und zu unterbrechen. Das Vorrecht des Volkes in langwierigen Kriegen war es, die «Entscheidungsschlacht» hinausschieben zu können, wenn es sich die Zeit nahm, sich bis in die Tiefen des Landes hinein zu mobilisieren und den Gegner aufzureiben. Unter dem trügerischen Vorwand, alles müsse auf den Tisch kommen, wird im Kampf um die Macht nun alles unternommen, diese letzte strategische Kraftreserve der Plebs zu zersprengen.

Das Herz zum Grabe des Herzens machen

Das Kind tritt in die Familienordnung wie die Plebs in die Staatsvernunft und sagt der Nacht seines Innern adieu: die Stimmen der Vernunft haben in der Leere einen um so besseren

Widerhall. Die Erziehung durch Familie, Moral und Politik postuliert, daß die erste Ausschließung endgültig, d. h. unendlich oft wiederholbar ist: der Staatsbürger reißt sich aus seinem Privatleben, der Revolutionär enthält sich jeder «Gefühlsseligkeit», und bei einem Erdbeben rettet der gute maoistische Chinese eher den verantwortlichen kommunistischen Bezirksleiter als seine eigenen Kinder, denn «die Kommunisten repräsentieren immer das Interesse der Bewegung als Ganzes» (Marx, *Das kommunistische Manifest*).

Die Erziehung läßt jeden aus der Nacht heraustreten, um ihn der Sonne der Staatsvernunft auszusetzen, das kommt von Platons *Politeia.* Eigentlich modern dagegen ist dieses innere Ausleeren, wodurch weniger der Erzogene aus der Nacht tritt, als daß die Nacht aus ihm vertrieben wird; im eigensten Sinne modern ist dieser Zeitpunkt Null, in dem die Erziehung ihrem Patienten nur noch die Haut auf dem hohlen Knochen seines Bewußtseins läßt. Gewiß hat der Mensch Instinkte, Interessen, Ziele, wodurch er in ein Verhältnis zur Welt und zu den andern tritt, «das äußere Dasein hat seine Wurzeln im Innern». Hegel fügt hinzu: «Aber die Wurzeln sind seines Innern, sind sein; er kann sich dieselben aus dem Herzen reißen; sein Wille, seine Freiheit ist die Stärke der Abstraktion, das Herz zum Grabe des Herzens selbst zu machen.»

Mit einem Herzen, das zur Gruft geworden, träumt das Kind davon, Elternteil zu werden, der Militante denkt nur an die Macht, der Intellektuelle macht sich zum Meisterdenker, und der Plebs geht nicht der Staat aus dem Kopf.

Die Theorie feiert dann ihre Apotheose, wenn sie alles, was sie nicht selber ist – ihren «Rest» – mit herabsetzenden Worten wie Gefühlsseligkeit, Subjektivismus, Unordnung, Nacht bezeichnen kann; denn wo kann sie ihren Triumph besser feiern als in dem Hirn des Praktikers, der rein ist von jedem theoretischen Funken, fest verhaftet dem Soliden, Konkreten, Ernsthaften, d. h. den einzigen Spielzeugen, die die Theorie ihm überläßt? In der Nacht des Grabes, die die Meisterdenker einrichten, werden ihm der Posilipp und das Meer Italiens vom Club Méditerrannée wiedergegeben, und die Revolution wird praktisch durch die Elektrifizierung und die Macht des Zentralkomitees. Man hat das Recht zu träumen, sagt Lenin, aber es sollen «ernste» Träume sein.

Nachlässigkeit kann den Meisterdenkern nicht vorgeworfen werden, es ist auch überflüssig, sich auf ihre mutmaßliche «Vergeßlichkeit» zu berufen, um ihre Theorie neu herauszuputzen und ihre Wissenschaft mit Hilfe einer kleinen Wortzugabe zu retten. Die schlaflose weiße Nacht, zu der der Erzieher das Kind und die Plebs verurteilt, ist eine Nacht, die nichts Geheimnisvolles hat. Machen wir uns von der Idee frei, daß sich in dem, was Hegel verwirft – Existenz, Materie, Gefühl, Demokratie –, etwas versteckt hält, ein kleines Etwas, das nur auf uns wartet – auf uns Linksmarxisten, existentialistische Hegelianer, was weiß ich? –, um alles zu retten. Was schief geworden ist, kann nicht mit einer Theorie geradegebogen werden, für die doch nur alles verdreht und ausgerissen werden muß.

Die Nacht, die der Denker zu Beginn seines Erziehungsprozesses beiseiteschafft, diese Nacht, die noch in keinem Traum der Vernunft eingeschlossen ist, diese Bilder, die sich miteinander verbinden, die sprechen und außerhalb von Familie und Staat zu denken geben – von alldem spricht Hegel nicht mehr, das will heißen, daß er nur eines tut: davon sprechen. Diese Nacht geht neben dem langen Weg des Bewußtseins, das sich erzieht, einher. Das Bewußtsein wird Selbstbewußtsein oder gebildetes Bewußtsein, indem es sich unaufhörlich seinem nächtlichen Doppelgänger entreißt (Hegel nennt ihn das «natürliche Bewußtsein»). Bei allen Etappen seiner Erziehung (*«Gestalten des Geistes»*) verwandelt das Bewußtsein sein Herz in ein Grab und abstrahiert hart von sich selbst: «Was Hegel das natürliche Bewußtsein nennt, deckt sich keineswegs mit dem sinnlichen Bewußtsein. Das natürliche Wissen lebt in allen Gestalten des Geistes» . . . Die Erziehung läuft Gefahr, daß ihr Werk jedesmal dann auseinanderfällt, wenn der Erzogene sich dem übergibt, was in ihm umgeht, und wenn er einen direkten, unmittelbaren Bezug zu dem hat, was die Nacht ist: die noch nicht das Weiß im Tod des Herzens und in der Vermittlung der Theorie angenommen hat.

Die Kunst ist in den Augen Hegels «eine Sache der Vergangenheit», weil sie noch in die Nacht des natürlichen Bewußtseins eingetaucht ist. Und mit ihr die Religion. Nicht etwa, daß beide nicht mehr existierten, sie sind da als Vergangenheit, die von einem heutigen Wissen aufgehoben werden muß. Ein solches Vorgehen ist aktuell, wenn man bedenkt, daß «aufheben» für ihn zugleich vernichten, zur Seite stellen, bewahren, zurückgewinnen und, von einem höheren Gesichtspunkt aus, kontrollieren bedeutet: die Kunst und die Religion müssen, angesichts ihrer nächtlichen Erscheinungsweise, von der großen Vernunft der Meisterdenker beherrscht werden.

Die Nachtseite der Kunst oder der Religion ist nicht in dem zu sehen, was sie an Irrationalem oder Mystischem bezeichnen könnten, die hegelsche Vernunft erhebt die Prätention, uns diese Geheimnisse auf prosaischere und – wie sie meint – deutlichere Weise zu erklären. Die Nacht ist nicht in dem, was geschehen wird, sondern in der Art zu sehen. Hegel bezeichnet diese Art als «Meinung» und setzt sie gegen seine Wissenschaft. Mit der Definition des «natürlichen Bewußtseins» als «System des Meinens» nimmt er die alte platonische Gegenüberstellung von Vulgärmeinung und wissender Wissenschaft wieder auf. Er gibt dem eine neue Bedeutung, die Heidegger vernimmt: «das Meinen als das unmittelbare Sichrichten auf» und «das Meinen (minne) als das vertrauende Aufnehmen des Gegebenen» und zusätzlich im Sinne von: «etwas als das Seine bei sich behalten und behaupten». Zum nächtlichen Meinen gehört also all das, was sich nicht in dem Kühlraum des Todes des Herzens und der Kontrolle durch die Theorie aufhielt. Für Hegel ist das schon das Gefühl, die Kunst und die Religion, für Lenin ist es dann der «Spontaneismus» und der «Ökonomismus» und für Mao Tse-tung das «sein Ich voranstellen».

Diese Wahrheiten, die über die künstlerische Mitteilung hinausgehen, wurden vielleicht schon früher und mit mehr Wahrheit im Theater (eine untergeordnete Stufe im hegelschen Wissen) von Shakespeare (dieser Zielscheibe der chinesischen Kulturrevolution) zur Sprache gebracht:

Prinzessin Anna: Das wildeste Tier kennt doch des Mitleids Regung.
*Gloster: Ich kenne keins, und bin daher kein Tier (*Shakespeare, *König Richard der Dritte).*

Die Vernunft war noch nie damit zu Ende gekommen, all das auszuschließen, was von ihr ausgeschlossen wird, gesteht Hegel – und wenn das gerade die ausschließliche Arbeit seiner Vernunft wäre: auszuschließen? Die Jagd auf das natürliche Bewußtsein kennt kein Ende, vielleicht weil die Leidenschaft der Vernunft, mehr als das Erjagen, das Jagen ist. Das Kind infantilisieren, aus dem Volk eine Plebs machen, auf verlorenem Posten gegenüber einem immer mehr mit Wissen angefüllten Staat, der hochfahrend, entfernt, über allem steht – ist das eine unerwartete und gleichsam ungewollte Konsequenz aus der Arbeit der Theorie der Meisterdenker, oder ist es die eigentliche Konsequenz ihrer Arbeit?

Die Nacht mit Weiß überdecken, es verhindern, daß «blutige Köpfe» und verschwindende «Geister» gelehrte Reden unterbrechen (ich bin Marxist, also lese ich nicht den *Archipel GULAG*), den Staat vor den vielen, verstreuten Stimmen bewahren, die er übertönen will, die Familien gegen die Begierden schützen, die Körperschaften gegen die Familien, den Staat gegen die Eigensucht der Institutionen, die Imperien gegen die Unabhängigkeit der Nationen – die Exorzismen der Mächtigen der modernen Welt sind aus Vernunft und Wissenschaft gemacht.

Gegenüber dem Kind, das seine Nacht verloren hat, und gegenüber der Plebs, das von seinen Möglichkeiten zum Widerstand abgeschnitten ist, haben es sich die Meisterdenker vorgenommen, die Mächtigen mit Wissenschaft und Vernunft auszustatten. Hegel faßte die ganze in etwa materialistische Philosophie der Aufklärung in der Formel zusammen, daß «das Sein des Geistes ein Knochen ist». Ebensogut könnte ein Aufruf seine Epopöe vom alles erobernden Selbstbewußtsein resümieren: «Die Jagd ist eröffnet!» Und wenn die Gutgläubigen, die wir sind, fragen, um welche Jagd es ginge, dann muß ein jedes Kind und eine jede Plebs dazu schweigen. Die Jäger, die ihr Terrain schon seit langem verwüstet haben, werden nie wissen, auf wessen Jagd sie gehen. Wozu auch? Freies Schußfeld auf den Unbekannten!

Warum wir so metaphysisch sind

«Worauf Panurg ihm sagte,
das Blatt Papier sei beschrieben,
allerdings so fein, daß man darauf keine
Schrift sähe . . .»

Rabelais

Eine Liebe zu Hiroschima

Möge alles im Kampf um die Macht ein einziger Wirbel sein, möge die Welt zum Schlachtfeld werden – *va bene!* Die antiken Griechen hatten schon behauptet, daß die Macht eine einzige Zerstörung sei und die Schlacht nur Vernichtung – das klingt für die Ohren dieser Zeit modern. Haben die Meisterdenker das Requiem des 20. Jahrhunderts komponiert, singen sie es *in extenso*, bevor sich dann die Leichengruben füllen? Warum nicht? Ihr Programm: die Geschichte bei Null aufnehmen, sie rational auf ein weißes Blatt Papier eintragen. Eine eiserne Ideologie, das Feuer der Maschinengewehre und Blei können das Land säubern, hunderttausend Sonnen radieren eine Stadt aus, die in Schrecken versetzte Erde findet ihre jungfräuliche Blässe wieder. *Tabula rasa* für die Bauherren der Zukunft. Ein runder Tisch für die Zuchtmeister am Reißbrett. Die Pläne der Macht «entsprechen» nicht der Wirklichkeit, noch viel weniger wird sie in ihnen widergespiegelt, denn Macht besteht doch gerade darin, die Wirklichkeit so zurechtzubiegen, bis sie den Plänen entspricht. Sie haben nicht diese Zukunft der Herrschaft über die Natur und den Erdball erfunden; sie kauerte schon lange hinter ihnen und wartete; sie haben sie in aller Strenge systematisch gedacht, sie haben sie vorweggenommen wie niemals zuvor: «Die Wüste wächst: weh Dem, der Wüsten birgt!» (*Zarathustra*).

Wer von der Wüste spricht, meint Zerstörung, Verwüstung, d. h. Krieg und Tod (Hegel verwendet diesen Ausdruck, um die Wirkung eines Tamerlan und Dschingis-Khan, die «Besen Gottes» zu bezeichnen). Die so angekündigte Wüste ist keine landschaftliche Gegebenheit, kein Fund der Geographie, die unvorhergesehene Begegnung eines Touristen im Geiste. Im Gegenteil. Die Verwüstung, die Verheerung, jene Tat, die darin besteht, *eine Wüste vor sich zu schaffen,* stellt das tiefste Geheimnis unserer Geschichte dar, das, was sie an Historischem uns aufgibt. Jedenfalls wenn man Hegel Glauben schenkt, der in den Augen der Gebildeten für weniger «unverantwortlich» als Nietzsche gilt; zumindest, wenn man den Satz liest, der am häufigsten zitiert und kommentiert wird, sein geheimnisvollster Satz: «Die kraftlose Schönheit haßt den Verstand, weil er ihr dies zumutet, was sie nicht vermag. Aber nicht das Leben, das sich vor dem Tode scheut und von der Verwüstung rein bewahrt, sondern das ihn erträgt und in ihm sich erhält, ist das Leben des Geistes.» Die Wüste, von der Hegel und Nietzsche sprechen, ist keine natürliche Wüste, aber sie ist auch keine «geistige». Die Vernunft geht nicht in die Wüste, wie die Anachoreten es taten, sie treibt die Wüste vor sich her, sie verläßt Menschen und Dinge, sie läßt die Schönheit verzweifeln, um alles ihrer *Kraft* zu unterwerfen: der Geist «ist diese Macht nur, indem er dem Negativen ins Angesicht schaut, bei ihm verweilt». Dieses Verweilen, diese *vergangene Zeit* konstituiert gerade den Geist-der-Wüste, eine Wüste, die Zeit und nicht Raum ist: «Dieses Verweilen ist die Zauberkraft, die es [das Negative] in das Sein umkehrt. – Sie ist dasselbe, was oben das Subjekt genannt worden . . .»

Das Wahre ist Subjekt, sagt Hegel, jedes Handbuch der Philosophie weiß das. Es bedeutet auch: das Subjekt ist Wüste, die Wüste ist Subjekt; Nietzsche hatte das erraten. Überlassen wir uns der Mode, ersetzen wir «Subjekt» mit «Motor der Geschichte» oder mit irgend etwas, was noch mehr in Mode ist, und bekommen dann: die Verwüstung ist der Motor der Geschichte (oder irgend etwas sonst, was an Stelle von Wüste steht).

Wäre es möglich, daß die Wahrheit der Meisterdenker verwüstend ist? Daß sie die kommenden Wüsten in sich trägt und aufgenommen hat?

Mutter der Wissenschaften, der Waffen und Gesetze, wie soll dieses Denken benannt werden, das zwischen der *Wissenschaftslehre* von Fichte, der hegelschen *Logik*, der *Kritik* von Marx und den *Genealogien* von Nietzsche hin- und hergeht? Ein den Wissenschaften, die es vor sich hertreibt, vorhergehendes Wissen, eine Philosophie, die sich nicht als eine unter anderen bezeichnen lassen will, sie, die keiner anderen bekannten Philosophie ähnelt, eine Metaphysik, die das Ende der Metaphysik proklamiert, eine Theologie vom Tode Gottes, eine Onto-logie, die nicht zuläßt, daß ein Sein anders als sie selbst sei, da sie sich als die Logik versteht, die aus der Welt unsere Welt macht. Nennen wir sie «deutschen Idealismus», damit sie festliegt, unter dem Kreuzfeuer der mit historisch-geographischem Lack versehenen Ignoranz und der Dummheit, die ihr Stammeln in den Handbüchern kultiviert.

Deutsch? Dieses Denken der Herrschaft bedeckt den Planeten, sendet von Washington, Peking und von Moskau aus! Idealismus? Die Dinge, die Welt auf Ideen zurückzuführen und die Ideen auf Dinge im Kopf, es sei denn der Kopf wäre auch eine Idee, eine gar wunderliche Idee! Und komisch der Gedanke, die Geschichte könnte mit einem Messer aufgeteilt werden, zu meiner Rechten die «Idealisten», zu meiner Linken die «Materialisten», dekretiert Lenin und schärft dieses Klappmesser der Orthodoxie, das bald wirkliche Köpfe rollen lassen wird und Herzen durchbohrt.

Als Lenin den Idealismus bei Hegel verurteilte, achtete er darauf, trotz allem dessen «aktive Seite» zu beerben – eben das Klappmesser. Unschuldig wie er war, nahm er gleich alles mit, denn eben gerade die aktive Seite ihrer Gedanken hatten die deutschen Meister «Idealismus» getauft. Jede untätige Form des Idealismus wird von den deutschen Idealisten mit einer Heftigkeit ohnegleichen verurteilt, die modernen Materialisten holten sich bei ihnen alle schlagkräftigen Argumente. Wer anders als Fichte tötet (spekulativ) das untätige Bewußtsein? Wer würde vor Hegel mit einer ganzen Fuhre Tadel, wie sie noch ein Jahrhundert später zu hören sind, die schöne Seele und das unglückliche Bewußtsein überschütten? Wer versteht sich besser als

Nietzsche darauf, jeden *passiven* Nihilismus an den Pranger zu stellen?

Nietzsche faßte die ihnen allen gemeinsame Art, Idealist zu sein, zusammen: «Machen wir uns hier von einem Vorurteil los, das Idealisieren besteht *nicht*, wie gemeinhin geglaubt wird, in einem Abziehn oder Abrechnen des Kleinen, des Nebensächlichen. Ein ungeheures Heraustreiben der Hauptzüge ist vielmehr das Entscheidende, so daß die andern darüber verschwinden.»

Das genügt für den «deutschen Idealismus», allerdings muß noch hinzugefügt werden, daß die Welt von heute ein Deutschland ist und daß das, was hier Idealismus genannt wird, die planetarischen Herrschaftspläne sind, die einander bekämpfen, einander heraustreiben, sich zum Verschwinden bringen, sich auf sehr materielle Weise heraustreiben und auf nicht minder materialistische Weise verschwinden lassen.

Wie bei uns daheim

Die Frage, die die «deutschen Idealisten» in der Französischen Revolution gedacht haben, ist älter als sie und mehr europäisch als deutsch. «Es gibt nur einen unteilbaren Punkt, der der wahre Ort ist (. . .) Die Perspektive bezeichnet ihn in der Malerei. Doch wer wird ihn in der Wahrheit und der Moral zuweisen?» fragt Pascal. Eine Fragestellung, die auch schon vor ihm war und die als gesichert voraussetzt, daß es eine Perspektive gibt, die mathematisch in der Landschaft und in der physikalischen Natur herrscht.

Descartes: der uns am nächsten stehende «Heros», behauptet Hegel in seiner Geschichte der Philosophie («Mit ihm treten wir eigentlich in eine selbständige Philosophie ein (. . .) Hier können wir sagen, sind wir zu Hause, und können, wie der Schiffer nach langer Umherfahrt auf der ungestümen See, ‹Land› rufen . . .»), Descartes ist der erste, der methodisch den Plan einer Herrschaft über die Welt ausspricht, die uns zu «Herren und Eigentümern der Natur» machen soll. Der erste auch, der eine *einstweilige*, d. h. eine vorläufige *Moral* formuliert, die bei einer genaueren Untersuchung erst die Vergewisserung durch die Vernunft erhält: «Meine ganze Absicht ging nur darauf aus, mich zu vergewissern und die sich bewegende Erde und den Sand von mir zu weisen, um den Felsen zu finden . . .»

Nicht allzu wichtig sind die Maximen – sind sie bequem? vorsichtig? doppeldeutig? –, die Descartes hier aufstellt, denn er formuliert sie *bis auf weiteres*. Er kann den Rat geben, man solle sich von den Gesetzen und Sitten seines Landes lenken lassen, dennoch hat er schon endgültig mit der ältesten Sitte, die am tiefsten verankert war, gebrochen, als er sie dem Gerichtshof seiner Herrschaft unterbreitete: «ich hätte niemals geglaubt, mich mit den Meinungen anderer auch nur einen Augenblick zufriedengeben zu müssen, wenn ich mir nicht vorgenommen hätte, als es an der Zeit war, mein eigenes Urteil zu ihrer Prüfung anzuwenden . . .» Es war an der *Zeit* hundertfünfzig Jahre später, in Deutschland.

Ein «unteilbarer Punkt» in der Moral! meinte schon die Nach-Cartesianer Pascal. Weit davon entfernt, in die Vergangenheit zurückzugehen, als wär es christliche Demut, schreitet er vielmehr in der Welt der Herrschaft voran: bis wann müssen wir uns mit Vorläufigem auf dem Gebiet des Verhaltens begnügen? Wann ist festes Land in Sicht? Wenn er oft seine Apologie des Christentums in Begriffen wie Beherrschung formuliert (obwohl es sich um eine schwierige, vielleicht sogar nicht zu beherrschende Beherrschung handelt, es sei denn durch die Wette), läßt er schon am Horizont die Fragen auftauchen, die ein großer Steuermann stellt: «Der Hafen urteilt über die, die in einem Schiff sind, doch woher nehmen wir einen Hafen, wenn es um die Moral geht?» Wer ist dieses Wir? Diejenigen, die das Schiff lenken? Oder die, die über seine Richtung bestimmen? Wir, die Herren und Eigentümer der Natur, dazu aufgerufen, auch über die «Moral» zu herrschen, d. h. nach den physikalischen auch über die menschlichen Angelegenheiten.

Diesem Aufruf leisteten die Meisterdenker Folge, und in ihren Schatten ein ganzes Gefolge von Humanwissenschaften. Soll das heißen, daß es an der Zeit war, wie Descartes es wollte, oder daß man den pascalschen Hafen erreicht hatte? Daß ein Aufruf mehr vernommen wird, bedeutet nicht, daß er auch besser verstanden wurde.

Das goldene Zeitalter liege nicht hinter uns, sondern vor uns, schrieb der junge Fichte, erleuchtet von dem revolutionären Sonnenaufgang. Die Geschichte beginnt erst: der Pamphletschreiber vermerkt auf dem Umschlagblatt zu seiner *Zurückforderung der Denkfreiheit:* «Heliopolis, im letzten Jahr der alten Finsterniss (19193).» Neunzig Jahre später ist der Ton anders geworden: «Die Wüste wächst: weh Dem, der Wüsten birgt» (Zarathustra). Eine andere Laune, eine andere Betonung bei gleichbleibender Haltung. Auf der Tagesordnung steht weiterhin die große Aufgabe, die Zukunft zu regieren, der Herrschaftsplan entwickelt sich zu einem Aktionsprogramm.

Jede Rückschau – auch wenn sie uns bis zum Ursprung der Menschheit zurückgehen läßt – wird, durch Meisterdenkerhand, zugleich Prospektion und Prospektive: «so haben wir, wenn wir die Vergangenheit, wie groß sie auch immer sei, durchlaufen, es nur mit *Gegenwärtigem* zu tun . . .» (Hegel). Nicht weil es darum ginge, unsere Gegenwart durch eine retrospektive Täuschung zu verlängern, indem man sie in die Vergangenheit ausdehnt; diese ständige Gefahr wird von einer tieferen Absicht begleitet: in der Vergangenheit die Kraft der Zukunft, in der Geschichte ihren Motor ergreifen. Die Lokomotive der Zukunft nennt Hegel «Geist», in dem Sinne, wie man vom Geist der Zeit, vom Geist einer Zivilisation spricht («Die Momente, die der Geist hinter sich zu haben scheint, hat er auch in seiner gegenwärtigen Tiefe»). Marx nennt sie «Klassenkampf» («Die Geschichte aller bisherigen Gesellschaft ist die Geschichte von . . .» heißt es am Anfang des *Manifests*, der schon Engels, welcher über gute Kenntnisse in Ethnologie verfügte, in Verlegenheit brachte).

Die anmaßende Übermacht, mit der die Menschen des 19. Jahrhunderts der Vergangenheit gegenübertreten, mag veraltet erscheinen (in dem Stil von: «In der Anatomie des Menschen ist ein Schlüssel zur Anatomie des Affen», Marx). Wenn wir uns den Luxus gestatten, ihre übertriebenen Nachkonstruktionen zu kritisieren, laufen wir Gefahr, nur die groben Randbezirke eines Vorhabens zu kritisieren, das immer noch vorherrschend ist. Im wesentlichen besteht die historische Arbeit der Meisterdenker nicht darin, ihre Gegenwart auf die Vergangenheit der Menschheit zu übertragen. Ihr viel grandioseres Vorhaben gibt sich nicht damit zufrieden, *in* der Zeit zu zirkulieren, vielmehr nimmt es sich vor, mit der Zirkulation *der* Zeit zur Deckung zu kommen. Während der gemeine Verstand sich damit begnügt, «die *Facta* in der Zeit» zu betrachten, nimmt sich Fichtes Wissenschaftslehre vor, über das Tun der Zeit selbst nachzudenken: «Siehe nur, wie dir die Zeit entsteht, so siehst du, wie alles entsteht.» Der Meisterdenker betreibt Geschichte nur, um Geschichte zu machen, wenn er bis zum Ursprung der Menschheit zurückgeht, will er die Menschheit in die Lage versetzen, diesen Ursprung in den Griff zu bekommen, d. h. die Zukunft zu programmieren: «Ich liebe den, welcher die Zukünftigen rechtfertigt und die Vergangenen erlöst (. . .) Ich liebe alle die, welche wie schwere Tropfen sind, einzeln fallend aus der dunklen Wolke, die über den Menschen hängt: sie verkündigen, daß der Blitz kommt, und gehn als Verkündiger zugrunde» (*Zarathustra*).

Arbeitsteilung: der deutsche Idealismus spricht ein Programm aus, unser sehr materialistisches Jahrhundert realisiert es.

Hin und Zurück

Zu der Zeit, als Frankreich vor den Nazitruppen in einer «seltsamen Niederlage» versank (Marc Bloch), hielt der größte deutsche Denker unserer Zeit – Heidegger – ein Seminar über Nietzsche. Er deckte das auf, was von Descartes übernommen worden war, mit dem jener «erstmalige entschlossene Schritt» unternommen wurde, «durch den die neuzeitliche Kraftmaschinentechnik und mit ihr die neue Welt und ihr Menschtum metaphysisch möglich werden.» Der Krieg Nietzsches gegen Descartes findet nicht statt.

Weiter heißt es bei ihm kurz nach dem Monat Juni 1940 (wobei die höchste Metaphysik und die brennendste Aktualität miteinander in Berührung kamen): «In diesen Tagen sind wir selbst die Zeugen eines geheimnisvollen Gesetzes der Geschichte, daß ein Volk eines Tages der Metaphysik, die aus seiner eigenen Geschichte entsprungen, nicht mehr gewachsen ist und dies gerade in dem Augenblick, da diese Metaphysik sich in das Unbedingte gewandelt hat.»

Einer Sache nicht gewachsen sein? Frankreich war dafür ein Beispiel. Die Niederlage lag nicht am Material, nicht am Nachschub, nicht physisch war sie, sondern metaphysisch: «Es genügt nicht, daß man Panzerwagen, Flugzeuge und Nachrichtengeräte besitzt; es genügt auch nicht, daß man über Menschen verfügt, die dergleichen bedienen können; es genügt nicht einmal, daß der Mensch die Technik nur beherrscht, als sei diese etwas an sich Gleichgültiges . . .»

Was war vonnöten, um dem gewachsen zu sein? Es bedurfte eines Menschentums, das der metaphysischen Wahrheit der neuzeitlichen Technik gemäß ist, «d. h. vom Wesen der Technik sich ganz beherrschen läßt, um so gerade selbst die einzelnen technischen Vorgänge und Möglichkeiten zu lenken und zu nützen». Das war der Beweis des Juni 1940, andere erbrachten den Beweis über die Stalinorgeln oder die Patton-Panzer. Bis hin zu den B 52.

Heidegger hielt 1933 einige Monate lang nazistische Reden. Hier ist das Problem eingegrenzt: das Problem der deutschen Intelligentsia in unserem Jahrhundert, der es nicht gelingt, Gedanken über die «Revolution» und die «Nation» zu formulieren, ohne in absoluter Form Stellung zu beziehen, dafür oder dagegen, fast immer jedoch in delirierender Weise. Überlassen wir es den Herren Doktoren, die das Glück haben, dieser Misere entgehen zu können, den Beweis vorzubringen, daß es ja nur eine «deutsche Misere» sei und daß es statthaft sei, Heidegger wegen seiner sechs Monate währenden Sympathie für den Nationalsozialismus zu verbrennen, und daß man über die fünfzig Jahre hinweggehen müsse, die andere damit verbrachten, den (nationalen) Sozialismus des Vaterlands des Archipels GULAG willkommen zu heißen.

Allgemeiner: wenn er sagt, daß die besiegten Franzosen nicht mehr den Anforderungen der technischen Beherrschung der Welt gewachsen waren, wird Heidegger damit keineswegs zum «Nazi». Zu behaupten, daß die Franzosen dem nicht mehr gewachsen seien, anstatt zu erkennen, daß die Deutschen dem zu sehr gewachsen waren, gibt auch die Meinung des Herrn Jedermann wieder. Der Amerikaner in seinem Riesenbomber ist allem gewachsen; ebenso der russische Despot, der seine Satelliten bündelweise in die Luft schickt: er sieht sich dem gewachsen, was er «technisch-wissenschaftliche Revolution» nennt. Die ins «Unbedingte gewandelte Metaphysik» sorgt, nachdem sie die denkenden Häupter beschäftigt hatte, für Schlagzeilen, sie liefert den Großauflagen der Zeitschriften und den Weltbränden den nötigen Stoff.

Heidegger blieb nicht in seinen Gedanken befangen, die er aus Ehrlichkeit veröffentlichte und die die Verehrer der verschiedenen Mächte, die ihren Platz schon eingenommen haben oder noch einnehmen möchten, für sich in Anspruch nehmen könnten. Schon lange vorher hatten es die Meisterdenker zu verstehen gegeben: einer Sache gewachsen sein, auf der Höhe sein, heißt: auf der Höhe der Panzer sein, oder oben drüber, auf der Höhe des Kremls oder des Pentagons oder noch weiter oben, 6000 Fuß über jedem bewohnten Gebiet ... Es ist der weitschweifende Blick der Herrschenden.

Und wenn die «seltsame Niederlage» nun dem nicht gewachsen sein wollte, sondern nur den Anspruch darauf erhoben hätte? Dann wäre das Frankreich von 1940 weniger hinter der Geschichte zurückgeblieben, vielmehr wäre es den Großmächten von heute weit voraus gewesen, denn sie erwiesen sich nur als groß, weil sie den *Zusammenbruch* kannten – sie fielen mehr übereinander her, als daß sie untereinander in den Untergang gerissen worden wären.

Und wenn die «seltsame Niederlage» nun ihrerseits durch jene zu Fall käme, die sich jeder Überlegenheit entledigen würden, jene, die – genau zu dem Zeitpunkt, als sich die Metaphysik in das Unbedingte gewandelt hatte – «träumten» von einem «modernisierten Krieg, von einer Bauernrevolte (chouannerie) gegen Panzer und motorisierte Abteilungen» wie Marc Bloch schreibt. Ein solcher Traum, unzeitgemäßer als je der Gedanke von einem Meisterdenker, ist von einer namenlosen Vulgarität, mit ihm wird kein Herrschaftsdenken mehr gedacht, er leistet den Herrschaftsstrukturen Widerstand, läßt sie auseinanderbrechen, wenn er hinter dem motorisierten Soldaten wieder den einfachen Fußsoldaten sieht, hinter diesem den revoltierenden Bauern, außerhalb des Herrn den gewöhnlichen Sterblichen in seiner Freiheit. Eine für die Metaphysik viel zu seichte Träumerei, mit deren Hilfe der Historiker der Sorbonne, den die «seltsame Niederlage» quält, wie ein Guerillero der Antipoden zu denken beginnt, bis er dann zu «Narbonne», dem getöteten Widerstandskämpfer wurde: «Als ich in Rennes die deutsche Kolonne sah, die größtenteils auf Motorrädern in aller Seelenruhe auf dem Boulevard Sévigné defilierte, fühlte ich, wie in mir der einfache Soldat von früher wach wurde (. . .) Es wäre sehr verführerisch gewesen, diese verfluchte Kolonne dort abzuwarten, wo in diesem bretonischen Land der Wald begann, der sich für einen Hinterhalt geradezu anbietet (. . .) Ich bin sicher, daß dreiviertel unserer Soldaten sich sogleich für dieses Spiel begeistert hätten. Doch leider war in den Vorschriften so etwas nicht vorgesehen.»

Der große Wildwestfilm

Wie wird Wüste hergestellt? Über die Mobilisierung aller verheerenden Energien; wir ständen schlecht da, wenn wir das nicht zugeben würden, wir Kinder, mit grau gewordenen Haaren geboren zu einer Zeit, die Lenin die Epoche «der Kriege und Revolutionen» nannte.

Mit Männern, die inmitten des Sturms aufs Ganze gehen, soweit sie in diesem Zentrum dem «Treibsand» der gemeinen Ungewißheiten entgehen und auf den cartesischen Fels der Selbstgewißheit stoßen. Wäre es auch in der größten objektiven Ungewißheit des Augenblicks, die sie bewußt in ihrer Einsamkeit beherrschen: «erst drauflos, dann sehen wir weiter . . .» ist der weise Satz, den Lenin von Danton hat, und er geht drauflos . . . in die Menge. Kusch dich.

In einem Spiel um das Ganze, in dem wir unseren «kleinen Problemen» entrissen sind, unseren feinfühligen, sentimentalen, ja sogar religiösen Verankerungen, dem «Spontaneismus», dem Ökonomismus, dem Ästhetizismus, kurz jedem unmittelbar eigenen Interesse. Wie wir uns dann erheben zu den großen Problemen der Herrschaft über die Erde, wie wir uns dann – allesamt – überwinden lassen in dem Menschen der Zukunft, dem Gott Hegels (der sich als Negation der Welt behauptet) oder dem Übermenschen bei Nietzsche.

In einer letzten radikalen Aufteilung, in der die Menschheit mitspielt und selber Einsatz ist, dazu aufgerufen, über ihr eigenes Los zu entscheiden – ein für allemal, ob Geist oder Tier, die

Erhebung des Herrn oder die Sklavenmenge, Sozialismus oder Barbarei.

Und das in der Lichthelle eines Mittags, in dem nichts entschieden ist und wo alles auf dem Spiel steht. Unter Freigewordenen: in der Ungezwungenheit einer philosophischen Sprache, die zuletzt die Dinge sagt, wie sie sein werden – «Die Zeit kommt, wo der Kampf um die Erdherrschaft geführt werden wird, – er wird im Namen *philosophischer Grundlehren* geführt werden» (Nietzsche).

Ich kann, also bin ich

Am Ende des Zweiten Weltkriegs unternahmen es zwei französische Intellektuelle, zum Lauf der Welt Stellung zu nehmen, der eine, Maurice Merleau-Ponty, wertete den stenographischen Rechenschaftsbericht der großen Prozesse aus, die Stalin in Moskau aufzog. Der andere, Jean-Paul Sartre, fand in Hegels *Phänomenologie des Geistes* die gleichen intellektuellen Leidenschaften wieder, die die Bolschewikenführer in Angst versetzten und sie veranlaßten, sich umzubringen oder den Tod zu empfangen. In hundertfünfzig Jahren hat sich nichts verändert, außer daß die esoterische Abhandlung diesmal als Stenographie von Weltereignissen geschrieben war. Die «Subjekte» versuchen noch einmal sich jedes «Subjektivismus» zu entledigen, um um so besser mit dem «Felsen» übereinzustimmen, dem Motor der Geschichte (damals als «Vaterland des Sozialismus» bezeichnet). Die Reflexionen und Werke von Sartre und Merleau-Ponty wurden unter der Rubrik «Existentialismus» aufgenommen und als solche sogleich «widerlegt». Das Dekorum hat sich verändert, Widerlegungen folgten auf Widerlegungen, das Stück aber wird schon seit zwei Jahrhunderten gegeben, das Subjekt geht immer noch um, verfolgt von dem Schatten seines Subjektivismus, es holt Schwung, um in das zentrale Feuer zu springen, in dem alles entschieden wird. Mit verbesserten Kommunikationsmitteln begibt es sich zu den Antipoden, lehrt auf dem Weg dorthin den Fortschritt, den Absprung in die Geschichte oder die Revolution all die Völker, die es nicht kennt, und erteilt auf dem Weg zurück sich selber Lehren. Noch einmal heftet es die letzte Weltrevolution an seine Fahnen und wechselt seinen geographischen Ort nur, um die gleiche Geschichte zu erzählen. Wenn schon kein neues Thema, dann doch wenigstens ein anderes Publikum?

Unverändert blieb unter den Sonnen Asiens und Amerikas dieses Geistestheater, in dem das moderne «Ich» sich in Europa seit einigen Jahrhunderten zur Aufgabe gestellt hat, mit dem Zentrum der Welt deckungsgleich zu werden. Die Gelehrten führen, so minuziös es nur eben geht, Diskussionen darüber, von wem Descartes spricht, während er das Banner des «Ich zweifle, also denke ich, ich denke, also bin ich» entfaltet. Während sie vorgaben, genauere Angaben oder Widerlegungen geben zu können, haben die spekulativen Geister die Formel mal verfeinert, mal vergröbert: «Der Begriff der Realität ist gleich dem Begriffe der Tätigkeit. (. . .) alles im Ich ist Realität, heißt: das Ich ist *nur* tätig; es ist bloß Ich, inwiefern es tätig ist . . .» (Fichte). An der Wurzel aller Radikalismen ist wieder einmal das Cogito (Ich denke) zu erkennen, wenn es wahr ist, daß radikal sein heißt, die Dinge an der Wurzel zu erfassen, und daß «für den Menschen die Wurzel der Mensch selber ist» (Marx).

«Ich zweifle» wurde übersetzt mit: ich töte, ich führe Krieg, ich breche, ich mache die Revolution. Das *Ich denke* wurde zu einem *Du denkst besser als ich und besser für mich* dialektisiert. Das *Ich bin* galt nun für die ganze Welt: «All die Schönheit und Erhabenheit, die wir den wirklichen und eingebildeten Dingen geliehen haben, will ich zurückfordern als Eigentum und Erzeugnis des Menschen: als seine schönste Apologie. Der Mensch als Dichter, als Denker, als Gott, als Liebe, als Macht: o über seine königliche Freigebigkeit, mit der er die Dinge beschenkt hat, um sich zu *verarmen* und *sich* elend zu fühlen! Das war bisher seine größte Selbstlosigkeit, daß er bewunderte und anbetete und sich zu verbergen wußte, daß *er* es war, der das geschaffen hat, was er bewunderte» (Nietzsche).

Allen Abstrahierern von Quintessenzen, die darüber schon seit langem hinausgehen wollen – haben sie nicht auch den Humanismus widerlegt? –, Nietzsche legt dies nahe: «Die Welt ‹vermenschlichen›, d. h. immer mehr uns in ihr als Herren fühlen –». Der Hypnotiseur widerlegt den Humanismus oder den Anti-Humanismus, den Objektivismus oder den Subjektivismus, wenn er einen Stein nach dem andern in das selbe Wasser des Cogito wirft; von den Kreisen, die er auslöst, ist einer so hübsch konzentrisch wie der andere, und der Punkt, der die Welt zentriert, beschäftigt immer noch die vergeßlichen Geister mit ephemeren Rückständen.

Versprochener Reichtum

Die Art und Weise ändert sich, der Anspruch, mit dem Zentrum der Welt übereinzustimmen, bleibt, als absolutes, unerschütterliches Fundament der Wahrheit das *Ich denke* in die Bronze der Geschichte zu gießen – die ursprünglich cartesianische Formel *fundamentum absolutum inconcussum veritatis* mag in den Sockel eingraviert werden oder nicht. Da sind jene, die sich selbst in die Form eingießen und jene, die vor ihrem Anrecht in Verehrung verharren, da sind die Chefs, die ihre Seele mit einem Bronzeguß überziehen, und die Unter-Chefs, die in der Bronze eine Seele entdecken, alle jagen dem Hasen nach, den die Meisterdenker freigelassen haben, eine hübsche Mechanik, dessen Vorderläufe das *Ich denke* schlagen, während die Hinterläufe über den Erdball herrschen.

«Warum ich so weise bin»; «Warum ich so klug bin»; «Warum ich so gute Bücher schreibe»; «Warum ich ein Schicksal bin». Indem Nietzsche für die Kapitel seines *Ecce Homo* so unpassende Titel wählte, kündigte er schon, wie seine Biographen meinen, den Wahnsinn an, der ihn bald ergreifen sollte. Es sei denn, Nietzsche konnte als einziger von einer Leidenschaft sprechen, die, wenn sie sich auch mit mehr Windungen ausdrückt, nicht weniger drängend ist als bei den anderen Meisterdenkern. Alle stimmten mit Fichte überein, daß, wenn das Wort Philosophie «etwas Bestimmtes bezeichnen solle, es gerade die bestimmte Wissenschaft bezeichnen müsse» – vernehmt nun ihre Wissenschaft. Alle haben in ihren Büchern erklärt, warum sie so gut geschrieben sind, und sich historisch einordnend, haben sie analysiert, warum sie in der Welt zum Schicksal wurden. Hegel hatte nicht den Anspruch erhoben, sich am Ende der Geschichte zu befinden, und wenn es zu diesem naiven Vorwurf kam, dann nicht, weil er sich damit brüstete, das letzte Wort zu ihr gesagt zu haben, sondern das scharfsinnigste.

Raffael war «Maler»: er blieb der Arbeitsteilung verhaftet,

eingeschlossen in den Grenzen einer bestimmten Kunst, während in einer kommunistischen Gesellschaft es keine Maler gibt, «sondern höchstens Menschen, die unter anderm auch malen» (Marx). Die Vorstellung scheint sonnenklar zu sein, wer ginge der Traurigkeit aus dem Wege, allein arbeiten zu müssen? Wer würde nicht «Entfremdung» den Winkel nennen, in dem er langsam verblüht? Doch woher haben wir die Sicherheit anzunehmen, daß die Begrenztheit Mozarts nur die wäre, nicht Bildhauer oder Seiltänzer zu sein, sondern einfach «nur» Musiker? In welchem Horizont scheint es selbstverständlich zu sein, daß die ideale «kommunistische Organisation der Gesellschaft» die Begrenztheit sprengen soll, die dazu führt, daß es «Maler, Bildhauer usw. gibt, die nur das sind»? Wer sagt uns, daß Begrenzungen mit den «lokalen Schranken» und den «nationalen Grenzen» vergleichbar sind, die die Menschheit der Zukunft, wie Marx behauptet, aufheben wird?

Hatte Mozart keine Augen dafür, das Werk eines Raffael zu sehen? Und hatte dieser keine Ohren für Monteverdi? Warum muß es unbedingt so sein, daß das Hören der Musik *weniger* ist, als sie zu komponieren? Wird sie denn nicht komponiert, wenn man ihr zuhört und sie zu Gehör bringt? Und ist das Zuhören nicht seinerseits ein Neukomponieren? Nein, Mozart hätte auch Architekt, Romanschreiber, Filmemacher und Klempner, Bauer und vielleicht auch Volkskommissar sein müssen, sonst wäre er «Opfer» der Arbeitsteilung. Nicht weil seine reichen Gönner ihn schließlich verhungern ließen, sondern weil es ihm nicht vergönnt war, ein Poly-Künstler oder ein totaler Mensch zu sein. Es fehlte ihm weniger an Geld – diesem falschen bürgerlichen Reichtum –, sondern an dem versprochenen wirklichen Reichtum von Marxens Kommunismus: «Der *reiche* Mensch ist zugleich der einer Totalität der menschlichen Lebensäußerung *bedürftige* Mensch. Der Mensch, in dem seine eigne Verwirklichung, als innere Notwendigkeit, als *Not* existiert».

In dem Maße, wie Raffael «nur» ein Maler war, stellten die anderen menschlichen Tätigkeiten für ihn eine «Grenze» dar. Vielleicht fand er an ihnen mit viel Feinsinn und Empfindsamkeit Geschmack, dem Meisterdenker ist das gleichgültig; der wahre Reichtum ist, alles selbst zu tun, alles zu sein. Wenn man nicht Tänzer ist, verliert man die Herrschaft über seine Beine, wird man nicht zum Held der Bühne, verlischt das Gesicht, wenn man nicht malt, wird man zum Einarmigen, und die «Arbeitsteilung» ließe uns womöglich nur zehn Finger und zwei Ohren, wie diesem armen Musiker, der «nur» Mozart war.

Was ist der ungeheure Unterschied, wenn man Musik macht und Musik hört (in einem solchen Fall würde sie uns entgehen)? Gewöhnlich wird Mozart als das absolute, unerschütterliche Fundament der Musik angesehen, wenigstens der Mozart-Musik. Daß man Marx zum Philosophen der Praxis macht, zum dialektischen Materialisten, zu einem Phänomenologen und Wissenschaftler, das mag angehen! Doch man möge zugeben, daß er wie alle Meisterdenker in dem Raum des Ich-denke-also-bin-ich denkt, ich mache Musik, also entgeht sie mir nicht, ich werde die menschliche Totalität des Lebens offenbaren, also wird mir nichts entgehen. Raffael ist durch die Arbeitsteilung entfremdet, solange er nicht das «Warum ich ein guter Maler bin» malt, solange er nicht in poetischer Weise das «Warum ich so klug bin» erklärt und solange er nicht die Skulptur von «sich selbst als Schicksal» in einem Tempel einschließt, den er als seine schönste «Apologie» planen würde.

Die Arbeitsteilung ist beklagenswert, weil sie die Herrschaft des *Ich denke, also ich bin* aufteilt und weil sie sich damit als etwas erweist, was nur schwer – oder unmöglich – zu bewältigen ist. Das läßt vermuten, wie die Anarchie des kapitalistischen Marktes von allen Meisterdenkern verurteilt wird – nicht weil sie kapitalistisch wäre, sondern weil sie eine Anarchie ist.

Ausschließung – Einschließung

Die Bewegung, mit der das Subjekt in sich einkehrt, als ein zweifelndes, denkendes, seiendes, wird mit der Beziehung, die Descartes darin aufstellt, von einer heftigen Abweisung begleitet, die den Wahnsinnigen «außer sich» bringt, der aber im «Grand siècle» wieder von all dem Vernunftkram eingeholt wird, der nur zu einem gut ist: jemanden hinter Schloß und Riegel zu bringen. Die «Geste, die ausschließt» (Foucault) bleibt nicht ewig die geheime, quasi unausgedrückte Seite des Cogito. Die Meisterdenker lassen das «Du denkst nicht» auftreten, das dem Herrschaftsakt des «Ich denke» innewohnte: die Sache (das Nicht-Ich Fichtes), der Andere (im Hegelschen Duell), *Das Kapital*, die nihilistische Geschichte der Plebs – immer stellt ein *Denke nicht!* dem *Ich denke* die «höchste» Herausforderung entgegen.

Wir werden also das *Ich denke* mit dem Zuruf erschüttern, daß es etwas außerhalb von ihm gibt. Außerhalb des Subjekts das Objekt («so wie ich irgend etwas vorstellen soll, muß ich es dem Vorstellenden entgegensetzen» – d. i. mir, Fichte). Daneben wieder die Inter-Subjektivität, die Produktionsverhältnisse und die ewige Freude des Werdens . . . Die Polemik gegen den Idealismus des Herrn läßt seinen Idealismus nur noch polemischer werden, d. h. sein Wille zur Herrschaft wird noch imperialer. Die Meisterdenker bringen einer nach dem andern einen «Rest» zutage, sie machen ihn sich als Vergessen zum Vorwurf, das die allerschönsten spekulativen Konstruktionen zunichte macht, doch ist es immer ein *zu gewinnender Rest*, ein *Denke nicht!*, das nur ein Noch-nicht-Gedachtes ist, ein Noch-nicht-der-Herrschaft-Unterworfenes. Den Kampf gegen die Sache hast du gesehen, doch hast du den Andern vergessen; die Beziehung zum Andern reflektierst du umsichtig als Herrschaftsverhältnis, doch verpaßt du die Bewegung der Massen, die du als passiv voraussetzt; du hast die Revolution gedacht, doch nicht das Chaos des Werdens, dem sie nicht entgehen kann . . . Die Probleme haben jeweils andere Bezeichnungen, die Lösung bleibt dieselbe: beherrschen, beherrschen, das ist das Gesetz, das ist der Prophet!

Teufelskreis Gott

Das Ich-als-Herr weitet sich auf die Dimensionen des Universums aus, zugleich steht das ganze Universum mit dem «Rükken» gegen jenes Bewußtsein; das Ich macht sich zum «Behälter für alles und für jedes Ding» (Hegel). Wer an einer so idealistischen Verlautbarung Anstoß nimmt, der möge das Ich durch einen Verwaltungsrat ersetzen, der die Demokratie des runden Tisches praktiziert, d. h. die Diskussion ohne Kopf und Fuß, aber unter Chefs. Oder durch ein Zentralkomitee, das gewöhnlich mit Mikroskop und Fernglas ausgerüstet ist, soll heißen, mit dem Marxismus-Leninismus in seiner Kurz- oder Weitsichtigkeit. Hat man nicht in der zweiten Hälfte des 20. Jahrhunderts die Entdeckung gemacht, daß das Subjekt *Ich denke* nicht unbedingt ein Mensch war? Die anonymen Gesellschaften liegen, ebenso wie die sozialistischen, im Streit über die Vor- und Nachteile kollegialer Leitung: das *Ich denke* muß nicht ein Individuum sein, es bleibt dennoch das große Hauptquartier.

Descartes war, so sagte man, dieser «französische Ritter, der mit soviel Schwung sich aufmachte». Auf seinem Weg gab es keinen Halt, ein Cowboy, der ständig eine «neue Grenze» überschritt, Offizier in der roten Kavallerie oder Proletarier, der in Marx' Kopf zum «Sturm auf den Himmel» ansetzte. Das Subjekt der Geschichte fand sich «in Wahrheit» erst, als es bereits einmal um die Welt gegangen und sich die Erde untertan gemacht hatte. So sprachen die Meisterdenker und schlossen alles Denken in einem Zirkel ein, den der junge Descartes wohl im Vorübergehen erwähnt hatte: Ich denke, also ist Gott, *Cogito ergo Deus est.*

Zum Herrn und Eigentümer der Welt geworden, finde ich mich selbst. Um diesen Besitz und diese Beherrschung zu erlangen, brauche ich eine Methode, ich muß von Anfang an ein Eroberer sein, schon vorher mußte ich mich gefunden haben. Ein Denken, das sich in Kreisen bewegt. Descartes zum Beispiel: Gott garantiert, daß meine klaren und deutlichen Ideen wahr sind, doch ist Gott für mich nur wahr, weil meine klaren und deutlichen Gedanken – die Anordnung meiner Gründe – zu ihm hinführen. Das Wahre ist Subjekt, das Subjekt ist am Anfang, doch das Wahre ist ebenso auch Ergebnis (Hegel). Der Kommunismus ist «das aufgelöste Rätsel der Geschichte», doch vom Kommunismus wissen wir so gut wie nichts, da wir nicht die «Kochtöpfe der Zukunft» zum Sieden bringen (Marx). Das Subjekt flieht vor sich her, um die Welt zu erobern, und die Welt versammelt sich im Subjekt; ein Zirkelschluß, wenn überhaupt, doch hat es dieser Schluß in sich: die Welt und das Subjekt werden ständig aufeinander verwiesen, prallen aneinander.

Wenn man so weit gekommen ist, erübrigt es sich zu bedauern, daß dem Menschen so sehr daran liegt, sich für Gott zu halten. Eine Träne, die für große Illusionen und unsinnige Hoffnungen vergossen wird, und schon glaubt man zu einer Genügsamkeit zurückkehren zu können, die eben besser zu Gesicht steht. Nun, dem ist nicht so: der Kreis geht diesem «Drama des atheistischen

Humanismus» voraus, das nur eine vulgarisierte Version jenes «onto-theo-logischen» Kreises ist, der sich der Heideggerschen Genealogie zufolge bis weit hinter Descartes zurückverfolgen läßt.

Als ontologisch wird bezeichnet das In-Betracht-Ziehen des Seins im allgemeinen, als Ganzes, dieses Seins, das den Chimären der Träume gemeinsam ist, dem Türgriff, der Lerche, den kleinen Chinesen, Mao Tse-tung oder Gott, von dem wir sagen, daß wir Gott sind oder gewesen sind. Theologisch ist Licht in das zu bringen, was *ist*, in diese Wesen, die schon nach Aristoteles, mehr oder weniger Wesen sind: er nennt «göttlich» oder «Gott» das, was in den Wesen das Mehr *ist* – jeder Vergleich mit einem persönlichen Wesen, Schöpfer des Himmels und der Erde, wäre geschichtlich gesehen ein Widersinn. (Im Gegenteil, dieser «Schöpfer» wurde zuweilen in den Kategorien des Aristoteles gedacht.) Wir alle, Raffael inbegriffen, werden wirklich wir selbst erst im Kommunismus sein, denn das kommunistische Sein erweist sich als ein vollkommeneres Sein als das entfremdete Quasi-Nicht-Sein der Arbeitsteilung und des Kapitalismus – eine Behauptung, die ebenso vollkommen atheistisch wie theologisch ist. Es ist unnötig, einen Christen zu zwingen, seine lieben Kleinen in der angeblich marxistischen Religion wiederzufinden: christliche «Philosophie» und marxistische «Philosophie» sind im wesentlichen die Kinder des gleichen Herrschaftsplans, jedesmal dann nämlich, wenn sie es sich herausnehmen, der Welt eine Ordnung aufzuzwingen.

Das Sein kann auf «vielfache Weise» gesagt werden, bemerkte dazu Aristoteles. «Im Allgemeinen» von der Welt und «im Besonderen» vom Göttlichen. Diese vielfältige Weise schließt sich zu einem Kreis, wenn die Beherrschung der Welt auf die Tagesordnung gesetzt wird. Die Herrschaft geht auf das Ganze aus, damit ist sie ontologisch, sie kennt nichts außerhalb ihrer selbst und spielt um das Ganze, damit ist sie theologisch: «Um den Helden herum wird alles zur Tragödie, um den Halbgott wird alles zum Satire-Spiel; um den Gott herum wird alles – wie soll man es sagen? – vielleicht Welt» (Nietzsche).

Zirkelschluß, kopernikanische Revolution, onto-theo-logischer Kreis: die Krone des neuzeitlichen Herrn.

Daß der Schein eines Zirkelschlusses die höchste Weisheit einfaßt, erklärt Hegel, wenn er den Stil seiner Diskurse und die Schiefheit seines Vorgehens kommentiert, «dieser sich selbst erzeugende, fortleitende und in sich zurückgehende Gang». Mit dem Wort «dialektische Bewegung» oder spekulativer Satz definiert Hegel nichts anderes als den großen Stil der neuzeitlichen Herrschaft: sie herrscht nicht nur über die Dinge von außen (wie die anderen Wissensformen, auch die Mathematik, behaupten die Meisterdenker), sie will sie von innen besitzen – ein königlicher Weg, der nicht im «Hausrock» des gemeinen Menschenverstandes begangen werden kann, denn man muß sich darin vollständig verlieren können, um alles zu gewinnen.

Wenn ich behaupte: Der Baum ist grün, dann ist der Baum das *Subjekt* meines Satzes, und das Grün, mit dem ich dem Baum eine Qualität gebe, sein *Prädikat*. Im Herbst ist der Baum eher gelb, grün ist er also nur zufällig mal im Frühjahr. Der Lauch ist ebenfalls grün; also gehört das Grün ebensowenig zum Baum wie der Baum zum Grün, es herrscht ein zufälliges Verhältnis zwischen Subjekt und Prädikat eines gewöhnlichen Satzes: ich sehe es so, doch könnte ich die Dinge auch anders sehen. Im Gegenteil, wenn ich sage: «Gott ist das Sein», dann geht das Subjekt (Gott) ganz in das Prädikat (Sein) über, denn wenn ihm das Prädikat fehlte, würde es nicht mehr als Subjekt existieren. Außerdem, fügt Hegel hinzu, findet das Denken, unter den «sonstigen Bedingungen der Bildung», «das Subjekt unmittelbar auch im Prädikate»: in unserer ontotheologischen Bildung hat das Sein immer etwas Göttliches an sich.

Man würde hier gern mit der Bemerkung abschließen, daß es bei Hegel noch einige Reste der Theologie gibt – schließlich war er als junger Mann Seminarist! Da aber alle unsere Universitäten implizit mit der offiziellen Theologie nichts mehr zu tun haben, müßte nur noch die ewig lebendige, ja revolutionäre Seite der Hegelschen Dialektik von ihren alten Erinnerungen entstaubt werden.

Zu ihrem Unglück vernachlässigen diese Schnitte die Tatsache, daß Hegel den Gebrauch des spekulativen Satzes keineswegs auf Gott beschränkte. Jedes Dorf hat seine «Franzosen, die für Frankreich gefallen sind», und ebenso viele Denkmäler, die diesem spekulativen Satz errichtet sind. Hegel hätte mühelos gezeigt, wie das Subjekt (Franzosen) im Prädikat (Frankreich) verschwindet, denn er selbst hätte *für* etwas *sterben* lassen . . . *für* die spekulative Tätigkeit par excellence. Während die Franzosen sterben, damit Frankreich lebt, lebt das offizielle Frankreich der Gedächtnisfeierlichkeiten von dem Tod der Franzosen, das Subjekt ist in das Prädikat übergegangen, und das Prädikat hat sich zum Subjekt gemacht. Ersetzen wir Frankreich mit Revolution und das Wort Franzosen durch Proletarier, dann haben wir wieder genug Soldaten für den spekulativen Satz.

Nach einigen dialektischen Gymnastikübungen kann man den spekulativen Satz in kondensierter Form wiederfinden, wobei sich das Verb von selbst versteht. So zum Beispiel bei der «Diktatur des Proletariats», bei der das Subjekt, von dem ausgegangen wird (Proletarier, die die Diktatur ausüben), schnell in dem Prädikat verschwindet (Diktatur . . .), die ihrerseits Subjekt wird (die über das Proletariat ausgeübt wird).

Der spekulative Satz (die dialektische Bewegung) funktioniert wie eine Logikmaschine; man kann sie die neuzeitlichen Begriffe wie «Gott», «Vaterland», «Staat», «die eine und unteilbare Revolution» usw. reproduzieren lassen, die alle, wenn sie auch allgemeine Geltung haben, die Handschrift des Meisters erkennen lassen: das Subjekt muß im Prädikat verschwinden, damit das Prädikat sein Leben als Subjekt leben kann, Bürger und Revolutionäre müssen für das Vaterland sterben (zumal das Vaterland des Sozialismus), weil dieses Vaterland von ihrem Tod lebt. Der spekulative Satz ist die logische Verallgemeinerung des «höchsten Beweises», den der Herr dem Knecht unserer Zeit verabreicht.

«Spekulation» klingt für unsere keuschen Ohren zu veraltet – hören wir statt dessen: Wissenschaft. «Satz» klingt auch nicht gut – sagen wir: Experimentieren. Hat Hegel seine Zunge im Vokabular der Fakultäten der Logik oder der Theologie zu sehr gehütet? Hören wir die «heikeligste aller Fragen», wenn sie von Nietzsche in moderner Prosa formuliert wird: «ob die Wissenschaft im Stande sei, Ziele des Handelns zu *geben*, nachdem sie bewiesen hat, daß sie solche nehmen und vernichten kann – und dann würde ein Experimentiren am Platze sein, an dem jede Art von Heroismus sich befriedigen könnte, ein Jahrhunderte langes Experimentiren, welches alle großen Arbeiten und Aufopferungen der bisherigen Geschichte in Schatten stellen könnte.» Was will Hegel bedeuten, wenn er den Satz aufstellt, das Subjekt solle sich in seinem Prädikat, seinem Objekt wiederfinden? Nietzsche fährt fort: «Bisher hat die Wissenschaft ihre Zyklopen-Bauten noch nicht gebaut; auch dafür wird die Zeit kommen.»

Wie ein Meisterdenker seine Ideen versammelt

Gott? Es kommt darauf an, was man in ein Wort, das als solches leer ist, hineinlegt. «Aus diesem Grunde kann es z. B. dienlich sein, den Namen *Gott* zu vermeiden . . .» Hier gibt Hegel vorsichtig zu verstehen, daß der berühmte Atheismus, der Stolz der neuzeitlichen Denker, auf ein einfaches Wortspiel zurückgeführt werden könnte. Ist das Wichtige an den Gottesbeweisen nicht, mehr als ein leeres Wort, diese Bewegung des Beweises, die zugleich Erhebung und Beweisführung ist?

Beweisen in dem Sinne, als das Spekulative «im allgemeinen in nichts anderem» besteht, «als seine Gedanken, d. i. die man schon hat, nur zusammenbringen». Und was anderes ist dieses Sie-Vereinigen als Sie-Beherrschen, indem man sich den einigenden Gesichtspunkt gibt, der «Gott» genannt werden kann, aber ebensogut «Vaterland» oder «Sozialismus». Jedesmal also ein geometrischer Ort für alle möglichen Fragen («positive» Bestimmung), ohne den keine Frage gestellt werden kann («negative» Bestimmung, nach Hegel die erste): ein Franzose, der nicht alles seinem Vaterland opfert, sieht sich unter dem Verdacht der Fahnenflucht, denn was wäre ein Franzose ohne Frankreich? Ein Proletarier, der das Lager des Sozialismus verläßt, ist ein Renegat, ein Mensch ohne Religion ein Tier (Hegel).

Erhebung, in dem Maße, wie wir nicht eine endliche Welt verlassen, um ein unendliches Sein aufzusuchen, die Gottesbeweise bilden, nach Hegel, eine innere Bewegung, keine touristische Aktivität. Die Dinge als endliche denken (der Beweis «e contingentia mundi») läuft darauf hinaus, daß das Notwendige als das gedacht wird, was definiert, nicht als eine andere Welt:

«Die Erscheinung ist das Entstehen und Vergehen, das selbst nicht entsteht und vergeht, sondern an sich ist und die Wirklichkeit . . . ausmacht.»

Der Standpunkt Gottes – diese «Manifestation» – ist nicht der einer anderen Welt, sondern ein anderer Gesichtspunkt über die gleiche Welt: die des Herrn. Der Gesichtspunkt des Herrn ist nicht äußerlich zu dem, was er beherrscht, er drückt die innerste Beherrschung aus, die die Zirkulation eines jeden Dings in dem spekulativen Satz beherrscht. Das Wichtige in dem Prädikat-Werden des Subjekts und in dem Subjekt-Werden des Prädikats ist, daß die so erzeugte Bewegung alles erfaßt, ohne jemals aus sich selbst heraustreten zu müssen: die Erscheinung der Welt ist zugleich die Herrschaft über die Erscheinung und die Erscheinung der Herrschaft. Daher die Erhebung.

Der spekulative Satz wurde zunächst als «Weltanschauung» bezeichnet. Was bedeutet «unendliche Anschauung»? «Das Endliche ist für Hegel durch die Fixierung gekennzeichnet. Fixieren ist setzen in dem Sinn von etwas für sich absetzen, und folglich es in Entgegensetzung bringen (. . .) So ist für die Endlichkeit jede Bestimmung, jedes bestimmte Etwas, von Nichtbestimmtem umgeben, von Nichts (. . .) Wenn das Endliche von dieser Art ist, dann ist das Un-endliche jene Setzung, die im Gegenteil die Gegensätze nicht verschwinden läßt, sondern sie in ihrer Entgegensetzung in der Innigkeit ihrer ‹Vereinigung› bewahrt» (Heidegger). Dieser vereinigende Gesichtspunkt beherrscht die Gegensätze, weniger wie ein vom Olymp aus herrschender Gott, eher schon wie der General Bonaparte, der ein Schlachtfeld abschätzt. Die Welt ist die «Einheit, die in sich alle Gegensätze vereinigt» (Heidegger), der Weltgeist ist Herr der Lage.

Der Gesichtspunkt Gottes besteht von nun an nicht mehr darin, alles zu sehen, denn ihm ist kein Ort zuzuweisen, oder alles auf Herz und Nieren zu prüfen, denn er selbst ist niemals in einem Herzen eingeschlossen. Sartre warf Mauriac vor, er behaupte das zu sehen, was sich im Innern seiner Romanpersonen abspiele, nichts dergleichen könnte er den Meisterdenkern entgegnen, die nicht mit Gewalt in das Innere eines jeden einzudringen gedenken. Es genügt ihnen, daß die Welt als ein Schlachtfeld verstanden wird und daß ein jeder, wer auch immer, dort seine Waffen, auch die geheimsten, zur Anwendung bringt. Der

Kampf auf Leben und Tod wird vorwärtsgetrieben, bis schließlich jedes Lager seine ganze Feuerkraft in Stellung bringt, bis der geringste der Kämpfer sein letztes Pulver verbraucht hat. Das gewöhnliche Prinzip des Ehekrachs.

Weniger die Himmelfahrt der Götter regelt das Vorhaben der Meisterdenker, als vielmehr der Adler-Flug.

Unpassende Fragen

Der neuzeitliche Herr geht keiner Frage aus dem Weg, im Gegenteil, er hilft bei ihrer Formulierung. Besser: er stellt sie alle. Er läßt sich in keinem Vorurteil einschließen, er verwirft die «lokalen» Gewißheiten des gemeinen Menschenverstands im Namen der Humanität: «Indem jeder [der gemeine Menschenverstand] sich auf das Gefühl, sein inwendiges Orakel, beruft, ist er gegen den, der nicht übereinstimmt, fertig (. . .) mit anderen Worten, er tritt die Wurzel der Humanität mit Füßen» (Hegel). Der Herr aber stellt den Kontakt wieder her, er läßt niemanden in seiner Ecke allein, er hat jedem etwas zu sagen, er packt die Menschheit an ihrer Wurzel, es kommt darauf an, alles zu sagen, und ihm fehlt es nicht an Worten: «Denn die Natur dieser [der Humanität] ist, auf die Übereinkunft mit anderen zu dringen, und ihre Existenz nur in der zustande gebrachten Gemeinsamkeit der Bewußtseine.»

Bei näherer Betrachtung stellen wir fest, daß der Meisterdenker alle Fragen stellt, außer einer, die nach der des Ganzen, das alle diese Fragen bilden. Wenn wir mit Hegel Gott zum geometrischen (oder genauer: spekulativen) Ort aller Fragen machen, darf man darüber nicht erstaunt sein, daß der Vorschlag Kants heftig verworfen wird, der sagte, daß dieser «Gott» sich selbst Fragen stellen könnte: «Ich bin von Ewigkeit zu Ewigkweit, außer mir ist nichts, als was durch meinen Willen existiert; *aber woher bin ich denn?*» Das ist die Angst, kommentiert Hegel: «Hier sinke alles unter uns und schwebe haltungslos . . .» Unser Philosoph hat schon lange die «Neurasthenie» seiner Jugend überwunden, er erstickt diese Angst, indem er die Frage verbietet: «Was die spekulative Vernunft vor allem muß schwinden lassen, ist, eine solche Frage wie ‹woher bin ich denn?› dem Absolut-Notwendigen, Unbedingten in den Mund zu legen. Als ob das, außer welchem nichts als durch seinen Willen existiert, (. . .) über sich hinaus nach einem Anderen seiner sich umsehe und nach einem Jenseits seiner Frage». Wenn ich alle Fragen stelle, können mir keine Fragen gestellt werden; die Gesamtheit aller Fragen wirft keine Frage auf.

Die gleiche Operation des Mundverbietens, wenn der Mensch sich Fragen stellt: «Wenn du nach der Schöpfung der Natur und des Menschen fragst, so abstrahierst du also vom Menschen und der Natur (. . .) Denke nicht, frage mich nicht, denn sobald du denkst und fragst, hat deine *Abstraktion* von dem Sein der Natur und des Menschen keinen Sinn.» Das sei evident für ein «vernünftiges Denken», präzisiert Marx als guter Meisterdenker. Fragen ist ein hegelsches «Abstrahieren», d. h. ein «Begreifen», d. h. «Beherrschen»: die letzte Frage wird von dem gestellt, der als letzter herrscht und nicht seinerseits befragt werden kann. Das wäre «absurd» (Marx). Ich befrage alle Wesen, und in dem Maße, wie *ich* die Fragen stelle, stelle ich mir keine Fragen mehr . . . sagt der Meister in seinem Dünkel.

Nehmen wir nun einmal an, daß nicht wir, wir Menschen, die ersten und letzten Fragen stellen, und noch weniger Gott. Dann müßten wir als «Welt», als «Werden» das bezeichnen, was uns anstößt und fragt, der «Ort» aller möglichen Fragen. Ein Meisterdenker würde dann genau wie vorher diese Welt als das setzen, was nicht seinerseits befragt werden kann: ohne Sinn, ohne Wert, ohne Ziel – «Das Werden (. . .) hat gar keinen Wert» (Nietzsche). Es gibt solche, die sich verzweifelt bemühen, wiederum das zu befragen, was alle Fragen stellt, gleich den «passiven Nihilisten», die hinter einem Sinn herlaufen und doch dabei wissen, daß es ihn nur geben kann als Sinn, der ihrem Lauf gegeben ist: Wille zum Verzweifeln. Nietzsche nahm als «aktiver Nihilist» diese Macht der Frage auf sich, die die Macht aller Fragen ist, so wie Hegel Gott und Marx den Menschen auf sich nimmt.

Gott, Mensch, Welt: drei Quellen, die von keiner Frage zu befragen sind. Die «in letzter Instanz» bestimmen und «in letzter Analyse» antworten. Lassen wir die ökonomischen, soziologischen und literarischen Varianten beiseite, es geht immer um die höchste Herrschaft des Herrn. In diesem Fall sind die drei «Orte», an denen die Meisterdenker das Allerletzte phantasieren, nicht zufallsgeboren. Die Metaphysik des 18. Jahrhunderts unterteilt lehrbuchhaft die letzten Fragen, von denen sie handeln will, in vier Kapitel: Ontologie (oder allgemeine Metaphysik), Kosmologie, Psychologie und Naturtheologie (diese drei letzten Kapitel konstituieren zusammengenommen nicht mehr die allgemeine, sondern im Gegensatz dazu die «spezielle» Metaphysik).

Die Wissenschaft der Meisterdenker ist Metaphysik in dem Sinn, wie das 18. Jahrhundert diese definiert als «Wissenschaft, die die ersten Anfangsgründe der menschlichen Erkenntnis enthält», und zugleich als «Wissenschaft von den allgemeinen Eigenschaften aller Dinge» (Kant). In diesem Sinne ist die Metaphysik «allgemein» oder, wie Heidegger sagt, «katholisch» (von einem griechischen Wort, das bedeutet: ausgerichtet auf das Ganze der Wesen, auf die Dinge in ihrer Gesamtheit).

Die Operation «spekulativer Satz» besteht darin, das Subjekt dieser katholischen Prädikate (Eigenschaften) zu finden, die es erlauben, die Welt als Welt und jedes Ding als ein Ding zu denken. Hegel fand sein Subjekt in dem Kapitel «Naturtheologie», Marx marxisierte das Kapitel «Psychologie», das zur «Anthropologie» wurde, Nietzsche bemächtigte sich des Kapitels «Kosmologie». Jedesmal wird das Wissen abgeschlossen, indem man die spezielle Metaphysik (der man die letzten Subjekte entnimmt) und die allgemeine Metaphysik (die uns die Eigenschaften, «Prädikate» liefert) aneinanderklebt. Diese Collage heißt «Ende der Metaphysik», sie geht nicht ohne Gigantenkämpfe ab, wobei jeder dem andern das Recht streitig macht, die Weisheit der Welt vielmehr in diesem Kapitel der speziellen Metaphysik als in einem anderen zusammenzufassen: Hegel ist zu theologisch für seine Nachbarn, Marx zu humanistisch und Nietzsche zu naturalistisch.

Was wird das letzte Wort sein? Darüber streiten sie. Doch keiner zweifelt daran, daß es das gibt, dieses letzte Wort über die «Natur» der Menschheit, das es erlaubt, ihre «Übereinkunft» zu regeln und die «Gemeinsamkeit der Bewußtseine» zustande zu bringen – ein Regeln und Zustandebringen aus Meisterhand, versteht sich: «Das Widermenschliche, das Tierische besteht darin, im Gefühle stehenzubleiben und nur durch dieses sich mitteilen zu können» (Hegel). Nicht möglich! Läßt sich über das Gefühl kommunizieren? Außerhalb der Vernunftklammer des spekulativen Satzes, der alles über alles sagt?

Die große Behauptung

Das Nicht-Wahre ist eine Abstufung, ein Moment, eine einseitige Wahrnehmung der Wahrheit: «Noch *gibt* es ein Falsches, sowenig es ein Böses gibt. So schlimm zwar als der Teufel ist das Böse und Falsche nicht . . .» (Hegel). Was als Böses erscheint, kann ein Gutes erzeugen, die Geschichte nimmt ihren Fortgang von ihrer «schlechten Seite» her, und, fügt Marx leutselig hinzu – es handelt sich um die Kinderarbeit in den Fabriken –, «in der Geschichte wie in der Natur ist der Verderb das Laboratorium des Lebens». Auch das Häßliche kann nicht wirklich häßlich sein, flüstert Zarathustra; wenn in den Schlund dringt, was so schwer und schwarz nicht noch einmal auf der Welt ist, macht es wie der Hirt: «er biß mit gutem Bisse! Weit weg spie er den Kopf der Schlange –: und sprang empor.» Der Herr ist Herr über das Wahre wie über das Falsche, Herr des Guten und des Bösen, des Häßlichen wie des Schönen, denn wahrer, schöner und besser als diese Gegensätze ist die Herrschaft selbst. Nicht irren zu können steht bei weitem über dem Nichtirrenkönnen, sagte Descartes. Sein *und* Nicht-sein, Falsch *und* wahr, die Herren herrschen, sie lassen sich nicht auf die Alternative festnageln, sie erheben den Anspruch, «die affirmative Seite des Ganzen des Verhältnisses» (Hegel) erfassen zu können.

Am Horizont aller Meisterdenker: «das Ideal des übermütigsten lebendigsten und weltbejahendsten Menschen, der sich nicht nur mit dem, was war und ist, abgefunden und vertragen gelernt hat, sondern es, *so wie es war und ist,* wieder haben will, in alle Ewigkeit hinaus . . .»

Nietzsche verbarg nicht das Unheimliche an diesem Ideal. Dem «bejahendsten» Menschen folgt wie sein Schatten der Esel, der zu allem ja sagt und sich alle Last auflädt. Hinter dem Bejahenden der ewige Jasager? Vielleicht ist unser Jahrhundert noch mehr nietzscheanisch, wenn es den Schatten von der Realität nicht mehr unterscheiden will, das Heu des Herrn wollen, heißt das nicht, sich zum Esel machen?

Der ideale Mensch ist für die Meisterdenker kein unerreichbarer, süßer Traum, sondern ein Programm. In dem, wie sie die Vergangenheit lesen, gründet die Möglichkeit dieses Vorhabens – nicht weil sie sich damit begnügen würden, die Geschichte mit den Mitteln der Epoche «objektiv» zu dechiffrieren. Weit mehr: ihre Objektivität stellt sich zur Aufgabe, in jedem Moment der Geschichte den Schlüssel zu dem zu entdecken, was die Geschichte affirmiert und produziert. Mit andern Worten, es ist gerade ihre «Objektivität», die sie das historische Objekt par excellence wiederfinden läßt, das, was affirmiert, «das aufgelöste Rätsel» (auf dieser gemeinsamen Methode als Hintergrund wird dann das Rätsel als «Selbstbewußtsein», «Kommunismus» oder «Übermenschliches» enthüllt . . .).

Die Diskussion der Historiker über die Genauigkeit der vorgeschlagenen Analysen der Vergangenheit wird niemals die eigentliche Kraft dieser Analysen aufheben, die weniger darin besteht, über die Vergangenheit Rechenschaft abzugeben als vielmehr die Zukunft zu programmieren. So zum Beispiel bei Hegels Deutung der Reformation. Er schneidet sie sich zurecht, sie soll für ihn die vorweggenommene deutsche Replik auf die Französische Revolution darstellen. Diese stellt ohne Umschweife die Frage des neuzeitlichen Staates, und die deutsche Reformation sollte das bringen, was diesem Staat fehlt: die kulturelle, religiöse und ideologische Vorbereitung der Massen. Religion und Staat: «Es ist der ungeheure Irrtum unserer Zeiten gewesen, diese Untrennbaren als voneinander trennbar, ja selbst als gleichgültig gegeneinander ansehen zu wollen». Die Religion affirmiert den Staat, der Staat affirmiert die Religion.

Wodurch läßt die Reformation dieses Problem der Probleme, den «Irrtum unserer Zeiten», verständlich werden? Indem der «göttliche Geist» das Weltliche immanent durchdringt. Was heißt das? Dreierlei: statt des Gelübdes der *Keuschheit* die Ehe der Priester; statt des Gelübdes der *Armut* die «*Tätigkeit* des Selbsterwerbs»; statt des Lebens im Kloster und des Gelübdes des *Gehorsams* gegenüber der geistlichen Hierarchie der Gehorsam gegen das Gesetz und den Staat. Kurz: die für das Leben des modernen Staates notwendige Sittlichkeit, «die Sittlichkeit der Ehe gegen die Heiligkeit des ehelosen Standes, die Sittlichkeit der Vermögens- und Erwerbstätigkeit gegen die Heiligkeit der Armut und ihres Müßiggangs, die Sittlichkeit des dem Rechte des Staates gewidmeten Gehorsams gegen die Heiligkeit des pflicht- und rechtlosen Gehorsams, der Knechtschaft des Gewissens». Fassen wir zusammen: Familie, Arbeit, Vaterland!

Es ist mehr als fraglich, ob diese Hegelsche Deutung das religiöse Leben vor und nach Luther richtig darstellte (auch wenn zahlreiche Soziologen ihn nachahmten). Doch warum darüber streiten, es geht hier um die Zukunft; Hegel fragt sich, unter welchen Bedingungen die Welt und der Staat der Neuzeit affirmiert werden können. Dabei hält er sich an unsere «Religion»: der neuzeitliche Mensch muß in der Gesellschaft arbeiten, sich politisch definieren und in der Familie leben. Wenn die Hegelsche Wahrnehmung von der Vergangenheit auch fraglich ist, seine Vorwegnahme der kommenden Normalisierungen ist beeindruckend.

Zwischen der großen Behauptung des Ganzen und den kleinen Behauptungen, die den Boden unter den Füßen nicht verlieren, zwischen dem Wahren, das sich selbst will, und der Religion der Familie, gibt es für die Meisterdenker ein Hin und Her. So sahen allerdings Marx, Engels, Lenin in der Fabrik ein «halbes Zuchthaus» (Fourier), doch hielten sie sie mit all ihrer militärischen Disziplin aufrecht, denn militärisch diszipliniert müsse das Proletariat die Revolution machen und dann seine Diktatur ausüben. Der Freieste unter ihnen, der der Kunst den höchsten Rang zuweist, fand dennoch eine höhere Stufe in dem «Kunstwerk, wo es *ohne* Künstler erscheint, z. B. als Leib, als Organisation (preußisches Offizierkorps, Jesuitenorden)» (Nietzsche).

Wer würde zwischen den kleinen Disziplinen der großen Behauptung und der großen Behauptung der kleinen Disziplin, ebenso wie zwischen dem Denken des 19. und den Normalisierungen des 20. Jahrhunderts keine Unterschiede sehen? Doch wer sieht schon, daß diese Unterschiede sich verlagern, daß sie nicht gehalten werden können und die Macht des Herrn nicht mit anderen geteilt wird? Eine Machtstellung, die auch der Herr nicht aufteilen kann, man kann ihr Widerstand leisten, sie damit blokkieren, schwächen, doch das wäre nicht auf den Herrn zurückzuführen, ebensowenig auf das Denken der Meisterdenker.

Angesichts der Geschichte hat ein Leben kaum Zeit. Dennoch hatte ich mehrere Male die Gelegenheit zu sehen, wie die Mehrzahl der Franzosen sich wie Halunken aufführten. Oder zu einem Teil wie feige, mitschuldige Schafe. Ich kenne mich genug, um zu wissen, daß ich nicht besser bin als andere, die Fehler und Neigungen dieser Mehrheit teile, auch wenn hier die Zufälle der Geburt es mir erspart haben, mich für ein schmutziges Tun zu entscheiden.

Auf dieser einigermaßen dreckigen Erde nimmt der Blick immer mehr Bewunderung an, wenn er sieht, daß es Menschen gibt, die ungeachtet ihrer eigenen Situation die menschliche Gemeinheit ablehnen. In der Widerstandsbewegung gegen die Nazibesatzung und im Widerstand gegen den Kolonialkrieg in Algerien, seine Massaker und Folterungen, nahmen Geistliche, oft im Widerspruch zu ihrer Hierarchie oder einfach gegen sie, einen entscheidenden Platz ein. Ich habe Achtung für sie, weil ich ihren Mut bewundere, weil ich ihnen das Leben von sehr nahestehenden Menschen verdanke, und, allgemein, weil ohne sie das Leben in Frankreich unerträglich wäre. Selten sind die Kämpfe gegen das Unrecht, wenn man sie nicht zufällig in den Armenvierteln und in abgelegenen Fabriken antrifft.

Die Gesellschaft ist nun mal wie sie ist, und ein einzelner hat kaum Gelegenheit, Gedanken mit denen auszutauschen, die nicht zu seiner täglichen Umgebung gehören. Die Diskussionen aber, die gedruckt erscheinen, bringen mehr die Gefahr von Mißverständnissen mit sich als die Möglichkeit, Klarheit zu gewinnen, und das angesichts eines herrschenden Autoritarismus, der uns die Atmosphäre so pedantisch, gelehrt und keimfrei macht. Deswegen diese Vorbemerkungen.

Die Ereignisse des Mai 68 boten für mutige Geistliche – einige von ihnen waren von jeher Aufbegehrende – die Gelegenheit zur Begegnung und zu gemeinsamem Nachdenken: «Man muß wissen, daß Gott keineswegs Herr, Hierarchie, Autorität, Vorhersehung oder Technokrat ist, der einen Plan aufgestellt hätte, der wohl oder übel abgewickelt wird (. . .) daß er gerade das Unentgeltliche ist, das Zurücktreten seiner selbst in die Nacht, das Chaos in dem Alltagsgrau . . .»

Nichts ist weniger autoritär als diese zweitausend französischen Geistlichen. Die Plattform, die sie zusammenbringt, besteht aus drei Punkten: «Arbeit, Ehe, Politik» – so jedenfalls steht es in einer Zusammenfassung der Zeitung *Le Monde* (vom 18. Januar 1972). Drei Freiheiten sind es, auf die sie sich berufen, um mit der Tradition (zumindest mit der gegenwärtigen Tradition . . .) der Kirche zu brechen: «Sagen wir es deutlich: Recht auf Arbeit, Recht auf die Ehe, doch fügen wir hinzu: Imperative zur Selbstverpflichtung.»

Da ich keine Seele habe, die in die heiligen Mysterien eingeweiht ist, kann kein einzelner dieser Punkte für mich ein Ärgernis sein, wohl aber das Ganze, wenn darin das Äußerste in der jetzigen Protestbewegung des Klerikalismus zusammengefaßt sein soll. Es sind eben solche Brüche, die es Hegel erlaubten, die «Sittlichkeit» als notwendig für die Stabilisierung des modernen Staates und die Normalisierung der Bevölkerungen zu bestimmen. Ich diskutiere nicht über diese Brüche als solche (diejenigen, die sie praktizieren, mögen über ihre Notwendigkeit urteilen), sondern über ihre politisch-philosophische Tragweite, als Lanze der Protestbewegung. Dienten diese Brüche Hegel zufolge nicht der Integration der Gesellschaft, indem die Religion zum Garanten der öffentlichen Ordnung gemacht wurde?

Wie eine solche Plattform schließlich ihre Zweideutigkeit aufdeckt, und damit autoritäre und nicht nur antiautoritäre Interpretationen möglich macht, das werden uns vielleicht die davon betroffenen Geistlichen, die heute auf die Brennpunkte verteilt sind, sagen können. Die Plattform selber kehrt ganz brav in den § 552 der *Enzyklopädie der philosophischen Wissenschaften* zurück, wo «die Sittlichkeit des Staates und die religiöse Geistigkeit des Staates» (genauer: was von der neuzeitlich gewordenen Kirche bleibt und was auf den Vernunftstaat vorbereitet) «sich so die gegenseitigen festen Garantien» sind (Hegel). Was in der Tat bestreitet weniger die Macht des modernen Staates als eine religiöse Auffassung von der Politik, verstärkt durch eine politische Auffassung von der Religion?

Ich wäre fast nicht mehr antiklerikal gewesen; Clavel hat mich auf andere Gedanken gebracht. Es schien mir veraltet zu sein, die Finsternisse der «Kalotte» mit den Lichtern des Staates zu bekämpfen, unter dem Banner eines Bismarck, Lenin oder des Paters Combes alle zusammen, mit ihrer «von oben» in Gang gesetzten «Kulturrevolution», einem laizistischen, obligatorischen Kulturkampf. Die republikanische Schule hat «auf dem Weg der Unterwerfung unter die bestehende Ordnung eine ähnliche Rolle gespielt wie die Kirche», heißt es in der bretonischen Protestbewegung (Bernard Lambert, *Bauern im Klassenkampf*). Der Krieg zwischen der Kirche und dem monarchischen, republikanischen oder «sowjetischen» Staat war nur ein Erbfolgekrieg. Ein Familienstreit, der mit einem gemeinsamen Programm abgeschlossen werden muß?

Die Versprechungen dieser neuen Allianz kommen bei den Linkschristen zur Sprache, die Clavel als «gauchards» bezeichnet und sorgfältig von den «gauchistes» wie bei Lip unterschied; die Parteien warten indessen darauf, daß die «Pfaffen umkippen», um den Staat über die Kirche einzunehmen, wobei ihnen dann nichts anderes übrigbleibt, als die Kirche wieder durch den Staat einzunehmen. Die Verwechslung von beidem, zu Mussolinis Zeiten nach rechts vollzogen (nicht ohne eine linke Zutat), wird in dem heutigen Frankreich wohl nach links vollzogen (nicht ohne eine gewisse Gleichschaltung). Das macht die Zielscheibe Clavels deutlich: nicht die nächsten Wahlen, sondern die prophetischen Reden des Pfaffen der vereinigten Linken, die die Räson des künftigen Staates und die Religion der Evangelien gleichsetzen (nachzulesen im Manifest der vierzig Geistlichen, die den Christen empfehlen, «für die Befreiung des Menschen» Mitterand zu wählen) . . .

Die Wechselfälle der Kirche in diesem Jahrhundert berechtigen zu einer gewissen Beunruhigung: Gerlier, der sich für Pétain aussprach, die Hierarchie, die sich keineswegs gegen die Kolonialkriege in Indochina und Algerien wandte, das sind schlechte Vorzeichen für die neue Versöhnung mit dem Staat, wäre es auch unter dem Hirtenstab eines CGT-Christus und seines als Chorknaben verkleideten Ordnungsdienstes.

Auf solche Wechselfälle kamen zahlreiche Ausnahmen. Ohne die Leidenschaft der Gläubigen ist die Widerstandsbewegung und der Kampf gegen den Algerienkrieg teilweise überhaupt nicht vorstellbar; ebensowenig Lip und Larzac nach der Maibewegung 68. Auf Grund dieser Erinnerungen muß man kein gläubiger Christ sein: Furcht und Zittern überkommt uns, wenn Clavel nicht das gelobte Land, sondern eine Kirche vorhersieht, die bis zur Wurzel hinab in Frage gestellt ist, nicht durch ihre Leidenschaft für die Ordnung, sondern durch die Normierung aller Leidenschaften.

Die Gefahr ist hier, nicht erstaunt zu sein. Man möge eine Stimme erschallen lassen, die die «Befreiung des Menschen» verspricht. Dann wäre es an uns, unsere eigene Stimme zu Gehör zu bringen, ohne daß unsere Ohren, ob christlich oder nicht, es laut hinausschreien: *«In Gottes Namen! Wie soll ich meine Betäubung zum Ausdruck bringen? Eine weiße Seite, wie die Stimme, die mir versiegt? Ich nehme in dieser historisch-metaphysischen Affäre den unglücklichen Kandidaten, der es gar nicht bis dahin bringen wollte, mal beiseite – wenn er uns auch mit einem Slogan dazu aufforderte, ‹das Leben zu ändern›, was doch allerhand war; schließlich wollte er doch mit seiner bescheidenen Person nur Mai 68 und Arthur Rimbaud vollenden! Von den Schmerzen, ein Kind auf die Welt zu bringen, erlöste er nur das Jahrhundert . . . Wohingegen ihr, vierzig an der Zahl, in zehn Zeilen in der Le Monde zweitausend Jahre zu seiner Verkündung neu belebt! Vom Kreuz zur Rose, es ist für euch ein Adler-Flug . . . Der Mensch den Menschen befreien! Doch, ehrwürdige Väter, Pétain war für Gerlier eben Frankreich!»*

Das Jerusalem der abendländischen Metaphysik

Der moderne Klerikalismus gibt sich wissenschaftlich, der Gläubige beugt sich vor dem Gott der Philosophen und Gelehrten oder vor dem, was davon übrigbleibt, wenn die Humanwissenschaften erst einmal durch den Wolf gedreht sind. Es wird nicht mehr der ontologische Beweis für das Dasein Gottes verabreicht, sondern der ontopolitische Beweis von der Existenz des Gläubigen: ein guter Christ ist der Christ, der richtig wählt. Übrigens enthielt sich Clavel . . . zu Ostern? Nein, bei den letzten Wahlen!

So entdeckt man, daß die Kritik des Militanten der Religion direkt zu der Kritik der Religion der atheistischen Militanten führt.

Von der klerikalischen Seite her einbetoniert, sind die ontopolitischen («das Leben verändern») Wahlansprüche eine öffentliche Bekundung onto-theo-politischer Kreuzzüge («Befreiung des Menschen»). Und Frankreich wird, wenn es zur Urne geht, das Jerusalem der abendländischen Metaphysik. Das gemeinsame Programm verwandelt «alles», d. h. das Sein als Sein (der metaphysica generalis), wobei es den Universitätsgewerkschaften überlassen bleibt, seine Wahrheit zur Existenz zu bringen, die Christen aber werden seine Güte, die Künstler seine Schönheit zu verherrlichen haben. So üben sich die «Kulturarbeiter» in der *metaphysica specialis* und definieren das *Verum Unum Bonum* des Programms. Die christlichen Schreiber sind für die Inszenierung unabdingbar, sie können sicher sein, ihr Latein wiederzufinden. Bei dieser Gelegenheit wird die Dialektik das Ganze in ihrem spekulativen Satz zusammenmischen: Gott ist zum Programm geworden, und das Programm macht sich zu Gott. Amen.

Und dennoch! Gott ist Gott. Und die Ausbeutung die Ausbeutung. Jede Diktatur eine Diktatur. Ein Lager ein Lager. Nach hundert Jahren dialektischer Heldentaten ist es gut, einmal zurückzukommen und sich endgültig von der Dialektik «überholen» zu lassen. Alles ist nicht in allem, es ist wichtig, diese verachteten Tautologien zu verdeutlichen; denn sie verweisen auf Erfahrungen, niemals jedoch auf den Schlaumeier, der alles weiß. Eher schon ein geistig zurückgebliebener russischer Bauer sein! Das wurde dann auch in einem Lager zusammengebracht: Idealisten aller Herkunft, Marginale, Insekten, Rebellen . . . Die nicht auf dem Programm stehen.

Clavel unterzeichnet. Spricht mit seiner eigenen Stimme. Ein einzelner, keine Organisation. Exponiert sich. *La Nouvelle Critique,* die Zeitschrift der Intellektuellen der KPF, behandelt ihn in der Nummer vom März 1976 als Inquisitor. Man sehe darin den kleinen Handel für eine große Allianz: vergeßt den GULAG, wir vergessen die Inquisition; laßt uns unseren weltlichen Geschäften nachgehen, dann zweifeln wir nicht an eurem geistigen Königreich. Das ist die Politik des «schmutzigen Händereichens», ironisierte einmal Paul Thibaud, Direktor der Zeitschrift *Esprit.*

Allerdings ist die KPF durchaus aufrichtig, sie kann viel von den Kirchen lernen. Sie sind zur Konsolidierung der Macht vonnöten, ein allgemeines Gesetz, für das schon Stalin ein Beispiel gab, als er 1942 plötzlich Hochachtung für eine Kirche bezeugte, ohne die die Menschen nicht ins Feuer gehen. Wäre sie heute auch auf seiten derer, die die Weihe der Wahlen empfangen. *With God on our Side*.

Es ist so viel leichter, *Das Kapital* in aller Frömmigkeit zu lesen, und sogar auf christliche Weise, um darin das Denkmal und die Martyrologie des Arbeiters des 19. Jahrhunderts zu finden, als den Archipel GULAG, die Martyrologie des «marxistischen» Arbeiters zu entdecken, oder auch das Buch von Pasqualini für alle jene durchzublättern, die es sich mit dem Chinesisieren leichtmachen? Auf so einfache Weise devot ist Clavel nicht.

Er ist ein Spielverderber. Die Hochzeit des Staates der Zukunft mit der Kirche, wäre sie auch links, geht nicht ohne Geheimnisse ab. Die Polemik scheint nicht in Galakleidung ihren Fortgang zu nehmen; um so besser. Clavel wird zum «Faschisten» erklärt werden, wie Solschenizyn; mit diesem ideologischen Knüppel in der Hand gibt die aufsteigende rote Bourgeoisie zu: getroffen!

Wie ich zum Verhängnis wurde
(Marx unter anderen)

«Wär's abgetan, so wie's getan ist, dann wär's gut,
Man tät' es eilig: – Wenn der Meuchelmord
Aussperren könnt' aus seinem Netz die Folgen
Und nur Gelingen aus der Tiefe zöge:
Daß mit dem Stoß, einmal für immer, alles
Sich abgeschlossen hätte – hier, nur hier –
Auf dieser Sandbank der Gegenwart –,
So setzt' ich weg mich übers künft'ge Leben. –»

Shakespeare,
Macbeth (1,7)

Ecce Maestro!

Die Kritik des «alten» Meisterdenkers durch seinen jungen und wenig respektvollen Nachfolger gehört zur Regel: Dir ist etwas außerhalb deines Programm-Diskurses geraten, und im Namen dieses Etwas stürze ich dein Programm um. Außerhalb von deinem Vernunftstaat gibt es noch die Freiheit des Bürgers und der «bürgerlichen Gesellschaft», wendet Hegel gegen Fichte ein. Außerhalb des Bourgeois ist noch der Arbeiter, heißt es weiter bei Marx. Außerhalb davon noch die Welt und die Herrschaft über sie, sagt Nietzsche. Und wie im Hut des Zauberkünstlers: was verkörpert den Rest? Eben dein Programm, das auf seine Hinterläufe gestellt mit den Pfoten Faxen macht und dich veralbert.

Die Meisterdenker forschen einander mit bemerkenswerter Klarsicht aus. Wenn der junge Hegel dem älteren Fichte das Verdienst zugesteht, mit der deutschen «philosophischen Revolution» begonnen zu haben, so verdammt Hegel mit um so mehr Nachdruck den seltsamen Vernunftstaat Fichtes, dessen «Polizei so ziemlich weiß, wo jeder Bürger zu jeder Stunde des Tages sei und was er treibe». Die «absolut vollkommene Herrschaft über sich selbst», die vom Fichteschen Ich postuliert wurde, kommt, wie Hegel zeigt, in dem Staat der allgemeinen Verdächtigung zur Vollendung, der den Anspruch erhebt, mehr zu überwachen als zu strafen, eher abzuschrecken als Zwang auszuüben, eher eine Garantie auszustellen als zu reparieren: «Jeder Staatsbürger wird nicht wie beim preußischen Militär, wo ein Ausländer nur *einen* Vertrauten zur Aufsicht hat, nur einen, sondern wenigstens ein halb Dutzend Menschen mit Aufsicht, Rechnungen usw. beschäftigen, jeder dieser Aufseher ebenso und so fort ins Unendliche; so wie jedes der einfachsten Geschäfte eine Menge von Geschäften ins Unendliche veranlaßt.» Schigaljow in «Die Dämonen» von Dostojewskij faßt diese spekulative Karte des Zartfühlenden zusammen: «Ich bin von der uneingeschränkten Freiheit ausgegangen und schließe mit dem absoluten Despotismus.»

Wenn die Kritik Hegels an Fichte alle Infragestellungen der «chinesischen Bürokratie» vorwegnimmt, dann wendet sich, so heißt es, die Kritik von Marx an Hegel mit einem Jahrhundert im voraus an das russische sozialistische Regime: ein Korps von «rationalen» Beamten, die im «Universalen» arbeiten und dort ihre partikularen Interessen pflegen – kann es eine bessere Definition für die sowjetische «Nomenklatura» geben, für diesen politisch-ökonomischen Apparat, der seine Datschas, seine privaten Einkaufsläden und alle Privilegien mit dem roten Mantel des «proletarischen Internationalismus» verdeckt? Ebenso voller Vorahnung erweisen sich die Vorwürfe Bakunins gegen den Autoritarismus und die zahlreichen «Taktlosigkeiten» des Organisatoren Marx. Der Balken im Auge des Meisterdenkers nebenan wird jedesmal genau wahrgenommen.

Die Taktik der aufeinanderfolgenden Demontagen markiert zwei Haltepunkte. Erstens, du verdienst deine Krone nicht, alles was du vorschlägst, erweist sich als Polizeistaat. Zitate sind bei der Hand, und einleuchtende Kommentare. Zweitens: du hast schließlich die Polizei zur Hilfe gerufen, weil du jenen großen Teil der Bevölkerung «vergessen» hast, der weiter unterdrückt ist und in dessen Namen ich spreche. Als letzter in der Reihe tritt Bakunin auf, mit der «Blume des Proletariats» im Knopfloch: «nicht die höhere Schicht, die zivilisierteste und die begütertste der Welt der Arbeiter», wie es die «Marxianer» sehen, sondern «diese große Kanaille des Volkes (. . .), fast unberührt von jeder bürgerlichen Zivilisation (. . .), (trägt) den Keim des Sozialismus der Zukunft in sich». Du triffst auf den Polizeistaat, du biegst links ein und richtest dich nun deinerseits als ein für eine Weile «extremistischer» Meisterdenker ein.

Hegel als Sohn Fichtes, Marx als Sohn Hegels, usw.? Diese gleichsam lineare, biblische Bewegung läuft in dem geschlossenen Universum ihres gemeinsamen Programms ab; auch wenn sie linear verläuft, dreht sie sich dennoch im Kreise, biblisch ist sie, weil sie fortwährend die gleiche wissenschaftliche Verheißung weitergibt. «Marx ist ein Mann von großer Intelligenz und darüber hinaus ein Gelehrter im weitesten und ernsthaftesten Sinne des Wortes», behauptet Bakunin, als sich ihr Streit auf dem Höhepunkt befand – hatte er es nicht auch Marx überlassen, diesen «Sozialismus» zu definieren, dessen Keime die «Kanaille» in sich trägt? Das politische Kreuzfeuer auf Marx ließen seine Wissenschaft und seine politische Ökonomie unangetastet. Als er es Marx überließ, die höchsten Einsätze (Kapitalismus/Sozialismus) zu definieren, und er sich darauf beschränken wollte, nur die Methoden (autoritäre/antiautoritäre) zu verbessern, trat Bakunin nicht aus dem geheiligten Kreis der revolutionären Wissenschaft und ihrer Autorität heraus. Die Abrechnungen zwischen Meisterdenkern mögen sich als ebenso unerbittlich herausstellen wie die zwischen den Rächern der kleinen nordamerikanischen Siedlungen. Gegenüber dem Indianer aber halten die beiden feindlichen Brüder zusammen.

Jeder von ihnen stürzt mit viel Getöse seinen Vorgänger vom Sockel, jeder spricht im Namen der Vergessenen . . . doch nur um die gleiche wissenschaftliche Programmierung auszusprechen. Wenn Marx verspricht, den Idealismus von Hegel materialistisch wieder auf seine «Füße» zu stellen, dann nimmt er wieder das Bild auf, mit dem Hegel die Französische Revolution begrüßt hatte, in der «der Mensch sich auf den Kopf (. . .) stellt» und so die Welt in der Manier von Fichte regeln will. Ob Rückseite oder Vorderseite, umgekehrt, umgestürzt, auf die Füße gestellt – es ist immer derselbe Gesichtspunkt, den der eine beim andern entdeckt: die Wissenschaft vom Polizeistaat. Den aber keiner in sich selbst erkennt. «Erhebt eure Herzen, meine Brüder, hoch! höher! Und Vergeßt mir auch die Beine nicht! Erhebt auch eure Beine, ihr guten Tänzer, und besser noch: ihr steht auch auf dem Kopf!» (*Zarathustra*).

Generationen von Meisterdenkern schreiben so, wie sie aufeinanderfolgen, auf eine «unberührte» Oberfläche das aufgelöste Rätsel einer Vorgeschichte, die zu Ende geht, während nun – mit ihnen – die wirkliche Geschichte bei Null anfängt; würde man überhaupt von Generation sprechen, wenn man nicht die Heiligengeschichte dieser sukzessiven «philosophischen Revolutionen» im Kopf hätte? Oh! welche Abfolge ehrenwerter, mehr oder weniger bärtiger Köpfe auf den Briefmarken der sozialistischen Länder!

Schnell stellt sich die Bewegung, die die Meisterdenker in Gang setzten, als ein Wirbel heraus, der sie wie Strohhalme einen nach dem andern hinwegträgt, obwohl *keiner* von ihnen *handelt.* Jedenfalls nicht auf der Ebene, denen kleinere Geister mit der Großsprecherei des 20. Jahrhunderts Worte wie Aktion, Revolution, Geschichte zuwiesen. Was soll's? Jeder hätte mit Nietzsche schreiben können: «Was ich erzähle, ist die Geschichte der nächsten zwei Jahrhunderte.» Eine Strategie hat ihre eigene Logik, eine Logik der Handlung – die Meisterdenker des 19. Jahrhunderts werden von dieser Logik getragen und haben uns mit der Aktion, die sie programmiert, im Griff.

Die Geschichte, die alle Meisterdenker erzählen, ist die des absoluten Anfangs, der Beherrschung der Welt und der Gesellschaft. Marx erzählt sie als erster systematisch wie eine Geschichte der Zukunft (Nietzsche befragte dann später dieses den «Erbauern der Zukunft» eigene Vermögen, Geschichteschaffende zu sein). Damit wird er der «operativste» Meisterdenker und zu dem Kristallisationspunkt, in dem sich alle als operative Denker wiederfinden.

Es waren nicht einzelne «wissenschaftliche Voraussagen» von Marx, die seiner Doktrin zum Erfolg verhalfen. Von den Krisen des Kapitalismus sagte er alle fünf Jahre voraus, daß sie immer heftiger würden und jeweils immer die letzten wären, so daß er jedesmal befürchtete, sein großes Werk – *Das Kapital* – angesichts der Aufgaben der bevorstehenden weltweiten Revolution, die darauf folgen mußte, nicht mehr beenden zu können. Und seine Direktiven zur Führung der Arbeiterbewegung waren ungenau und widersprüchlich genug, um die Proletarier aller Länder gegeneinander zu mobilisieren. In den europäischen Kriegen (in den Schützengräben von Verdun, die auf beiden Seiten mit christlichem und marxistischem Weihwasser besprengt wurden), in den Bürgerkriegen ebenso wie in den Konflikten zwischen sozialistischen Mächten. Marx ist nicht operativ im einzelnen «Detail», aber er gilt auch nicht einfach nur als «Prophet», für die Utopie gab es freiere und einfallsreichere Geister. Marx ist operativ *im Großen*, er schlägt einen strategischen Raster vor, mit dem die größeren Konflikte der neuzeitlichen Welt entschlüsselt und damit auch organisiert werden.

Es ist der allen gemeinsame Raster eines apokalyptischen Endes, eines napoleonischen Zweikampfes, der die großen Prinzipien, die den Raum und die Zeit der Menschheit polarisieren, einander entgegensetzt: Natur und Geist, Knecht und Herr, Arbeit und Kapital, Sozialismus und Barbarei. Blieb nur das Terrain zu vermessen, die Lager aufzuteilen, die Dinge zu ordnen und die Menschen gegeneinander aufzustellen, bis die Doktrin der Denker aus ihrer Verborgenheit heraustreten und zur gewöhnlichsten Evidenz und zum täglichen Brot der Kämpfenden werden konnte: «Wir lieben die Sonne, Genossen, die auf uns scheint, doch wenn die Reichen und unsere Aggressoren die Sonne monopolisieren wollten, würden wir sagen: möge die Sonne erlöschen und Finsternis herrschen, ewige Finsternis . . .» (Trotzki, 11. September 1918) Dazu aber war die Überzeugung vonnöten, daß die Sonne monopolisiert werden kann: Marx hatte eben doch *Das Kapital* schreiben müssen.

Eine Wissenschaft der großen Mittel

Bevor der Personenkult durch die Chronik der Geschichte und des Strafvollzugs ging, war er eine im hohen Grade akademische Beschäftigung, die gewöhnliche Betätigung der Doktoren – sie betrieben ihn untereinander oder auch jeder für sich. Die Verteidiger ebenso wie die Kritiker von Marx haben nichts gegen die sehr personalisierte Aufteilung einzuwenden, die den Revolutionär Marx im Gegensatz zu dem «letzten der Philosophen», Hegel, sieht (von den anderen Meisterdenkern erst gar nicht zu reden, sie sind im allgemeinen nicht bekannt) und ihn, gleichwie, zu etwas «Gutem» oder «Schlechtem» auszeichnet.

Marx und sein Freund Engels haben ebenfalls diesem fröhlichen akademischen Brauch gehuldigt, demzufolge es üblich ist, daß man das Denken in den genau umschriebenen Grenzen der Personalien studiert. Wie unangenehm, daß sich die Personalakte von einem Shakespeare oder einem Homer nicht finden läßt! Wieviel Ungewißheit über ihre Werke! Waren sie eine Person oder mehrere? Marx war darauf bedacht, solches Durcheinander zu vermeiden: als erster addierte er die deutsche Philosophie, die französische revolutionäre Politik und die englische politische Ökonomie, er ist auch der erste, der daraus die Wissenschaft von der Revolution gewinnt, die er dem europäischen Proletariat als Erbschaft überläßt. Mit einem Erstgeburtsrecht für die deutschen Arbeiter? Das will was heißen! Dieses ganze Vorgehen verläßt jedoch keineswegs den Rahmen des «deutschen Idealismus», diese «philosophische Revolution», die Fichte an den Flammen der Französischen Revolution entzündete und die Kritik, die die Engländer an ihr vornahmen (das erste Buch Fichtes war eine Antwort auf den «Liberalen» Burke). Die ökonomischen Doktrinen der Engländer waren, wie die französischen politischen Doktrinen, schon von Anfang an bekannt und wurden zum Gegenstand des Nachdenkens der Meisterdenker; Marx «liest» Ricardo auf die gleiche Weise wie Hegel Adam Smith «liest» usw.: mit Respekt und Aufmerksamkeit, um das philosophische Knochenmark daraus zu gewinnen – die Engländer sind «vulgär» oder, was die größten unter ihnen betrifft, «Klassiker»; der deutsche Meister ist dann modern und wissenschaftlich.

Die Wissenschaft von Marx erhält an ihrer Wiege die ganze Erbschaft der «Wissenschaft» – der als Wissenschaft vollendeten Philosophie – von Fichte und dann von Hegel. Marx kann nicht weniger tun als seine Vorgänger, die er sich selber zuweist: er schlägt also eine globale Lösung für die Probleme vor, die mit der Französischen Revolution geltend gemacht wurden: wie (also: wogegen) eine Gesellschaft von Menschen organisieren, die es lernen, sich als freie Menschen zu denken? Wie kann die Plebs *sich* selbst regieren? Dieser globale Charakter von Frage und Antwort unterscheidet dann den wissenschaftlichen Sozialismus von den utopischen, dogmatischen und partiellen Doktrinen, die nur ein unreifes Proletariat begeistern können. Beispielsweise das Proletariat, das sich nach der Niederwerfung vom Juni 1848 auf «doktrinäre Experimente, Tauschbanken und Arbeiterassoziationen (wirft), also in eine Bewegung, worin es darauf verzichtet, die alte Welt mit ihren eigenen großen Gesamtmitteln umzuwälzen, vielmehr hinter dem Rücken der Gesellschaft, auf Privatweise, innerhalb seiner beschränkten Existenzbedingungen, seine Erlösung zu vollbringen sucht, also notwendig scheitert».

Wann entgeht das Proletariat seinen Grenzen? Bei schöner Wetterlage in der Revolution. Im übrigen durch die marxistische Wissenschaft der großen Gesamtmittel. Das Fehlen einer genau abgesteckten Grenze scheint also mit den Bedingungen der Nichtexistenz des Proletariats und mit der bedingungslosen Existenz der Meister der Theorie Hand in Hand zu gehen. Sie selber werden sich die Aufgabe stellen, die Internationale zu regieren und dabei die «Sekten» im Namen ihres besseren Wissens zu liquidieren. «Diese Sekten (. . .) stellen die Kindheit der proletarischen Bewegung dar, so wie die Astrologie und Alchimie die Kindheit der Wissenschaft sind. Damit die Begründung der Internationale möglich wurde, mußte das Proletariat diese Phase überwunden haben . . .» Von nun an ist mit der Arbeiterklasse an der Macht die Wissenschaft auf dem Befehlsstand.

Alle Macht der Wissenschaft, denn es gibt eine Wissenschaft der Macht, der Machtergreifung, der Revolution. Der Führersitz wird nicht einem Akademiker zufallen, sondern einem Napoleon der kommenden Bürgerkriege. «Die Industrie führt zwei Heeresmassen gegeneinander ins Feld, wovon eine jede in ihren eigenen Reihen zwischen ihren eigenen Truppen wieder eine Schlacht liefert. Die Heeresmasse, unter deren Truppen die geringste Prügelei stattfindet, trägt den Sieg über die entgegenstehende davon.» Wissenschaftlich die Widersprüche des Kapitals ausnutzen, nicht weniger wissenschaftlich das Arbeitslager organisieren – seit einem Jahrhundert drängeln sich die Experten an der von Marx halb aufgestoßenen Tür und begehren Einlaß. Er selber bleibt als Maler der Schlachten der Zukunft unersetzlich: «Braucht man sich übrigens zu wundern, daß eine auf den Klassen*gegensatz* begründete Gesellschaft auf den brutalen *Widerspruch* hinausläuft, auf den Zusammenstoß Mann gegen Mann als letzte Lösung?» (Hervorhebung von Marx). Er ist auch nicht durch

Wechsel zu bezahlen, die auf eine Zukunft ausgestellt werden, die, ohne auch nur ein einziges seiner Versprechen zu erfüllen, ihm jedoch eine Milliarde Anhänger, ob freiwillige oder unfreiwillige, verschafft. Es sei denn, das Versprechen auf die «letzte Lösung» bewahrheitet sich, durch einen Effekt der Selbstantizipation, in einem «Zusammenstoß Mann gegen Mann» unter der unausweichlichen Leitung russischer und chinesischer Generäle, die einander marxistisch widersprechen.

Die Wahl der Führer wird am Abgrund vorgenommen, im Schatten der apokalyptischen Katastrophe, im Namen der Führer-Wissenschaft. In allen diesen Punkten läßt Marx keineswegs den Faden zum «deutschen Idealismus» abreißen, der mit der Erwähnung der revolutionären Schreckensherrschaft und in der Meditation über die großen napoleonischen Schlachten fest geknüpft ist. Die Meisterdenker lassen den Doktor Seltsam in alle Himmelsrichtungen ausschwärmen, bis hin in die entlegensten Dörfer Asiens und Afrikas: «‹Das Paradies ist unter dem Schatten seiner Schwerter› – auch ein Symbolon und Kerbholz-Wort, an dem sich Seelen vornehmer und kriegerischer Abkunft verraten und erraten» (Nietzsche).

Das große Spiel spielen lernen

Um die letzten Mittel zu mobilisieren, bedarf es eines grandiosen Ziels, um alles um des Ganzen willen aufs Spiel zu setzen, mußte das Ganze zum Einsatz werden: «Das Kapital zeigt sich immer mehr als gesellschaftliche Macht, deren Funktionär der Kapitalist ist, und die in gar keinem möglichen Verhältnisse mehr zu dem steht, was die Arbeit eines einzelnen Individuums schaffen kann – aber als entfremdete, verselbständigte gesellschaftliche Macht, die als Sache, und als Macht des Kapitalisten durch diese Sache, der Gesellschaft gegenübertritt.»

Damit kann die ganze «Gesellschaft» intellektuell zufriedengestellt werden: der Verzweifelte, der seine Gefühle mitteilen möchte, indem er den Grund seiner Verzweiflung an die Öffentlichkeit bringt, und der Hoffende, der den einzigen Gegenstand beschwört, der seinen Traum von der banalen Wirklichkeit trennt – daran ist das System schuld. Der Chef, der alle vor dem letzten der letzten (Kriege) zusammentrommelt, und derselbe, der zurückblickend für sein Mißlingen eine Erklärung bereit hat: Los! Gegen das Kapital! Der Intellektuelle, der mit einemmal die Geschichte in zwei Teile teilt, und derjenige, der sich in aller Ruhe anpaßt: das Kapital, das ist die «alte Welt», und es ist *eine* Welt, also alles in dieser Welt. Und der Bourgeois, der sich für alles hält, und der Arbeiter, der sich für nichts halten soll, und die Militanten, die mit der Geschichte schwanger gehen, und der Held, der ihr das Kind macht. Indem Marx *das Kapital* in all seinem Glanz leuchten läßt, mit dem die deutsche Philosophie ihre erhabenen Wirklichkeiten erleuchtet, brachte er einen vielversprechenden Gegenstand hervor: «Das Kapital ist die alles beherrschende ökonomische Macht der bürgerlichen Gesellschaft. Es muß Ausgangspunkt, wie Endpunkt bilden . . .» Alles! Die Notwendigkeit! Der obligatorische Ausgangspunkt! Die Ankunft, Endstation, alle steigen aus! Was will das Volk?

Die moderne Welt befindet sich im Ganzen unter dem Einfluß eines einzigen Herrschaftssystems: das Kapital, das ist *der Herr, der Vampir*, nüchterner gesagt: für Marx hat das Kapital nur eine Eigenschaft, nämlich alle Arme und Werkzeuge zu vereinigen, die es nur immer vorfindet. Es versammelt sie unter seiner Befehlsgewalt, und das ist alles, was es wirklich akkumuliert. Marx versteift sich darauf, diese universelle Einheit der Befehlsgewalt hervorzuheben. Man wird dann sagen: um sie besser umstürzen zu können. Nur daß man dazu einig sein muß, allein die Einheit der Befehlsgewalt wird der Einheit der Befehlsgewalt ein Ende bereiten. Der Staat, um den Staat zum Verschwinden zu bringen, sagen in gleicher Weise Fichte und Lenin. Die richtigen Erbfolgen vollziehen sich im Kampf, und die «Bewährung auf den Tod» funktioniert wieder einmal als Machtübergabe.

Die Macht der trennenden Macht

In seiner Allgegenwart macht das Herrschaftssystem jeden «lokalen» Emanzipationsversuch zunichte (der damit sogleich für einseitig, stückhaft, sektiererisch erklärt wird); außerhalb der zentralen Konfrontation mit dem Kapital kein Heil. Diese Strategie im Zentrum kann lange ungenau, widersprüchlich bleiben, sie funktioniert von Anfang an mit dem Anspruch, für sich allein den einzigen Ansatzpunkt besetzen zu können, an dem die Welt aus den Angeln gehoben werden kann. Jeden anderen Weg schließt sie aus. Bei allem unversöhnlichen Gegensatz, in diesem Punkt sind sich der reformistische und der revolutionäre Marxismus vollkommen einig: das Zentrum entscheidet über alles. Das Kapital erweist sich als ein zweifacher Vampir, es beutet aus, doch darüber hinaus zieht es Nutzen aus allen partikularen Kämpfen, die partikulare Menschen gegen ihn führen. Die Verurteilung des spontan egoistischen Ökonomismus der Arbeiter oder des «kleinbürgerlichen» Nationalismus der im Befreiungskampf befindlichen Völker wird (im Namen der «allgemeinen Interessen der Bewegung») danach vorgenommen. Sie ist schon in der Analyse enthalten, die Marx von den Freiheiten von 1789 machte. Seine Analyse von den Menschen- und Bürgerrechten will eine Sprache des Scheins und der Täuschung in eine wahre Sprache übertragen: der *Formalismus* der Rechte hat zum wirklichen Inhalt das Herrschaftssystem (das System des Geldes, sagt der junge Marx in der *Judenfrage*, das System des Kapitals, präzisiert der alte Marx). Die «eiskalten Wasser» der kapitalistischen Berechnung bestimmen alles: Freiheit, Gleichheit und Eigentum.

Diese Analyse läßt sich durch mancherlei methodologische, epistemologische und pädagogische Subtilitäten verfeinern: zwischen dem ökonomischen Unterbau und dem juristischen Oberbau läßt man den Aufzug der «dialektischen Interaktion» hin- und hergehen, oder man findet im Recht die Anwesenheit einer «abwesenden Ursache» (gemeint ist das Kapital) – welches auch die Wortspiele sein mögen, schließlich findet man doch in letzter Instanz immer das wieder, was den Ton angibt und das letzte Wort hat: das eine, unteilbare Herrschaftssystem, das ungeschminkt 1789 erschienen war: «Die *politische Revolution* löst das bürgerliche Leben in seine Bestandteile auf . . .»

Dieses Herrschaftssystem, das von jetzt an als ein bürgerliches, kapitalistisches analysiert wird, reproduziert Punkt für Punkt das für die deutsche Philosophie so wichtige «Reich der Vernunft», das von Fichte und dann von Hegel vorgeschlagene Bild einer Welt, die politisch von den Franzosen revolutioniert wurde, bis sie dann plötzlich in eine bodenlose Verwirrung verfiel. Im Warten auf eine «philosophische Revolution». Marx, der sonst immer erklärt, die deutsche Philosophie spiegele im Unglück die Forderungen der politischen Lage Frankreichs wider, verliert sich in diesem Spiegelspiel. Er wirft die Chronologie über den Haufen, geht in der Zeit zurück und setzt voraus, daß die Verfassungsgebenden (*Constituants*) das gelesen hatten, was Fichte fünf Jahre später schrieb: «Die *Gleichheit* ist nichts anderes als das Ich = das deutsche Ich in die französische, d. h. politische Form übersetzt.» Wer übersetzt wen? Es ist gleich, ob das Kapital dieser Simultanübersetzer ist, der ökonomisch englisch, philosophisch deutsch und politisch französisch spricht!

Und immer dasselbe sagt: das Geld ist zur «Weltmacht» geworden «und der praktische Judengeist zum praktischen Geist der christlichen Völker». Auch bei der politischen Ökonomie der Engländer ist ein Schuß deutscher Philosophie angebracht: das System, das Smith und Ricardo als «natürlich» setzen, wird als ein radikales, antinatürliches enthüllt, als «jüdisch» im hegelschen Sinn: es bringt die Auflösung jeder menschlichen Gemeinschaft mit sich und die Herabsetzung des einzelnen auf seine atomistische Einsamkeit gegenüber dem absoluten Herrn. Die primitiven Gesellschaften kennen weder das Kapital noch die (allgemeine, abstrakte) Arbeit, denn es «ist durchaus das vor der Produktion gesetzte Gemeinwesen, das die Arbeit der einzelnen daran hindert, eigne Arbeit zu sein und ihr Produkt ein eigenes zu sein».

Umgekehrt läßt sich die «ungeheure Macht des Negativen», die Hegel auf die jüdische Religion projizierte und als «Energie des Denkens» übernahm, für Marx in der vorrangigen Erscheinung des Geldes wiederfinden. Geld ist (. . .) unmittelbar (. . .) das *reale Gemeinwesen*, (. . .) das Gemeinwesen zugleich bloße Abstraktion, bloße äußerliche, zufällige Sache für den Einzelnen.» Kurz, es ist der «Tod», dem ins «Angesicht gesehen» werden muß.

Marx interpretiert den Hegelianismus durch die politische Ökonomie (die Logik Hegels ist «das Geld des Geistes, der spekulative Wert als Gedanke des Menschen und der Natur . . .»). Nicht ohne unter der Hand in dem Geist des Geldes eben diese Logik der Herrschaft wiedergefunden zu haben, aus der Hegel das Geld des Geistes gemacht hätte.

Mit ihrem Unterfangen, die Welt zu verändern, hört die deutsche Philosophie jedoch nicht auf, sie zu interpretieren. Hat Marx bei dieser Inszenierung einer gigantischen Gegenüberstellung, bei der alle Titel mitspielen (das Kapital gegen die Arbeit), einfach nur Hegel seinem Doppelgänger gegenübergestellt?

Eigentum ist Vergewaltigung

Jenseits der «geräuschvollen Sphäre» der gegenseitigen Entfremdung der Waren «die verborgene Stätte der Produktion»; unterhalb der Geldzirkulation und ihrer «universellen Prostitution» die Ausbeutung durch das Kapital und die Vergewaltigung. Jedes Herrschaftsverhältnis setzt einen Beherrschenden und einen Beherrschten voraus, diese sehr einfache, erste Asymmetrie erscheint nicht *auf* dem Markt, wo die Gegenseitigkeit des Austauschs aus jedem Dieb einen Bestohlenen, aus jedem Betrüger einen Betrogenen macht. Wenn er ein Herrschaftsverhältnis in seiner ersten Asymmetrie zu denken aufgibt, ist das für Proudhon kein zweiter Auftritt: das (kapitalistische) Eigentum ist nicht Diebstahl, sondern Vergewaltigung (der «Arbeitskraft» des Arbeiters).

Die Gewalt in dem Verhältnis Arbeiter–Arbeitgeber ist weder primitiv noch barbarisch, sie ist organisiert und rationell. Hier wird das große Geheimnis der modernen Gesellschaft endlich enthüllt: die Ausbeutung des Arbeiters, oder: wie man aus ihm «Mehrwert» abzieht, «nicht nur wie das Kapital produziert, sondern auch wie man es selbst produziert, das Kapital».

Wie jedes moderne Herrschaftsverhältnis kennt die Fabrik nur Freiheiten; weder Sklave noch Leibeigener, verfügt der Arbeiter über das Recht, seine Arbeitskraft zu verkaufen, und «diese eine historische Bedingung umschließt eine Weltgeschichte». Von der Manufaktur zum Fabriksystem und zur großen Industrie formuliert die «Arbeitsorganisation» – die Herrschafts- und Knechtschaftsverhältnisse innerhalb der Fabrik – die Antwort auf das Problem der neuen Zeiten. Wie kann die Plebs, die sich frei weiß, sich noch den Zwängen einer Regierung unterwerfen? fragten die anderen Meisterdenker. Seht die Fabrik! antwortet Marx.

Anfangs treffen Arbeitgeber und Arbeiter sich in «freier» Weise wie die Hegelschen Bewußtseine, bevor sie mit dem Kampf auf Leben und Tod beginnen. Den hier einsetzenden Kampf will Marx natürlich nicht als «Bewußtseins»-Kampf verstanden wissen, aber auch nicht im eigentlichen Sinn als Klassenkampf; die Konstituierung der «Klassen» im modernen Sinn des Wortes wird bei ihm zum Resultat dieses Kampfes. «Ursprüngliche» Akkumulation, fortschreitende Organisierung der europäischen Gesellschaft, die auf die langsame Auflösung der feudalen Verhältnisse und die Enteignung der Bauern folgte, Disziplinierung der «vogelfreien» Landstreicher und Festigung des Fabriksystems: das sind unter anderem die geschichtlichen Vorbedingungen, die die Errichtung der Fabrik, die «verborgne Stätte» der modernen Gesellschaft, erlauben. Die Beschreibungen dieser armseligen, blutigen Vorgeschichte des neuzeitlichen Europas sind bei Marx besonders ausgeprägt, und man mußte noch ein Jahrhundert warten, bis diese systematische Fragestellung über die direkten Ursprünge der modernen Welt wiederaufgenommen wurde (in Foucaults *Wahnsinn und Gesellschaft*). Für dieses Schweigen, das sich wieder über die Geschichtslaboratorien des Fabriklaboratoriums legte, ist Marx mitverantwortlich. Er hat den Stein ins Rollen gebracht, der dann in einer «Vorzeit» verschwand, die uns nichts mehr angeht. In der «ursprünglichen Akkumulation» werden die Rollen von den jungen Staaten der Neuzeit (die absolute Monarchie) und von den neuen Polizeisystemen und den neuen Religionen eingenommen; die Episoden heißen: Plünderung der Ländereien, Landflucht, Einschließung der Landstreicher, Kolonisierung der Gehirne – es scheint, daß das nicht zu den gegenwärtigen Strukturen der «Produktionsweise», sondern zu den gar niedrigen, nichtigen historischen Umständen ihrer Entbindung gehört. Und nur zu ihrer Entbindung, dozieren die Marxisten!

Am Ende dieser Martyrologie der Produzenten enthüllt sich das Herrschaftsverhältnis in seiner modernen Wahrheit, die Macht des Kapitals wird «direkte, unverhüllte Herrschaft». Marx verdanken wir eine meisterhafte, prophetische Analyse der Strategie der Macht in der großen Industrie. Zunächst mit ihrer «kasernenmäßige(n) Disziplin», mit den großen und kleinen Chefs, den «höheren Offizieren» (Direktoren, Verwaltern) und

«Industrieunteroffiziere(n)» (Aufpassern, Inspektoren, Meistern). Daß diese leitenden Angestellten Lohnempfänger sind, ändert nichts daran, daß sie auf seiten der Macht stehen: «Die Kommandogewalt in der Industrie wird zum Attribut des Kapitals.»

Bemerkenswerter noch ist das vorweggenommene Bild von der *geistigen Disziplin*, die zur umfassenden Strategie der Arbeitsorganisation im 20. Jahrhundert wurde. Ein halbes Jahrhundert, bevor Taylor das Band «rationalisierte», das Arbeiter ohne Qualifikation zusammenbrachte (es wird für euch gedacht), hatte Marx diese Tendenz unterstrichen: «Die Scheidung der geistigen Potenzen des Produktionsprozesses von der Handarbeit und die Verwandlung derselben in Mächte des Kapitals über die Arbeit . . .» Der Aufstieg der Kopfarbeit steht umgekehrt proportional zu der Entintellektualisierung der Handarbeit; dem Bandarbeiter, der «nichts weiß», steht der leitende Angestellte gegenüber, der weiß und über alles entscheidet. Es ist die vollendete, ihre Reproduktion produzierende Logik der Vergewaltigung.

Als vollständig isoliertes Individuum, das allen Mächten der materiellen und geistigen Ordnung gegenübersteht, lebt der moderne Arbeiter in einer absoluten Unsicherheit und arbeitet am Rande des Abgrunds. Wenigstens ist das die Situation, die ihm von der Strategie der Arbeitgeber, wie sie von Marx richtig entschlüsselt wurde, vorgeschrieben wird. Und in der er selber ihn zu mobilisieren gedenkt. Bleibt nur noch die Frage, ob in dieser atomistischen Einsamkeit, von der aus jeder Meisterdenker seinen Diskurs einführt, sich irgend jemand befindet.

Die hegelsche Fabrik

Das einzige Material, das Marx berücksichtigte, als er *Das Kapital* schrieb, gibt den Standpunkt der Organisatoren und der Herren der Produktion (die «Bourgeois») wieder. Das ist der Standpunkt der klassischen englischen Ökonomisten, ebenso der der anderen von Marx verwendeten Quellen. Sogar als er die «Martyrologie der Produzenten» aufstellte, hielt er sich an die Berichte der Arbeitsinspektoren, der liberalen und aufgeklärten Berater der despotischen Fürsten der modernen Fabrik. Marx konnte keineswegs über den Widerstand der Arbeiter hinwegsehen, so wie er in Flugschriften, Zeitungen, Reden, Briefwechseln, Liedern und Gedichten ebenso wie in «wilden» oder anderen Aktionen zum Ausdruck kam. Nicht auf solche Dokumente baut er sein großes Werk, er greift aus dem Leben heraus und entscheidet ein für allemal. Man möge ihm das nicht verargen: ist es nicht eine unumgängliche Bedingung jeder mehr oder weniger wissenschaftlichen Untersuchung, daß man sein Material aussuchen müsse, ohne hoffen zu können, daß alle Themen ausgeschöpft seien? Indem er so seine Untersuchung aufteilte, entschied Marx, wovon er sprechen und *wovon er nicht sprechen würde. Das Kapital* handelt, auch in den Einzelheiten des Fabriklebens, von der Arbeitgeberstrategie und nur von ihr.

Die Antizipationen bei Marx sind weiterhin genial zu nennen, wenn man ihren Gegenstand eingrenzt: die große Industrie wird als Herrschaftsstruktur gedacht, unter dem Aspekt des Willens zu herrschen, die «lebendige Kraft» des Arbeiters «auszusaugen». Marx sah es voraus: «Das Detailgeschick des individuellen, entleerten Maschinenarbeiters verschwindet als ein winzig Nebending vor der Wissenschaft, den ungeheuren Naturkräften und der gesellschaftlichen Massenarbeit, die im Maschinensystem verkörpert sind und mit ihm die Macht des ‹Meisters› (master) bilden» – doch mit wessen Augen sieht er den Arbeiter als ein winzig Nebending, und immer winziger? Ist es nicht der zukünftige Blick des Herrn, sein immer mehr sich ausbildender Wille, der den allzu kümmerlichen Arbeiter der Zukunft abschätzt?

Man wird dann sagen: Keineswegs! Marx urteilt objektiv, er sieht die zwei Seiten der Frage, er kündigt die «spurlose» Arbeit an, die Entqualifizierung des Hilfsarbeiters, die Misere des Bandarbeiters, die doppelte Misere des Arbeitsimmigranten. Eben! Dieses Bild von der absoluten Hierarchisierung steht hinter dem Standpunkt des Herrn. Ganz zuunterst auf der Stufenleiter der modernen Industrie befindet sich der Gastarbeiter oder Bauer, der gerade zum Arbeiter geworden war. Er ist einer besonders harten, geisttötenden Arbeit unterworfen, deren Härte und Stumpfsinn oft so berechnet wurden, daß die Kräfte bis aufs äußerste angespannt und die Kräfte des Widerstands im höchsten Maße vernichtet werden. All das entspricht der Unternehmerstrategie in ihrer grausam banalen Form und zugleich dem, was Marx davon antizipierte. Deswegen aber zu behaupten, das alles entspräche der Wirklichkeit, käme auf eine Selbsttäuschung hinaus. Ganz unten an die Stufenleiter, in der geistlosesten Arbeit, stellt die moderne Industrie . . . den Arbeiter, der von allen Arbeitern der intellektuellste ist, jemand, der im allgemeinen mehrere Sprachen spricht, verschiedene Länder gekannt, mehrere historische Epochen durchquert hat, der sich nicht in einem lokalen Horizont einschließen läßt, der oft einen Sinn für Kollektivität und Solidarität besitzt, die denen, die ihn umgeben, unbekannt ist: es ist der Gastarbeiter.

Das Bild der Industriehierarchie ergibt sich aus einem strategischen Projekt, nicht aus einer deskriptiven Wahrheit, es geht nicht darauf aus, eine Entsprechung der Wirklichkeit zu sein, es zielt darauf ab, daß die Realität ihm entspricht und dabei den Widerstand unendlich klein werden läßt. Es genügt nicht, wenn es zu sozialen Ausbrüchen kommt, einfach festzustellen, daß die Intelligenz des Bandarbeiters sich nicht auf das zurückführen läßt, was das eitle Völkchen der kleinen Chefs davon hält. Niemals funktioniert die Fabrik mit der Wissenschaft auf der einen und der gehorsamen Handarbeit auf der anderen Seite, der Wissenschaft der Führungskräfte gelingt es nicht, ohne das verschwiegene Wissen des jeweiligen Arbeiters auszukommen – wie die Soziologen und andere Experten bemerken, die die wirkliche Rentabilität der Bandarbeit diskutieren. Jeder durchschnittliche Meister muß mit diesem stillen Wissen des Arbeiters rechnen können, zu dem aber ebenso viele Möglichkeiten gehören, insgeheim Widerstand zu leisten, die Arbeit zu sabotieren, zu verlangsamen usw. Die Geschichte der «Arbeitsorganisation» ist nur die Geschichte der unendlichen strategischen Neuausrichtungen des Willens der Unternehmer zur Herrschaft (was Marx in seinem Zukunftsplan sehr genau erfaßt hat), in der Auseinandersetzung mit dem Widerstand der Arbeiter, der in jeder Etappe sich in mühevoller Weise neu sucht (ihn konnte Marx nicht vorhersehen; weil das nicht seine Absicht war; und weil das Unvorhergesehene und die Erfindung die großen Kräftequellen im Widerstand der Arbeiter sind).

Die Trennung der Arbeiter (untereinander und in ihren Arbeitsbedingungen), die Enteignung des Individuums von sich selbst und seine Einschließung in eine vollkommen atomistische Einsamkeit, die Unterwerfung der «lebendigen» Arbeit unter die «tote» Arbeit, die als «Automat» und «Autokrat» Kapital geworden ist – das sind alles bekannte Züge der Hegelschen Matrix: Kampf auf Leben und Tod, Schrecken, Angst am Rande des Abgrunds, der Herr. Ebenso das Projekt der Unternehmer, wie es sich als ein vollendetes träumt. Man könnte auch verallgemeinern und in diesem Schema das Vorhaben einer jeden Disziplinargesellschaft sehen, in der «das Gefängnis den Fabriken, den Schulen, den Kasernen, den Spitälern gleicht, die allesamt den Gefängnissen gleichen» (M. Foucault). Der Erfolg ist niemals ein vollständiger, die Herrschaft nie vollendet. Bleibt der Widerstand. Die Geschichte hat eine Fortsetzung, und der Wille zur Herrschaft findet immer etwas, was seinen Appetit reizt, was für ihn allerdings einige Gefahren mit sich bringt.

Eigentum ist Vergewaltigung: Marx treibt so weit wie möglich die Untersuchung über die Phantasien des Vergewaltigenden, das Kapital. Wobei mit dem ganzen deutschen Idealismus vorausgesetzt wird, daß eine Herrschaftsstruktur von einer der Herrschaft her verstanden werden kann, daß der Herrschende die Wahrheit vom Beherrschten hat, mit anderen Worten, daß die Vergewaltigung ein absoluter Erfolg ist. Um zu erkennen, was verletzt wurde, damit nichts ihm entgeht, sagt der Vergewaltigende zum Vergewaltigten: «Du hast alles verloren» – nichts entgeht, wenn nichts übrigbleibt. Deflorieren wird zum höchsten Spiel für den, der sein Opfer davon überzeugt, daß seine Unberührtheit alles ist – dann bleibt ihm nur noch übrig, eine Kerze dem Gott der Frömmler zu opfern. Über die Plebs, das arme Opfer, gebeugt – mit einem Augenaufschlag, der tötet, mit kaltem, medizinischem Blick, mit Tränen in den Augen, und all das zusammen, es fehlt den Meisterdenkern nie an fachlichen Gutachten: *consommatus est!* Es ist vollbracht!

Das vergewaltigende Kapital ist fetischistisch: es will «alles» besitzen. Zunächst in naiver Weise, wenn es das Geld anhäuft, sich ein Sümmchen auf die Kante legt. Subtiler allerdings, wenn es in immer ausgedehnterer Weise akkumuliert und produziert, um zu produzieren, und so weiter fort bis ins Unendliche, indem es die Menschen und die Natur «auslaugt», «alles» zu besitzen glaubt, nicht mehr in der Form von Gold, sondern von Maschinen. Oder auch als Organisator der Arbeiter, indem es die Menschen zusammenpfercht und sie einschließt wie sein «kostbarstes Kapital» (Stalin). Teilt man denn nicht seinen Fetischismus, wenn man glaubt, daß wirklich alles und jeder in seinem Besitz ist? Es gibt die, die vergewaltigen, und die, die vergewaltigt werden, es gibt Verschiedenheit und Kampf – heißt das, daß es «gelungene» Vergewaltigungen gibt?

Das Kapital gibt es nicht

Hundert Jahre später haben gläubige Kommentatoren, strenge Gelehrte und Akademien beider Hemisphären weder das Ende noch das letzte Wort in Marx' *Kapital* gefunden, denn ihr Streit geht immer noch um das Inhaltsverzeichnis. Nichts von dem geheimnisvollen Glanz hat der Papierstoß verloren, den der sterbende Marx seinem besten Freund übergab, dieser wiederum Kautsky, bis er, aufgeteilt zwischen zwei Internationalen, schließlich in den Museen eingeschlossen wurde. «Ich kann mich aber nicht entschließen, irgend etwas wegzuschicken, bevor das Ganze vor mir liegt. Whatever shortcomings they may have, das ist der Vorzug meiner Schriften, daß sie ein artistisches Ganzes sind, und das ist nur erreichbar mit meiner Weise, sie nie drucken zu lassen, bevor sie *ganz* vor mir liegen» (Marx an Engels, 31. Juli 1865). Sich selbst in die Falle geraten, landete Marx dennoch mit seinem «artistischen Ganzen» den schönsten Coup; seitdem ziehen die Lobredner, Verweigerer, Fortsetzer und Freischärler seines Denkens die Schönrednerei über diese vollständigen Werke, die ständig zu ergänzen sind, in die Länge: das ganze Geheimnis der Welt in übereinandergestapelten Textentwürfen. Hätte Mallarmé die Geistesgeschichte des kommenden Jahrhunderts zusammengefaßt? Er stellte sich ein Buch der Bücher vor, mit beweglichen, auswechselbaren Blättern, so daß niemand in der Lage wäre, eine Seite endgültig umzuwenden.

Eine Art zweideutiger Nichtexistenz entfällt auf das Kapital, einmal, wenn es mit seinem Titel den Buchrücken eines im wesentlichen unvollendeten Bandes verziert, zum andern, wenn es seine Titel bei den Realitäten hienieden geltend machen will. Ob mit Goldschnitt versehen oder mit Goldseiten, dem Kapital begegnet man ebensowenig in der Welt der Geschäfte wie in der der Bibliotheken. Wenn, von dem «artistischen Ganzen» erfaßt, das sich Marx «ganz» vor seinen Augen erträumte, ein Marxist nun glaubt, die Hand bezeichnen zu können, die das Ganze regiert und die Fäden der bürgerlichen Welt bewegt, dann wird dieser Dracula-Entdecker von seinen Kollegen in die Wirklichkeit zurückgerufen. Das ist Lenin gegen den Ultra-Imperialismus, diese Weltmonokratie, wie sie sich Kautsky vorstellte; das ist weiterhin Stalin, der sich das Verdienst zuschreibt, praktisch das für einen Moment trotzkistische Argument widerlegt zu haben, daß der «Weltmarkt» alles beherrsche. *Das Kapital* gibt es weder als die *eine* Realität noch als Buch.

Nun gibt es wohl, jedenfalls nach Marx, den Moment, in dem sich das Kapital selbst begegnet und in aller Augen «als *an sich gemeinsames Kapital der Klasse*» erscheint (Hervorhebung von Marx). Wie durch Zufall ist das der am meisten oberflächliche, der am meisten vergängliche und illusorische Augenblick, in dem das Kapital als «Träger von Interessen» an der Bank und an der Börse aufs Spiel gesetzt wird und seine Bindungen mit der Industrie und der Fabrik aufgibt: der universelle, spekulative Augenblick des Kapitals ist der des spekulativen Kapitals. Da erscheint nun das Kapital «als Verhältnis zu sich selbst», wobei Marx ironisch hervorhebt: «um mit Hegel zu reden». Das Kapital an sich und für sich, als zu verhandelnder Gegenstand auf dem Finanzmarkt, das als Träger von Interessen an sich selber wächst, sich selbst produziert: ein Hegelscher Traum! Ihn erzählte Keynes noch den Kindern von Alice: die Geschichte von dem Geldstück, das zur Geburt Jesu mit 2 % angelegt wird und dessen jedesmal kapitalisierte Einkünfte so groß wären, daß die Welt sie heute nicht tragen könnte. Das Kapital erscheint nur als Erscheinung, als Phantasmus von dem Huhn mit den Goldeiern, den Formen des Kapitals, das Profit bringt, «in dem die Herkunft und das Geheimnis seiner Existenz verhüllt und ausgelöscht sind».

Mit philosophischen Referenzen als Zugabe hat diese Kritik der Börse und der Spekulation nichts ausschließlich Marxistisches, und zahlreiche Experten sehen das *Ernsthafte* der Wirtschaft eher in der Produktion als in für autonom gehaltenen Finanzmechanismen. Bedeutsam mag es sein, daß Marx an dieser Stelle, wenn er die Ausgleichung der Profitraten untersucht, den Gebrauch des Singulars rechtfertigt, daß nur hier *das* Kapital erwähnt werden kann («als an sich gemeinsames Kapital der Klasse») und nicht mehr nur *die* Kapitalien. Die verschiedenen Kapitale geben sich auf dem Finanzmarkt einen einheitlichen Gewinnsatz, wobei sie voraussetzen, daß sie ebenfalls auf Grund ihrer jeweiligen Größenordnung an der Verteilung des mittleren Profits teilhaben: jedes Kapital wird so als Teil eines «gesellschaftlichen Gesamtkapitals» betrachtet und als solches zur demokratischen Aufteilung des Kuchens zugelassen: «Solange alles gut geht, erzeugt die Konkurrenz, wie es die Ausgleichung der allgemeinen Gewinnspanne zeigt, die praktische Brüderlichkeit der Kapitalistenklasse: sie teilt sich die Beute im Verhältnis zu dem Einsatz eines jeden». Der Ton sagt es schon, es geht um ein Idyll. Mag ein Argwohn oder eine Krise auftauchen, dann wird alles zu einer «Sache der Macht und der List», das Kapital fällt auseinander, die einzelnen Kapitale kämpfen gegeneinander, «die Konkurrenz verwandelt sich dann in einen Kampf der feindlichen Brüder». Das Kapital als *ein* Kapital setzen müßte die Beendigung des Kriegszustands zwischen den Kapitalien voraussetzen, was doch bedeutet, daß man die Doktrin von der friedlichen Koexistenz ein bißchen zu weit treibt. Wenn wir von *dem* Kapital sprechen, bleiben wir dem oberflächlichsten Schein verhaftet.

Bleibt nur zu bedenken, daß Marx den Erdball zu der Vorstellung der einzigen, einheitlichen Herrschaft bekehrt hat, von der die Meisterdenker besessen waren. Träumte er nicht, wie dieser absolute Gegenstand, den er Kapital nannte, «ganz vor ihm» stand, indem er ihn von sich aus für unauffindbar erklärte und ihn wider Willen als nicht sagbar zeigte?

Die Arbeit gibt es auch nicht

Das Kapital läßt sich nicht als Kapital fassen? Daran soll es nicht liegen! Wir werden es dann eben in dem finden, was ihm, wie es heißt, entgegensteht: in der Arbeit! «Das ganze Geheimnis der fruchtbaren Fähigkeit des Kapitals, sich selbst zu einem Wert zu machen, liegt an dieser einfachen Tatsache, daß es über eine bestimmte Menge von der Arbeit des andern verfügt, die es nicht bezahlt.» Aber, fügt Marx hinzu, und das ist der Haken, diese «gewisse» Menge an Arbeit kann nur das Kapital abschätzen, nicht der Arbeiter. Das Kapital zählt die Arbeit, das Kapital zählt sich nicht selbst, die Arbeit zählt nicht das Kapital . . . zählt die Arbeit womöglich sich selbst?

Für sich selbst genommen ist die Arbeit «*der* existierende *Nicht-Wert*», die bei der Herstellung eines Gegenstandes konkret verbrauchte Zeit zählt oder zählt nicht: es kommt vor, daß zuviel Zeit verbraucht wird oder daß man sich mit Unnötigem, Überflüssigem abgibt. Die erlebte Zeit des Arbeiters (seine Mühe) gilt nicht als solche (durch ihren «Gebrauchswert»), sondern nur, wenn der «Tausch»wert von dem, was er produziert hat, anerkannt wird. Wenn das Gesamtkapital sich nur in einem Trugbild fassen läßt, dann läßt sich die Arbeit im allgemeinen ihrerseits überhaupt nicht fassen: «Die» Arbeit (die ironischen Anführungszeichen sind von Marx) erweist sich als «bloßes Gespenst», «nichts als eine Abstraktion». Außerhalb der Warenwelt ist die Arbeit nichts.

Die Arbeit, die «für sich genommen überhaupt nicht existiert» – wäre es anders, würde man in den Kreis vom bestohlenen Dieb und von der begründeten Begründung verfallen. Die Behauptung, die allgemeine gesellschaftliche, abstrakte Arbeit «produziere» den Kapitalismus, läßt vergessen, daß ebenso allein der Kapitalismus die Arbeit verallgemeinert, abstrahiert, vergesellschaftet und seinerseits die «Gleichgültigkeit gegen die bestimmte Arbeit» produziert und praktisch die «Arbeit sans phrase», diesen «Ausgangspunkt» der modernen Ökonomie, wahr werden läßt. Die partikulare Arbeit produziert nur partikulare Dinge. Die Arbeit im allgemeinen produziert das Kapital im allgemeinen – und umgekehrt. Ohne einen Vorrang untereinander zu haben, ist der Ausgangspunkt das Resultat, das Resultat ist schon am Ausgangspunkt da: «Das fleißigste aller Zeitalter – unser Zeitalter – weiß aus seinem vielen Fleiße und Geld nichts zu machen, als immer wieder mehr Geld und immer wieder mehr Fleiß . . .» (Nietzsche).

Arbeit schafft Wert? Gewiß, doch in diesem Fall spricht man nicht mehr von der Arbeit als Ware, die gekauft und verkauft wird, sondern von dieser schöpferischen Eigenschaft, die sie «von allen andren Waren unterscheidet», was «außerhalb des Bereichs des gewöhnlichen Bewußtseins» fällt. Die schöpferische Arbeit, diese «Arbeitskraft», hat weder Preis noch Etikett. Umgekehrt: in dem Maße wie die Arbeit einen Wert hat (ihren Preis, Lohn), ist sie nicht schöpferisch, «es ist immer eine bestimmte Arbeit, nie Arbeit im allgemeinen, die man kauft und verkauft». Man würde in den «fehlerhaften Kreislauf» verfallen, den Marx Proudhon vorwirft (auch Ricardo hält ihn Smith vor Augen), wenn man denken würde, daß der Wert der Arbeit die anderen Werte messen müsse, da er doch auch von ihnen gemessen wird.

Ebensowenig wie «das» Kapital läßt sich «die» Arbeit *von allem abgelöst* erfassen. Weder als Wert (Lohn). Noch als Anstrengung, Mühe, als das gelebte Leben des Arbeiters. Nicht daß diese Realitäten in der gegenwärtigen Gesellschaft wie eh und je nicht spürbar, physiologisch nicht greifbar oder nicht konkret wären. Es sind jedoch nicht diese sinnlichen Qualitäten der Arbeit, die den Dingen Wert geben, sondern eine quantitative Abschätzung einer eingekörperten Arbeit. Das setzt voraus, daß «die Arbeiten durch die Unterordnung des Menschen unter die Maschine oder die äußerste Arbeitsteilung gleichgemacht sind, daß die Menschen gegenüber der Arbeit verschwinden, daß das Pendel der Uhr der genaue Messer für das Verhältnis der Leistungen zweier Arbeiter geworden, wie er es für die Schnelligkeit zweier Lokomotiven ist. So muß es nicht mehr heißen, daß eine (Arbeits-) Stunde eines Menschen gleichkommt der Stunde eines andern Menschen, sondern daß vielmehr ein Mensch während einer Stunde soviel wert ist wie ein anderer Mensch während einer Stunde.»

Bekanntlich haben die Marxomanie und der Boyscoutismus oft im Chor den Ruhm der schöpferischen Arbeit besungen, die die Natur humanisiert, den Menschen naturalisiert und die Gesellschaft des «siebenten Tages» ankündigt, an dem noch gearbeitet wird . . . aber eben frohen Mutes. Trotz einiger Posaunenklänge solcher Art geht das, was Marx uns sagen will, in eine ganz andere Richtung. Wenn er die Arbeitskraft ein «lebendiges Feuer» und «lebendige Zeit» nennt, die den Wert der ausgetauschten Dinge begründet, erhebt Marx nicht den Anspruch, das Wesen der Geschichte, das Alpha und Omega der Menschheit, den Grund der Dinge herauszustellen. Er redet weiter von der Arbeit des Webers: «In ihrer abstrakten, allgemeinen Eigenschaft also, als Verausgabung menschlicher Arbeitskraft, setzt die Arbeit des Spinners den Werten von Baumwolle und Spindel Neuwert zu . . .» Nicht Prometheus zeigt er uns hier, der das lebendige Feuer hoch erhoben hält, sondern ein Kapital, das an seinen Arbeitern Feuer faßt. Ob Marx ist oder nicht, die Medaille für hervorragende Verdienste um die Arbeit zeichnet nicht das Leben eines arbeitenden Menschen aus, sondern den Menschen eines Lebens der Arbeit.

Die Arbeitszeit, die in dem Preis der Waren berechnet wird, ist eine Zeit im Arbeitskittel, eine Fabrikzeit (und, aber das sagt Marx nicht, eine Gefängnis-, eine Schul- und eine Krankenhauszeit). Man tritt ebensowenig mit der «wertschaffenden» Arbeit wie mit dem Kapital als «Interessenträger» aus den Herrschaftsverhältnissen heraus. Wollte man nicht, indem man «das» Kapital und «die» Arbeit fetischisierte, vermeiden, die Herrschaft als solche zu denken?

Joch gegen Joch

In der großen Familie der Geister ebenso wie in den bürgerlichen Dynastien vollzieht sich die Erbfolge nach Art des «Ödipus»: man mordet und beweihräuchert dann, oder man schmeichelt und tötet dann; was allein zählt, ist die Erbschaft. Marx verteidigte sich gegen seine Marxisten: «Ich habe Drachenzähne gesät und Flöhe geerntet». Nur Flöhe? Mit dem originellen Beitrag ihres jeweiligen Schwachsinns hätten die Marxisten nicht diese feierlich erhabene Geste so sehr in Marx gesucht, hätten sie sie nicht in ihm gefunden.

Man hat unsern Karl nicht gefragt, was er gedacht oder geschrieben hat – mehr: was er «ganz» vor Augen hatte, den Gesichtspunkt des Systems universeller Herrschaft (diese Weltmacht, die im Geld, dann *im* Kapital verkörpert ist) und als Zugabe, wie die Beherrschung dieser Herrschaft zu erlernen sei (*die* Revolution, «die bis auf den Grund der Dinge geht»).

Von einem Ende zum andern dieser endlosen Geschichte des Marxismus und Antimarxismus funktioniert Marx wie ein Meisterdenker. Von ihm wird gesagt, daß er die «verborgne Stätte» der Herrschaft und der Beherrschung des Planeten einführt und zugleich neue Herren und Eigentümer ausbildet.

Daß man bemerkt, daß dieses große Buch der Welt – *Das Kapital* – niemals zu Ende geschrieben wurde, genügt nicht, das Vorhaben über den Haufen zu werfen, man wird es ergänzen, die Menschheit ist ein erwachsener Mann, der ohne Unterlaß schreibt und sich immer neu liest, wir werden in die Laufbahn treten, wenn die Älteren aus ihr verschwunden sind, und in dem Staub die Spur ihrer Tugenden küssen. Um 1900 mühten sich Marxisten und Antimarxisten damit ab, die Abrechnungen ins reine zu bringen, denn die Textentwürfe von Marx schienen nicht im Lot zu sein. Um 1930 verfiel man auf das, was nicht im Gleichgewicht schien, die Rechenköpfe auf der Linken kündigten, mit der Feder in der Hand, die von *dem* Buch vorausgesagte Endkatastrophe an, die sie vor Augen zu haben glaubten. Heute klebt man die verstreuten Stücke mit dem Alleskleber der Humanwissenschaften zusammen. Wenn die ökonomische Beschreibung der Maschinerie des Kapitals versagt, dann wird sie eben mit Psycho-Sozio-Sexologie verstärkt; der Beweis wird um so unabweisbarer sein, als das große Bumbum, das, wie behauptet wird, sich den Erdball unterjocht, für sich alles nutzbar macht.

Marx hat sich bemüht, in seiner «Ökonomie» die Weltbeherrschung in ihrer Einheit zu formulieren. Die zu enge Fassung seines Standpunktes kritisieren, heißt sich das Versprechen einer verallgemeinerten Ökonomie vor Augen halten, die einen noch weit mehr beherrschenden Gesichtspunkt aufdeckt. Um sich noch mehr in die fixe Idee der Meisterdenker festzufahren: es gibt eine Sprache, die es erlaubt, alles zu beherrschen, ich bin in ihre verschwiegensten Geheimnisse eingedrungen. Mathematische Sprache, dialektische Wissenschaft, universelle Zirkulation des Geldes, Weltmacht des Kapitals, Testament des Dr. Mabuse.

Das Kapital gibt es nicht, das ist ja auch egal. Wichtig ist, darüber zu reden, wenn man redet, kann man schlechtweg von allem reden, über jedes Ding urteilen, über jedes beliebige Ereignis Aussagen treffen, die Gegensätze aus der Realität auf die Höhe theoretischer Debatten führen; wissen, weil es in der allgemeinen Ökonomie «uns vor Augen steht», was ist und was nicht ist. Damit sind die Kommentare, Widerlegungen, Hinzufügungen, Ausbesserungen, Nahtstellen, Brüche, Unterlagen, Erläuterungen, Eingebungen, Aufhebungen, Deutungen, Gegendeutungen und Trinkereien um das *Kapital* einfach nur die Fortsetzung, auch wenn sie es nicht weiß, der traditionellen «allgemeinen Metaphysik».

Es ist gleich, wer sie formuliert, gelegentlich wird es der Repräsentant der verantwortlichen Organisationen sein, immer jedoch wird die verallgemeinerte Ökonomie von jenseits von Marx den Anspruch erheben, in ihrer Einheitssprache über das zu urteilen, was geschieht, über das, was ist, über die Lebenden, zugleich aber gibt sie sich als Wissenschaft dieser den Eingeweihten vorbehaltenen Sprache zu erkennen: Wissenschaft der Herren *und* Wissenschaft der Seienden (über das, was von dem, was geschieht, als Allgemeinstes aufgefaßt werden kann; Wissen des *Seins als Sein*, nach den Alten). In dieser kleinen Konjunktion *und* liegt die ganze Erbschaft der deutschen Meisterdenker, hier verbinden sich Wissenschaft von der Herrschaft und Herrschaft der Wissenschaft, während immer wieder der Horizont einer vollständigen, ausschließlichen Unterjochung des Erdballs vorgestellt wird, die zudem mit einer Sprache verstärkt wird, die sie ausdrücken soll.

Das Wissen einer doppelten Zerstörung. Einerseits: das Herrschaftssystem erbringt seinen Beweis vermittels der Leere, der Kapitalismus «revolutioniert» ständig das Gegebene – «die Revolution in der Industrie und in der Landwirtschaft hat eine Revolution unter den allgemeinen Bedingungen des Prozesses der gesellschaftlichen Produktion notwendig gemacht, d. h. in den Kommunikations- und Transportmitteln» usw. –, vertriebene Bauern, Arbeiter auf der Straße, alle müssen für das Cogito des modernen Menschen programmiert werden, sein: ich bin, also denke ich mich eingeschlossen in meine atomistische Einsamkeit. Andererseits: die Revolution wird dieses Zerstörungswerk zerstören, den Meister Kapital in die Gewalt bekommen.

Sind das Wortspiele? Vielleicht, doch unser Jahrhundert bewegt sich darin ohne Unterlaß: «In der Abendsitzung des Kongresses soll das Ministerkabinett gebildet werden. Mi-ni-ster? Welch kompromittiertes Wort! Es stinkt nach hoher bürokratischer Karriere oder Krönung des Parlamentsehrgeizes. Man kommt überein, die Regierung als Rat der Volkskommissare zu bezeichnen: das klingt immerhin frischer.» Man kommt überein . . . daß der Kommissar weniger nach bürokratischer Karriere riecht, daß die Machteigenschaften des Besitzers, die dem Genossen von der Organisation abgetreten werden, sozialistisch klingen und nicht mehr bürgerlich, daß «die Revolution in den Kommunikationsmitteln» für eine Sache des Volkes angesehen wird, wenn sie das Monopol einer kleinen Minderheit über die Totalität der Kommunikationsmittel einsetzt (Information, Zirkulation der Menschen und der Ideen, Veröffentlichungen, Austausche . . .).

Indem er die Herrschaft über die Erde und die Menschen so beschreibt, als sei sie vollendet und beendet, indem er als absolutes Gesetz der «alten Welt» das «Alle Macht dem Kapital» dekretiert, bringt Marx den Einsatz des Jahrhunderts auf die Umlaufbahn: die ganze Macht. Als Revolutionär glaubt er zu sehen, wie die Pariser Kommunarden zum Sturm auf den Himmel ansetzen. Da sie weit prosaischer zum Sturm auf den Regierungssitz – den Winterpalast – angetreten sind, machen die Bolschewiken ihn zu dem Himmel, in dem «alle Macht» herrscht, auch die, zu entscheiden, daß «Alle Macht den Sowjets!» und «Alle Macht den bolschewistischen Ministern» gleichbedeutend sind.

Der revolutionäre Moment des Großen Sprungs nach vorn und der reformistische Moment des Fortschritts nach genau abgezählten Schritten treten bei den «Revolutionären» immer abwechselnd auf, und bei den Reformisten (die sich selten blutigen Regelungen verweigern) oft auch. Der außerordentliche Schwung des marxistischen Führers tritt dennoch in «sein Bett» zurück: er fabriziert seine Neue Ökonomische Politik und geht von der enthusiastischen Rede über die Revolution zu der kalten Betrachtung der «ökonomischen Realitäten» über. Einige Jahre nachdem er ein Loblied auf die Pariser Proletarier gesungen hatte, die zum Sturm auf den Himmel angetreten seien, schrieb Marx dazu eiskalt, daß mit etwas mehr gesundem Menschenverstand eine Verständigung zwischen Paris und Versailles nicht unvorstellbar gewesen wäre. Die Geschichte findet zwischen den Inhabern der Macht statt, dieser Macht, die *das* Kapital außerhalb der Reichweite der Beherrschten beinahe vollständig monopolisiert hat. Reformisten oder Revolutionäre, es sind immer die Hauptquartiere, die der Theorie gemäß das große Spiel machen.

Den Revolutionen seiner Epoche hat Marx zahlreiche Schriften gewidmet, die abgeschlossen sind. Mit Ausnahme der Artikel, die verfaßt wurden, als er an der 48er Revolution in Deutschland teilnahm, sind es Essays, die nachträglich und aus der Distanz, wie Nachruf-Artikel, verfaßt wurden. Die Feststellungen über einen Mißerfolg mitsamt der «wissenschaftlichen» Erklärung des Genannten. Sogar «seine» deutsche Revolution erlebte er als inoperative Wiederholung von 1789. Über seine Zukunftspläne blieb Marx, der von einer «Utopie» nichts wissen wollte, kurz angebunden.

Man kann dieses Schweigen zu schätzen wissen, denn so wird die Vorspiegelung demagogischer Programme vermieden, doch dieser Respekt vor den Massen geht doch nicht so weit, daß klargestellt würde, warum jede kommunistische Programmierung der Zukunft in dem Maße demagogisch wird, wie sie genauere Züge annimmt. Verstreut sind in den ökonomischen Werken von Marx die sibyllinischen Anspielungen auf die «assoziierten Produzenten», die die Produktion planen (wie?), oder auf die Schiffchen des Aristoteles, die von ganz alleine laufen. Wird uns die Heilige Technik aus dem Reich der Notwendigkeiten der Arbeit zu dem Reich der Freiheit und der Muße führen? Es fällt schwer, in diesen wenigen Texten etwas anderes zu sehen als Notlösungen. Die «freie Assoziierung der Produzenten» setzt ohne nähere Angaben voraus, daß wie mit einem Zauberstab oder wie auf Weisung eines Präfekten die ungeheuren feindlichen Aufladungen, die der Kapitalismus – Marx zufolge – zwischen dem Krieg und dem ökonomischen Kampf zirkulieren läßt, verschwunden sind. Die technische Lösung aber, die alle Probleme durch den Überfluß löst, müßte ebenfalls beinhalten, daß die kapitalistischen Mächte nicht Gewalten der Zerstörung und des Parasitentums sind und nicht eine Technik entwickeln, die auf den Wohlstand der Herrschenden, aber nicht auf den der Beherrschten abzielt. Durch welches Wunder sollte die Technik – und die Leidenschaften, die die kapitalistische «Hölle» ausbildet und die sie reproduzieren – nun plötzlich das sozialistische «Paradies» produzieren und reproduzieren?

Nur ein einziges Mal hegte Marx Zukunftspläne: in seiner

Kritik des Gothaer Programms. Endlich wird er sagen, wie sich der Wert der Dinge berechnen läßt, wie man die Tauschprozesse und ihre Gleichheit regelt. Warum gearbeitet wird, wenn erst einmal die Rechnung des Kapitals beglichen ist. Das Resultat läßt, ein Jahrhundert später betrachtet, durchaus die Ränke der Zukunft mit all ihrem Unheil vorwegnehmen. Als wüßte er im Grunde vom Kommunismus nichts zu sagen, weist Marx wie bereits gehabt die näheren Bestimmungen weit von sich, die er eigentlich über die Organisierung des befreiten Lebens geben müßte. Auch nach der Machtergreifung kann die nun führende Arbeiterklasse immer nur wiederholen: Wir werden sehen! Sie verweist die Sorge um das Grundlegende auf eine «höhere» Phase der kommunistischen Gesellschaft: «Nachdem die Arbeit nicht nur Mittel zum Leben, sondern selbst das erste Lebensbedürfnis geworden; nachdem mit der allseitigen Entwicklung der Individuen auch ihre Produktivkräfte gewachsen und alle Springquellen des genossenschaftlichen Reichtums voller fließen – erst dann kann der enge bürgerliche Rechtshorizont ganz überschritten werden . . .» Worte, immer nur Worte, noch nicht einmal ein Gedicht! Ah! «Die allseitige Entwicklung», das freie Fließen des Reichtums, Marx fehlt es nicht an Inspiration! Wenn das Problem gelöst ist, wird es eine Lösung für das Problem geben – mehr sagt er im Grunde nicht.

Im Warten auf dieses «erst dann» wird aber schon vorausgesetzt, daß schon ein für allemal die Macht des Kapitals zerschlagen wurde. Wir werden in dem Fall immer in dem «engen bürgerlichen Rechtshorizont» leben, gibt Marx zu; er stellt sich jedoch vor, daß man mit «Scheinen» auskommen könnte, die dem Arbeiter bescheinigen, «daß er soundsoviel Arbeit geliefert» hat. Die Arbeit eines jeden Individuums würde also unmittelbar als nützliche Arbeit gelten: «Im Gegensatz zur kapitalistischen Gesellschaft (existieren) die individuellen Arbeiten nicht mehr auf einem Umweg, sondern unmittelbar als Bestandteile der Gesamtarbeit . . .» Wer also urteilt über die Nützlichkeit einer Arbeit?

Als andere Ökonomisten vorschlugen, das Geld durch Arbeitsgutscheine zu ersetzen, war Marx von beißender Strenge. Die er im Hinblick auf sich selbst verliert. Als er die Idee von Gray erwähnte, der aus der Arbeitszeit ein von einer zentralen

Nationalbank bescheinigtes Geldmaß machte, kommentierte Marx spöttisch: «Der Bankerott würde in solchem Falle vielmehr die Rolle der praktischen Kritik übernehmen.» In der Tat, «das Arbeitsgeld (ist) eine ökonomisch klingende Phrase», selbst (und vielleicht vor allem) wenn man einen sozialistischen Inhalt hineinlegt, was «Herrn *Proudhon* und seiner Schule vorbehalten» blieb. Wird zwanzig Jahre später Marx, wenn er das sozialistische Programm zu formulieren hat, etwa zum Schüler Proudhons?

In Wirklichkeit jedoch befindet sich Marx in der Klemme. Gegen Gray hatte er vorgebracht, daß es mit den Arbeitsgutscheinen nur funktionieren könne, wenn die Arbeit eines jeden unmittelbar «gemeinschaftliche Arbeitszeit» wird bzw. «Arbeitszeit direkt assoziierter Individuen», doch hatte er damals hinzugefügt, daß das die völlige Umwälzung der bürgerlichen Verhältnisse voraussetzt: «der Tauschwert würde nicht zum Preis, aber der Gebrauchswert würde auch nicht zum Tauschwert, das Produkt würde nicht zur Ware, und so wäre die Grundlage der bürgerlichen Produktion selbst aufgehoben». Was heißt das? Wenn nicht dies: daß man, um die Widersprüche des Arbeitsgeldes zu vermeiden, sich schon in der «höheren» Phase des Kommunismus befinden muß, in der wir uns «erst dann» von dem «enge(n) bürgerliche(n) Rechtshorizont» befreit haben – eine Phase, die Marx, sobald er sie beschreiben soll, auf den Sankt-Nimmerleins-Tag verschiebt!

Es ist das erste Auftreten einer intellektuellen Verfahrensweise, das ein Jahrhundert später Furore macht: wenn es euch nicht gelingt, aus euren Begriffsgegensätzen herauszufinden (nicht aus irgendwelchen: *Der* Sozialismus! *Der* Kapitalismus!), definiert eine «Übergangsperiode», laßt die Geschichte den Übergang vornehmen, die ihr begrifflich nicht zu denken vermögt. Weder Fisch noch Fleisch, weder Kapitalismus noch Kommunismus, wir erhalten diese «niedrigere Phase», in der das bürgerliche Recht (und das, was es notwendig macht) weiterbesteht . . . doch nicht der Kapitalismus! In Scopecolor: wie ein Gedankennichts historisch wurde . . . Wenn man auf tausenderlei Art das Wort Gesamtarbeiter mit dem Wort Bourgeois-Recht verkoppelt, bringt man noch lange nicht das Problem auch nur um einen Zentimeter zur nächsten Station. Steigst du bei der ersten aus oder bei der zweiten? Vielleicht kannst du weder im Kapitalismus noch im Sozialismus aussteigen, weil der Aufzug der Realität nicht auf der Etage deiner Begriffe haltmacht.

Das Kapital hat alle Macht, denn es hat die höchste Macht, die Arbeiter voneinander zu trennen, sie in den «bürgerlichen» Verhältnissen zu atomisieren. Man nimmt ihm alle Macht, doch für einen Moment bleiben die Einzelmenschen in dem «engen Horizont» des bürgerlichen Rechts eingeschlossen. Wer also wird inzwischen die absoluten Machtvollkommenheiten des Kapitals ausüben (die Produktion organisieren, darüber entscheiden, ob eine Arbeit nützlich ist, usw.), wer wird einen «genügend weiten Horizont» haben und dieser historischen Aufgabe gewachsen sein? Der Denker? Die Partei? Der Staat (der in dieser, wie es heißt, Übergangsperiode «nichts andres sein kann als die *revolutionäre Diktatur des Proletariats*»)? Schweigt der Meisterdenker, dann gibt er, ob er will oder nicht, dem Staat der Zukunft das Wort, überläßt es ihm, zwischen Kapitalismus und Kommunismus zu unterscheiden und der Diktatur der Privatwirtschaft seine Diktatur des öffentlichen Dienstes entgegenzusetzen. Die Welt wird den Funktionären gehören. Marx, der keineswegs aus Neigung etatistisch war, wurde es dann doch aus schierer Verzweiflung.

Als er zu dem Programm der deutschen Sozialisten Stellung nehmen sollte, ließ er alle Fäden spielen, die die kommenden Zeiten dann dicker und dicker werden sahen . . . Zum Beispiel, daß die «Produktionsweise», nach dem Übergang von der kapitalistischen zur sozialistischen, alles ändert. Doch jedesmal, wenn er genauer angeben soll, was sich konkret im Ganzen ändert, weicht er aus und geht zu einem andern Thema über. Marx konnte sein Programm einem Programm entgegensetzen, dessen Zweideutigkeiten er anprangerte, er zog es vor, sich dem zu entziehen, sich vor dem Thema zu drücken und den Kommunismus in mehrere, ungenaue Etappen aufzuteilen, nichts ist verworrener als diese «Kritiken».

Und doch spricht er die Ungeheuerlichkeit aus, die im tiefsten Innern seiner Gedanken ist. Was ist sein Geständnis? In der ersten, «sozialistischen» Phase der nachrevolutionären Gesellschaft werden die vom Recht geregelten, also ungleichen, bürgerlichen Verhältnisse beibehalten: «Das Recht kann seiner Natur nach nur in Anwendung von gleichem Maßstab bestehn; aber die ungleichen Individuen (und sie wären nicht verschiedne Individuen, wenn sie nicht ungleiche wären) sind nur an gleichem Maßstab meßbar, soweit man sie unter einen gleichen Gesichtspunkt bringt, sie nur von einer *bestimmten* Seite faßt, z. B. im gegebenen Fall sie *nur als Arbeiter* betrachtet und weiter nichts in ihnen sieht, von allem andern absieht. Ferner: Ein Arbeiter ist verheiratet, der andre nicht; einer hat mehr Kinder als der andre etc. etc.». Die Berücksichtigung dieser konkreten Gegebenheiten, und nicht mehr nur des abstrakten Arbeiters, verweist Marx auf die sogenannte kommunistische Phase, in der jeder «nach seinen Bedürfnissen» seinen Teil erhält. Das ist die Ungeheuerlichkeit: in einer ersten, «niedrigeren» Etappe bezahlt jeder in Funktion seiner Arbeitsdauer, dazu ist man in der Lage. Dagegen gelingt es nicht, die Unterschiede im Privatleben (Ehe, Zahl der Kinder usw.) zu berücksichtigen! Mit andern Worten, «man» bestimmt, ohne darin ein Problem zu sehen, was die gesellschaftlich nützliche und was die gesellschaftlich unnütze Arbeit ist, was als verlorene Zeit und was als doppelte Arbeit gilt; und das ebenso für die Gesellschaft als Ganzes wie für jeden einzelnen im besonderen. Was soll daran so schwierig sein? Umgekehrt aber, die Bedürfnisse des täglichen Lebens eines jeden zu berücksichtigen, übersteigt die Möglichkeiten der Gesellschaft, du hast fünf Kinder, ich drei, das ist weit schwieriger zu vergleichen als deine Arbeit als Ingenieur und meine als Zimmermann.

Alle Machtbefugnisse ausüben, die vorher dem Kapital zugeschrieben wurden, die Ungleichheiten ausgleichen, die abstrakte, gesellschaftlich nutzbringende Arbeit aus den konkreten, unendlich verschiedenen Arbeiten herauslösen, den abstrakten Arbeiter, der in den konkreten, differenzierten Menschen verborgen ist, extrahieren, gemeinsam die Ziele jeder Produktion bestimmen, die nützliche oder unnütze Natur jedes Produktes, die Konflikte regeln, die das alles mit sich bringt – alle diese Aufgaben sollen leichter zu vollziehen sein, als die Unterschiede in den Privatleben (die Zahl der Kinder zum Beispiel) zu berücksichtigen! Man sieht hier, daß durch Marx der Bruch, der öffentliches und privates Leben, gesellschaftliche Arbeit und partikulare Bedürfnisse einander entgegensetzt, noch tiefer wird, als er jemals war. Alle Machtbefugnisse des Kapitals über das öffentliche Leben gehen auf . . . ja auf wen gehen sie über? Darüber können wir nur eines erfahren: diese Probleme beherrschen den Privatmenschen, den Sklaven seiner Bedürfnisse, von dem angenommen wird, daß er noch nicht einmal mit den Bedürfnissen des Nachbarn rechnen kann, der zwei Gören mehr hat als er. Der ausbeutende Bourgeois ist seit langem beseitigt, bleibt der offizielle Mensch, der die Organisation und Verteilung der gesellschaftlichen Arbeit regelt, und der Privatmensch, der sie erduldet.

Marx macht hier auf eine Idylle. Was hat man gewonnen, wenn der Kapitalist durch einen Funktionär ersetzt ist? Axiom: die Herren übergeben die Macht nur den Herren. Nicht aus bösem Willen oder aus Egoismus. Sondern weil «vom» Kapital bzw. «vom» Sozialismus die Macht als eine Macht des Abstrahierens bleibt und weil Abstrahieren, Begreifen eins ist: «Beherrschen» (Hegel). Die Meisterdenker haben immer nur die vorsichtigen, subtilen und endlosen Kommentare vom Standpunkt des Herrschenden aus vorgenommen: in ihren Augen hat der Beherrschte, in seiner Besonderheit eingeschlossen, keinen Gesichtspunkt.

Zukunft des Arbeiters: «Arbeiter sollten wie *Soldaten* empfinden lernen. Ein Honorar, ein Gehalt, aber keine Bezahlung!» Auf dieses Projekt Nietzsches würde Marx antworten: Soldaten ja . . . aber Soldaten der Revolution!

Na und? Ist man etwa weniger Soldat, weil man von der Revolution herkommt?

Wodurch ich über allem bin (Nietzsche für alle)

«Le poète suscite avec un glaive nu
Son siècle épouvanté de n'avoir pas connu
Que la mort triomphait dans cette
voix étrange!»

Mallarmé

Der Außer-Marx

Man mußte noch hinter sich die letzten Schiffe der alten Welt verbrennen, die Modernität der Meisterdenker sich frei entfalten lassen und mit einemmal die Farbe des kommenden Jahrhunderts ansagen. Nietzsche, der Spätkommende, nahm die letzten Reinigungen vor und sprengte all das in die Luft, bei dem die alten Meister noch Zurückhaltung gezeigt hatten. Ein Monarch, doch kein Untertan? hatte Hegel gefragt. Kein Untertan, gewiß! Die Unterdrückten sind Unterdrücker, die es faustdick hinter den Ohren haben und ihren Genuß daran haben, von sich als Unterdrücker nichts zu wissen – hinweg mit den Unterdrückten, hinweggefegt, in Luft aufgelöst!

Doch warum *ein* Monarch? *ein* Kapital? Treten wir nicht in die Republik der Herren ein? In das Spiel der Großmächte? Jeder Kampf ist der letzte, und das ohne Ende, jede Schlacht ist die entscheidende ... bis zur nächsten Schlacht. Wenn sich die Macht an der Macht der Vernichtung mißt, wie es alle denken und wie es Nietzsche vor Mao sagt – «(...) wer ein Schöpfer sein muß (...), wahrlich, der muß ein Vernichter erst sein (...)» – dann wird es kein Zentrum der Macht geben, das nicht zerstört wird, kein Kapital, das nicht seine Höchststrafe erhielte ... Um anderen Mächten Platz zu machen und ganz zu zerbersten. Organisationen, Staaten, aber auch Wissenschaft, Kunst, Politik und Religion werden von Nietzsche als «Herrschaftsgebilde» erkannt, als Strukturen des Willens zur Macht. Die Welt ist aus kopernikanischen Sonnen zusammengesetzt, Gesamtheit von

Hauptquartieren, «jedes Kraftzentrum hat für den ganzen Rest seine *Perspektive*, d. h. seine ganz bestimmte *Wertung*, seine Aktions-Art, seine Widerstands-Art . . .»

Der Herr hinter dem Eigentümer

Abschaffung des Privateigentums! Welche lange Komplizenschaft unter diesem Banner zwischen der Intelligenz und dem Staat, bis hin zu den blutigsten Massakern des Jahrhunderts! Man machte sich über den kleinen Kaufmann und seine kleinbürgerliche Gesinnung lustig, man hat das Eigentum des Kleinbauern liquidiert, ohne zu sehen, wie der öffentliche Großbesitzer nun in den Vordergrund trat, der Hierarch, dessen Dienstabzeichen durchaus Vermögenswerten gleichzusetzen sind. Darüber in Verlegenheit geraten, schrieb Marx nebenbei, daß die «Kommandanten» der Industrie, ob mit oder ohne Vermögenswerte, die entscheidende Autorität verkörpern, «diese Autorität, die ihren Inhabern nur insoweit gehört als sie die Arbeitsbedingungen gegenüber der Arbeit verkörpern». Doch Verwalter, hohe Ingenieure, Dirigenten mit Gehaltszettel sind marxistisch gesehen nur Variationen über das zentrale Thema des Privateigentümers. Marx stimmt mit Hegel in der Einschätzung des Eigentums als der «einfachsten rechtlichen Beziehung des Subjekts» überein.

In Verlegenheit geraten auch die chinesischen Marxisten, die bei dem Bemühen, die Möglichkeit einer «Wiederherstellung des Kapitalismus» zu denken, ihn noch hauptsächlich in der Form einer Ausdehnung der kleinen Privatwirtschaft auftauchen sehen, des Schrebergartens oder der Hüttchen, und dabei durchaus nicht sehen wollen, daß sich der bevorzugte Ort des roten Bourgeois da findet, wo die Macht über die Gesellschaft ausgeübt wird, die Befehlsgewalt über die Arbeit, die Selektion der Bedürfnisse eines jeden, und daß dieser Ort die Partei selbst ist.

Diese faszinierte, blinde Ausrichtung auf das Privateigentum geht durch das ganze deutsche Denken bis hin zu Nietzsche. Manche Revolutionäre von 1789 hatten jedoch eine weniger eng gefaßte Vorstellung vom Eigentum und seiner Macht. Etwa

Barnave: «Die Glaubwürdigkeit des Wissens, die immer um so größer war, je unwissender die Masse der Menschen war, ließ die erste Aristokratie entstehen, die der Greise, Priester, Wahrsager, Ärzte, die Herkunft der Brahmanen, Druiden, Auguren; mit einem Wort, der ganzen auf Wissenschaft sich gründenden Aristokratie, die überall der der Waffen und des Reichtums vorherging, und die von Beginn der Gesellschaft an durch manche wirklichen, von einem großen Aufwand an Trugwerk umgebenen Dienste immer eine große Machtstellung erwarb.» Es versteht sich von selbst, daß der Girondist Barnave naiver ist als unsere «marxistischen» Gewerkschaften, die unsere Brahmanen und Auguren von heute alle zusammen als «Arbeiter» bezeichnen und völlig problemlos die Bandarbeiter und die leitenden Angestellten in einer einzigen Tabelle «zusammenfassen».

Von innen gesehen

Unter dem provisorischen Tand des Besitzers das vielversprechende Profil des modernen Herrn zu entdecken, setzt voraus, daß den Herrschaftsverhältnissen ins Auge gesehen wird und daß sie nicht mehr als Beziehungen zwischen Dingen verdeckt werden. Der Unternehmer begeht nicht etwa Diebstahl, er vampirisiert jemanden, er «saugt» lebendige Arbeit aus, schrieb dazu schon Marx, ohne daß er es jedoch wagte, ganz mit dem ruhigen Bild zu brechen, das die Verhältnisse zwischen den Menschen für Verhältnisse zwischen Dingen ausgibt. Und doch sind es direkte Beziehungen von Menschen zu Menschen, die er in der «verborgnen Stätte» der Ausbeutung aufdeckt, zwischen Führungskräften und Männern von Rang. Was ist der «Mehrwert» oder die «nicht bezahlte Arbeit» anderes als die Frucht dieser Asymmetrie der Machtbefugnisse, die die Dauer und die Intensität der Arbeit zuungunsten des Untenstehenden regeln?

Das idyllische Bild einer Gesellschaft, in der sich der Mensch auf die Dinge bezieht, bevor er anderen Menschen begegnet, wurde von dem ruhigen Denken des liberalen Englands aufgezeichnet. Bei Locke fand Hegel den Gedanken von der ursprünglichen *Einfachheit* des Privateigentums. Wenn er die Hypothese bewahrt, daß die Machtverhältnisse am Ende an den Beziehungen zwischen Dingen gemessen werden, bricht Marx keineswegs mit dieser Tradition. Wenngleich seine Auffassung vom Despotismus der Fabrik den Herrn als Automaten und Autokraten einführt.

Außerhalb der Fabrikmauern werden die Herrschaftsverhältnisse fortgesetzt, die Verhältnisse zwischen den Dingen drücken sie nur gelegentlich aus, ohne davon unabhängig zu sein. Der Luxus der herrschenden Klassen ist weniger Genuß an den Dingen als vielmehr ein Unterschied, das Luxushafte, das Blendwerk sind Mehrwerte des Konsums, die kulturell, pädagogisch und ästhetisch den Mehrwert der Produktion reproduzieren. Die Vorstellung von einem objektiven Maß der Herrschaftsbeziehungen vermittels der ökonomischen «Sachen» muß aufgegeben werden; der Herrschende mißt, ohne sich messen zu lassen, er legt die Normen fest: fett in den «unterentwickelten Ländern», mager in den fortgeschrittensten, ein Liebhaber von Tulpen in dem Holland von Vermeer oder von Rennwagen aus der Belle Époque, von Krieg, Polizei und manchmal von guter Musik.

Die Verhältnisse zwischen den Dingen sind noch Beziehungen zwischen Menschen, nie tritt man aus den Herrschaftsverhältnissen heraus.

«‹Wille› kann natürlich nur auf ‹Wille› wirken», resümiert Nietzsche und gibt dem Programm der Meisterdenker eine letzte Formulierung: «Die Welt von innen gesehen (. . .) – sie wäre eben ‹Wille zur Macht› und nichts außerdem.»

Jenseits des Fetischismus

Produktion um der Produktion willen, Konsum um des Konsums willen, Akkumulation auf Akkumulation: das sind der modernen Welt «Gesetz und Propheten», konstatiert Marx, der durchaus diese Verdoppelungen für das Anzeichen eines baldigen Ruins zu nehmen scheint. Er räsoniert vor dem Horizont einer Abrechnung, bei der die Konsumtion mit Produktion bar bezahlt wird, klingende Liquiditäten mit schwankender Kreditfähigkeit, indessen die künstlichen Gebäude des Kredits um des Kredits willen und der Antizipationen, die auf Antizipationen folgen, schließlich in *der* Krise bzw. in *der* Revolution zusammenbrechen werden.

Diese große Entscheidung, die endgültig Ideen und Dinge, Absichten und Handlungen, Subjektives und Objektives zur Entsprechung bringen soll, findet für den Willen zur Macht nicht mehr statt. Nicht etwa weil der Wille immer hinter dem Geschehen herrennen müßte und dabei ständig die Entsprechung von Idee und Sache, von Projekt und Ausführung verpaßte. Die Flucht nach vorn, die anscheinend der Wille zur Macht antritt, zeigt im Gegenteil, daß er sich durch seine Ziele hindurch zunächst selber sucht – Willen zum Willen, heißt es dazu bei Heidegger. Daher die affirmative Seite dieser vorgetäuschten Flucht, die in Wahrheit ein Überholen, ein Sichselbstübertreffen ist. Der Wille zur Macht sucht nicht die Entsprechung, er ist sie: «Ja, zum Spiele des Schaffens, meine Brüder, bedarf es eines heiligen Ja-sagens: *seinen* Willen will nun der Geist, *seine* Welt gewinnt sich der Weltverlorene» (*Zarathustra*).

Molière und Marx hatten Verständnis für das Paradox des Geizhalses, dessen ganzer Sinn nur nach seiner Geldkassette stand, oder für den Hamsterer, der meint, daß alle Reichtümer der Welt sich in seinem Tresor befinden: «. . . vom Gesichtspunkt der Qualität her, als allgemeiner Repräsentant des materiellen Reichtums, ist das Geld ohne Grenze, weil es unmittelbar in alle Arten von Waren verwandelt werden kann. Doch jede reale Geldsumme hat ihre quantitative Grenze und hat also nur eine beschränkte Kaufkraft. Dieser Widerspruch zwischen der stets bestimmten Quantität und der Qualität unbegrenzter Macht des Geldes führt immer wieder den Schätzeanhäufenden zu der Sisyphus-Arbeit zurück» (Marx).

Ist aber dieser Widerspruch der «Mächte» wirklich der des Sisyphus? Sisyphus begann mit seiner Akkumulation immer wieder bei Null, er brachte seinen Felsbrocken bis zum Gipfel, von dem ihn der göttliche Fluch immer wieder herunterrollen ließ. Der Wille zur Macht dagegen akkumuliert auf «erweiterte» Weise. Auch wenn seine Bewegung sich als ebenso endlos herausstellt wie die des Sisyphus, trägt er seinen Stein immer weiter, von Gipfel zu Gipfel. Von diesem Stein – Zielscheibe, Endstation, Objektiv, Ziel, Ursache, Ding – wird nicht mehr erwartet, daß er ein Maß für die Anstrengung abgibt, er ist nur ein vorläufiges Ziel, das seinerseits überholt wird, nicht mehr Zweck sondern Sprungbrett.

Wenn Marx hinzufügt, daß es um den Schatzmenschen ebenso steht «wie um den Eroberer, den jede neue Eroberung nur zu einer neuen Grenze führt», zeigt er sich sehr bärbeißig gegenüber dem Eroberer. Hatte er nicht zuvor die Eroberungen einer Bourgeoisie gefeiert, die noch ganz andere Wunderwerke zu verzeichnen hat als «ägyptische Pyramiden, römische Wasserleitungen»? Im Unterschied zum Hamsterer und zu Sisyphus weitet die moderne Macht unablässig ihre Herrschaft aus: jede neue Grenze führt sie zu einer neuen Eroberung. Immer noch eine Grenze, klagt der passive Nihilist, immer wieder eine Eroberung frohlockt der «aktive Nihilist», der Nietzsche so teuer ist.

«Was bedeutet Nihilismus? – *Daß die obersten Werte sich entwerten.* Es fehlt das Ziel. Es fehlt die Antwort auf das ‹Wozu?›.» Es gibt keinen Maßstab, der den herrschenden Willen kontrolliert, und deswegen gerade herrscht er über alles. Indem er sich als das erweist, das das letzte Wort bei der Besitznahme des Planeten hat, läßt der aktive Nihilismus der Produktion um der Produktion willen, der Konsumtion um der Konsumtion willen, der Akkumulation auf Akkumulation den Willen des Willens spüren, den eines Herrn, der allein auf der Erde sein will.

Redlichkeit

Zarathustra trifft unterwegs einen traurigen Greis, den letzten Papst, der über seinen letzten Gott Tränen vergießt: «Wenn Götter sterben, sterben sie immer viele Arten Todes. (. . .) er ist dahin! Er ging meinen Ohren und Augen wider den Geschmack, Schlimmeres möchte ihm nicht nachsagen. Ich liebe alles, was hell blickt und redlich redet». Gott und alle modernen Götzen werden auf tugendhafte Weise getötet, wenn man in dem redlichen Wort – in Rechtschaffenheit und Redlichkeit – der Tugenden Tugend sieht: «Wo meine Redlichkeit aufhört, bin ich blind und will auch blind sein. Wo ich aber wissen will, will ich auch redlich sein, nämlich hart, streng, eng, grausam, unerbittlich.»

Die Meisterdenker waren alle Meister der Sprache, das ging so weit, daß jeder sich eine eigene Sprache herzustellen suchte, um sie dann um so besser wissenschaftlich im Griff zu haben. Als Sprache einer Herrschaft, die «mathematisch» über sich selbst herrscht, bewegen sie sich immer im Kreis der «Tautologie», sie gehen von einem zum andern, ob nun im Urprinzip Fichtes (Ich=Ich) oder im spekulativen Satz Hegels. Das ist bei Marx nicht nur die «dialektische» Bewegung des Kapitals, sondern auch die der Revolution, die «auf den Grund der Dinge gehend» dort immer . . . sich selber wiederfindet (das war übrigens eines der beliebtesten Spiele der jungen linkshegelianischen Doktoren um Marx herum: alle Probleme dadurch zu lösen, daß die Vorsilbe *Selbst* dem Problem und seiner Benennung vorausgestellt wurde – die Emanzipation löst sich als Selbstemanzipation auf, Schöpfung als Selbstschöpfung, Verwaltung als Selbstverwaltung . . .).

Nietzsche folgt bis zum äußersten dieser Bewegung einer Sprache, die sich in ihrer eigenen Beherrschung einhüllt und sich keiner Identität mehr unterwirft, weil sie sie alle aufzwingt: wer empfindet nicht das Bedürfnis, an einem höchsten Wesen Festigkeit zu gewinnen: Gott, Geist, *das* Kapital oder *die* Revolution. Alle diese Grenzen sind nur noch das Indiz für neue Eroberungen, die vollbracht werden müssen, alle diese geschlossenen Bereiche, die gewisse Sprachen bestimmen, überragt die Sprache, die sie beherrscht.

Gott, die Staaten, das Gute, das Böse, das Wahre – das sind «Götzen». Im Jahrhundert der Aufklärung wurde ein ganz anderer Standpunkt vorgebracht: die Grenzen, die die Vernunft für sich selbst anerkennt, befreien sie auch von dem Wunsch, sich im Jenseits zu verlustieren. Von jetzt an werden die Götzen nicht mehr im Namen der Grenzen der Vernunft vom Sockel gestürzt, sondern weil sie der Vernunft Grenzen auferlegen. Es geht nicht mehr darum, kritisch diesseits zu stehen, sondern darüber hinwegzuspringen. Das «Freidenkertum» Nietzsches kann sich zuweilen in den skeptischen Putz der klassischen Vernunft hüllen, dennoch bleibt es modern, Affirmation einer auf Eroberung ausgehenden Herrschaft, die weit davon entfernt ist, restriktiv und mäßigend zu wirken. Das gleiche gilt auch für ein viel naiveres Vorgehen, zwanzig Jahre nach der *Götzen-Dämmerung*, als Lenin (in *Materialismus und Empiriokritizismus*) sich auf Diderots Atheismus beruft; damit führte er seine Theorie vom «materialistischen

Postulat» ein. Der «entscheidende» Ausgangspunkt aber, jeder in Vernunft gründende theoretische Diskurs, kommt von Hegel und nicht von Diderot, er ist die szientistische Übertragung eines Willens zur Beherrschung, die bei den deutschen Denkern gelernt wurde (wo Lenin die Fichtesche Idee vom «Postulat» gefunden hat: hier inspiriert der idealistischste der Philosophen die wildesten Materialisten . . .).

Das grenzenüberschreitende Vorgehen, das Nietzsche an allen «Götzen» vornimmt, hat sehr viel Ähnlichkeit mit einem Verfahren, das zur gleichen Zeit Mathematiker (Cantor) ausarbeiteten – nicht ohne heftige Dramen.

Wie zählt man das Unendliche? Wie unterscheidet man unter verschiedenen unendlichen Zahlen? Eigentlich läßt sich keine von ihnen zählen, da sie von der Definition her unendlich sind. Das allgemeine Verfahren, das dieses Problem klärt – die «Diagonalisation» – besteht in der Präzisierung dessen, was man unter der «Unmöglichkeit, eine unendliche Zahl . . . durchzuzählen», versteht. Und eben aus dieser Unmöglichkeit ein Konstruktionsverfahren der genannten unendlichen Zahl zu machen.

Es läßt sich zum Beispiel eine Art der Anordnung der Ziffern aufstellen, die aus vertikalen und horizontalen Reihen besteht, so daß in dem so hergestellten Quadrat die von den Ziffern in der Diagonale gebildete Zahl mit keiner einzigen aus irgendeiner Reihe identisch ist. Egal wie lang die Reihen auch sein mögen. Grob gesagt: es läßt sich mit Abzählbarem (die Reihen) ein Nichtabzählbares (die Diagonalen) konstruieren, das von der Konstruktion vollkommen definiert und somit selber eine Zahl ist, obwohl sie auf noch so vielen Fingern nicht abgezählt werden kann. Es ist nicht wichtig zu erkennen, daß man über das Konstruierte nur vermöge seiner Konstruktionsregel urteilen kann – was, wenn man so will, für jedes mathematische Sein wahr ist –, sondern daß es Realitäten gibt, die nicht weniger bestimmt sind als andere und die sich dennoch niemals als vollendete, konstruierte erfassen lassen. Realitäten also, die sich über eine Konstruktion nicht konstruieren lassen. So ist es mit den «höchsten Werten» bei Nietzsche. Sie sind nicht konstruiert, um zu dauern, sie dauern so lange, wie sie konstruiert werden: «Schätzen ist schaffen – hört es ihr Schaffenden! Schätzen selber ist aller geschätzten Dinge Schatz und Kleinod.»

Der «Mangel» Gottes ist nicht bei Voltaire zu suchen. Er ist dem Dichter gegeben, den Nietzsche in sich trägt – oder der Nietzsche trägt. Es geht nicht darum, sich mit weniger als Gott zu begnügen, sondern darum, mehr zu geben; um den Mangel Gottes auszumachen, seine Abwesenheit, um das zu vollziehen, muß der moderne Mensch dazu *begabt* sein ... «Furchtlos bleibt aber, so er es muß, der Mann einsam vor Gott, es schützet die Einfalt ihn, Und keiner Waffen brauchts und keiner Listen, so lange, bis Gottes Fehl hilft» (Hölderlin, *Dichterberuf*). Ist «Gott» tot, so doch nicht die Begeisterung.

Die De-Konstruktion (Diagonalisierung) der Götzen ist affirmativ: Wissen, Religion, Staat sind dichterische Schöpfungen – sie zu vergöttern, läuft darauf hinaus, daß man ihren Ursprung vergißt, daß man nicht mehr in poetischer Weise genealogisiert. In den anarchistischen Arbeiterbibliotheken zu Anfang des Jahrhunderts hatte Nietzsche einen festen Platz; in der Protestbewegung hat er ihn behalten: die Götzen eingestehen heißt sie öffnen und die Poesie an den Tag bringen, die sie, wie die Pyramiden die Körper der Pharaonen, einschließen. Die Nietzscheanische «Redlichkeit» macht von Fesseln frei, weil sie die «höheren Wirklichkeiten» zur Sprache bringt, gibt sie die Stimme zurück. Sie macht sich auf ganz andere Weise zu einer anzweifelnden Kraft, als würde sie nur in der Manier Voltaires eine Lüge anprangern: «Der Dichter sieht in dem Lügner seinen Milchbruder, dem er die Milch weggetrunken hat; so ist Jener elend geblieben und hat es nicht einmal bis zum guten Gewissen gebracht».

Der beste Dichter unter den Meisterdenkern, der klarste, der redlichste unter ihnen beginnt damit, außerhalb der Herrschaft zu denken, Sprache und Gang dem Abenteuer zu überlassen – keineswegs dem blinden Tun, nicht anders läßt sich die moderne Welt entdecken: «*Im Horizont des Unendlichen*. – Wir haben das Land verlassen und sind zu Schiff gegangen! Wir haben die Brücke hinter uns, – mehr noch, wir haben das Land hinter uns abgebrochen! Nun, Schifflein! sieh' dich vor! Neben dir liegt der Ozean, es ist wahr, er brüllt nicht immer, und mitunter liegt er da, wie Seide und Gold und Träumerei der Güte. Aber es kommen Stunden, wo du erkennen wirst, daß er unendlich ist und daß es nichts Furchtbareres giebt, als Unendlichkeit. Oh des armen Vogels, der sich frei gefühlt hat und nun an die Wände dieses Käfigs stößt! Wehe, wenn das Land-Heimweh dich befällt, als ob dort mehr *Freiheit* gewesen wäre, und es giebt kein ‹Land› mehr!» (Nietzsche, *Die Fröhliche Wissenschaft*).

Diesseits jeder «kopernikanischen Revolution» kehren wir zu der großen Reise des Pantagruel zurück. So dick und riesengroß er auch war, der Reisende im *Vierten Buch* hatte noch nicht die wissenschaftliche Autorität, die einem Kopernikus nachgesagt wurde, er beherrschte nicht den «Horizont des Unendlichen», er navigierte in ihm. Eine «stellarische» Freundschaft zwischen dem großen Ausbruch von Rabelais und dem Reisenden des 19. Jahrhunderts, der den deutschen Gelehrten vorwarf, sie verständen es nicht zu lachen. So verkündete Nietzsche auch als einziger Meisterdenker nicht, daß die Kunst eine vergangene Sache sei und aufgehoben (Hegel), im Gegenteil, er wies ihr alle möglichen Aufträge der Erkundung im Horizont des Unendlichen zu. Damit geht er, nach vorne und nach rückwärts gewandt, über den Eigendünkel der beherrschenden Vernunft hinaus.

Bis wohin?

«Es gibt viel mehr Sprachen, als man denkt: und der Mensch verrät sich viel öfter, als er wünscht. Was redet nicht! – aber es gibt der Hörenden immer noch wenige, sodaß der Mensch seine Bekenntnisse gleichsam in den leeren Raum hinein plaudert: er ist ein Vergeuder mit seinen ‹Wahrheiten›, wie die Sonne es mit ihrem Lichte ist. – Ist es nicht schade, daß der leere Raum keine Ohren hat?»

Ein Herr, wäre er auch nietzscheanisch, kann nicht den Kampf gegen die «Vergeudung» umgehen, sogar auf den leeren Raum wird er seine Ohren heften.

Nach Gott . . .

Im Gegensatz zu dem ihrer Epigonen wurde der Dünkel der Meisterdenker immer an irgendeiner Stelle von ihrem Denken selbst überschritten; so lehren sie etwas anderes als die Herrschaft – wäre es auch nur die Herrschaft, wie sie von außen gesehen wird. Das soll allen, die Bücher verbrennen, gesagt sein!

Ebenso poetisiert Nietzsche in einem viel höheren Maße, als er es selber vorhatte.

In seinen Augen – wenn nicht in seiner Schreibweise – bleibt die Dichtkunst, und überhaupt jede Kunst, eine Tätigkeit der Herrschaft, Affirmation des Willens zur Macht. Er beurteilt die Poesie nach ihrer «Nützlichkeit», die er aus jenen alten Zeiten hervorholt: «Es sollte vermöge des Rhythmus den Göttern ein menschliches Anliegen tiefer eingeprägt werden.» Das Schöne, Gute und Wahre sind Instrumente, mit denen sich eine Zivilisation Menschen und Dinge untertan macht: «Das Wesentliche aller Moral, was ihren unschätzbaren Wert ausmacht, ist, daß sie ein langer metrischer Zwang ist, Tyrannei des Reims und des Rhythmus.»

Diese «Tyrannei» als geheime Triebkraft von Kunst, Moral und Politik muß am Ursprung jedes Verkehrs von Menschen gesehen werden: man versteht sich leicht, wenn man sich schnell versteht, «die Geschichte der Sprache ist die Geschichte eines Abkürzungs-Prozesses», behauptet Nietzsche. Dabei entlehnt er diesen Begriff der *Abkürzung* bei Hegel, der damit seine eigene philosophische Sprache charakterisierte, aber noch nicht jede Sprache.

Von da an muß in der Vielfalt der gewöhnlichen Sprachen die (vormals) spekulative Wirksamkeit der Vernunft entdeckt werden, d. h. nicht eine persuasive, sondern eine *dissuasive* Tyrannei. Nach dieser Definition der Sprache als einem Prozeß der Abkürzung erklärt Nietzsche: «Je größer die Gefährlichkeit, um so größer ist das Bedürfnis schnell und leicht über Das, was nottut, übereinzukommen; sich in der Gefahr nicht mißzuverstehn, das ist es, was die Menschen zum Verkehre schlechterdings nicht entbehren können.» Man meint, eine Apologie des roten Telefons zu lesen, das die Supermächte miteinander verbindet, wie sie von einem Apostel thermonuklearer Abschreckung gepredigt wird! Es geht nicht nur darum, sich auf negativem Wege zu verstehen, Nietzsche meint durchaus, den Grund jeder Verständigung erfassen zu können: «Noch bei jeder Freundschaft oder Liebschaft macht man diese Probe . . .»

Wie das Klima, so die Tugend; wie die Natur, so auch der Mensch – das war die Berechnung der Deterministen des Zeitalters der Aufklärung, als sie eine Aufstellung der Ursachen und

Anpassungen gaben. Eine weniger naive Setzung läßt sich bei den Meisterdenkern finden: daß man nicht durch etwas determiniert ist, sondern daß man sich angesichts von etwas bestimmt: «Wahrlich, mein Bruder, erkanntest du erst eines Volkes Not und Land und Himmel und Nachbar: so errätst du wohl das Gesetz seiner Überwindungen, und warum es auf dieser Leiter zu seiner Hoffnung steigt.» Die Völker mit ihren unzähligen Zielen lassen immer die gleiche dissuasive Abkürzung erscheinen: die Lage ist eine Herausforderung an die Herrschaft, die höchste Herrschaft ist nun die, dieser Herausforderung Herr zu werden: «Löblich ist, was ihm schwer gilt.»

Wenn sie jede Zivilisation von einem einzigen Prinzip bestimmen läßt, dann erfordert die Vielfalt der Völker und Prinzipien, die zu einem weltweiten Gefahrenherd geworden ist, daß das ihren Konflikt regelnde einzige Prinzip programmiert wird – «Tausend Ziele gab es bisher, denn tausend Völker gab es. Nur die Fessel der tausend Nacken fehlt noch, es fehlt das *eine* Ziel. Noch hat die Menschheit kein Ziel. Aber (. . .) fehlt da nicht auch – sie selber noch? –»

Der Horizont des Unendlichen muß als der eines einzigen Zieles verstanden werden, wie es von *einer* Menschheit aufgestellt wird, das eine Objekt eines einzigen Subjekts. Hier weicht der Dichter dem Metaphysiker.

Weil auf seinem Schiff der kühne Steuermann nun auch nicht wieder so kühn ist, daß er nicht die Notwendigkeit empfände, einen Herrn nach Gott zu haben?

Weil der Herr nicht nachdenken kann, ohne vorher einen großen Steuermann gedacht zu haben? Dessen *großen Stil* Nietzsche im Innersten jeder Kunst zu erkennen geben will: «Dieser Stil hat das mit der großen Leidenschaft gemein, daß er es verschmäht zu gefallen; daß er es vergißt zu überreden; daß er befiehlt; daß er *will* . . . Über das Chaos Herr werden das man ist; sein Chaos zwingen, Form zu werden; Nothwendigkeit werden in Form: logisch, einfach, unzweideutig, Mathematik werden; *Gesetz* werden –. das ist hier die große Ambition.» Die aller Meisterdenker.

Darüber nachdenken, unter welchen Bedingungen eine dissuasive Wahrheit als wahr erscheint. Dem Anschein nach gibt sie sich eher als das Gegenteil einer Wahrheit; wenn sie dabei hilft, die Realität zu ertragen, ist sie Hilfe, doch nicht Wahrheit; wenn Zweck und Mittel, Ursache und Wirkung, Subjekt und Objekt für das Leben notwendige Glaubensvorstellungen sind, dann sind diese Kategorien wahr auf Grund des Willens zur Existenz, nicht aus Achtung vor der Wahrheit. Wenn die Wahrheit Dissuasion ist, wenn man sich nur versteht, um sich zu streiten, und sich nur verständigt, um den Abgrund auf einem Regenbogen an Begriffen zu überschreiten, dann besteht der Steg der Wahrheit aus notwendigen Fiktionen, die durch einen verfälschenden Willen aufgestellt wurden: «man glaubte ein Kriterium der Realität in den Vernunftformen zu haben, – während man sie hatte, um Herr zu werden über die Realität, um auf eine kluge Weise die Realität *mißzuverstehn* . . .»

Man sei auf der Hut! Mit all dem Feinsinn im Zugriff Nietzsches muß dieser Versuch verstanden werden, das von Hegel aufgestellte Begreifen ist Beherrschen bis zu den letzten Konsequenzen zu treiben . . . «Und siehe da: jetzt wurde die Welt falsch, und exakt der Eigenschaften wegen, *die ihre Realität ausmachen,* Wechsel, Werden, Vielheit, Gegensatz, Widerspruch, Krieg.» Nicht etwa, daß die dissuasive Wahrheit eine Fiktion wäre, weil sie für weiß ausgibt, was in Wirklichkeit schwarz ist, weil sie von friedlicher Koexistenz spricht, wo in Wirklichkeit Krieg herrscht. Nietzsche ist subtiler: die dissuasive Wahrheit ist nicht weniger Sein, sondern mehr, von der Wirklichkeit gibt sie nicht ein blasses Bild, sie zwingt sich ihr auf und graviert sich in ihr ein. Sie selbst ist das, was den Wechsel zur Stabilität verändert, das Werden zum Sein, die Vielfalt zur Einheit und den Gegensatz in Organisation, den Widerspruch in ein Herrschaftsgebilde, den Krieg in einen imperialen Frieden verwandelt, und all das durch Wechsel, Werden, Vielheit, Gegensatz, Widerspruch und Krieg.

Die über alles herrschende Abschreckung sucht und findet ihre Wahrheit nicht außerhalb ihrer selbst, in einer Realität, mit der sie übereinzustimmen hätte. Sie muß sich nicht nach einem

Spiegel umsehen, in dem sie frohlockend ihre Schönheit, ihre Güte und ihr Einssein betrachtet, sie muß sich noch nicht einmal mit dem «absoluten Wissen» identifizieren oder gegen «das» Kapital eine Einheit finden. Die Abschreckung *bedeutet*, befiehlt, bildet die Einheit der Dinge, die sie umfaßt, ohne von diesen Dingen ihre Einheit zu erwarten: «Alle Einheit ist nur als *Organisation und Zusammenspiel* Einheit (. . .), somit ein *Herrschafts-Gebilde*, das Eins *bedeutet*, aber nicht Eins ist.» Die dissuasive Wahrheit ist gleichmacherisch, sie vereinfacht, vergröbert, sie läßt die Welt als eine logische, befriedete erscheinen, indem sie damit beginnt, sie durch Krieg und Schrecken – unablässig – logisch zu machen. Sie unterhält die Fiktion des beständigen Seins, indem sie sich als Wille zum Sein aufzwingt – nicht unbeständiges Gleichgewicht, sondern stabilisierendes Ungleichgewicht.

Der Wille des Herrn ist Herr über sich selbst. Er schließt nicht mit einem Objekt ab (Gott, das Kapital), auch nicht mit einem einmaligen Ereignis (der spekulative Karfreitag oder Die Revolution). Schließt er . . . mit nichts ab? Wäre der Abgrund, der Schrecken seine letzte Wahrheit? Die Generäle mögen mit allem erforderlichen Ernst zu verstehen geben: «Ich oder das Chaos!» Der Dionysos Nietzsches weiß darüber mehr: Ich, das heißt das Chaos. Der Herr «findet» nicht den Abgrund, er gräbt ihn sich, damit sein Himmel um so tiefer wird. Die Generäle tun das auch, ohne es sagen zu können. Der Wille des Herrn schließt mit sich selbst ab: «Dem Werden den Charakter des Seins *aufzuprägen* – das ist der *höchste Wille zur Macht.*» Ihn findet er überall, war die Poesie aus jenen alten Zeiten vermöge des Reims und des Rhythmus nicht auch schon dies, daß «den Göttern ein menschliches Anliegen tiefer eingeprägt werden» soll?

Der Ring

Da ist der Kreis der Kreise: der Herr stellt alle Wahrheiten her – seine Fiktionen – und nimmt für sich nichts Geringeres in Anspruch, als daß sie wahr sind und daß er ein wahrer Herr ist. Wie gelangt er von den Wahrheiten, die er eigenmächtig beherrscht, zu der Wahrheit seiner Herrschaft und Eigenmächtigkeit? Und wenn diese letzte Wahrheit sich auch als Fiktion herausstellte?

Der Herr scheint in der Klemme zu sitzen. Mit Gott kommt das noch hin, man konnte ihn «diagonalisieren» oder dekonstruieren, indem man die Affirmation der Götter als etwas Göttlicheres hinstellte als die Götter selbst. Hier tauchen nun aber unumgängliche Paradoxa auf, denn sie übertragen auf das Behauptete die Behauptung selbst. Wenn ich sage, daß die Wahrheit Fiktion ist, ist dann diese Aussage fiktiv? Das Paradox des Lügners, der sagt ‹ich lüge›, Paradox der Welt als einer wahren, die zur Fabel wird, und von dieser Fabel, die wahr ist: «Die wahre Welt haben wir abgeschafft: welche Welt blieb übrig? die scheinbare vielleicht? . . . Aber nein! *mit der wahren Welt haben wir auch die scheinbare abgeschafft!*»

In der Auseinandersetzung mit diesem Kreisschluß wird die Haltung des Herrn eine doppelte:

1. *im* Kreis: er vergnügt sich, wird «oberflächlich *aus Tiefe*», zuckt die Achseln und tanzt: «Was ist mir jetzt ‹Schein›! (. . .) Schein ist für mich das Wirkende und Lebende selber, das so weit in seiner Selbstverspottung geht, mich fühlen zu lassen, daß hier Schein und Irrlicht und Geistertanz und nichts mehr ist – daß unter allen diesen Träumenden auch ich, der ‹Erkennende›, meinen Tanz tanze . . .» Das mag richtig sein, doch woher weiß ich, daß der Tanz der beste Schritt ist, dieser «Dauer des Traumes» zu folgen, die der Lauf der Welt zu sein scheint? Welch unerschütterlich tanzendes Fundament wird mein Tango *ergo sum* haben? Diese Frage stellt Nietzsche selber:

2. *vor* dem Kreis: «ich» entdecke mich «6000 Fuß jenseits von Mensch und Zeit», an einem Ort, in einer Zeit, wahrer als alle anderen – «Mittag; Augenblick des kürzesten Schattens; Ende des längsten Irrtums; Höhepunkt der Menschheit; *incipit Zarathustra.*» Ist das auch noch Fiktion?

Bin ich drinnen oder draußen? Drinnen, wenn jeder Blick auf die Welt zuvor eine bestimmte Aufteilung von dieser Welt vornimmt, und zwar in Funktion meines Vorhabens und der Perspektive, in der ich meinen Tanz aufführe. Draußen, wenn ich sage: alles ist Perspektive; ich muß eben darüberstehen, wenn ich das wahrnehmen will. Nun gut, dann tanzt! Notwendig drinnen, und Nietzsche nimmt das zum Argument: «Das Werden (. . .) *hat gar keinen Wert. Der Gesamtwert der Welt ist unabwertbar*, folglich gehört der philosophische Pessimismus unter die komischen Dinge.» Der Pessimist springt über die Welt hinweg, um sie zu beurteilen, «folglich» gehört er zu den komischen Dingen. Doch gehört dieses «folglich» nicht auch dazu? Auch der Optimist springt über die Welt. Und das Komische dieses Bockspringens ebenfalls. Und ist man nicht, wenn gesagt wird: *der Gesamt*wert *der* Welt, schon als erstes über die Welt gesprungen, um sie als *eine* Welt zu behandeln? Und selbst wenn man die Vielheit gegen die Einheit wählt, den Unterschied, die Welten, wo befindet man sich, wenn man wählt? Ist es wieder ein Purzelbaum über den Welten? Notwendigerweise draußen? «Kurz, wir dürfen uns unsern Intellekt nicht dergestalt widerspruchsvoll denken, daß er ein Glaube ist und zugleich ein Wissen um diesen Glauben als Glauben.»

An dieser Stelle der Überlegung wird man, wenn man bei Verstand bleiben will, von einem Sophisma reden und von sonst nichts. So wird den Sophisten noch die Ehre zuteil, auf der Sünderbank neben großen Denkern und modernen Mathematikern Platz nehmen zu können. Der Denker hat die Wahrheit der Fiktionswahrheiten befragt, die Welt der Welten, ebenso wie die Mathematiker an der Jahrhundertwende auf die Paradoxa «gestoßen» sind (dabei auf das des Lügners), als sie die «naive» Theorie von den Mengen aufstellten. «Das Werden (. . .) *hat gar keinen Wert*», ebenso wie es unmöglich ist zu behaupten, ob, ja oder nein, die Menge aller Mengen, die sich nicht selbst enthalten, sich selbst enthält. Wenn ja, dann nein. Wenn nein, dann ja. Ist die Welt, die alles enthält, in ihrer Einschätzung enthalten oder enthält sie diese? Und wenn sie sie enthält, wie kann sie dann die Bewertung der Welt sein? Und wenn sie sie nicht enthält, wie kann sie dann behaupten, Welt zu sein?

Diese Paradoxa, so neu sie auch für die Mathematiker sein mögen, hatten schon in den antiken Philosophien einen Ehrenplatz: «‹Was sich beweisen läßt, ist wahr›: – das ist eine willkürliche Festsetzung des Begriffs ‹wahr›, die sich *nicht beweisen* läßt! . . . *Das bedeutet also*: ‹Was sich beweisen läßt, ist wahr› setzt bereits *Wahrheiten als gegeben voraus.*» Wenn Nietzsche auch nicht befürchtet, in diesen Kreis zu verfallen, so tut er doch nichts, um von ihm wegzukommen. Er läßt hier den klassischen Ort der Prinzipien, Axiome, der *a priori* gegebenen Wahrheiten erkennen, alles Begriffe, die von den griechischen Denkern übernommen wurden, die sie nach allen Richtungen untersuchten und das übersichtliche Feld ihrer «ersten Meditationen» herausarbeiteten.

Für Nietzsche hat es nichts Erschreckendes, den Herrn im Kreis seiner Herrschaft sich drehen zu sehen. Voller Ausgelassenheit sieht er darin ein Indiz dafür, daß der Herrschende immer eine Philosophie nötig haben wird. Es käme dann nur darauf an zu wissen, welche diesem Bedürfnis entspricht.

Die Stunde X

Die Ordnung der Welt wird dissuasiv durch den gegenseitigen Schrecken der Gegner garantiert, viel besser, als würde eine Seite sie mit Hilfe der Überzeugung festlegen wollen, indem sie das gemeinsame Interesse oder die jeweilige Stärke vor Augen führt – das wußte man schon, bevor die thermonuklearen Waffen da waren. Die Macht wird in der Entgegensetzung zum Chaos begründet, wenn nötig, beschwört sie es herauf, jede große Politik entfaltet sich «am Rande des Abgrunds», die großen Entscheidungen werden angenommen: «das oder nichts»; der Frieden scheint, wie immer er auch aussieht, etwas Positives zu sein, weil er die totale Katastrophe auszusetzen scheint, und er setzt sich fort, indem er sie tatsächlich in der Schwebe hält; der Frieden wird in dem Maße stärker, wie der Krieg größere Gefahren mit sich bringt, der Krieg wird friedfertiger, um so gefahrenvoller er wird, die Eskalation bewegt sich immer langsamer nach oben, indem sie bis zum Äußersten geht, die immer näherkommende Möglichkeit der Endkatastrophe bringt es zu der immer mehr möglichen Nähe des ewigen Friedens; daraus ergibt sich, daß die Macht der Zerstörung über die Macht des Aufbauens herrscht – diese schönen Wahrheiten der Abschreckungsstrategien mußten nicht erst von den Experten des Pentagon oder des Politbüros entdeckt werden. Es sind Wahrheiten der Herrschaft unter den Bedingungen der neuen Epoche – in einer Zeit, in der man durch Abschreckung herrscht, bevor man zu überzeugen sucht. Die Meisterdenker verlieren sich in Gedanken über sie; Nietzsche sprach sie so frei wie niemand sonst aus:

«Man muß Tyrannen gegen sich haben, um Tyrann, d. h. *frei*

zu werden. Es ist kein kleiner Vorteil, hundert Damoklesschwerter über sich zu haben: damit lernt man tanzen, damit kommt man zur ‹Freiheit der Bewegung›.»

«Der Denker, der erkannt hat, daß in uns, neben jedem Wachsen, zugleich das Gesetz der Zerstörung herrscht, und daß es unumgänglich ist, daß alles zerstört und mitleidslos aufgelöst werde, damit andere Dinge geschaffen würden und zum Entstehen kämen, ein solcher wird in dieser Betrachtungsweise eine Art Freude empfinden müssen, wenn er ihre Vorstellung ertragen will; sonst wäre er zur Erkenntnis nicht mehr geeignet. Er muß also einer verfeinerten Grausamkeit fähig sein und sich darauf entschlossenen Herzens vorbereiten.»

«Die Täuschung *Apollos*: die *Ewigkeit* der schönen Form; die aristokratische Gesetzgebung ‹*so soll es immer* sein!›.

Dionysos: Sinnlichkeit und Grausamkeit. Die Vergänglichkeit könnte ausgelegt werden als Genuß der zeugenden und zerstörenden Kraft, als *beständige Schöpfung.*»

«. . . die Umwertung aller Werte. Nicht mehr die Lust an der Gewißheit, sondern an der Ungewißheit; nicht mehr ‹Ursache und Wirkung›, sondern das beständig Schöpferische; nicht mehr Wille der Erhaltung, sondern der Macht; nicht mehr die demütige Wendung: ‹Es ist alles *nur* subjektiv›, sondern: ‹Es ist auch *unser* Werk! – seien wir stolz darauf!›»

Herrschaft und Mathematik

Die Natur wurde zum Gegenstand der Beherrschung im modernen Sinn, sobald sie mathematisiert werden konnte (Galilei, Descartes). Die Beherrschung der Gesellschaft beruft sich ihrerseits auf die Mathematik, auch wenn sie diese in einer noch strengeren spekulativen Sprache zu übertreffen gedenkt. Der große Stil der Herrschaft will sich immer als «mathematisch».

Bedeutet das umgekehrt, daß das Herrschaftsvorhaben der Mathematik innewohnt? Sie hat es geglaubt, als sie noch zu Anfang des Jahrhunderts (Hilbert) die vollkommene Beherrschung ihrer eigenen Sprache programmierte, wobei diese Perfektion nicht nur von der Ausschließung eines jeden Widerspruchs garantiert wurde (das ist immer noch der Fall), sondern auch von der Ausschließung der Möglichkeit überhaupt, Widersprüchen und Antinomien zu begegnen. Die Mathematik sah sich so als höchste Wissenschaft des Gesetzes bestätigt (Husserl: Nomologie).

Es ist bekannt, daß dem nicht so war: die Mathematik hat schließlich ihre Methode anders formuliert, sie hat dieses Ideal aufgegeben, ohne an Strenge zu verlieren. Wobei sie sich den zusätzlichen Luxus gestattete, in einem berühmten Theorem (Gödel) zu beweisen, daß die Mathematik – es sei denn, sie würde ihren Bereich auf die weniger interessanten, auf die bescheidensten Teile beschränken – nicht den Anspruch erheben konnte, sich absolut zu beherrschen und im voraus jede Möglichkeit antinomischer Aussagen auszuschließen.

Die Auslegungen der verschiedenen Lösungen, die für die «Krise» der Mathematik vorgeschlagen wurden, sind noch zahlreicher als ihre vielen Lösungen. Es erscheint jedoch nicht unmöglich, das herauszuspüren, was der Mathematik erlaubt, sich frei zu entfalten, wenn man das Ideal der absoluten Herrschaft einmal beiseite läßt. Von sich aus hat die Mathematik niemals den Anspruch erhoben, alles über alles zu sagen, obwohl man ihnen eine solche Forderung unterstellt hatte. Der mathematische Logiker kann die Klippen der Antinomien umfahren, wenn er nicht auf den beiden Ozeanen der Sprache wie ein Freibeuter umherzieht, was er zu Beginn seiner Erkundung ausschließt. So gibt es für Tarski «unterhalb» der Mathematik die gewöhnliche Sprache, die alles über alles sagt, allerdings in einer Ambiguität, die durch keine Logik eindeutig werden kann; und «oberhalb» der Mathematik eine inexistente, wenn nicht völlig abgelehnte Theorie der Theorien, die ebenfalls von allem spricht und über die Wahrheit im allgemeinen Aussagen fällt: «Die Sprache der allgemeinen Theorie von der Wahrheit wäre aus eben demselben Grund widersprüchlich wie die geläufige Sprache.»

Die Logiker stellen verschiedene, subtile Hierarchien auf, die von der Sprache durchzogen werden, von einer höheren Sprache (Metasprache), die die niedrigere Sprache (Objektsprache) kontrolliert. Doch die Logiker schließen ausdrücklich die Möglichkeit aus, daß diese Hierarchie auf ihre Basis (die gewöhnliche Sprache) in sicherer Weise zurückgreifen kann oder daß sie einen Scheitelpunkt hat, der alles beherrscht (eine allgemeine Theorie der Wahrheit, eine Nomologie). Kurz, die Mathematik findet sich zurecht, indem sie es akzeptiert, daß die gewöhnliche, gemeine Sprache, die sie nicht mehr absorbieren oder beherrschen will, über sie hinweggeht. Diese gemeine Vulgarität hat die Mathematik auf ihre Weise verinnerlicht; indem sie es akzeptiert, niemals alles beherrschen zu können, sich selbst mit eingeschlossen, hat sie sich die Möglichkeit offengehalten, auf ihre Weise von allem zu sprechen, damit auch von ihren Grenzen.

Die Sprache wird nicht die Universalität der Mathematik haben, wie es sich die Philosophen nach Descartes erträumten (Schluß mit der *mathesis universalis*); dagegen nutzt die Mathematik, die nunmehr in sich selbst eingetaucht ist, die zweideutige, nicht beherrschbare Universalität einer Vulgärsprache, die, wie schon Platon sagte, «alles zirkulieren läßt». Von jetzt an verliert der Herr, wenn er die Mathematik nachahmen will, den Boden unter den Füßen.

Herrschaft und Theologie

Es heißt, daß das Unglück des neuzeitlichen Menschen daher kommt, daß er sich für Gott oder daß er seinen Herrn für Gott hält («Personenkult»). Das ist eine bequeme Erklärung: wir gehen an der Religion zugrunde, wir sind noch nicht wissenschaftlich genug. Wie lustig! Die größten Verbrechen des Jahrhunderts wurden bei solchen Klängen begangen. Und das ist durchaus nicht lustig!

Wenn man den Auguren der Theorie Glauben schenken will, dann ist es wissenschaftlich und materialistisch, die Achtung vor dem Herrn von der (uneingestandenen, unbewußten) Achtung vor Gott abzuleiten. Bravo: unsere Achtung auf Erden kommt von unserer Achtung, die wir vor dem Himmel haben! Die aufsehenerregende materialistische Interpretation der Evangelien verbindet sich hier unversehens mit einer frommen Auslegung des Materialismus. Wenn man seine Zeit mit der Frage verbringt, wer von beiden, Gott oder Materie, der wahre Gott ist, vergißt man die Frage zu stellen, warum dieser wahre Gott und diese wahre Materie immer mit der äußerst wirklichen Autorität eines wahren Herrn auftreten. Wieviel Endlösungen werden noch auf der Spitze dieses Schwertes tanzen wollen?

Und wenn es angebrachter wäre, anstatt Gott im Herrn zu suchen, dem Herrn bis zu Gott hin nachzugehen? Sich zu fragen, wann und wie sich der Herr in Gott wiedererkannt hat. Vielleicht sollte man untersuchen, ob das nicht auf Kosten der Götter ging, so wie es mit jedem «Objekt» der Fall war, über das der Herr die Herrschaft erlangen wollte?

Die Mathematik gibt ein Modell der Herrschaft ab, weil sie perfekt eine Sprache zu beherrschen scheint, indem sie diese «konstruiert». Bevor die Mathematik damit zum Wahrzeichen der Macht wurde, hatte sich die Theologie, bevor sie später in Konkurrenz zur Mathematik geriet, in der gleichen Rolle versucht. Das Dasein Gottes zu «beweisen», heißt: in den Ketten einer Sprache die höchsten Realitäten festhalten. Zu behaupten «Gott ist tot», ist von nicht geringerer Durchschlagskraft, weswegen Nietzsche darin eine Tat sah, die für die, die sie begingen, viel zu groß war. Ob man Gott beweist oder ob man ihn widerlegt, von der Hypothese her wird sichergestellt, daß «alles» von einer Sprache beherrscht werden kann, die sich selbst beherrscht, indem sie sich den «Beweis» verordnet.

Es ist bekannt, daß die Bemühungen der Vernunfttheologie auf ähnliche Antinomien stießen wie die «naive» Mengentheorie: «die Antinomie, die der Begriff davon voraussetzt, *was so beschaffen ist, daß nichts Größeres gedacht werden kann*, ist eine mathematische», schreibt J. Vuillemin in seiner Studie über die «Beweise» des heiligen Anselm. Jedesmal stehen wir wieder vor der Ambition einer Sprache, die für das, wovon sie spricht, auch das Dasein beansprucht, es sind die Momente, in denen die Vernunft «zum Nachdenken über ihr schöpferisches Vermögen kam, und dazu, ihre Weite und Macht zu prüfen», wobei sie zu der «rationalen Idee von Gott» gelangte (ebd.). Diese Ambition läßt sich sowohl in der Vernunfttheologie als auch in der naiven Theorie der Mengen ausmachen; die Prinzipien sind ähnlich: das Prinzip der Auffassung (Quine) bzw. das der Abstraktion (Russell). Sie bestehen darin, daß, wenn wir eine Bedingung (eine Eigenschaft) auffassen, eine Klasse gesetzt wird, die Menge, deren Elemente die Dinge sind, die diese Bedingungen erfüllen (oder die durch diese Eigenschaften definiert sind). Der «ontologische Gottesbeweis», der aus dem Wesen Gottes seine Existenz schließt, kristallisiert also einen allgemeineren Anspruch heraus, er läßt die

Sprache von einer modernen Vernunft besessen sein, die besitzen will, wovon sie spricht, und beherrschen, was sie besitzt.

Gott oder Nicht-Gott, das ist egal, wenn nur in diesem Punkt der Existenz oder der Nicht-Existenz eine Sprache über alles Existierende Herr ist: «Gott bleibt tot! Und wir haben ihn getötet! (. . .) Ist nicht die Größe dieser Tat zu groß für uns? Müssen wir nicht selber zu Göttern werden, um nur ihrer würdig zu erscheinen?» (Nietzsche) Der Gedanke daran, was so beschaffen ist, daß nichts Größeres gedacht werden kann, und der Gedanke daran, daß er es denkt – damit ermißt ein Herr in Gott oder in seiner Abwesenheit seine eigene Größe.

Als Gott tot war, hatte man ihn schon seit langem durch einen Doppelgänger ersetzt.

Metaphysische Übergabe

«Höher als ‹du sollst› steht: *‹Ich will›* (die Heroen); höher als ‹ich will› steht: *‹Ich bin›* (die Götter der Griechen).»

Kein Leser des *Zarathustra* kann übersehen, daß das Denken Nietzsches um eine nicht formulierte, aber zentrale Doktrin kreist («sein Platz in der Geschichte, im Zentrum»), es ist die rätselhafte Ewige Wiederkehr des Gleichen. Man wird die mystisch-wahnsinnige Seite bei Nietzsche hervorheben, denn von diesem höchsten Schlüssel weiß er nichts zu sagen, es sei denn, wir sehen, daß Marx auch nicht mehr über seine letzte Revolution zu sagen weiß und daß Hegel ausdrücklich vermerkt, daß es über seine Fellhose, die einem Monarchen gleich auf dem Gipfel seiner Rechtsphilosophie thront, rundweg nichts zu sagen gibt. Die ewige Wiederkunft, die Revolution, der Monarch, das alles existiert so und nicht anders. Das ist sich alles so ähnlich, so daß es auch nichts anderes sein kann, wenn die ewige Wiederkehr der Revolution von Mao monarchisch «für 10000 Jahre oder mehr» angesagt wird.

Die Meisterdenker schließen alles in dem Ring ihrer Herrschaft ein, ihre Art, alles zu umfangen, ist elliptisch, denn sie hat immer zwei Mittelpunkte: Wille zur Macht und Ewige Wiederkunft, Kapital und Arbeit, Bourgeoisie und Revolution, An-sich und Für-sich, Geist und Natur, Ich und Nicht-Ich. Die großen

Grundsätze treten paarweise auf, sie polarisieren Schlachten und Paradoxa, mehr noch bedingen sie das Denken des Ganzen. Herrschaft über das Ganze: Wille zur Macht. Das Ganze der Beherrschung: Ewige Wiederkunft. Das Ganze der Herrschaft: Das Kapital. Herrschaft des Ganzen: Revolution, Klassenkampf als «Motor» der Geschichte usw.

Ein solcher Kreis ist logisch durch die Antinomien, die er zirkulieren läßt, er ist theologisch, weil er «höchste» Realitäten definiert, die er sich sogleich durch die Gründe und Beweise seiner Begründungen untertan macht. Mehr noch, er erweist sich als onto-theo-logisch, folgt man dem so wertvollen Kommentar, den Heidegger von den Grundkategorien Nietzsches gibt. Er sieht in dem Willen zur Macht den klassischen Bereich, der als der des Wesens (*essentia*) abgegrenzt ist, während die ewige Wiederkunft die Fragen der Existenz (*existentia*) stellt, die traditionell in das Sein des Seienden projiziert werden, in Gott. Das Verhältnis zwischen diesen beiden Mittelpunkten der Befragung, komplexer, als es in der schulischen Pseudoevidenz von «Existenz» und «Wesen» vorgestellt wird, konstituiert diese Kreise, die kein moderner Philosoph vermeidet, angefangen mit Descartes, der die Wahrheit durch Gott und die Ewigkeit der gefundenen Gewißheiten durch das «Ich» garantiert.

Man spürt hier, über welche Winkelzüge die Meisterdenker sich mit den anscheinend unüberwindbaren Schwierigkeiten abfinden. Zum Beispiel daß von der Revolution bzw. von der ewigen Wiederkunft geradezu nichts gesagt werden kann: diese Wirklichkeiten antworten auf die Frage des *Was,* nicht auf die des *Wie,* auf die «praktische» Frage des *Was existiert?,* nicht auf die theoretische Befragung des *Was ist das?.* Die Aufteilung in diese zwei Arten des Fragens erscheint als solche vollkommen willkürlich, doch ist dieses Willkürliche in der Tradition der abendländischen Metaphysik verankert. Die Trennung in allgemeine und besondere Ontologie entscheidet offensichtlich noch zwischen Marx und Nietzsche. «Die zwiefältige Frage: Was ist das Seiende? lautet einmal: Was ist (überhaupt) das Seiende? Die Frage lautet zum anderen: Was (welches) ist das (schlechthin) Seiende?» (Heidegger). «Radikal sein ist die Sache an der Wurzel fassen» (Marx). Und wo wird diese Wurzel gesucht? In Gott, der die Wissenschaft der Logik als Monolog führt, bevor er die Welt erschafft (Hegel). Im Menschen, für den «die Wurzel (. . .) aber der Mensch selber ist» (Marx). In der Welt, die sich als dionysische reproduziert (Nietzsche). Sind die drei Kapitel der besonderen Metaphysik erschöpft, dann kehrt man zur allgemeinen Metaphysik zurück und stellt ein ähnliches Programm auf von der radikalen Herrschaft über alles, was ist, was sich bewegt und ereignet. Das Sein ist eines aus Meisterhand.

Jede moderne Herrschaft ist im Grunde metaphysisch. Der Herr dreht sich im Kreis seiner Herrschaft und springt beschwingt vom logischen Kreis zum theologischen, von den höchsten Wesen zu der Wissenschaft von den Wesen im allgemeinen; er spielt auf der dreifachen Klaviatur des Onto-theo-logischen. Bedeutet das umgekehrt, daß jede Metaphysik im Grunde Herrschaft ist? Die Meisterdenker behaupteten das alle; allerdings gaben sie auch zu verstehen, daß die eigentlich neuzeitliche Umgestaltung des Denkens katastrophale Züge trägt – so behauptete Nietzsche, daß wir eher in der autoritären Überlieferung und in der imperialen Übertragung des *Imperium Romanum* leben als in dem freieren, losgelösten griechischen Denken; so spottet Marx über den Kult, den seine Zeitgenossen (und er) der produktiven Arbeit widmeten, über die sich Aristoteles und Cäsar lustig gemacht hätten. Als Herr über sich selbst wie über die Welt ist der Augustus bei Racine im eigentlichen Sinn modern, in zweifelhafter Weise römisch, sicherlich aber nicht griechisch. Die Metaphysik konnte lange ohne die Meisterdenker auskommen, die Frage, auf welche Weise das möglich war, würde eine andere Untersuchung erfordern. Die Meisterdenker dagegen können nicht ohne die Metaphysik auskommen, auch wenn sie durch sie zu etwas immer mehr Uneingestandenem wird.

Neuzeitlich sind die Meisterdenker durch ihren Willen, alles zu beherrschen, auch ihren eigenen Diskurs. So geht ihr ganzes Streben darauf aus, einzigartig und einsam zu sein. Blind also gegenüber den Bindungen, die sie aneinanderfesseln und auch an die Vergangenheit des Abendlandes der Herren binden, außer wenn sie, sozusagen sich selbst zum Trotz, spüren, daß der Wille zu herrschen sie selber beherrscht. Dann kommen sie sich verloren vor in ihren Ambitionen; dann sind sie noch beredter als zu irgendeinem anderen Zeitpunkt, in einem Jahrhundert, das nicht aufhört, für sie Widerhall zu sein.

Wen fürchtet man auf der Wagnerischen Bühne anzutreffen? Vielleicht Hitler, aber ebenso auch Lenin, Marx, einen gewissen Freud und Antifreudianer. Das 19. Jahrhundert kannte nur wenige sozialpolitische Umwälzungen, es wurden viele von ihm programmiert. Ordnung, Arbeit, Revolution, Endchaos, die heute beherrschenden Ideen wurden damals produziert. Wir haben nur ihre Anwendung erfunden. Allein Wagner bringt sie auf die Bühne, noch unwirklich, aber schon spürbar: Frage der Macht, des Geldes, Sexualität, Tod. Die Begegnung zwischen Musik, Poesie und Geste ist, wie Wagner sagt, das Werk des «Wissenden des Unbewußten». Wagner *setzt Denken in Szene,* das hinten im Kopf arbeitet. Unschuldig sind sie nicht, diese Gedanken des 20. Jahrhunderts, sie meditieren über den *Kampf um die Erdherrschaft,* heißt es bei Nietzsche, dem ikonoklastischen Schüler des großen Sachem von Bayreuth.

Politisch gesehen ist Wagner nicht originell. Er ist bei den Barrikadenkämpfen von 1849 in Dresden dabei, mit Bakunin; verfolgt, ins Exil gegangen, ist ihm nichts mehr zuwider als Eigentum, Staat und Religion, er nennt sich einen Kommunisten. Einer unter tausend, nicht mehr oder weniger als Marx und Co. Dies ist nun mehr als eine Anekdote: sein großes Werk, *Der Ring der Nibelungen*, wurde im wesentlichen in diesem Zeitraum konzipiert, als er sich mit der «Göttin Revolution» im vertrauten Gespräch befand. Er will seine Barrikaden auf der lyrischen Szene errichten, er fordert die Oper heraus, als Erfindung von in ihrem Palast eingeschlossenen Aristokraten, verkündet, daß «man nicht mehr *Prinz und Prinzessin* singen wird . . .», daß das nicht mehr entfremdete, kommunistische Volk sich selbst im *Musikdrama* wiederfinden wird, dem «Kunstwerk der Zukunft». Kurz, eine Kulturrevolution.

Nur daß die Peking-Oper im Vergleich allzu armselig und konventionell ausfällt. Wagner beruft sich nicht auf die Maos seiner Zeit, sondern auf Ödipus: «Als er sich die leuchtenden Augen ausstach, die einem despotischen Beleidiger Zorn zugeflammt, und einem edlen Weibe Liebe zugestrahlt hatten, ohne zu ersehen, daß Jener sein Vater und Diese seine Mutter war, da stürzte er sich zu der zerschmetterten Sphinx hinab, deren Räthsel er nun als ungelöst erkennen mußte. – Erst *wir* haben dieses Räthsel zu lösen, und zwar dadurch, daß wir die Unwillkür des Individuums aus der Gesellschaft, deren höchster, immer erneuernder und belebender Reichthum sie ist, selbst rechtfertigen» (*Oper und Drama*).

Siegfried, das Individuum, wird aus der Liebe von Siegmund und Sieglinde geboren, Bruder und Schwester, die sich dessen bewußt waren.

Alle marxistischen Interpretationen von Wagner sind schal. Die geistreichste, die von Adorno, vermeidet es nicht, den kleinbürgerlichen Primitivismus dieses «Repräsentanten einer von der Geschichte verurteilten Klasse» hervorzuheben. Und wenn man einmal umgekehrt versuchen würde, Marx durch Wagner zu interpretieren?

Wie kommen *die* Kapitale in der schrecklichen, «vampirhaften» Einheit zusammen, die als *das* Kapital bezeichnet wird? Wie kann diese «universale Macht» in ihrem Kreis das Diabolische der Gesellschaft aufgenommen haben? Diese vom Titel des Buches versprochene «Wahrheit», die wir Seite um Seite vergeblich suchen, gibt es schon vorher, vor jedem Beweis, jenseits jeder Widerlegung: nicht *Das Kapital* zu lesen ist wichtig, sondern seine Musik zu hören, dieses *Leitmotiv* vom «Fluch des Rings», d. h. vom *Geld*. Eine universelle Hure, sagt Shakespeare, der viel Zartgefühl für Freudenmädchen hatte, Schwarze Magie, heißt es bei Goethe, Quelle und Summe allen Übels, schärft uns das 19. Jahrhundert ein und denkt dabei an das kommende.

«*Die*» Revolution gegen «*das*» Kapital, so beginnt der Mythus vom Ring und von Siegfried. Wer ist Siegfried? Ein Kind, ein Barbar? Ja, und ebenso «das genaue Gegenteil eines Schwachkopfes, ein Wesen, das in dem höchsten Bewußtsein lebt und handelt» (Brief von Wagner). Sehen wir in ihm das Kind der deutschen Metaphysik, das enge Band von Theorie und Praxis, den von Entfremdung Befreiten, der «freier als die Götter» ist, das mit der Natur ausgesöhnte Individuum, das sie hört und versteht, die vollkommene Menschheit ohne Angst und Neid, der ganze Mensch. Wer hat Siegfried erfunden? Wotan oder Hegel? Der Tod der Götter bringt die Geburt des Menschen!

Wagner füllt den Traum aus, läßt ihn anschwellen, bis er zerplatzt, er zeigt ihn und zerbricht ihn. Anfangs schien alles von dem alleinigen Konflikt zwischen dem unmenschlichen Gold und der menschlichen Liebe herzurühren (*Rheingold*). Dann kommt es zu der mißlichen Lage eines Gottes, Wotan, der gehalten ist, die Gesetze zu respektieren, und der sie auch zu respektieren scheint: er braucht einen Mittelsmann, der ihn nicht mit «hineinzieht», «frei» muß er sein (*Die Walküre*). Dieser sich selbst verwaltende Selfmademan erscheint (*Siegfried*). Dann die überraschende Wende zu Beginn der letzten Episode (*Götterdämmerung*): wir erfahren, daß die Geschichte vom Diebstahl des Goldes nur Kinkerlitzchen sind im Vergleich zu dem allerersten Verbrechen eines Gottes, der aus dem Willen zur Macht eine nicht enden wollende Kette von Vergewaltigungen, Gesetzesübertretungen und Gewalttaten einleitete. Das zentrale Problem ist nicht das Gold, sondern Wotan. Und schon erhebt sich Wagner ein für allemal über all die marxistischen Palmenwedel, mit denen man sein Haupt hätte umwinden wollen.

Hinter dem Ringdiebstahl das Unternehmen Wotans. Hinter dem Phantasmus des Kapitals die Machtfrage. Die gewinnsüchtigen Götter brauchen Endkämpfe. Wenn Walhalla, die Macht, die Verbotene Stadt, der Palast des Zentralkomitees in Brand stehen, dann brennt alles. Ich oder das Chaos. *Tabula rasa* als Regierungsmethode. Hiroshima mon désir. Die Macht will nicht überzeugen, sie will abschrecken. Warum affirmiert sie sich in der Planifizierung der Katastrophen? Warum kennt sie nur eine Geschichte, die eines nicht endenwollenden *Count-down*? Warum stellen die Staaten ihre Uhren nach der Zeit der Apokalypsen? Warum werden die Götter zur Dämmerung geboren?

Der Wotan-Staat hatte seine eigene Monstrosität verborgen, indem er allen Haß auf das «Gold» richtete.

Wer ist Wotan? Wagner definiert ihn als «die Summe der Intelligenz der gegenwärtigen Zeit». Das 19. Jahrhundert hat für uns arme technokratisierte, marxisierte, dirigierte Menschen einen Diskurs geplant, der über alles Rechenschaft gibt, alles sagt: über den, der spricht, und über das Subjekt, das zuhört, und über jedes zur Sprache kommende Objekt. Die Macht, die diesen Diskurs hält, macht sich zu einer absoluten, wenn sie nichts von außen zuläßt, keine Opposition. In ihr ist der harte Blick der Walküren, der nur die Augen aufschlägt, um uns die letzte Stunde anzusagen:

«Nur Todgeweihten
taugt mein Anblick;
wer mich erschaut,
der scheidet vom Lebenslicht.
Auf der Walstatt allein
erschein' ich Edlen . . .»

Der starke Staat betrachtet sich in dem Spiegel seiner Dämmerungen, in denen Hiroschimas oder Kambodschas. Tod der anderen, eigener Tod, die Macht erblüht in ihrem Blut, das gerinnt.

«Mit stummem Wink
Walhalls Edle
wies er zum Forst,
die Weltesche zu fällen.
Des Stammes Scheite
hieß er sie schichten
zu ragendem Hauf
rings um der Seligen Saal.
Der Götter Rat
ließ er berufen;
den Hochsitz nahm
heilig er ein:
ihm zu Seiten
hieß er die Bangen sich setzen,
in Ring und Reih'
die Hall' erfüllen die Helden . . .
Staunen und Bangen
binden starr die Götter.»

Wagner hätte der Gefangene dieses Programms bleiben können. Seine Vorhaben zu einem «integralen» Kunstwerk sind davon stark geprägt. Und doch befreit er uns durch sich auflösende Meisterwerke. Wotan wird sich immer wieder in der Ausweglosigkeit der Macht verfangen. Brünhilde irrt zwischen ihrem Vater und ihrem Halbbruder hin und her, Siegfried verwechselt seine Frauen. Man wird niemals erfahren, ob Tristan und Isolde sterben oder miteinander schlafen. Rache der Musik, die sich nicht integrieren läßt, Rache des Dramas, in dem derjenige, der die Fäden ziehen will, in seinem Garn zu Fall kommt. Isolde, die Hexe, Tristan, der Verräter, Parsifal, der Idiot, Wotan schließlich, der nicht mehr weiß, wo ihm der Kopf steht, alle reisen weit weg vom Menschen, der ein Ganzes ist.

Die Dämmerung kann herabsinken, von den Menschen und Göttern ist niemand klüger als der andere. Wenn die Liebe leuchtet, lacht der Tod; nicht weniger wahr ist es umgekehrt, singt Brünhilde.

Als er verbrannte, was er verehrt hatte, und vor allem die Wagnerianer verachtete, sah Nietzsche dennoch die Wahrheit durchscheinen: «Ist der Parsifal Wagner's sein heimliches Überlegenheits-Lachen über sich selber, (. . .) Wagner, der über sich zu *lachen* weiß?» (*Nietzsche contra Wagner*). Über ihn und über uns, über seine Zeit, also über unsere.

Ein Mensch setzt auf einer Bühne die große Maschinerie der modernen Macht zusammen: er setzt die Reden in Bewegung, vertieft den Wirrwarr, bewegt die Phantasmen. Und es klappt. Er hat, das ist das Wunder von Bayreuth, die Philosophie verwirklicht, die von Hegel und von Marx, die des Kremls, des Pentagon und der Verbotenen Stadt. Es bricht aus ihm heraus. Ein Lachen. Uns ins Gesicht.

Die Vollendung der Geschichte

*«... nicht wie ein Fisch im Wasser,
doch beladen wie ein U-Boot. Zugleich drinnen und
abseits. Das Wasser trägt, hält zurück, verschließt.
In seiner Dichte sein und doch ganz aus Stahl,
T.N.T., Nuklearbarren. Heuchler! Da haben wir
alle Laster! Bara, Kehlabschneider, Heilige,
Mörder ... Polizisten.
Polizisten ... ja. Noch ein Fluch, das Volk kann
durch das Volk zum Schweigen gebracht werden.
Ihr geht auf eine Sicherheitstruppe zu und sagt:
Alle Söhne von Rechtsanwälten, Ärzten,
Industriellen und Lehrern sollen heraustreten!
Niemand, da könnt ihr sicher sein, niemand wird
einen Schritt nach vorn tun. Das ist eine Truppe,
die, wäre sie nicht vom Land und aus den Fabriken,
nie losmarschieren würde. Im Gegenteil, wie
wundervoll! Sie greift die Menge an. Der Vater
schlägt auf den Sohn ein; der Sohn auf den Vater, es
kommt zur richtigen Schlägerei wie bei
Unterentwickelten, danach Saufereien, Prügel und
blutige Anrempeleien, willst du was,
hier haste's.»*

Ipousteguy

I

Subtil, verfeinert, durchtrieben, komplex, die Doktrin der Meisterdenker scheint nicht endlos geheimnisvoll zu sein; sie entfaltet die implizite Philosophie der zivilen und militärischen Generalstäbe. Diese Doktrin wird zu einer allgemeinen, wenn die Generalstäbe in der ganzen Welt sich erneuern.

Das würde man ohne die Scheuklappen der «Kritik des Totalitarismus» bemerken. Amerikanische Intellektuelle versuchten mit diesem Begriff die gleichzeitige Abrechnung mit Stalin und Hitler. Der Nachteil einer solchen Aufteilung war, daß die «nicht totalitären» Regime freigesprochen wurden und man blind wurde für (intellektuelle oder historische) Abstammung wie für (praktische und zeitgenössische) Verwandtschaft zwischen den harten Herrschaftsmethoden in West und Ost.

Die Kritik am Totalitarismus zeigt die leidige Tendenz, sich immer als Kritik des Totalitarismus, wie er jeweils woanders herrscht, herauszustellen: gegenüber den Vereinigten Staaten und England, die den friedlichen Liberalismus der «Glorreichen Revolution» (1688) feiern, träumt allein das Festland-Europa von Terror und Gegenterror (vgl. Hannah Arendt bzw. J.L. Talmon); gegenüber Europa dann die UdSSR. mit ihrer eisigen Mark; gegenüber der Sowjetunion China; bei China manchmal gar die ganze Welt. Der Totalitarismus, das sind die andern.

Totalitarismus vor den Toren? Totalitarismus vor der eigenen Tür! Die Technik der Konzentrationslager wurde schon zu Beginn des Jahrhunderts durch das liberale England systematisiert, als seine Generäle den «weißen» Aufstand in den Kolonien Südafrikas niederschlagen sollten; seitdem haben sich diese Verfahrensweisen ausgebreitet, und die ehemaligen Buren-Aufständischen perfektionieren sie nun an «ihren» Schwarzen. Die Mentalität, durch die diese Verfahren dann akzeptabel werden, geht noch weiter zurück. Stanley Kubrick scheint (in *Dr. Seltsam oder Wie ich lernte die Bombe zu lieben*) eine viel deutlichere Wahrnehmung der wirklichen Genealogien zu haben, wenn er dem Offizier, der rittlings auf der Bombe sitzend die Apokalypse auslöst, einen Texanerhut aufsetzt. Anstatt in der jakobinischen Tradition des kontinentalen Europas nach dem einzigen Beispiel neuzeitlicher historischer und kultureller Gewalt Ausschau zu halten, hätten die Theoretiker des Totalitarismus besser daran getan, einen Blick auf die Western-Filme ihrer zwölf TV-Programme zu werfen. Dann hätten sie entdecken können, daß Völkermord zum Gründungsmythus wurde. Sie hätten gesehen, wie man auf dieser Seite des Atlantik mit der Geschichte beginnt (oder neubeginnt), indem man häßliche Aristokraten oder Bombenlegerinnen, je nach Tagesmeinung, in einer bestimmten Zahl umbrachte. Sie hätten auch sehen können, daß man drüben auf der anderen Seite zunächst damit beginnt, die Indianer zu töten, dann eine genügende Zahl von Landstreichern, Banditen und Huren. Von den Negern erst gar nicht zu reden. Es sind zwei verschiedene Versionen von den «Ursprüngen der totalitären Demokratie», die auf ähnliche Praktiken vorbereiten können, wie sie an den Indianern ausprobiert werden können, die noch übriggeblieben waren, oder auch an den Vietnamesen, Südamerikanern . . . oder an den Bewohnern Dresdens, Hiroschimas oder Nagasakis.

Weder die Western-Produzenten noch die Meisterdenker haben die Geschichten vollständig erfunden, die man sich erzählt, wenn ein Völkermord ausgeführt wird. Das Massaker der Neuen Welt stammt aus der Zeit ihrer Entdeckung, davon wußte schon der entsetzte Montaigne. Die Meisterdenker haben Ideen und Taktiken systematisiert und strategisch verwendbar gemacht, die schon vor ihnen in all jenen Gesellschaften weit verbreitet waren, die sich auf dem Weg zu einer rationalen Disziplinargesellschaft befanden. Ihre Zentralidee – in der modernen Zeit geht es nicht darum zu überzeugen, sondern um Abschreckung – wurde allgemein für richtig gehalten. Das große Prinzip ihrer Strategie – weniger Zwang ausüben als terrorisieren – wurde zum Grundsatz eines jeden Generalstabs, der etwas auf sich hält. Ihr großes Vorhaben – die Dressur und Selektion der Plebejer der Welt – steht allgemein auf der Tagesordnung.

Hier bietet sich eine Gelegenheit zu erahnen, was die modernen Mächte unterscheidet. Nicht das Fehlen oder Vorhandensein des staatlichen («totalitären») Terrorismus, dem man überall begegnet, sondern die Bedingungen, unter denen man gegen ihn kämpfen kann – diese sehr konkreten Möglichkeiten, seine

Meinung mitzuteilen, in Streik zu treten, zu demonstrieren, die Rechnungsbücher der Großen zu überprüfen, einen Kolonial- oder Imperialkrieg zu stoppen oder zu untersagen, daß er hinterrücks begonnen wird. Kein Generalstab hat solche Freiheiten zugestanden; hier und da hat man sie sich genommen, mehr oder weniger, niemals ganz, immer nur vorläufig – diese Unterschiede, die in der von Meisterdenkern organisierten Geschichte vernachlässigt werden, machen jedoch Glück und Unglück des Jahrhunderts aus. Wenigstens für diejenigen, die nicht in einem Generalstab philosophieren.

2

Russisch, amerikanisch, chinesisch, die heutigen Varianten der Doktrin der Meisterdenker sind zahlreich. Die Endlösungen ähneln einander. Zwischen der Bombe, die aus der B 52 fällt, und der Kugel, die aus dem Schnellfeuergewehr russischer oder chinesischer Fabrikation kommt, zwischen der offen zugegebenen marxistischen Motivation des Gewehrfeuers und dem uneingestandenen Hegelianismus des Bombenabwurfs hat der kambodschanische Bauer, der vertrieben, ausgehungert, massakriert wird, wohl kaum Gelegenheit, jene Unterschiede festzustellen, die aus der Entfernung so wichtig erscheinen. Und will man an ihnen festhalten, dann ist das ein Beweis für eine wirksame staatsbürgerliche, politische, metaphysische, theologische Erziehung und läßt wenig Illusionen über die Sanftheit der abendländischen Gebräuche.

Überall Kanonenfutter, aber natürlich nie ein Mann der Regierung. Und widerborstig, das Tier mußte also gezähmt werden. Der Bauer in Europa war die erste Figur dieser Plebs, die die Machthabenden dressieren wollten. Von ihrer Entstehungszeit an pflegten die Arbeiterorganisationen die bürgerliche Verachtung für den Drecksbauer, stellten damit ihre Urbanität und den modernen, wissenschaftlichen Charakter der verschiedenen Nuancen ihres Sozialismus heraus. Die europäischen Bauern bilden nicht mehr wie früher die Mehrheit der Bevölkerung, immerhin ist die Mehrheit der gegenwärtigen Gesellschaft immer noch Zielscheibe einer sehr phantastischen, gelehrtenhaften Verachtung. Sie geht von der Elite aus und gilt allem, was nicht Elite ist.

Sie geht quer durch alle Schichten: Verachtung des Arbeiters, Verachtung des «unproduktiven» Angestellten, des «Bürokraten», des «Homo», Verachtung des Mistkutschers. Verachtung einer jeden Kategorie für die anderen, ja sogar für sich selbst. Das Bild der jeweiligen Plebs, der kein Schicksal zuteil wird, es sei denn, sie überläßt sich der Führerschaft der Theoretiker. Für die Meisterdenker ist das evident. Ganz zu Recht hält sich diese Epoche der wissenschaftlichen Verachtung unsere Meisterdenker warm.

Der Beweis, daß jede Plebs (im Augenblick oder auf Dauer, das ändert nichts am Resultat), entscheidungsunfähig ist, wird immer auf dem Weg über *die* Revolution angetreten: ob sie noch zu machen ist, ob sie noch einmal gemacht werden muß oder schon endgültig abgeschlossen ist, ob gut oder schlecht, das alles ist nicht so wichtig, wenn man in ihr nur jene Tat sieht, die für die Plebs ohne Hirten zu groß ist. Es gibt einen Diskurs über die Revolution, dessen schillernde Nuancen wie in einem Regenbogen erscheinen, der immer die gleiche Schlußfolgerung umschließt: das Volk muß in diesen schwierigen Zeiten an der Hand geführt werden, ob der Anführende nun Berufsrevolutionär ist, Experte in Menschenkenntnis oder ein patentierter Verantwortlicher des Pentagon mit dem Sternenbanner.

Die Matrix dieses Beweises über die Revolution wurde in den drei kanonischen Etappen der Meisterdenker sehr genau herausgearbeitet: die Revolution der Geister, die durch die Wissenschaft der Intellektuellen vorbereitet wird, der Terrorismus der Massen gegen die Massen und die abschließende Errichtung einer neuen Ordnung durch die neuen Verantwortlichen. Ebenso wie die deutschen Meisterdenker um sie herum verstreute Ideen systematisierten, ebenso erfindet man Varianten zu dieser Ordnungsmatrix, ohne Hegel und Marx gelesen zu haben (die, ob sie nun studiert werden oder nicht, auf diese Weise universal bleiben).

Die Zirkulation der Ideen in Frankreich veranschaulicht sehr schön, wie es zu einer Verflechtung kommt zwischen revolutionären Erfahrungen, Ideen über diese Erfahrungen und Theorien über diese Ideen. Die Marxisten stellen alle zehn Jahre fest, daß der Marxismus sich in diesem Land nicht richtig festgesetzt hatte, daß er «unauffindbar» sei oder daß es ihm an dieser

Wissenschaftlichkeit fehle, an dieser philosophischen Strenge oder an der Bildung, die er, wie angenommen, unter einem günstigeren Himmel hervorbringt. In Wirklichkeit ist die Marxomanie in Paris nicht weniger verbreitet als anderswo, es gibt seit einem Jahrhundert zahllose, mehr oder weniger marxisierende, marxische, marxologische, krypto-, pseudo- und heteromarxistische Bethäuser. Was die Franzosen beklagen könnten, wäre, daß sie nicht die Hegemonie einer einzigen (im übrigen mehr oder weniger einheitlichen) marxistischen Schule gekannt haben, die über eine organisierte, verantwortungsvolle Arbeiterbewegung herrschte. Das war, nicht aus der Entfernung und nicht ohne Nuancen, in Deutschland und Österreich bis 1930 der Fall, heute scheint es das im Italien Gramscis zu geben. Was die russischen und chinesischen Marxismen angeht, die ihre Hegemonie mit der Kritik der Waffen begannen, bevor sie die Waffen ihrer Kritik zum Triumph führten, so kann ihr Beispiel wohl kaum – ohne rückblickende (oder vorwärtsschauende) Illusion – dazu dienen, die französische Situation aufzuhellen.

Wenn der Marxismus in Frankreich nicht diese vorherrschende Rolle gespielt hat wie in den Nachbarländern, dann hat das einen einfachen Grund: der Platz war schon besetzt. Die «großen Lehren der Revolution» warteten nicht auf den Marxismus, um von den Historikern ausgeschöpft, von den Intellektuellen disputiert und von dem Schulapparat massiv verbreitet zu werden. Jaurès hatte diese nationale Besonderheit in bewundernswerter Weise verstanden, er gab «seiner» Arbeiterbewegung eine «sozialistische» Geschichte der Revolution, er übernahm auf «französische Manier» die Operation, die Kautsky jenseits des Rheins «in deutscher Weise» vornahm, indem er mit den theoretischen Ideen Haarspalterei betrieb. Als «Verantwortlicher einer großen Arbeiterpartei» konnte dann Thorez, auf niedrigerem intellektuellen Niveau, den gleichen Versuch nur noch einmal anstellen: die *Marseillaise* und die *Internationale* miteinander verschmelzen. Der Marxismus ist nicht «unauffindbar» in Frankreich, es hat ihn schon vor Marx gegeben; die traditionelle «Geschichtslektion» lehrt schon in der Volksschulklasse das Lied der Meisterdenker, und nur so dringen sie an das französische Ohr. Vielleicht ein Mißverständnis, aber kein falsches Ansinnen: was finden die Meisterdenker anderes vor, wenn sie die Große Revolution kommentieren, als eben die Spuren, die ihre ersten intellektuellen Schritte hinterlassen haben? Hatten sie nicht ihren Weg mit der faszinierten Betrachtung von 1789 begonnen?

3

Theorie und Geschichte der Revolution sind Zwillingsschwestern: aus demselben Ereignis geboren? Oder ist es dessen Begräbnis? Hat *die* Revolution, die sich als die *eine* und unteilbare, als die nationale und weltweite sieht, als endgültig und damit abgeschlossen, nicht mit dem Beginn ihres eigenen Kommentars diese Theorien und Geschichten in Umlauf gebracht, die sie jedem Zugriff entziehen? Eine Frage, die ganze andere Untersuchungen von den Ereignissen, direkte oder historische, voraussetzt. Es liegt auch keine Anmaßung darin, diese Frage durch Fragestellungen zu umschreiben.

Ohne nun alles aus dem kanonischen Szenarium der Revolution erfunden zu haben, systematisierten und verabsolutierten die Meisterdenker Standpunkte, die im Verlauf der Ereignisse bedeutsam wurden, sie haben die These der Akteure des Dramas übernommen, nicht ohne diese zu festigen und ihnen eine etwas verknöcherte Legitimität zu verleihen. Die Vorstellung, daß die Revolution in der ersten Etappe schon vom Jahrhundert der Aufklärung vorbereitet wurde, wird von vielen Verfassungsgebern (*Constituants*) und von allen Konventsmitgliedern (*Conventionnels*) geteilt. Manche beriefen sich auf Montesquieu und Voltaire, andere auf Rousseau, alle sind sich darin einig, daß sie das Erbe einer geistigen Autorität antreten. Von einer zweiten Etappe notwendigen Terrors, von einem Kampf aller gegen alle im Mißtrauen und dem Egoismus eines jeden, sprach Saint-Just auf der Rednertribüne: «Es geht um das Schlechte einer Revolution, es geht darum, aus einem zerstreuten Volk mit den Trümmern und Verbrechen der Monarchie eine Republik zu machen, es geht darum, Vertrauen herzustellen, es geht darum, hartherzige Menschen, die nur für sich selber leben, zur Tugend hinzuführen» (29. 2. 1792, über «die unmögliche Freiheit des Handels»). Die Regierungen haben nicht auf Lenin oder Mao gewartet, um revolutionäre Vorkehrungen zu treffen, mit der gleichmachenden Todessichel vorzugehen oder gegen den «Egoismus der Massen» anzugehen. Die Schlußphase bei der Errichtung einer neuen Ordnung wird in ihrer Notwendigkeit von nur wenigen Revolutionären und von noch weniger Historikern in Zweifel gezogen. Es wird nur darum gestritten, an welchem Tag die Revolution aufhört: mit den verschiedenen Wendepunkten der Schreckensherrschaft, in denen die entscheidende Intervention der Pariser Massen zu Ende zu gehen scheint? Mit der liberalen Politik des Direktoriums? Mit der Wiederherstellung der Staatsautorität durch Napoleon? Auch nachdem Barnave im Sommer 91 erklärt hatte, daß «die Revolution beendet ist», blieb die Debatte über Ort und Stunde weiter lebendig, zunächst zwischen Zeitgenossen, dann zwischen Historikern. Aber nur wenige bestreiten, daß die Revolution ein einheitliches Geschehen ist, das einen Anfang und ein Ende hat.

Als solche scheint die Einheit der Revolution, die als ein «einzigartiges» Ganzes verstanden wird, mythisch zu sein. Die Vorstellung von einem «Zusammenstoß mehrerer Revolutionen» (Furet, Richet) scheint die Untersuchungen zusammenzufassen, die Historiker in einem Zeitraum von fünfzig Jahren vornahmen und die es ihnen erlaubten, die besonderen Aspekte der Revolten der *Sansculottes* und der großen Bauernaufstände hervorzuheben: «daß das Vorhaben der Eliten, die in den Akademien und Gesellschaften des Denkens versammelt waren, mit dem der Bauern der Sarthe oder mit dem der Pariser Handwerker identisch war, scheint uns nicht nachweisbar zu sein» (ebd.). Die Ereignisse von 1789 verlieren hier ihre gewissermaßen substantielle Einheit, die ihnen die Historiker der Vergangenheit zugestanden, wenn sie sich auf die undifferenzierte Ganzheit des «Volkes» stützten. Heute nehmen es sich die Historiker heraus, diese Einheit von der Substanz auf das Ereignis zu verlagern: die Revolution hat Anfang und Ende, also bleibt sie unteilbar.

Am Anfang steht der «Zusammenprall». Die Einheit der Revolution braucht also zu diesem Zeitpunkt gar nicht gesucht zu werden. Selbst wenn wir aus retrospektiver Illusion zur Annahme gelangen würden, daß die Kultur der Elite (die Aufklärung) die Revolution der Elite vorbereitete, so hat die Bildung der Bauern doch andere Quellen, ebenso auch oftmals die städtische

Bildung. Wenn der Historiker G. Lefebvre über die Plünderungen und Brandlegungen der Bauern, wie sie zu Anfang der Revolution stattfanden, berichtet, so hebt er dennoch ausdrücklich hervor: «Das sind nicht, wie oft angenommen, Taten kollektiven Wahnsinns. Das Volk vollzieht Justiz auf seine Weise. Als im Jahre 1792 ein Bergarbeiter aus Litry von einem Aufseher des Gutsherrn getötet worden war, begaben sich seine Kameraden in geordneter Formation zu dem Wohnsitz und den Ländereien des Gutsherrn, verwüsteten sie und setzten sie methodisch in Brand, ein Gut nach dem andern, wobei sie darauf achteten, daß alles, was den Pächtern und Hausangestellten gehörte, hinausgebracht wurde, damit Unschuldigen kein Schaden geschähe. Alle Bauernrevolten gingen auf die gleiche Weise vor . . .»

Revolten auf dem Land, «Gefühlsausbrüche» in den Städten sind nicht nur eine lange Tradition von Volkserhebungen, die über mehrere Jahrhunderte fortgesetzt wurden. In ihr kamen tief verwurzelte Kulturerscheinungen des Volkes zum Ausdruck: «Zu den Drohungen und Gewalttaten kam ein Ausbruch des Lachens hinzu. In Collonges gingen die Leute aus der Umgebung von Mâcon zu dem Landhaus von Pollet, sie hatten großen Spaß daran, immer wieder zu wiederholen: sie würden *dieses Hühnchen frikassieren*; man kostümierte sich wie Kinder: ein Gürtel mit einem Laken, eine Kordel von einem Vorhang oder von einer Klingel, eine Kokarde mit einer Spielkarte. Keine Verderbtheit (. . .) der blutrünstige, geile Affe, von dem Taine sprach, erscheint hier ganz und gar nicht.» Man sieht, daß 1789 nicht einfach mehrere Serien gewalttätiger Ereignisse aufeinanderstoßen läßt, vielmehr kommt es durch sie hindurch jeweils als Ganzes zu einem Aufeinanderprall von Sitten, Brauchtum und Kulturen. Sie sind Ausgangspunkt divergierender Kulturrevolutionen, die sich vielleicht in den großen Bewegungen der Entchristianisierung (die nicht ganz von oben kam) und auch in dem Bauernaufstand (der *Chouannerie*), der fast insgesamt von unten kam, erkennen lassen.

Geht die Undurchsichtigkeit dieser aufeinanderstoßenden Bewegungen in einer zweiten Etappe zu der Durchsichtigkeit einer Fusion über? Die Schreckensherrschaft der Jakobiner, die das Eingreifen der Volksmassen an den Tag legt, die im Verlauf ihrer

«Aktionstage» in ihren «Sektionen» direkt die «Machtfrage» stellen, ist oft der Ausdruck für jenen Augenblick, in dem die Revolution zu der einen, allgemeinen Revolution wird. Die «plebejische Manier», die Revolution zu beenden, wie Marx sagt, spricht für die entgegengesetzte Behauptung, daß die Schrekkensherrschaft die Panik von Führern war, die schon verloren waren. Marx war sich unschlüssig, seine Epigonen nicht, die die beiden sich widersprechenden Einschätzungen mit dem fröhlichen Satz zur Übereinstimmung brachten: Die Zeit war eben noch nicht reif! Das nächste Mal werden wir es besser machen! Wäre das etwa der ewige Augenblick der Revolution? «. . . wer würde nicht erkennen, daß einige der Probleme, die heute der revolutionären Bewegung gestellt werden, bereits in anderer Form inmitten des komplexen, furchtbaren sozialen und politischen Ablaufs des Jahres II anzutreffen waren (. . .) Revolutionärer Weg oder Weg des Kompromisses? Völlige Zerstörung des alten ökonomischen, sozialen Systems oder Aufrechterhaltung der alten Produktionsweise in der neuen Gesellschaft? Man weiß, wie von 1789 bis 1794 die Französische Revolution diese Frage entschied» (A. Soboul). Weiß man es wirklich? Will man die Hoffnungen von heute mit den Träumen von gestern transparent machen? Oder die Träume mit den Hoffnungen?

Ein Beispiel, nur eines, aber es wiegt schwer: die berühmten «September-Massaker». Sie brachten viel Blut und Tinte zum Fließen; die gewissenhaften Historiker verwarfen die These von einer administrativen Vorbereitung der Verwaltung und von einer Manipulierung derer, die das Massaker begingen; eine relativ spontane Massenbewegung läßt hier die «Volkstribunale» in aller Souveränität funktionieren. Und was erkennt man da? Den blutrünstigen Affen des Herrn Taine? Oder etwa die «unkultivierten» Massen, die ohne die Führung durch eine liberale, aufgeklärte Bourgeoisie gerade mal in der Lage sind, an die Zauberlösungen der Gewalt zu glauben? Das jedenfalls geben Richet und Furet zu verstehen: «der revolutionäre Patriotismus ist zur Religion geworden. Sie hat bereits ihre Märtyrer. Morgen wird sie ihre Niederlagen, ihre Inquisition und ihre Scheiterhaufen haben». Oder muß man es marxistisch-leninistisch sehen, daß das Volk angesichts einer katastrophalen Lage energisch reagiert hat, als es damit begann, «seine Macht in allem auszuüben», eine Initiative, deren Geheimnis die Jakobinerdiktatur der kommenden Diktatur des Proletariats weitergibt?

Die These des Historikers Pierre Caron über die September-Massaker (*Les massacres de Septembre*) antwortet auf keine dieser drei Fragen direkt, sie gehören für ihn nicht zum Thema, denn sein äußerst genauer Bericht von dem Geschehen zwingt dazu, ganz andere Fragen zu stellen. Die September-Männer gingen gegen neun Gefängnisse vor, in denen etwa zweitausendachthundert Gefangene waren; vierzig bis fünfzig Prozent davon brachten sie um. Unter den Getöteten waren zwei Drittel unpolitische Kriminelle (in vier der so besetzten Gefängnisse gab es keinen politischen Gefangenen), besonders Jugendliche und harmlose Diebe: «Das Volk übergibt Menschen dem Tode, die angeklagt sind, ein Tischtuch gestohlen zu haben, ein Stück Wollstoff, Kleider, eine Uhr, ein Pferd, ein Taschentuch usw. Umgebracht wurde auch ein Koch, der einen Hausdiebstahl begangen hatte . . .» In Bicêtre wurden dreiunddreißig Kinder im Jugendgefängnis ermordet, das jüngste war zwölf, das älteste siebzehn Jahre alt.

Die Mörder waren keineswegs der «Abschaum der Bevölkerung», nicht nur das niedrige Volk. Man begegnet auch den Militanten der «Pariser Aktionstage», der «Mittelklasse». Sie wurden durch die öffentliche Meinung präpariert (die Zeitungen bringen Aufrufe heraus, und die wohlanständigen Leute, wie der Bischof Thomas Lindet, geben ihre Zustimmung; die Passivität des Innenministers Roland ebenso wie die Robespierres ist ein Anzeichen für eine ganz allgemeine geistige Komplizenschaft).

Alles das beweist, es geht weniger um eine Änderung in der Rechtsprechung als um eine vorläufige Personaländerung, denn die vorübergehenden Richter spielen ihre Rolle und respektieren die geistigen und gesellschaftlichen Kategorien ebenso wie die Härte der alten Justiz: «Die Justiz als spezifisches Faktum hatte in dem Septembergeschehen eine Bedeutung, die verkannt wurde, die Profoßjustiz wird unterschiedslos auf die Masse der Gefangenen angewandt (und nicht nur auf eine Kategorie unter ihnen, während die anderen nur in zweiter Linie betroffen wären). Die für die Massaker Verantwortlichen legten noch mehr Strenge an den Tag, wenn es um die elenden Gefangenen der ‹Strohlager› im Châtelet ging oder um die Zuchthäusler bei den

Bernhardinern, streng war auch ihr Vorgehen gegenüber den so verhaßten ‹Nichtvereidigten› bei den Karmelitern oder in Saint-Firmin, sowie gegenüber den laizistischen Konterrevolutionären der Abbaye oder der La Force.»

Die Volksjustiz aus dem Jahre II hat es nicht besonders auf Aristokraten abgesehen, sie ist nicht politisch, sie geht auch nicht hauptsächlich gegen den «Klassenfeind» vor, es ist keine klassenspezifische Volksjustiz – zur Zielscheibe hat sie sich den Feind der Gesellschaft im allgemeinen ausgesucht und funktioniert wie eine Staatsjustiz, die nur vorübergehend mit dem Volk gemeinsame Sache machte. Der Feind steht vor unseren Toren, wir müssen an die Grenzen ziehen; die Gefängnisse sind überfüllt, sie konspirieren, sie wollen unsere Abwesenheit nutzen, um das Eigentum und die Frauen zu vergewaltigen; wir werden der Regierung etwas behilflich sein und ihre Angelegenheiten schneller abwickeln; es handelt sich nicht um Lynchjustiz. Beschleunigte Verfahren, Staatsbürger als Richter, Verhöre, gelegentlich auch Freisprüche – es funktioniert schneller, aber es bleibt in der Rechtsprechung alles beim alten. Früher konnte der König an die Stelle des Gerichts treten, und eben diese Theorie von der «zurückgehaltenen Justiz» wird vom König auf die Volkssouveränität übertragen. Damit wird der Staat nicht zum Volk, das Volk aber wird je nach Gelegenheit zum Beamteten auf Zeit.

Man versteht, warum die Historiker, die sich darum bemühen, über das Geschehen Aufschluß zu geben, auf keine der «großen Fragen» stoßen, zu denen es Anlaß gab. Die Hydra des Volkes, von der Taine spricht, erscheint hier nicht. Die geistige Anteilnahme der großen Mehrheit ist gesichert, es ist die der guten Gesellschaft, ihrer Zeitungen und ihrer Minister. Roter Terror oder weißer Terror, die Massaker in den Gefängnissen sind sich ähnlich und bringen die gleichen moralischen Kategorien ins Spiel. Die Marxisten-Leninisten unter den Historikern geben als Macht des Volkes jenen Moment aus, in dem die Pariser – von Panik erfaßt – ihre alte Profoßjustiz nachäfften, und das auf Kosten von schlichten Taschendieben! Schließlich scheint es oberflächlich, (mit Furet und Richet) der religiösen Einfalt, dem Chiliasmus oder der «Kulturlosigkeit» des Volkes ein so vollkommen historisches, datiertes und *gebildetes* Verhalten zuzuschreiben: das Grauen vor den Gefängnissen hat nicht auf die

Revolution gewartet; Vernunft, Gebräuche, Sittlichkeit des klassischen Zeitalters und der großen Einschließung wurden in diesen Septembertagen 1792 von den Männern der Ordnung, von den größten bis hinab zu den kleinsten, auf dem Rücken der Getöteten gefeiert, besonders der Ärmsten unter ihnen. Bürgerliche Vernunft und Polizeivernunft feiern hier ihren Triumph, «wir verstehen den Irrtum, den die Historiker begehen, wenn sie von dem *Schein*, ja der *Parodie* der Justiz sprechen. Sie verkennen Absichten, denen es an Selbstgewißheit nicht fehlte. Bluttribunale, übereilt ausgesprochene Urteile, Haß, Grausamkeit, alles mögliche. Aber Karikatur des Gerichtes, Verhöhnung der Justiz? Nein. Im Gegenteil, ein ernstes Werk, vollzogen mit der Ernsthaftigkeit des Fanatismus» (P. Caron).

Fanatismus der Vernunft gegen die Unvernunft, der guten Gesellschaft gegen die «schlechte», Fanatismus all derjenigen, die außerhalb der Gefängnisse sind, gegen die Lepra, die unterschiedslos in ihnen eingeschlossen ist und die weiterhin Gefahr und Ansteckung birgt, Verschwörungen anzettelt. Die Massaker waren, wie es Michelet zu schätzen wußte, eine «große, radikale moralische Säuberung»; so wie sie bereits seit zwei Jahrhunderten dem guten Volk von Paris verabreicht worden war. Nun nimmt es die Säuberung an sich selber vor, da mit dem Abtreten der Autorität des Königs die neue ihren Platz noch nicht eingenommen hat. Erst mit dem Revolutionstribunal und dem Doktor Guillotin wird die Säuberung wieder zur Angelegenheit von Profis.

Während der Revolution geht es mit dem Staat weiter, er verschafft sich Verstärkung. Der Zentralstaat, der von der absoluten Monarchie geschaffen worden war, funktioniert, er rationalisiert seine Verwaltung, der Griff, mit dem er die Bevölkerung nicht locker läßt, nimmt immer zahlreichere Formen an. Kein Historiker hat das besser gezeigt als Tocqueville: es gibt keine Vakanz der Macht. In der zweiten Etappe der Sansculottes und Jakobiner nicht, ebensowenig in der ersten. Mit der Schreckensherrschaft ersteht keineswegs «aus den Finsternissen des Unbewußten die uralte Angst der Unglücklichen dieser Welt» (wie Furet und Richet behaupten). Angst, ja! Doch die ganze Gesellschaft kennt die gleichen Ängste: die Angst vor einer Verschwörung im Gefängnis zum Beispiel, die auf der politischen Linken wie auf der Rechten aufflackert, oben wie unten, sie bringt den September mit sich und auch das Ertränken in Nantes, die großen Massaker in Lyon und in den Städten des Südens im Jahre III. Dieser Wahn rechtfertigt nacheinander die Liquidierung der Hebertisten, der Widerspenstigen (*réfractaires*), der Bauernaufständischen (*chouans*), dann der «Terroristen» und der «Mathevons». Es sind die Ängste der Vernunft – Staatsvernunft und Vernunft des klassischen Zeitalters, moralische und philosophische Vernunft, wie Michel Foucault gezeigt hat. Staat, noch eine Anstrengung, wenn du republikanisch sein willst!

Auf ganz natürliche Weise weitet die Schreckensherrschaft die Macht der Polizei mit den Methoden der Polizei aus: «In der Tat, welche Einladung zu Denunziation und Verleumdung, zur Befriedigung alter Rachsucht ist ein Regime des Schreckens, egal ob dieser Terror revolutionär oder royalistisch ist, blau oder weiß!» (R. Cobb). 1793 enthüllt uns nicht die «Macht des Volkes» in dem, was sie an Überschwenglichem, Häßlichem oder Gutgläubigem hat, je nach Geschmack. Der Terror? Nicht die Massen bemächtigen sich der politischen Gewalt, sondern die Macht nimmt von den Massen Besitz; die Widersprüche im Volke, die systematisch und rationell der Regierung zugute kommen. Als Lyon wieder zur Ruhe gekommen war, wurden alle «Einwohner dieser niederträchtigen Stadt» unterschiedslos zur Zielscheibe: «Wir werden ihnen noch unsere Dragoner schicken, damit sie die *Carmagnole* tanzen, wie es dem hiesigen Kommandanten paßt, der ihnen mit Gewehrhieben höflich die Fresse polieren wird» – der «Père Duchêne» denkt wie Ludwig XIV. und spricht wie die Leninisten einer kommenden Zeit. Der Dragoner, das bin ich, sagt der Sonnenstaat, ob er nun revolutionär oder monarchisch ist.

Der Staat bringt die großen Probleme der öffentlichen Ordnung unter das Volk, es waren im übrigen nicht alles künstliche Probleme (das «Vaterland» ist zu manchem Zeitpunkt wirklich «in Gefahr»). Zu gleicher Zeit stellt aus einer anderen Bewegung heraus die in sich verschiedene, aufgeteilte Bevölkerung ihre «kleinen» Probleme zur Diskussion, und zwar öffentlich (hier ist das Neue in der Revolution): der Brotpreis, wieviel die Seife kostet, essen müssen, um zu leben, gelegentlich auch Kritik gegenüber der «Ungleichheit der Genüsse», auf dem Land die

Ablehnung der Requirierungen und der Aushebung zum Militärdienst. Es werden die Mikro-Machthaber des täglichen Lebens in ihrer Autorität angegriffen (Junker, Pfaffen, Bürger, Abgesandte aus Paris), ohne daß jedoch der Anspruch erhoben würde, die Makro-Politik der Zentralmacht regeln zu können. Es geht mehr um das Alltägliche als um die «großen Probleme», um die sozialen Probleme und nicht um den Staat, um das Hier und Jetzt anstatt um die Ewigkeit. Seit den «Beschwerdeheften» ist diese gigantische Bewegung der Subversion nicht mehr stehengeblieben, in der die stets zerstreute und widersprüchliche, aber nicht mehr schweigsame große Mehrheit nun ihre eigenen Probleme zur Sprache bringt, veröffentlicht, sie miteinander teilt, analysiert und transformiert.

In der Etappe, die von den *Sansculottes* geprägt war und die keineswegs so durchsichtig war, wie die Meisterdenker und viele Historiker es sich dachten, folgte ein «Zusammenprall» auf den andern. Vorher waren die verschiedenen Schichten der französischen Gesellschaft aufeinandergetroffen, jetzt kam es zum Zusammenprall von Gesellschaft und Staat. Während der Staat die Gesellschaft terroristisch revolutioniert, unternimmt es diese, sich selbst zu revolutionieren, und das ist zweierlei.

Die Revolution geht bis auf den «Grund der Dinge» (Marx); als Revolution während der Diktatur der Bergpartei (*Montagnards*; die Schule von Mathiez-Soboul), als bürgerliche in einer dritten Etappe, die der neuen ökonomischen Ordnung (das Direktorium, bei Furet und Richet). Beide Thesen sind gleichermaßen marxistisch, und der Gründungsvater brachte sie nacheinander vor. In Wirklichkeit können die Marxisten-Leninisten, von der zweiten, der diktatorischen Etappe fasziniert, nicht der notwendigen dritten aus dem Weg gehen (ebensowenig konnte Lenin die NEP umgehen).

Von der abschließenden Etappe wird behauptet, daß sie eine «relative Transparenz der bürgerlichen Zivilgesellschaft und des revolutionären Prozesses» darstellt (Furet), wie zum Beispiel im Thermidor-Direktorium, das nach dem «Abgleiten» der Schrekkensherrschaft den «großen von der Intelligenz und dem Reichtum des 18. Jahrhunderts aufgezeichneten Weg» (ebd.) wiedergefunden hätte: Geschäftswelt und Professorenrepublik, die

Bourgeoisie richtet es sich ein. Diese Theorie brachte die marxistischen Historiker an der Sorbonne in Rage; es folgte ein gigantischer «ideologischer Kampf», Antworten, Herausforderungen und Gegen-Antworten stoßen immer noch aufeinander. Sofern er von diesem Kampfeslärm überhaupt Wind bekommt, wird der Nichteingeweihte vielleicht über soviel Feindseligkeit erstaunt sein, mit der eine völlig gleichlautende Schlußfolgerung verteidigt wird: daß die Revolution zu Ende geht, daß sie mit dem Frankreich der bürgerlichen Freiheit und der Brüderlichkeit der Geschäfte zu Ende geht. Es ist die gleiche abschließende Realität, nur über das genaue Datum wird gestritten: Direktorium für Furet-Richet, Louis-Philippe für A. Soboul. Der Unterschied ist geringfügig und vielleicht nicht unüberwindbar, «man wünschte sich Louis-Philippe», als bereits Bonaparte auftrat, sagten schon Richet und Furet.

Diese Geschichte mit abgemessenen Schritten läßt uns zwei große Dahingeschiedene vermissen: den Staat und die Mehrheit der Gesellschaft, in diesem Fall Napoleon und die Bauernschaft. «In der Person Napoleons sah die Bourgeoisie den revolutionären Terror sich noch einmal gegen sie erheben . . .» schrieb der junge Marx. Er bildet so die Einheit der großen Strömungen – der sozialdemokratischen und leninistischen oder proamerikanischen und prorussischen –, die sich heute *die* Französische Revolution streitig machen. Die Bourgeoisie gibt sich mit den Mechanismen des freien Markts zufrieden! Sie benötigt den Staat nicht mehr, sie gebraucht ihn so wenig wie möglich! Ein sehr englischer Mythos, typisch für das 19. Jahrhundert. Um ihn zu pflegen, muß man im Hinblick auf 1789 Tocqueville und die von ihm hervorgehobene Kontinuität des starken Staats vergessen und Napoleon nur als einen Atavismus sehen, der die liberale Gesellschaft verschandelt, die sich zum Direktorium oder zu Louis-Philippe hin entwickeln soll. War Napoleon ein Liberaler in der Industrialisierung und, soweit es die Lage erlaubte, im Handel? Blieb die französische Bourgeoisie in ihren Bürgerkriegen und in den Kriegen nach außen etatistisch? Laßt es gut sein, Sterbliche . . .

Wie Splitter im Kopf: die Bauernfragen. Wenn die Französische Revolution eins und unteilbar ist, dann kann sie nicht wesentlich bürgerlich sein. Wie ist das möglich? Durch Antizipation! In Wirklichkeit ordnet der Kapitalismus die französische Gesellschaft weder im Jahre 1788, noch 1800, noch 1830, «es mußte noch viel Zeit vergehen, bis sich der Kapitalismus in Frankreich endgültig behaupten konnte, er kam während der revolutionären Periode nur langsam voran, die Ausmaße der Betriebe hielten sich oft in Grenzen . . .» (Soboul). Und? Soboul zieht sich mit einem Bild aus der Affäre: die Revolution «hatte dennoch kompromißlos einen Weg für die bürgerlichen Produktions- und Zirkulationsverhältnisse freigemacht . . .» Sie «räumt auf» mit dem System der feudalen Eigentumsverhältnisse und den korporatistischen Reglementierungen. Allerdings setzt sie statt dessen eine umfangreiche, undurchsichtige Masse ein: Bauern und Kleinbürger der Städte, Träger der napoleonischen Regime und der Dritten Republik, und, nach Marx und allen liberalen Ökonomen, Hindernisse für die Entwicklung des modernen Kapitalismus. Der Weg, «kompromißlos freigelegt» (so wurde er uns gezeigt), stößt gegen diese Menge von Unabhängigen, die Soboul als Resultat eines Kompromisses der Allianz zwischen der Großbourgeoisie und einer Fraktion des Volkes darstellt.

Die Revolution ist, marxistisch gesehen, eine bürgerliche, weil sie dem kapitalistischen Markt den Weg frei macht, weil sie die «freien» Verkäufer der Arbeitskraft und nicht weniger freie kapitalistische Einkäufer gegenüberstellt. Doch wann tut sie das? Muß auf 1950 gewartet werden, um zu behaupten, daß 1789 eine bürgerliche Revolution war? Inzwischen bindet sie den Bauern, anstatt ihn (auf englische Weise) von seiner Erde zu «befreien», und sichert ihm gelegentlich einen oft ärmlichen Eigenbesitz.

Durch Orthodoxie weniger behindert, gehen die Exegeten des anderen Lagers nur noch um so akrobatischer vor, um der gemeinsamen Herkunft der marxistischen und liberalen Überlieferungen treu zu bleiben: dem englischen Modell des freien Marktes. Ist die Bourgeoisie «vorkapitalistisch»? Daran soll es nicht liegen, erwidern Furet und Richet, «alles läuft so ab, als hätte sie das Empfinden, sie würde die Ökonomie regieren und würde damit weit in die Ferne schauen. Denn ihre intellektuelle Reife ist weniger anzuzweifeln als ihre ökonomische Reife». Bravo! Diese intellektuelle Reife, die «schon» in der Lage ist, die Regierung über eine Ökonomie vorwegzunehmen, die es noch nicht gibt, zeigt, daß «die» Bourgeoisie von 1789 nicht nur in der Lage war, «ihre» Revolution zu führen, sondern ebenfalls in dem Horizont von 1960 zu leben, in einem «Frankreich ohne Bauern». In der Zwischenzeit erlaubt die Festigung des Landeigentums, als Ergebnis der Allianzen aus dem Jahre II, daß es für das «französische 19. Jahrhundert zugleich Beständigkeit auf dem Lande gab als auch die Überalterung der Landwirtschaft (. . .) Dauerhafte Hemmnisse für den sich ausdehnenden Kapitalismus . . .» Diese der Bourgeoisie zugeschriebene Fähigkeit, über zwei Jahrhunderte hinwegzuspringen, ist wohl mit dem Vorwissen aufzuwiegen, das Soboul so generös verteilt, «die Volksmassen waren sich über das Schicksal im klaren, das sie erwartete: deshalb waren sie der ökonomischen Freiheit feindlich gesonnen, die der Konzentration und dem Kapitalismus den Weg ebnete.» Welche Giganten bekämpften einander in dieser Revolution! Zwischen einer Bourgeoisie, die in der Lage war, eine Ökonomie zu beherrschen, die erst hundert Jahre später zu existieren begann, und den Volksmassen, die bereits dieser Regierung eines nichtexistierenden Wirtschaftsmarktes Widerstand zu leisten begannen, sahen die Bauern gar schlecht aus. Oder sind es diese Historiker, denen es, was allein schon die Menschen auf dem Land betrifft, an Vorstellungskraft fehlt?

Warum diese Mondfahrten? Weil die Revolution beendet werden muß, wie Barnave es 1791 und Bonaparte wortwörtlich am 18. Brumaire bedeutete, und andere, die dem Direktorium den Vorzug gaben oder Louis-Philippe oder der Zeit, in der sie schreiben, oder dem Augenblick, in dem sie gelesen werden. Eine nicht enden wollende Revolution ist keine.

Der einzige Gesichtspunkt, der die Zusammenstöße von 1789 zusammenschließen kann, ist der Standpunkt desjenigen, der ihnen ein Ende setzt. Es gibt nicht die *eine* Stimme des Volkes, die sich in jedem großen Augenblick ungeteilt und verständlich ausdrückt. Schon lange erheben die Historiker nicht mehr den Anspruch, sie zum Sprechen zu bringen. Abweichende und einander entgegengesetzte Unterbrechungen lassen die Einheit der französischen Gesellschaft auseinanderbrechen. Die Mehrheit all derer, die am Rande der Gesellschaft stehen und die keine Mehrheit bilden, dieses Drittel aller Franzosen, das nicht Französisch spricht, das sich aber um seine eigenen Angelegenheiten zu kümmern beginnt, diese 90 Prozent «barbarischer» Bauern, mit dem «beschränkten Horizont», die sich in Dörfern zusammentun: «Friede den Hütten! Krieg den Palästen!», alle diese kleinen Völker, die ihre Analphabeten-Fragen stellen – wie soll man daraus *ein* großes Geschehen machen? Sorgfältige Studien gaben einen Einblick in das Unermeßliche dieses Auseinanderbrechens, und dennoch waren schließlich die Historiker dazu aufgefordert, Synthesen aufzustellen, auch bereit, den Standpunkt dessen einzunehmen, der einen Schlußpunkt setzen soll; zur Wahl stehen: das Direktorium, Napoleon, Louis-Philippe oder General de Gaulle. Wenn man schon keine Substanz definieren kann, beendet man eben das Geschehen und stellt eine geschlossene Periode bereit: die bürgerliche Revolution.

Frei (ach wie frei!) von jeder philosophischen Voraussetzung, treten unsere Historiker, wenn sie zum Abschluß kommen sollen, in die Fußstapfen der Meisterdenker. Sie beenden ihre Arbeiten mit dem Blick auf die Landschaft, wie sie sich zu Neujahr darbietet, wenn der Schnee die Unruhe der Plebs mit Schweigen überzieht, während der Kirchturm des Staates über die weite Fläche des freien Marktes blickt. Auf der Rückseite der Neujahrskarte verschiedene Wünsche: der Staat muß den Markt beherrschen, indem er zum «geschlossenen Handelsstaat» wird (Fichte) oder zum Sozialismus in einem Land; der Markt soll den Staat zum Verschwinden bringen; eine höhere Kraft (Geist, Revolution, ewige Wiederkunft) soll sich Markt und Staat zugleich unterwerfen: «Nur die Fessel der tausend Nacken fehlt noch, es fehlt das *eine* Ziel.»

Was «fehlt»? Was man unter dem Rauhreif des Wissens zum Verschwinden gebracht hat, diese tausend Gesichter, die sich gegen die Ketten auflehnen und nicht mit gleicher Stimme sprechen. Sie scheinen dem monströs zu sein, der sie in dem Bruch des gelehrten Monologs der höchsten Denker und Herren der Welt entziffert; und doch sind sie gegenwärtig, die Geschichte ist immer nur das, was ihnen geschieht.

Tausend verstreute Aufstände, phantasmagorisch zu einer «Machtergreifung» verdichtet, zahllose Revolten der Unterdrückten, durch *die* bürgerliche Revolution unkenntlich geworden, dieser optischen Anlage gelingt es nicht, die dichte, undurchsichtige Masse im Zentrum der Radiographie der Ereignisse von 1789 zu beseitigen. Sie ist das Krebsgeschwür in dem gut pasteurisierten, eingeschulten Universum, in dem der Staat die Frage der Macht bündelt, während der Wirtschaftsmarkt jeden in seiner Einsamkeit einschließt. Eben! Die Ereignisse von 1789 in Frankreich, andere im Lauf der Jahrhunderte verstreute Revolten, von den ersten Aufständen in Florenz bis hin zu dem «zweifelhaften Kampf» der Arbeiter vor dem New Deal und den Kämpfen der Schwarzen und der Studenten in Amerika während des Vietnamkrieges – alle diese Ausschreitungen sind entscheidender als der Reigen der Regierenden und Regime, entscheidender auch als die Determinismen eines Wirtschaftsmarktes, von denen schließlich nur gesagt wird, daß es immer zu früh (1789) oder zu spät ist (heute), als daß sie wirklich determinierend sein könnten.

Zwischen den neuen Privilegierten und der Mehrheit der Bevölkerung kam «die» französische Revolution in einem Kompromiß zur Ruhe. Kompromittierend ist er: als Träger der «ländlichen Demokratie» (Jaurès) und einer gewissen Zahl von Freiheiten ebenso wie der Verblödung durch das Militär, wenn der Bauer als Soldat in die Sonne von Austerlitz geschickt wird, in den Fleischwolf von Verdun und in die Sonnenuntergänge von Rif. 1930 die große Krise, Umsturz aller Ökonomien, ein neuer Kompromiß, New Deal: die große, dunkle Masse verliert ihre Bauern, nimmt zu an Büroangestellten, unterbezahlten Tippsen und bedürftigen Studenten – die große Armee der armen Schlukker. Der ebenso zweideutige Kompromiß einer unvollendet gebliebenen Demokratie: er bringt die Gefahr verschiedener Faschismen mit sich, die von unten nach oben die Rangordnungen der kleinen Chefs festigen; er vehikuliert ebenfalls die Möglichkeiten antifaschistischer Bewegungen, dann die Aussichten auf eine Befreiung, die Menschen und Ideen in Umlauf bringen, mehr oder weniger auch die Gewaltenträger und Hierarchien in der Unbeständigkeit einer immer wieder neu begonnenen Protestbewegung zerschlagen: die Kulturrevolutionen in Europa haben durchaus nicht auf 1789 gewartet, sie sind auch nicht dabei stehengeblieben; indem sie die Privilegierten gegen Nicht-Privilegierte schleudern und diese untereinander aneinanderstoßen lassen, bleiben sie wie die gelungenen Psychoanalysen Freuds: *endlos*.

Um eine zu weitgreifende Protestbewegung in Schach zu halten, mußten die Eliten der westlichen Gesellschaft zwischen zwei Methoden eine Entscheidung treffen. Das sanfte Vorgehen bestand darin, die angeprangerten Privilegien so ungerecht wie nur möglich zu verteilen, so daß jeder, außer dem ausländischen Gastarbeiter, einige Brosamen abbekam: Bankkredite, Konsum, einen Platz in irgendeiner Hierarchie und für ein Drittel der Bevölkerung die Vorteile, die mit der «intellektuellen» Arbeit in ihren vielfältigen Formen verbunden sind und die, wie gering auch immer, kulturell und gesellschaftlich gesehen nicht von der Hand zu weisen sind. Die Bauern und Handwerker, die alten Mittelklassen, sind zusammengeschmolzen, doch andere haben in größerer Zahl die Mittelstellung eingenommen, Pufferzonen, die die Gesellschaft entpolarisieren – «in der kapitalistischen Produktionsweise sind der unabhängige Bauer und der Handwerker jeder in zwei Personen aufgeteilt. Als Inhaber der Produktionsmittel ist dieser Bauer Kapitalist, als Arbeiter ist er sein eigener Lohnempfänger. Als Kapitalist zahlt er sich sein Gehalt aus, zieht Gewinn aus seinem Kapital, beutet sich selbst als Lohnabhängiger aus und bezahlt sich im Mehrwert den Tribut, den die Arbeit dem Kapital zollt.» Welch ein Spaß für Karl Marx, hier Meisterdenker zu sein. Er sieht als Ausnahme, was für die große Mehrheit der europäischen Bevölkerung des 19. Jahrhunderts – die Bauern – die Regel war. Und als Regel betrachtet er diese behauptete Polarisierung zwischen denen, die nichts zu verlieren haben, und denen, die alles einheimsen . . . Regel ohne Beispiel, die der Herr der Wirklichkeit aufzwingt, die seiner Beherrschung entgleitet, und Marx erklärt, warum ausnahmsweise das industrielle England der Regel spottet, weil die Zahl der «unproduktiven» Arbeiter (Angestellte im Tertiärbereich) in diesem Land schneller wächst als die der Industriearbeiter.

Auch wenn der Abendländer von heute nur selten ein Bauer ist, so ist er dennoch «in zwei Personen aufgeteilt», immer damit beschäftigt, «sich selbst auszubeuten». Was nicht heißt – das halte man Marx zugute! –, daß es nur solche gibt, die ausbeuten, und andere wiederum, die fast ausschließlich ausgebeutet werden. In diesem «fast» liegt nicht nur das Geheimnis des klassischen Bauern, sondern auch der neuzeitlichen Gesellschaft: alle haben Anteil an der Reproduktion der Ausbeutung, zum Beispiel wenn dafür gestreikt wird, *daß* eine Waffenfabrik nicht Pleite macht, oder wenn eine Gewerkschaftskampagne *dafür* in Gang gesetzt wird, daß ein kostspieliges und für 99 Prozent der Leute völlig nutzloses Riesenflugzeug «gerettet» wird. Die Berücksichtigung dieser inneren Trennung müßte die Vorstellung von einer einzigen, letzten Revolution unmöglich machen, in der die Guten und Bösen in einer entscheidenden Schlacht gegenübergestellt werden. Wenn niemand ganz dem Weiterexistieren der Ausbeutung entgehen kann, wenn jeder «doppelt» ist, dann finden sich die meisten am Ende ihres eigenen Gewehrlaufs wieder.

Der zentrale Bereich scheint den Meisterdenkern und den systematischen Historikern undurchsichtig zu sein: er entgeht den Messerstichen des Begriffs, in ihm gibt es immer *schon* Konfrontation, und vielleicht nie zum letztenmal. Diese Geschichte, die weder beginnt noch anhält, geht über den Null-Augenblick (Revolution, Schreckensherrschaft) hinweg, von dem aus die Meisterdenker zu räsonieren anfangen, sie lenkt nicht den Blick auf die Möglichkeit der Apokalypse, die über die Regierung der Erde oder über das höchste Gut entscheidet: der Staat herrscht nicht über den Markt, der Weltmarkt beherrscht nicht absolut die Staaten, und keine höhere hegelsche, marxistische oder nietzscheanische Macht ist Herr dieser Mächte. Die Geschichte spielt sich in einem Dazwischen ab, die Sprache läßt alles in dieser verschiedenartigen Bevölkerung, in der man sich befindet, zirkulieren – wie den Bauern und Handwerker bei Marx –, «in zwei geteilt», weder alles noch nichts, deswegen aber nicht atavistisch. Hier wird Widerstand geleistet, oder man gibt nach, ohne je den Kampf gegen sich selbst zu vermeiden.

Diese mittlere Zone von Menschen, die nicht ausschließlich ausgebeutet sind, ohne deswegen zu Ausbeutern zu werden, wurde früher von Sokrates und Panurg erkannt. Dort gehen jetzt andere spazieren, rekrutierende Unteroffiziere, mit denen eine Elite ihre Massen für das allerletzte nationale oder soziale Aufgebot mobilisiert. Manch einer stellt sein Bühnenbild in großen apokalyptischen Kontrasten auf: Gold und Tugend, Privatleben und öffentliches Wohl, Monolog der Wissenschaft und die stammelnden Lippen der verlorenen Kinder.

Unter dem Vorwand des Wissens haben die Meisterdenker den geistigen Apparat zusammengesetzt, der für die Propagierung der großen Endlösungen des 20. Jahrhunderts unabdingbar ist. Im großen Maßstab. In aller Offenheit. Es muß nicht über die untadelige Redlichkeit Nietzsches geurteilt werden, er sagt alles, das 20. Jahrhundert muß ihn nur wortwörtlich lesen, auf sein Wort hören und die Laterne der Gulags an seiner Redlichkeit entzünden. Sie haben bis zum Sagbaren diesen Willen zur Macht erhoben, der im Kleinen, im Geheimen die Chefs und Unterchefs der Disziplinargesellschaften beseelt. Weil ich eine kleine Rolle in ihrer Inszenierung gespielt und nicht nur erlitten habe, liegt es nicht an mir, den Vorhang mit der ironischen Magie eines Prospero zu ziehen: *«unsre Spieler, wie ich Euch sagte, waren Geister, und sind aufgelöst in Luft, in dünne Luft. Wie dieses Scheines lockrer Bau, so werden die wolkenhohen Türme, die Paläste, die hehren Tempel, selbst der große Ball, ja, was daran nur teil hat, untergehn und, wie dies leere Schaugepräng' erblaßt, spurlos verschwinden . . .»* (Shakespeare, *Der Sturm*, 4,1)

Paris, am 2. Januar 1977

Anhang

Anmerkungen und Hinweise

Am Anfang war die Unterbrechung

– A. Rimbaud, *Une saison en enfer (Eine Zeit in der Hölle,* Stuttgart 1970, S. 13).

Panurg vor den Toren

Rabelais wird hier nach der Übersetzung im Insel-Verlag zitiert (F. Rabelais, *Gargantua und Pantagruel,* Frankfurt 1974, 2 Bände): Bd. I, S. 180 (A. d. Ü.). Die an den Universitäten allgemein übernommene und gefeierte Auslegung der Thelema-Episode, «ein Bekenntnis zur Exzellenz der menschlichen Natur» (Plattard), wird hier nicht dargelegt. Bei der Untersuchung von *«Le langages de Rabelais»* unterstrich François Rigolot allerdings das «Rätselhafte» an dieser Abtei des Schlaraffenlandes: «Diese *frei gewordenen* Menschen haben alle Freiheiten, außer der, von anderen verschieden zu sein . . . Das ist *einhelliges Leben* mit all den falschen Versprechen.» (*Études rabelaisiennes,* Genf 1972.)

– 1: F. Rabelais, a. a. O., I, S. 180

– 3: (Pasqualini) Bao Ruo Wang, *Gefangener bei Mao,* Bern/München 1975. A. Solschenizyn, *Der Archipel GULAG,* Bern 1974, S. 398. F. Rabelais, a. a. O., I. S. 170.

– 4: F. Rabelais, ebd. M. Foucault, *Überwachen und Strafen,* Frankfurt 1977, S. 268, 264, 210. F. Rabelais, a. a. O., I, S. 180. M. Foucault, ebd., S. 222, 285.

– 5: F. Rabelais, a. a. O., I, S. 348ff, 367. Ebd., Bd. II, S. 298, 303, 322f. Hegel, *Phänomenologie des Geistes,* Werke 3, Frankfurt 1970, S. 46. – Jedes Buch über moderne Logik widmet einige Kapitel den Antinomien und Paradoxa (unter ihnen das berühmte Paradox vom Kreter oder vom Lügner), was eine Bibliographie überflüssig macht. Man kann zu Rate ziehen: A. Tarski, *Logic, Semantics and Metamathematics,* Oxford 1956. W. Quine, *The ways of paradox,* New York, 1966.
Über das Lachen von Rabelais vgl. M. Bachtin, *François Rabelais,* Paris 1970, S. 80.

– 6: M. Bachtin, a. a. O., S. 90. *F. Rabelais,* a. a. O., I, S. 340, 344, 311f. K. Marx, *Das Kapital, I,* MEW 23, Berlin 1968, S. 28. F. Rabelais, a. a. O., I, S. 333. K. Marx, *Manifest der Kommunistischen Partei,* MEW 4, Berlin 1964, S. 461, 466, 467, 468. F. Rabelais, a. a. O., I, S. 334.

– 7: K. Marx, *Zur Kritik der Politischen Ökonomie,* MEW 13, Berlin 1964, S. 122, 123. Vgl. auch *Das Kapital, I,* a. a. O., S. 152. Lenin, Werke, Band 22,

Berlin 1960, S. 278. Carl von Clausewitz, *Vom Kriege*, Bonn 1966, S. 124. G. Sorel, *Réflexions sur la violence*, Paris 1972, S. 26, 142.
Man wird bei Platon (*Nomoi*, 739 c, Sämtliche Werke 6, Reinbek 1960, S. 117) die Vorstellung einer gemeinschaftlichen Polis finden, die in ihrer Idealität der Thelema sehr ähnlich ist. Aus einer anderen Perspektive, C. Jambet, *Apologie de Platon*, Paris 1976.

Ein Siegfried – ohne es zu wissen

I. Kant, *Schriften zur Anthropologie, Geschichtsphilosophie, Politik und Pädagogik 2*, Werkausgabe Bd. XII, Frankfurt 1977, S. 667. F. Engels, *Ludwig Feuerbach und der Ausgang der klassischen deutschen Philosophie*, Berlin 1966, S. 70. – Der Film von Fritz Lang, *Das Testament des Dr. Mabuse* (1932), wurde von den Nazis verboten. Die einzige Betätigung Mabuses, der als Irrer eingeschlossen war, war das Schreiben: er legt die Grundlagen für das «Reich des Verbrechens» nach dem allgemeinen Prinzip *Ordnung durch Chaos*.
Th. Mann, *Betrachtungen eines Unpolitischen*, Frankfurt 1968.
- Die Wiege der Büros: Etymologie des Begriffs «Territorium» in P. Legendre, *Jouir du pouvoir*, Paris 1976. E. Vermeil, *L'Allemagne*, Paris 1945, S. 100. H. Heine, *Beiträge zur deutschen Ideologie*, Berlin 1971; W. Scheel, «Friedrich Ebert (war) unsere erste demokratische Chance», Ansprache aus Anlaß des hundertjährigen Bestehens der Bayreuther Festspiele, 23. 7. 1976. E. Vermeil, a. a. O., S. 24. R. Musil, *Der Mann ohne Eigenschaften*, Hamburg 1974, S. 512–513.
- Die Revolution durch Texte: Trotzki, zitiert von Isaac Deutscher, *Trotzki. Der unbewaffnete Prophet 1921–1929(II)*, Stuttgart 1972, S. 331.
- Das Spiel mit dem Gesetz: Jean-Jacques Rousseau, *Gesellschaftsvertrag*, Stuttgart 1977, S. 41–42, 44, 45.
- In dem Papierkram der Macht: F. Kafka, *Das Schloß*, Frankfurt 1962, S. 90. – Über die Strategie von MacNamara vgl. A. Glucksmann, *Le discours de la guerre*, Paris 1967, S. 371. P. Legendre, *Jouir du pouvoir*, S. 157–158.
- Das Spiel mit der Wahrheit: F. Kafka, *Der Prozeß*, Frankfurt 1960, S. 11. P. Legendre, *a. a. O.*, S. 69. F. Kafka, *Das Schloß*, a. a. O., S. 384, 17. J.-P. Sartre, *Situations VIII*, Paris 1972 (dt: *Mai '68 und die Folgen*, Reinbek bei Hamburg 1975, S. 72).
- Der Handel um Einflußnahme: P. Legendre, a. a. O., S. 169.
- Die Klasse des Gesetzes: A. Thierry, *Essai sur l'histoire . . . du Tiers État*, Paris 1875, S. 12. K. Marx, *Zur Kritik der Hegelschen Rechtsphilosophie. Einleitung*. MEW 1, Berlin 1970, S. 390.
- Das innere Deutschland: A. und M. Mitscherlich, *Die Unfähigkeit zu trauern*, München 1967, S. 63, 23. F. Nietzsche, *Umwertung aller Werte*, Bd. 2, München 1969, S. 674.

Der unmögliche Herr Sokrates

R. Musil, a. a. O., S. 464. – Ein erster Versuch einer Bilanz der Protestbewegung innerhalb der amerikanischen Armee befindet sich in *Soldiers in Revolt* von D. Cortright, New York 1975.

W. Sombart, *Der Bourgeois*, München und Leipzig 1913, u. a. S. 171 ff, S. 188. P. Clastres, *Staatsfeinde*, Frankfurt 1977. G. W. F. Hegel, *Grundlinien der Philosophie des Rechts*, Werke 7, Frankfurt 1970, S. 21. Platon, *Apologie*, 23a, Sämtliche Werke 1, Hamburg 1959, S. 14. Über Sokrates: G. W. F. Hegel, *Vorlesungen über die Geschichte der Philosophie, I*, Werke 18, Frankfurt 1975, S. 509, 441, 457f, 460. Die «dialektische Luftpumpe . . .» in: S. Kierkegaard, *Über den Begriff der Ironie*, Frankfurt 1976, S. 178–179. Sokrates und der Staat, in: Hegel, ebd., S. 510. S. Kierkegaard, a. a. O., S. 179. G. W. F. Hegel, *Verhältnis des Skeptizismus zur Philosophie*, Werke 2, Frankfurt 1970, S. 248. Über den «Witz», ebd., S. 252. Hegel über Sokrates, in: Kierkegaard, a. a. O., S. 265. Der Anfang zum Wissendwerden, Kierkegaard, ebd. Der Zweck des Sokrates in: Hegel, *Vorlesungen über die Geschichte der Philosophie, I*, a. a. O., S. 466. Marx, Engels, *Manifest der Kommunistischen Partei*, a. a. O., S. 464. L. F. Céline, *Reise ans Ende der Nacht*, Reinbek 1977. A. Solschenizyn, *Des voix sous les décombres*, Paris 1975, S. 272.

Die vier Asse

F. Kafka, *Brief an den Vater*, Frankfurt 1975, S. 28. F. Kafka, *Briefe an Milena*, Frankfurt 1976, S. 189–190.

Fichte (1762–1814), aus einer armen Familie auf dem Land, hütet Kühe bis zum siebenten Lebensjahr, ein wohlhabender Gönner ermöglicht ihm das Studium; ein hungerleidender Hauslehrer, aber begabter Denker – ihm hilft bei Gelegenheit Kant finanziell aus. Er unterliegt der Zensur, wie Kant, der immerhin auf der Höhe seines Ruhms stand. In Zürich veröffentlicht er seinen *Beitrag zur Berichtigung des Urteils des Publikums über die französische Revolution* (1793), der ihm den Ruf des Jakobinertums eintrug. Ein Ansehen, das Goethe veranlaßte, ihn an die Universität von Jena zu berufen, wo er als *der* Philosoph einer neuen Epoche erscheint; nach einigen Jahren wurde er unter der Anklage des «Atheismus» entlassen. Nachdem es zunächst seine Ansicht gewesen war, in der von den Franzosen besetzten Zone (Mainz) eine Lehrtätigkeit aufzunehmen, ging er nach Berlin und hielt Vorlesungen vor Professoren, Ministern und hohen Beamten des reformerischen Preußens. Unterhielt widersprüchliche Beziehungen zu den jungen Romantikern, wurde zum Vorkämpfer des deutschen antikaiserlichen Patriotismus (*Reden an die deutsche Nation*, 1808), bot seine Dienste den Reformministern an (seine Theorie vom *«geschlossenen Handelsstaat»* wollte der Zentralmacht die Herrschaft über die Wirtschaft mit Hilfe der Staatsbank und des Monopols im Außenhandel sichern, ein Autarkie-Ideal, das die verschiedenen Versionen des «Sozialismus in einem Land» – unbewußt – übernahmen). Er starb als Rektor der Berliner Universität, Patriot ohne Übertreibung, Feind Napoleons, den er beschuldigte, die Revolution verraten zu haben, deswegen aber kein Royalist.

Das Leben Hegels (1770–1831) ist besser bekannt (vgl. F. Châtelet, *Hegel par lui-même*). Revolutionärer Student (wie seine Freunde, der spätere Dichter Hölderlin und Schelling, der zum Philosophen wurde, die voller Bewunderung für 1789 waren), leitete eine Zeitung und dann ein Gymnasium in dem von Napoleon besetzten Deutschland; er achtete Napoleon und war ihm zu Diensten; schließlich beherrschte er in Berlin das philosophische Leben Deutschlands.

Karl Marx, 1818 in Trier geboren, in einer jüdischen, deutschen, liberalen Familie, die aus Bequemlichkeit die Religion wechselte. Er starb 1883. Sein Leben gehört heute zum Gemeingut. Wer den hagiographischen Ton der gängigen Biographien ermüdend findet, mag den Jedermann-Marx in dem Buch von F. Lévy entdecken: *Marx, histoire d'un bourgeois allemand* (Paris 1976).

Auch das Leben von Friedrich Nietzsche ist Gemeingut geworden, oft noch mehr als sein Werk. Wichtige Daten: am 13. 10. 1844 geboren. Von 1870 bis 1874 Freundschaft mit Wagner, auf dem Gipfel seines Ruhms, dessen fast offizieller (und unbedingter) Philosoph er wurde, wie *Die Geburt der Tragödie* beweist, und in etwas geringerem Maße *Unzeitgemäße Betrachtungen*. Nach dem Zerwürfnis seine Hauptwerke in mehreren Phasen; 1889 für wahnsinnig erklärt und eingeschlossen, stirbt er 1900.

Das neue Griechenland und sein Jude

- Ewige Jugend . . .: über das Leben Fichtes: X. Léon, *Fichte et son temps*. Die Warnung Heines: am Ende seiner *Geschichte der Religion und Philosophie in Deutschland* (1834). Nietzsche, *Die Geburt der Tragödie*, Werke in drei Bänden, 1. Band, München 1966, S. 16. G. W. F. Hegel, *Vorlesungen über die Geschichte der Philosophie*, Dritter Band, Sämtliche Werke, 19. Band, Stuttgart 1959, S. 553.
- Warum Deutschland?: die Rose in: Hegel, Werke 7, Frankfurt 1971, S. 26.
- Der Gipfel . . .: Hegel über die Juden in *Die Verfassung Deutschlands* (1800), S. 580–581. Hegel, *Grundlinien der Philosophie des Rechts*, § 209, a. a. O., S. 360. Himmler, vgl. *Le Bréviaire de la haine*, von L. Poliakov.
- Ich denke, also . . .: M. Foucault, *Wahnsinn und Gesellschaft*, Frankfurt 1969, S. 69, 70, 71. Dieses respektlose Abbeizen eines so berühmten Textes hat die modernen Cartesianer und die Professoren der Philosophie außer sich gebracht. Hält man sich an die Texte, dann, so scheint mir, kommt

Foucault besser weg. Es tut mir leid um all die Klagen gegen ihn.

- Was fehlt . . .: Hegel über den Judaismus, in: *Der Geist des Christentums und sein Schicksal* (1798–1800), Werke 1, Frankfurt 1971, S. 294, 293, 277, 278, 295.
- Kein Leben . . .: Fichte, *Beitrag zur Berichtigung des Urteils des Publikums über die französische Revolution*, in: *Schriften zur Revolution*, Berlin 1971, S. 174–175, 178–179, 176.
- . . . der Deutschen Weh: Hegel, *Die Verfassung Deutschlands*, a. a. O., S. 465, 465–466. F. Nietzsche, Nachgelassene Fragmente, Herbst 1869 bis Herbst 1872, Werke III, 3, S. 80.
- Die Revolution und . . .: Hegel, *Die Verfassung Deutschlands*, a. a. O., S. 507 und *Vorlesungen über die Philosophie der Geschichte*, Werke 12, Frankfurt 1971, S. 529. Notizen aus den Vorlesungen des alten Hegel, die nach seinem Tode veröffentlicht wurden. F. Nietzsche, *Die Geburt der Tragödie. Der griechische Staat*, Stuttgart 1964, S. 214 (Aus dem Nachlaß).
- Der Staat und die Revolution: R. Marienstras, *Les Juifs ou la vocation minoritaire*, *Les Temps modernes*, August–September 1973. W. I. Lenin, Werke 20, Berlin 1965, S. 31: Zu F. Engels vgl. M. Molnàr, *Marx, Engels et la politique internationale* und F. Lévy, a. a. O., S. 153 (Marx an Engels, MEW 28, Berlin 1970, S. 268).
- Karl Marx' philosophische Taufe: Hegel, *Die Verfassung Deutschlands*, a. a. O., S. 517, 506, 504. K. Marx, *Zur Judenfrage*, MEW 1, Berlin 1970, S. 345, 373.
- Das neue Regime: Fichte, *Beitrag*, a. a. O., S. 252. Hegel, *Die Verfassung Deutschlands*, a. a. O., S. 481 und *Vorlesungen zur Philosophie der Geschichte*, a. a. O., S. 215, 216. Hegel über Machiavelli in *Die Verfassung Deutschlands*, a. a. O., S. 555, 556.
- Eine Disziplinarmaschine: Hegel, *Die Verfassung Deutschlands*, a. a. O., S. 480, 479. J. G. Fichte, *Beitrag*, a. a. O., S. 273. Hegel über Antigone in der *Phänomenologie des Geistes* (1807), Werke 3. Hegel und Napoleon, in *Vorlesungen zur Philosophie der Geschichte*, a. a. O., S. 339.
- Der panoptische Apparat: Hegel, *Vorlesungen über die Philosophie der Geschichte*, a. a. O., S. 533, 537 und *Grundlinien der Philosophie des Rechts*, a. a. O., § 280, S. 451. Über den «Panoptismus»: M. Foucault, *Überwachen und Strafen*, a. a. O., III, 3.
- Erhabene Stätten: Hegel, *Vorlesungen zur Philosophie der Geschichte*, a. a. O., S. 273.
- Ich denke, also ist der Staat: über «Begreifen ist Beherrschen» vgl. J. Wahl, *Le Malheur de la conscience dans la philosophie de Hegel*, Paris 1929, S. 154. Über Chronos: Hegel, *Vorlesungen über die Naturphilosophie als der Encyclopädie der philosophischen Wissenschaften im Grundrisse*, Berlin 1842, Zweiter Teil, § 258, S. 54.
- Die Landstreicher . . .: vgl. D. Goldstein, *Dostoievski et les juifs*, S. 264 und

222. L. Poliakov, *Histoire de l'antisémitisme*, Bd. 3, S. 389 und 168. Ebenso Nietzsche, *Nachgelassene Fragmente,* Herbst 1887 bis März 1888, Werke VIII, 2, Berlin 1970, S. 177: «Die *tiefe Verachtung,* mit der der Christ in der vornehm-gebliebenen antiken Welt behandelt wurde, gehört eben dahin, wo heute noch die Instinkt-Abneigung gegen den Juden gehört: es ist der Haß der freien und selbstbewußten Stände gegen die, *welche sich durchdrücken* und schüchterne linkische Gebärden mit einem unsinnigen Selbstgefühl verbinden.»

– Der Staatsmann . . .: Hitler, *Mein Kampf,* S. 59.

– Der ideologische Multiplikator: Hegel, *Vorlesungen zur Philosophie der Geschichte,* a. a. O., S. 128. Zur detaillierten Beschreibung der antisemitischen Krisen vgl. das Werk von L. Poliakov; der Verfasser unterstreicht nicht die entscheidende Rolle des Massen-Etatismus («Nationalismen»).

Warum ich so revolutionär bin (zunächst einmal Fichte)

– Nietzsche, *Also sprach Zarathustra,* IV, Werke in drei Bänden, München 1955, S. 507. Hölderlin, *Hyperion,* Werke und Briefe, Bd. 1, Frankfurt 1969, S. 300.

– Apologie . . .: Hegel, in: *Briefe von und an Hegel,* hg. v. J. Hoffmeister, Bd. 1, 1785–1812, Hamburg 1952, S. 120. (Brief v. 13. Okt. 1806). Ich bin Dynamit: F. Nietzsche, *Ecce homo,* Werke in drei Bänden, Bd. 2, München 1955, S. 1152. Hegel, *Briefe von und an Hegel,* Bd. 1 (Brief v. 23. Jan. 1807). Nietzsche, *Also sprach Zarathustra,* a. a. O., S. 524.

– Wohlverstanden: L. Althusser, *Éléments d'autocritique*, S. 34–36. J. G. Fichte, *Briefwechsel,* Kritische Gesamtausgabe, gesammelt und herausgegeben von H. Schulz, 1. Band, Leipzig 1925, S. 449–450. Vgl. auch: A. Philonenko, *Théorie et praxis dans la pensée morale et politique de Kant et de Fichte en 1793,* Paris 1968, S. 78. G. W. F. Hegel, *Phänomenologie des Geistes,* Werke 3, Frankfurt 1970, S. 14. F. Nietzsche, *Also sprach Zarathustra,* a. a. O., S. 528.

– Die Abenteuer . . .: F. Nietzsche, *Der Wille zur Macht,* Stuttgart 1964, S. 565. Die Philosophie als «geistige Waffe»: K. Marx, *Zur Kritik der Hegelschen Rechtsphilosophie. Einleitung,* MEW 1, Berlin 1974, S. 391. Über das Fehlen theoretischer Untersuchungen: K. Marx, *Die Klassenkämpfe in Frankreich,* Ausgewählte Schriften I, Berlin 1951, S. 135

– Die neue Gravitation . . .: I. Kant, *Schriften zur Anthropologie, Geschichtsphilosophie, Politik und Pädagogik 1,* Werkausgabe Bd. XI, Frankfurt 1977, S. 355–356. Über die Notwendigkeit bei Fichte: B. Willms, *Die totale Freiheit. Fichtes politische Philosophie,* in: Staat und Politik, 10, Köln und Opladen 1967, S. 96.

– Für Akademiker . . .: *Kritik der Hegelschen Rechtsphilosophie.*

– Die drei ewigen Etappen . . .: Hegel, *Vorlesungen über die Philosophie der Geschichte*, a. a. O., S. 529 (S. 23). Hegel, *Vorlesungen über die Philosophie der Geschichte*, a. a. O., S. 527–528. Das geistige Tierreich: Hegel, *Phänomenologie des Geistes*, a. a. O., S. 294. – Über die Etappe Napoleon nimmt Nietzsche die Lektion der Meisterdenker wieder auf: «Die Revolution ermöglichte Napoleon: das ist ihre Rechtfertigung. Um einen ähnlichen Preis würde man den anarchistischen Einsturz unserer ganzen Civilisation wünschen müssen. Napoleon ermöglichte den Nationalismus: das ist dessen Einschränkung» (Werke, VIII, 2, a. a. O., S. 137). In der Frage der Nationalismen fühlen sich die Meisterdenker nicht zu Hause, sie denken in Begriffen wie Reich, Internationale oder weltweite Herrschaft; über Napoleon und den Platz, den er in der *Phänomenologie des Geistes* einnimmt, vgl. *Le Discours de la Guerre*, a. a. O.
– Man kann aus der Sonne . . .: Leo Trotzki, *Geschichte der russischen Revolution*, Frankfurt 1973, 3 Bände, Band 3, S. 831. Der Film nach rückwärts: I. Deutscher, a. a. O., S. 440. L. Trotzki, a. a. O., Bd. 1, S. 8.
– Strenger als . . .: F. Nietzsche, *Der Wille zur Macht*, a. a. O., S. 401. Über die «absolute Selbstsicherheit»: Hegel, *Phänomenologie des Geistes*, a. a. O., S. 491.
– Revolution um eine Krone: ein Herr und keine Knechte, vgl. S. 173. Shakespeare, *König Richard III* (eigene Übersetzung; A. d. Ü.).
– Herr aus Angst: F. Nietzsche, *Ecce homo*, Werke VI, 3, Berlin 1969. K. Marx, *Zur Kritik der politischen Ökonomie*, a. a. O., S. 24. Hegel, *Phänomenologie des Geistes*, a. a. O., S. 153 ff. Über die Sklaverei: Hegel, *Vorlesungen über die Philosophie der Geschichte*.
– Nekro-logisch: F. Nietzsche, *Die fröhliche Wissenschaft* (Vorrede), Werke in drei Bänden, Bd. II, München 1955, S. 15. Hegel, *Wissenschaft der Logik, I*, Leipzig 1951.
– Der Tod bei der Arbeit: G. W. F. Hegel, *Jenaer Systementwürfe I*, Gesammelte Werke, Bd. 6, Hamburg 1975, S. 299 ff. Hegel, *Phänomenologie des Geistes*, a. a. O., S. 29. Hegel, *Wissenschaft der Logik I*, a. a. O.
– Von der Überzeugung . . .: F. Nietzsche, *Zur Genealogie der Moral*, Werke in drei Bänden, Bd. II, a. a. O., S. 893. Hegel, *System der Sittlichkeit*, Hamburg 1967, S. 10. Hegel, *Jenaer Systementwürfe I*, S. 312. Hegel, *System der Sittlichkeit*, a. a. O., S. 59; Bewährung durch den Tod: Hegel, *Phänomenologie des Geistes*, a. a. O., S. 145. F. Nietzsche, *Umwertung aller Werte*, Bd. 2, München 1969, S. 810.
– Das Schlußduell: Hegel, *Grundlinien der Philosophie des Rechts*, a. a. O., S. 494, 492; Hegel, *System der Sittlichkeit*, a. a. O., S. 88; F. Engels, in: Neue Rheinische Zeitung, 1. 7. 1848, MEW 5, Berlin 1973, S. 147. F. Nietzsche, *Die fröhliche Wissenschaft*, Werke in drei Bänden, Band II, a. a. O., S. 235–236.

Warum ich so wissend bin (Hegel und sein Gefolge)

- Pariser Urzeit: Hegel, *Phänomenologie des Geistes*, a. a. O., S. 431; *Vorlesungen über die Philosophie der Geschichte*, a. a. O., S. 29.
- Weltuhrzeit: F. Nietzsche, *Unzeitgemäße Betrachtungen*, a. a. O., Bd. I, S. 283.
- Die Plebs: Fichte, *Beitrag*, a. a. O., S. 118. Hegel, *Grundlinien der Philosophie des Rechts*, a. a. O., S. 469, 470, 389, 389–390. Der große Pöbel- und Sklavenaufstand: F. Nietzsche, *Umwertung aller Werte* Bd. 2, a. a. O., S. 510-511.
- Die Strategie der Alphabetisierung: Lenin, Werke 33, Berlin 1966, S. 485. A. Solschenizyn, *Der Archipel GULAG*, Bern 1974, S. 37. J. G. Fichte, in Fichte's Sämmtliche Werke, Bd. V, Berlin 1845, S. 343 (vgl. auch A. Philonenko, *La Liberté humaine dans la philosophie de Fichte*, Paris 1966, S. 230).
- Ein Herr . . .: Hegel, *Vorlesungen über die Philosophie der Geschichte*, a. a. O., S. 134, 478.
- Die Berufung . . .: J. G. Fichte, *Einige Vorlesungen über die Bestimmung des Gelehrten*, 1794, Fichte's Sämmtliche Werke, Bd. VI, Berlin 1845, S. 328, 331, 326.
- Jedem seine Plebs: K. Marx, *Zur Kritik der Hegelschen Rechtsphilosophie. Einleitung*, a. a. O., S. 390.
- Treue . . .: H. Heine, in *Beiträge zur deutschen Ideologie*, Berlin 1971, S. 6. H. Marcuse, *Vernunft und Revolution*, Neuwied und Berlin 1962, S. 127, 126–127, S. 194. Hegel, *Die Verfassung Deutschlands*, a. a. O., S. 524.
- Erziehung . . .: B. Willms, a. a. O., S. 158–159. Hegel, *Jenaer Systementwürfe I*, a. a. O., S. 318, 288, 305, 304.
- Dunkelheit über . . .: Ebd., S. 304; Hegel, *Jenaer Realphilosophie*, Hamburg 1967, S. 180–181. Hegel, *Enzyklopädie der philosophischen Wissenschaften I*, Werke 8, Frankfurt 1971, S. 393.
- Das Kühlzimmer: M. Heidegger, *Holzwege*, Frankfurt 1972, S. 137. W. Shakespeare, *König Richard der Dritte*, a. a. O., I, 2, S. 12.
- Das Herz . . .: K. Marx, F. Engels, *Das Manifest der Kommunistischen Partei*, MEW 1, Berlin 1957 ff. Hegel, *Vorlesungen über die Philosophie der Religion II*, Werke 17, Frankfurt 1971, S. 458.
- Die terroristische Theorie: das Sein des Geistes ein Knochen: Hegel, *Phänomenologie des Geistes*, a. a. O., S. 260.

- Eine Liebe zu Hiroschima: F. Nietzsche, *Also sprach Zarathustra*, a. a. O., S. 540 (vgl. auch: Werke VI, 3, S. 385, 380). Hegel, *System der Sittlichkeit*, a. a. O., S. 43; *Phänomenologie des Geistes*, a. a. O., S. 36.
- Was ist der deutsche . . .: Nietzsche, *Götzen-Dämmerung*, Werke in drei Bänden, Bd. II, a. a. O., S. 995.
- Wie bei uns . . .: Hegel, *Vorlesungen über die Geschichte der Philosophie*, Dritter Band, Sämtliche Werke, 19. Band, Stuttgart 1959, S. 331, 328.
- Auf dem Plakat: J. G. Fichte, in: Fichtes Werke, hg. v. J. G. Fichte, Bd. VI, Berlin 1971, S. 342; ebd., S. 1. F. Nietzsche, *Also sprach Zarathustra*, a. a. O.; Hegel, *Vorlesungen über die Philosophie der Geschichte*, Sämtliche Werke 11. Band, Stuttgart 1949³, S. 119–120. K. Marx, *Grundrisse der Kritik der politischen Ökonomie*, 1857–1858, Berlin 1953 (Neudruck Frankfurt 1967), S. 26. J. G. Fichte, Nachgelassene Schriften Bd. 2, Berlin 1937, S. 536. F. Nietzsche, *Also sprach Zarathustra*, a. a. O., 282–283.
- Hin und Zurück: M. Heidegger, *Nietzsche*, Zweiter Band, Pfullingen 1961, S. 165, 165–166. M. Bloch, *L'Étrange Défaite*, éd. Franc-tireur, 1946, S. 70.
- Der große Wildwestfilm: Hegel, *Enzyklopädie der philosophischen Wissenschaften I*, a. a. O., § 50, S. 131. F. Nietzsche, *Umwertung aller Werte*, Bd. 2, a. a. O., S. 674.
- Ich kann, also bin ich: J. G. Fichte, *Grundlage der gesamten Wissenschaftslehre* (1794), Hamburg (1956) 1961, S. 60. Marx: «Die Wurzel für den Menschen ist aber der Mensch selbst.» F. Nietzsche, Werke in drei Bänden, Bd. III, München 1956, S. 680. «Vermenschlichen . . .»: F. Nietzsche, *Der Wille zur Macht*, a. a. O., S. 417.
- Versprochener Reichtum: F. Nietzsche, *Ecce homo* (1888), a. a. O., Bd. II, S. 1070, 1082, 1099, 1152. Fichte, *Erste Einleitung in die Wissenschaftslehre*, in *Erste und zweite Einleitung in die Wissenschaftslehre*, Hamburg 1967, S. 10. K. Marx, F. Engels, *Die deutsche Ideologie*, MEW 3, Berlin 1962, S. 379. K. Marx, *Ökonomisch-philosophische Manuskripte* (1844), MEW, Ergänzungsband, Erster Teil, Berlin 1968, S. 544.
- Ausschließung . . .: Fichte, *Grundlage der gesamten Wissenschaftslehre* (1794), a. a. O., S. 25.
- Teufelskreis Gott: Hegel, *Enzyklopädie der philosophischen Wissenschaften I*, a. a. O., § 25, S. 92. Das aufgelöste Rätsel: K. Marx, *Ökonomisch-philosophische Manuskripte*, a. a. O., S. 536.
- Der spekulative Satz: Hegel, *Phänomenologie des Geistes*, a. a. O., S. 61, 65, 59, 60, 59. F. Nietzsche, *Die fröhliche Wissenschaft*, Werke V, 2, Berlin, New York 1973, § 7, S. 53–54.
- Wie ein Meisterdenker . . .: Hegel, *Phänomenologie des Geistes*, a. a. O., S. 62. Hegel, *Vorlesungen über die Philosophie der Religion II*, a. a. O., S. 452, 412. Die Erscheinung ist . . .: Hegel, *Phänomenologie des Geistes*, a. a. O., S. 46

und *Vorlesungen über die Philosophie der Religion II* (Beweise über das Dasein Gottes), a. a. O., S. 419 («Manifestation»).M. Heidegger, *Vier Seminare*, Frankfurt 1977, S. 53.

– Unpassende Fragen: Hegel, *Phänomenologie des Geistes*, a. a. O., S. 64–65, 65. Hegel, *Vorlesungen über die Philosophie der Religion II*, a. a. O., S. 433. K. Marx, *Ökonomisch-philosophische Manuskripte* (1844), a. a. O., S. 545. F. Nietzsche, a. a. O., Band III, S. 685. M. Heidegger, *Die Frage nach dem Ding*, Zu Kants Lehre von den transzendentalen Grundsätzen, Tübingen 1962, S. 90, 91. Hegel, *Phänomenologie des Geistes*, a. a. O., S. 65.

– Die große Behauptung: Ebd., S. 40. Das Laboratorium des Lebens: nicht im deutschen Text des Kapitals (vgl. *Das Kapital, I*, a. a. O., S. 514 und die französische Fassung in K. Marx, Œuvres, Économie, I, Pléiade-Ausgabe, Paris 1963, S. 995; A. d. Ü.). F. Nietzsche, *Also sprach Zarathustra*, a. a. O., S. 410. Hegel, *Wissenschaft der Logik I*, a. a. O., S. 94.

– Die kleinen Behauptungen: Hegel, *Enzyklopädie*, § 552, Hamburg 1959, S. 432, 434, 435. F. Nietzsche, *Der Wille zur Macht*, a. a. O., S. 1964.

– Warum dieser lange Umweg?: vgl. *Échanges et dialogue ou la mort du clerc*, éd. IDOC-France, 1975. Hegel, *Enzyklopädie*, a. a. O., § 552, S. 439.

– Der Stich der Stichwahl: erschien in *Le Monde*. – B. Lambert, *Bauern im Klassenkampf*.

Wie ich zum Verhängnis wurde
(Marx unter anderen)

W. Shakespeare, *Macbeth*, Stuttgart 1977, S. 17.

– Ecce Maestro!: Hegel, *Differenz des Fichteschen und Schellingschen Systems der Philosophie* (1801), Werke 2, Frankfurt 1970, S. 85; *Glauben und Wissen*, ebd., *Differenz . . .*, ebd., S. 86. F. Dostojewskij, *Die Dämonen*, München 1977, S. 459. Bakunin über Marx in *Socialisme autoritaire ou libertaire*, Bd. 1, Paris 1975, S. 216 und M. Bakunin, *Gott und der Staat und andere Schriften*, Reinbek 1969, S. 175. Über das chinesische Bürokratie-Modell: C. und J. Broyelle u. a., *Deuxième retour de Chine*, Paris 1977 (dt: *Zweite Rückkehr aus China*, Berlin 1977). Der Mensch, der sich auf den Kopf stellt: s. o. S. 105. F. Nietzsche, *Also sprach Zarathustra*, a. a. O., S. 530.

– Der Mobilisierungsbefehl: F. Nietzsche, Nachgelassene Fragmente, Werke VIII, 2, Berlin 1970, S. 431.

– Eine Wissenschaft der großen Mittel: K. Marx, *Der achtzehnte Brumaire des Louis Bonaparte*, MEW 8, Berlin 1960, S. 122. F. P. Lévy, a. a. O., S. 400. K. Marx, *Lohnarbeit und Kapital*, Ausgew. Schriften I, Berlin 1970, S. 75; *Das Elend der Philosophie*, MEW 4, Berlin 1964, S. 182. F. Nietzsche, a. a. O., Bd. III, S. 505.

– Das große Spiel spielen . . .: K. Marx, *Das Kapital, III*, Berlin 1966, S.

274; *Grundrisse der Kritik der politischen Ökonomie,* 1857–1858, a. a. O., S. 27.
- Die Macht der trennenden Macht: K. Marx, *Zur Judenfrage,* MEW 1, Berlin 1970, S. 369, 373. K. Marx, *Kritik der politischen Ökonomie,* 1859, MEW 13, Berlin 1964, S. 21; *Grundrisse der Kritik der politischen Ökonomie,* a. a. O., S. 137.
- Eigentum . . .: K. Marx, *Das Kapital, I,* a. a. O., S. 189, 184, 526, 447, 446.
- Die hegelsche Fabrik: Ebd., S. 528, 446, 442. M. Foucault, *Überwachen und Strafen,* a. a. O., S. 292. François Ewald, der eine große Arbeit über den Platz des Bergarbeiters in der Geschichte der französischen Arbeiterbewegung vorbereitet, hat diese Einseitigkeit im Vorgehen von Marx unterstrichen.
- Das Kapital gibt es nicht: K. Marx, F. Engels, *Briefwechsel,* in Marx/Engels Gesamtausgabe, Dritte Abteilung, Bd. 3, Berlin 1930, Neudruck: Glashütten im Taunus 1970, S. 279. K. Marx, *Das Kapital, III,* Berlin 1966, S. 380, 381, 263.
- Die Arbeit gibt es auch nicht: K. Marx, *Das Kapital, III,* a. a. O.; *Grundrisse der Kritik der politischen Ökonomie,* a. a. O., S. 203; *Das Kapital, III,* a. a. O., S. 823; *Einführung in die Kritik der politischen Ökonomie,* MEW 13, Berlin 1964, S. 635. F. Nietzsche, *Die fröhliche Wissenschaft,* Werke V, 2, Berlin, New York 1973, S. 66. K. Marx, *Das Kapital, I,* a. a. O., S. 563; *Das Elend der Philosophie,* a. a. O., S. 89, 86, 85; *Grundrisse der Kritik der politischen Ökonomie,* a. a. O., S. 266; *Das Kapital, I,* a. a. O., S. 215.
- Joch gegen Joch: L. Trotzki, *Geschichte der russischen Revolution,* Bd. 3, Frankfurt 1973, S. 960.
- Eine Ideenlosigkeit . . .: K. Marx, *Kritik des Gothaer Programms,* Marx, Engels, Ausgewählte Schriften, II, Berlin 1970, S. 17, 15–16; *Kritik der politischen Ökonomie,* a. a. O., S. 68, 67–68; *Kritik des Gothaer Programms,* a. a. O. S. 24, 17. F. Nietzsche, Nachgelassene Fragmente, Werke VIII, 2, a. a. O., S. 14.

Wodurch ich über allem bin (Nietzsche für alle)

St. Mallarmé, Œuvres complètes, Paris 1945, S. 189.
- Der Außer-Marx: Immer vernichtet . . .: F. Nietzsche, *Also sprach Zarathustra,* a. a. O., S. 323; *Umwertung aller Werte,* Bd. 1, a. a. O., S. 122.
- Der Herr hinter dem *Eigentümer.* K. Marx, *Das Kapital, III,* a. a. O., S. 888, *Texte zur Methode und Praxis III,* Reinbek 1967, S. 27.
- Von innen . . .: F. Nietzsche, *Jenseits von Gut und Böse,* § 36, Werke in drei Bänden, Band II, 601.
- Jenseits des Fetischismus: F. Nietzsche, *Also sprach Zarathustra,* a. a. O., S.

294. Marx/Engels, *Manifest der Kommunistischen Partei*, a. a. O.
– Redlichkeit: F. Nietzsche, *Also sprach Zarathustra*, a. a. O., S. 499–500, 490, 323.
– Die große Reise: Hölderlin, *Dichterberuf*, Werke und Briefe Bd. 1, Frankfurt 1969, S. 84. F. Nietzsche, *Die fröhliche Wissenschaft*, Werke V, 2, a. a. O., § 222, S. 188, § 124, S. 158. F. Nietzsche, *Umwertung aller Werte*, Bd. 1, a. a. O., S. 56.
– Nach Gott . . .: F. Nietzsche, *Die fröhliche Wissenschaft*, § 84, Vom Ursprung der Poesie, S. 93 (Werke in drei Bänden, Bd. II); die Geschichte der Sprache: *Jenseits von Gut und Böse*, § 268 (Werke VI, 2, a. a. O., bzw. Werke in drei Bänden, Bd. II, S. 741). Wahrlich, mein Bruder . . .: *Also sprach Zarathustra*, a. a. O., S. 322, 323; Werke VIII, 3, a. a. O., S. 38–39.
– Wie die Druckerei entdeckt . . .: Nietzsche, *Der Wille zur Macht*, a. a. O., S. 400, 383; Werke in drei Bänden, Bd. III, S. 895; *Die fröhliche Wissenschaft*, a. a. O., § 84, S. 116.
– Der Ring: F. Nietzsche, *Götzen-Dämmerung*, a. a. O., Bd. II, S. 963; *Die fröhliche Wissenschaft*, a. a. O., Bd. II, S. 15, 73. «6000 Fuß . . .»: *Ecce homo*, a. a. O., Bd. II, S. 1128; Mittag: *Götzen-Dämmerung*, ebd. Der Gesamtwert: Werke in drei Bänden, Bd. III, S. 685 bzw. Werke VIII, 2, a. a. O.; Was sich beweisen läßt: *Umwertung aller Werte*, Bd. 1, a. a. O., S. 84–85.
– Die Stunde X: F. Nietzsche, *Der Wille zur Macht*, a. a. O., S. 512; Werke in drei Bänden, Bd. III, S. 497; *Umwertung aller Werte*, Bd. 2, a. a. O., S. 717.
– Herrschaft und Mathematik: A. Tarski, a. a. O., Bd. 1, S. 250.
– Herrschaft und Theologie: J. Vuillemin, *Le Dieu d'Anselme et les apparences de la raison*, Paris 19 . ., S. 134. F. Nietzsche, *Die fröhliche Wissenschaft*, Werke V, 2, a. a. O., § 125, S. 159.
– Metaphysische Übergabe: F. Nietzsche, Werke in drei Bänden, Bd. III, S. 425. M. Heidegger, *Kants These über das Sein* (1961), in *Wegmarken*, Frankfurt 1976, S. 449. «Radikal sein . . .» zitiert von M. Heidegger, *Vier Seminare*, a. a. O., S. 125 etc. – «. . . Herrschaft und Ausbeutung ist *ein* Begriff.» (Marx an Ruge, Brief vom Mai 1843), in: K. Marx, F. Engels: *Briefwechsel* bis April 1846, (MEGA) Briefwechsel Bd. 1, Berlin 1975, S. 49.
– Die Schlußoper: zuerst veröffentlicht im *Nouvel Observateur*, inspiriert von Patrice Chéreau und Richard Péduzzi, zur Würdigung der langen, kunstvollen Vorbereitung ihrer Bayreuther Inszenierung.
R. Wagner, *Oper und Drama* (1851), Leipzig 1869². R. Wagner, *Die Walküre*, Stuttgart 1958, S. 49 (2,4); *Götterdämmerung*, Stuttgart 1957, S. 33 (1,3). F. Nietzsche, *Nietzsche contra Wagner*, Werke VI, 3, Berlin 1969, S. 428.

Die Vollendung der Geschichte

Zitierte Werke:
- F. Furet und D. Richet, *La Révolution française*, Paris 1973. S. 86, 204, 209, 277ff.
- G. Lefebvre, *La Grande Peur de 1789*, Paris 1970, S. 142ff.
- A. Soboul, Vorwort zu C. Mazauric, *Sur la révolution française*, S. 7.
- P. Caron, *Les Massacres de Septembre*, Paris 1935, S. 110, 442ff.
- R. Cobb, *Terreur et subsistances*, S. 21, 27ff.
- A. Soboul, Nachwort zu G. Lefebvre, *Quatre-vingt-neuf*, Paris, S. 273ff.

Außerdem:
- H. Arendt, *Über die Revolution*, München 1963.
- F. Furet: *Le catéchisme révolutionnaire*, Annales (E. S. C.), März-April 1971.
- D. Richet: *Élites et despotisme*, Annales (E. S. C.), Januar 1969.
- *La Pensée*, Nr. 186, Juni 1976.
- J.-L. Talmon: *Les origines de la démocratie totalitaire.*

Über den Begriff Plebs: eine vor kurzem veröffentlichte Klarstellung von Michel Foucault (*Recherches logiques*, Nr. 4, 1977): «Freilich darf ‹die Plebs› nicht als der ständige Untergrund von Geschichte verstanden werden, das letzte Ziel aller Unterwerfungen, die niemals ganz erloschene Brandstätte aller Revolten. Es gibt sicherlich keine «Plebs» als soziologische Wirklichkeit. Doch gibt es immer etwas im Gesellschaftskörper, in den Klassen und Gruppen, selbst in den Individuen, das sich in gewisser Weise den Machtbeziehungen entzieht; durchaus nicht etwas wie ein mehr oder weniger fügsamer oder widerspenstiger Rohstoff, sondern etwas wie eine zentrifugale Bewegung, umgepolte Energie, ein Entfliehen. «Die» Plebs gibt es sicherlich nicht, aber es gibt ‹Plebejisches›. ‹Plebejisches› in den Körpern, und in den Seelen, in den einzelnen Menschen, im Proletariat, in der Bourgeoisie, jedoch mit einer Ausdehnung, mit Formen, Energien und Nichtreduzierbarem verschiedener Art. Was daran das ‹Plebejische› ausmacht, ist weniger das Außerhalbsein gegenüber den Beziehungen der Macht als vielmehr ihre Grenze, ihre Kehrseite, ihr Rückschlag; das, was auf jedes Vorgehen der Macht mit einer befreienden Bewegung antwortet. Die Bezwingung der Plebs kann auf drei Arten vonstatten gehen: durch ihre effektive Unterwerfung oder durch ihre Utilitarisierung als Pöbel (vgl. das Beispiel der Delinquenz im 19. Jahrhundert), oder wenn sie sich selber gemäß einer Strategie des Widerstands festlegt. Diese Ansicht von der Plebs, sie als Kehrseite und Abgrenzung im Verhältnis zur Macht zu betrachten, ist also für eine Analyse ihrer Gliederung unabdingbar; von daher können ihr Funktionieren und ihre Entwicklungen verstanden werden.»